国家出版基金项目
NATIONAL PUBLICATION FOUNDATION

第三卷

中国现代文学论集（下）

王富仁
学术文集

王富仁◎著

李怡
宫立 ◎编

山西出版传媒集团
北岳文艺出版社
·太原

《日出》的结构和人物

一

继《雷雨》之后，曹禺创作了他的第二个戏剧杰作《日出》。从《雷雨》到《日出》，如果仅从戏剧艺术的探索来说，曹禺首先重视的是戏剧结构的问题。他说："写完《雷雨》，渐渐生出一种对于《雷雨》的厌倦。我很讨厌它的结构，我觉出有些'太像戏'了。技巧上，我用得过分。仿佛我只顾贪婪地使用着那简陋的'招数'，不想胃里有点装不下，过后我每读一遍《雷雨》便有点要作呕的感觉。我很想平铺直叙地写点东西，想敲碎了我从前拾得的那一点点浅薄的技巧，老老实实重新学一点较为深刻的。"[①]我认为，这与其被认为是曹禺对自己第一个戏剧创作《雷雨》的评价，不如说是他对自己的新剧作《日出》提出的艺术探索的目标。

我们不能跟在曹禺后面否认《雷雨》的结构艺术，因为对于《雷雨》来说，《雷雨》的结构几乎是唯一可以选择的结构方式。在写作《雷雨》的时候，曹禺注重的是人，是人的命运："我念起人类是怎样可怜的动物，带着踌躇满志的心情，仿佛自己来主宰自己的命运，而时

[①] 曹禺：《〈日出〉跋》，载《曹禺戏剧集·论戏剧》，四川文艺出版社，1985，第381页。

常不能自己来主宰着。"①《雷雨》中的那些人物，挣扎着，追求着，希冀着，甚至像周朴园那样一个阴鸷伪善的地主资本家，年轻的时候也曾渴望过自己的幸福，也曾真挚地爱过鲁侍萍，并且至今仍然留着昔日幻梦的一点点淡淡的影像，一种朦胧恍惚的哀愁。但是，他们的希冀一个个地落了空，他们的挣扎失败了，命运之神给予他们的是悲惨的结局，他们过于充盈的情感终于胀破了禁锢着他们的伦理道德的硬壳，爆炸了，双双毁灭，玉石俱焚。对于这样一个戏剧的主题，需要从内到外都十分尖锐的戏剧冲突，需要集中，需要"戏"，需要压缩，压缩得使它能够储足最后发生连锁爆炸的巨大势能。这种集中，这种压缩，需要的是技巧，是作者精心设计的技巧，是连读者和观众都能明确觉察到的技巧。因为要把实际生活中各有因果联系的人生悲剧集中在有限的舞台人物上，就必须使他们互为因果，构成彼此紧密联系的复杂网络。《雷雨》结构的高超处就在于此。但是，当《日出》的题材激动着曹禺的心的时候，《雷雨》的技巧马上使他感到不足甚至厌恶了。在这时，他仍然关心的是人，但却不仅仅是各个人物的命运，而是由这一个个人物构成的一种社会状态，一个完整的社会。要把一种社会状态在有限的时间和空间展现出来，也需要压缩，也需要集中，但这种压缩和集中却不能让读者和观众明确地感觉出来。《日出》着眼的是社会世态的展现，因而它需要的不是每个人人生命运的纵向发展过程，而主要是社会世态的横向展览过程。如果说在《雷雨》中的横向铺排也是为了表现人生命运的纵向变化过程的话，那么，在《日出》中的纵向推进过程也是为了横向铺排的。不难看出，正是《日出》的这种艺术需要，决定了曹禺对戏剧结构的新的尝试和探索。他说："于是在我写《日出》的时候，我决心舍弃《雷雨》中所用的结构，不再集中于几个人身上。我想用片段的方法写起《日出》，用多少人生的零碎来阐明一个观念。如若中间有一点我们所谓的'结构'，那结构的联系正是那个基本观念，即第一段引文内'人之道，损不足以奉有余'。所谓'结构的统一'也就藏在这一句话里。《日出》希望献于观众的应是一个鲜血滴滴的印象，深深刻在

---

① 曹禺：《〈雷雨〉序》，载《曹禺戏剧集·论戏剧》，四川文艺出版社，1985，第355页。

《日出》的结构和人物

人心里也应为这'损不足以奉有余'的社会形态。因为挑选的材料比较庞大,用几件故事做线索,一两个人物为中心也自然比较烦难。无数的沙砾积成一座山丘,每粒沙都有同等造山的功绩。在《日出》里每个角色都应占有相当的轻重,合起来他们造成了印象的一致。这里正是用着所谓'横断面的描写'……"①这种"横断面的描写",就是《日出》戏剧结构的总体特征,但这种"横断面的描写"又是与曹禺要把"'损不足以奉有余'的社会形态""深深刻在人心里"的写作目的分不开的,因而我们要更清醒地认识这个"横断面"及这个"横断面"上的一切,就要更清醒、更细致地分析《日出》的总体思想意识结构。

《日出》的思想意识结构在整体的轮廓上是十分清晰的,它由下列三个层次组成:

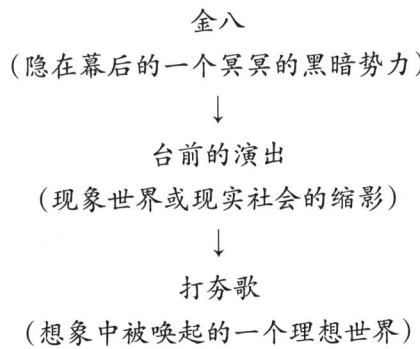

现在我们所要着重指出的,是这三个思想层面不是也不应是彼此并立的,它们互相渗透着,各自把自己的影像投射在另外两个层面上,并且由另外两个层面的存在而取得自己的独立意义。

谁是金八?现在几乎所有人,包括曹禺在内,都把金八当成像茅盾《子夜》中的赵伯韬那样的人物,甚至把它当作帝国主义势力的代表人物。但我认为,在曹禺创作《日出》的当时,是并不这样认为的。茅盾

---

① 曹禺:《〈日出〉跋》,载《曹禺戏剧集·论戏剧》,四川文艺出版社,1985,第382页。

《子夜》中的赵伯韬完全是一个现实的人物典型，但金八不是，至少不完全是。作为在左右公债交易、挤垮潘月亭、企图霸占"小东西"等等具体事件中幕后活动着的人物，他是一个现实的人物。但他的主要作用却不应在此，在其更重要的意义上，他是一个抽象的象征性力量。

  达：我不相信金八有这么大的势力。他不过是一个人。
  露：你怎么知道他是一个人？
  达：（沉思）嗯……（忽然）你见过金八么？
  露：我没有那么大福气。你想见他么？
  达：（有意义地）嗯，我想见见他。
  露：那还不容易，金八多得很，大的，小的，不大不小的，在这个地方有时像臭虫一样，到处都是。
  达：（沉思）对了，臭虫！金八！这两个东西都是一样的，不过臭虫可厌，外面看得见，而金八的可怕外面是看不见的，所以他更凶更狠。①

新中国成立后，曹禺对这一段做了很大的修改，已经面目全非了，但它却异常清晰地说明，在他进行《日出》的创作的时候，是不把金八仅仅当作一个现实的人物形象的。金八存在着，但又不是一个具体的存在；他在"外面是看不见的"，但他又"多得很"，"到处都是"。

  金八这个抽象的象征力量的存在，改变了剧中每个人的具体的面貌。自然他是操纵一切的，那么剧中人物就无一不是被他操纵的对象；自然他是吞噬一切的"恶魔""野兽"，那么剧中人物就无一不是被他吞噬的生灵和人类。也就是说，曹禺的同情绝不仅仅是施于作品中哪一个人或哪几个人的，而同时是施于他们全体的，正像冥冥的命运之神使《雷雨》中的周朴园不仅仅是一个吃人的封建家长一样，金八这个抽象的象征力量也使潘月亭、李石清、顾八奶奶、张乔治、胡四、王福升……这诸多丑恶的人物不再仅仅是被无情鞭挞的人物，同时还是作为人

---

① 曹禺：《日出》，文化生活出版社，1936，第262页。

《日出》的结构和人物

的整体存在被默默地同情着的东西。在全剧结束的时候,他们统统被毁灭了,被金八这个无形的怪物毁灭了:在现象世界上最接近金八的潘月亭面临着彻底破产的命运;李石清被解雇,儿子惨死在去医院的途中;顾八奶奶的全部存款都将因潘月亭的破产而烟消火灭;胡四随之将失去顾八奶奶这棵摇钱树。"皮之不存,毛将焉附",王福升这个有经验的奴才也将因主子的破产而失其用武之地;黄省三早已发疯,欲死不能;张乔治也将活在永久的梦魇中……他们都是被金八所玩弄着的可怜虫,曹禺憎恶他们,但又可怜着他们。这是曹禺之所以为曹禺的所在,是曹禺区别于茅盾的地方,是他的最优秀的戏剧创作《雷雨》《日出》《原野》《北京人》的一贯的特色。不了解这一点,我们便无法理解曹禺。人道主义在这里取得了最广大的形式。曹禺一再告诫演员"对潘经理、张乔治、胡四等人,都要注意,不可在表面的丑化上下功夫,而要准确地演出人物来","要把人物的灵魂挖掘出来",[①]就是因为他从来不仅仅把他们当作吃人的魔鬼,同时还把他们当作被吃的人。

但是,他们都不是金八,同时又都是金八;他们都是被吃者,同时又都是吃人者。幕后那个金八像鬼魂一样附着在他们每一个人身上,并通过他们而显示着自己的存在,施展着自己的至高无上的威权。在这个意义上我们又可以说,他们害怕金八,实际上也就是害怕他们自己;他们被金八所吃,实际上也就是被自己所吃。他们的身上有两个自我:一个是作为吃人的恶魔的自我,一个是作为被吃的人的自我。即使那个可怜的黄省三,不是也亲口"吃了"自己的孩子吗?"那钱是潘经理给我的三块钱,两块钱还了房钱,我拿一块钱买的鸦片烟。法官,我自己买的红糖掺上的,叫孩子们喝的,我亲手把他们毒死的。"[②]他吃了他的孩子,同时也是吃了他自己,他是把自己的孩子当作自己的一部分吃掉的,假若切实思考下去,其他人又何尝不是如此呢?李石清在自己的儿子将死之际,还得意扬扬地向自己的主子献媚取宠,钻营拍马,胁肩谄

[①] 曹禺:《自己费力找到真理》,载《曹禺戏剧集·论戏剧》,四川文艺出版社,1985,第403页。

[②] 曹禺:《日出》,载《曹禺选集》,人民文学出版社,1965,第254页。

笑。他吃了自己的儿子，出卖自己的妻子，谁又能说他实际上不是在自己吃自己呢？甚至他给黄省三指出的那四条路，实际也是给他自己准备的路，因为他就是第二个黄省三，候补的黄省三。潘月亭之与李石清，也正如李石清之与黄省三。李石清是潘月亭的影子，是第二号的潘月亭，同时也是他的唯一够资格的奴才、走狗和帮凶，他扼死了李石清，接着就是自己被金八所扼死。因为在曹禺的艺术直感中，这两个家伙就是一而二、二而一的东西，是狼狈为奸的整体……这一个个金八都吃人，而一个个吃人的人都自吃，他们组成了一个整体，而这个整体就是一个自蚕自食的整体。

  白露，我做了一个可怕的梦。哦，可怕，可怕极了，啊，Terrible Terrible 啊，我梦见这一楼满是鬼，乱跳乱蹦，楼梯，饭厅，床，沙发底下，桌子上面，一个个啃着活人的脑袋，活人的胳臂，活人的大腿，又笑又闹，拿着人的脑袋壳丢过来，扔过去，戛戛地乱叫。忽然哄的一声，大楼塌了，你压在底下，我压在底下，许多许多人都压在底下……[①]

张乔治这个可怕的梦，就是这些人共同组合成的这个社会的写照。
  这一个个的人物组成了一个整体，同时这一个个人物彼此也就是相通的。我认为，过去我们更多地注意了他们之间的差别，而没有更多地看到，他们中的每一个其他的人物，又都是其中一个人物的必要的补充。黄省三是落魄后的潘月亭和李石清，潘月亭同时也是发迹后的黄省三和李石清，处在李石清的地位上，黄省三和潘月亭也将是现在的李石清。谁能说被陈白露戏称之为"老爸爸"的潘月亭就没有顾八奶奶那种卖弄风情的矫饰风骚的灵魂呢？谁能说他在年轻的时候不就是像胡四那样的花花公子呢？谁能说他要只是个茶房，不就是现在那个善于察言观色的王福升呢？同样，王福升的灵魂中不也有潘月亭的成分吗？他的老仆的精明也就是潘月亭进行商业投机、处理上下关系的那点精明。张乔

[①] 曹禺：《日出》，载《曹禺选集》，人民文学出版社，1965，第266页。

《日出》的结构和人物

治那点酸气里既有顾八奶奶的风骚、胡四的轻浮，同时也有潘月亭的铜臭气和骄横气、王福升的奴才气、黄省三的穷气、李石清的巧猾气，他宣扬着自己的博士、硕士的头衔和几个外文名词，就像顾八奶奶宣扬着自己的"爱情"、胡四宣扬着自己的"新衣服"、王福升卖弄着自己察言观色的本领、李石清卖弄着自己的聪明、潘月亭矜持着自己的财产一样。……总之，曹禺笔下的这些人物，不像茅盾《子夜》中的人物那样各自分立。在《子夜》中，吴荪甫当不成赵伯韬，也不会是"红头火柴"，他只能是他，连他的老子吴老太爷也不能取代他的独立性。而在曹禺的《日出》里，这些人物都是可以过渡的，严格说来，他们现在的自我已经包容着其他任何人的任何种表现，只是他们在自己特定的地位上，一些"才能"得到了表现，另外一些"才能"则受到了条件的限制，受到了环境的压抑，不得发挥罢了。不难看出，在曹禺这里，一个个具体的人物远不如茅盾《子夜》中那一个个人物有绝对独立的地位，更重要的是他们的整体的形象。这个形象是当时社会的形象，同时也是其中每一个具体的人物的完整的思想精神的形象，是金八这个抽象的象征性的形象。

了解了在剧中这个"横断面"上出现的各个人物之间关系的状况和性质，我们便会发现《日出》在具体结构方式上的一系列特征：首先，它在情节的纵向推进过程中有自然相续性的特征。它在幕与幕之间基本上保持着彼此渗透、没有转折性变化的状况，不但在地点上没有很大变化（第三幕作为一个特例，我们在下文还要做专门论述），在人物上也彼此没有很大差别，这样，作者有效地消除了读者和观众把各幕视作块状体的、彼此断裂的感觉，这同时也与作者不想在每幕特别突出某部分人物而抑制另一部分人物的印象相联系。例如第一幕出场的七个主要人物（陈白露、方达生、张乔治、王福升、小东西、潘月亭、黑三），都全部出现在第二幕里；第二幕新出场的五个人物（黄省三、顾八奶奶、李石清、胡四、李太太）没有任何两个同时上场，都是一个一个陆陆续续出场的。也就是说，任何一个陌生面孔出现的时候，台上的其他所有人物都已是观众或读者早已熟悉了的，因而这个陌生人物的出现并引不起整个剧情的全新变化，人们的感觉没有受到很大的刺激。第一幕最后退场的是方达生和潘月亭,而第二幕最初上场的则是王福升和方达生,不但两个都是在第一幕中早已出现过的人物,而且通过方达生把第一幕结尾和第二幕开头联系在了一起,使第二幕好像只是第一幕的未曾间断的连续过程。这个特点,在每幕之中表现得更加突出。在《日出》中,几乎没有几个人物同时上场或同时退场的情况,也很少一个退场和一个上场同时进行的情况,一般都是一个人物上了场,后来又有一个人物退出了场,上场和退场都引不起读者和观众多么明显的感觉。这样,场面在变换着,人物在变化着,但却没有断裂性的变化,每幕都是一个不间断的流动过程,各个人物和各个场面的人物对话都没有造成完全孤立于整幕的特殊强烈印象,而整体的印象却在各个零碎的印象中被积聚起来,成了压倒各个单个人物的更强烈得多的印象。

其次,矛盾斗争的随起随落、随开随合,没有渐次积聚起来而最后突然发生爆炸的具体矛盾斗争,是《日出》具体结构方法的又一个突出的特征。在《雷雨》中,每一个具体的矛盾斗争都是逐渐积累着并在最后才尖锐到发生爆炸的,而在《日出》中,最典型的外部矛盾斗争都是随起随落,迅速得到了弥合的。李石清对潘月亭的威力,以潘月亭答应升任他为襄理而随之平息了下去;潘月亭解雇李石清引起的李石清的愤懑,很快由于潘月亭濒临破产而使李石清得到了发泄。其中也有积聚着的东西,但那多不是具体的矛盾斗争,而是一种只作用于观众或读者情感或情绪性的东西。例如黄省三的命运,在剧中一直发展着,向悲剧性的结局推进,但这里却没有人与人之间具体矛盾斗争的渐次强化,黄省三不想向潘月亭或李石清做出报复性的举动;而陈白露的自杀在整个剧情发展中几乎没有任何痕迹,当她自杀时人们才知道她要自杀,而这时她却已自杀身死了,没有悬念,没有紧张的等待,好像轻而易举地便发生了;至于顾八奶奶的"爱情",更是个既"悲"又"喜"、亦"悲"亦"喜",引不起读者和观众的任何紧张情绪的情节。这样,剧中所有的矛盾斗争,都好像一滴一滴地滴入水中的墨汁,很快就消溶在了整体中,整体的颜色变得越来越浓,可一滴滴的墨汁却很快消失了。

没有阔大噪杂场面的铺排、同时出场的人物数量较少、涨落幅度不大,是《日出》具体结构方法的第三个突出特征。整个《日出》所要展

《日出》的结构和人物

示的是当时社会人生的全貌，但它却与老舍的《茶馆》不同，没有任何较为阔大的场面，没有喧闹嘈杂的人众，同时在台上的人物经常只有二三人或三四人。几乎没有静到死寂、乱到心焦的两极性场面。这说明曹禺要给我们造成的社会人生的整体印象只在感受中，而不在耳目前。亦即是它的精神，而不是它的外观。

二

在上一节，我们已经指出，《日出》中的金八绝不仅仅是像茅盾《子夜》中赵伯韬那样的一个具体的现实人物，它是一个更为抽象的象征性的力量，我们还从现象上描述了它在剧本的具体人物身上的投影，以及因此而产生的《日出》戏剧结构方式上的几个特征。在这一节里，我们必须进一步探讨金八到底是怎样的一种抽象的象征性的力量，因为不解决这个问题，我们依然不能更清晰地认识潘月亭、李石清、顾八奶奶这样一些现实世界中的人物，而不能更清醒地认识他们，也便根本不可能更准确地理解陈白露和方达生以及二人之间的关系。

在过去，我们除了把金八作为像赵伯韬这样的一个具体的现实人物之外，还更多地把他作为资本主义金钱势力的象征。我认为，这比前者更接近了问题的本质，因为曹禺所具体描写的这个世界确实是中国资本主义统治下的世界，引起他的创作感奋的现实，也正是这样一个现实。但假若更细致地思考下去，这样的概括也仍然是略显笼统的，因为事实已经证明，并非在任何情况下的资本主义的工商业的发展，都会产生《日出》中所具体展现的那种社会人生现象的，而似乎当时的曹禺也并不认为他所描绘的现实人生仅仅是资本主义历史阶段的特定现象。他作为《日出》总体观念的"天之道，损有余而补不足；人之道则不然，损不足以奉有余"便引自老子的《道德经》。在剧前的引文中，紧接老子的这段语录之后，接着是《新约》和《旧约》中的两段：

上帝就任凭他们存邪僻之心，行那些不合理的事。装满了各样不义，邪恶，贪婪，恶毒。满心是嫉妒，凶杀，争竞，诡诈，毒恨。……行这样事的人，是当死的。然而他们不但自己去行，还喜欢别人去行。

(《新约·罗马书》第二章)

……我的肺腑啊，我心疼痛，我心在我里面烦躁不安，我不能静默不言。因为我已经听见角声和打仗的喊声。毁坏的信息连绵不绝。因为全地荒废。我观看地，不料地是空虚混沌；我观看天，天也无光；我观看大山，不料，尽都震动，小山也都摇来摇去；我观看，不料，无人，空中的飞鸟也都躲避。我观看，不料，肥田变为荒地。一切城邑——都被拆毁。

(《旧约·耶利米书》第五章①)

这至少说明，曹禺不仅仅是把自己感受到的社会历史现象当作特定时代的特定历史现象的，他将之纳入到了一种更普遍的人类现象中做了更多的形而上的思考。如果说茅盾的《子夜》只能作为当时的特定历史现象的典型概括来阅读，那么，曹禺的《日出》同他的《雷雨》《原野》《北京人》一样，则同时应当作为时代的与超时代的、特定的与普遍的两种艺术概括来阅读。在这里，我们必须弄清这种超越于具体历史时代的思想精神内容是什么。

金八不是完全独立于剧中人之外的另一个人物，它就表现在剧中人物的身上。在这里我们需要问的是：到底是什么把潘月亭、李石清、黄省三、顾八奶奶、胡四、张乔治、王福升、黑三这些地位不同，身份不同，职业不同，性别不同，贫富不同，气质性格不同，年龄不同的人物连在了一起，使我们感到他们极不一致而又极为一致、极为相像的呢？我认为使他们在精神上极为相像、在形式上可以彼此过渡的主要特征是他们都是一些充满着单纯物质欲望的干渴的人，对人的整体存在缺乏任何真挚情感和热切关心的家伙。在他们之间，没有情感的黏合剂，甚至连任何种类的"情感的表现"都被用来作为争取个人物质欲望满足的工

---

① 曹禺：《日出》，文化生活出版社，1936，第1—11页。

《日出》的结构和人物

具,他们的哭和笑都是根据需要被随时调遣到脸上来的东西。他们平时便准备下了各种面部表情、各种语调和手势,预备好了打躬和作揖,预备好了微笑和痴呆,非常熟练地根据不同的对象和情景变换着。他们对人没有情感,单纯的物质欲望的干渴使他们像饿狼一样追逐着自己的猎物,而在同一个猎物之前,他们都发着訇訇的叫声,相互挤撞、撕扭、扑打、咬啮、残杀,并且极力把这一切放在微笑里和道德中。任何高尚的旗帜、道德的信条、时髦的词语、进步的口号都在这些满脑子"实践理性"的家伙这里变酸了,变臭了,成了他们达到自己卑琐、庸俗、狭隘物质实利目的的工具或武器。在这里,权力和金钱、金钱和肉欲实行着直接的婚配,没有领取过任何一张精神的和情感的结婚证书,获得了其中任何一个,也便同时获得了其他两个。获得者以主子自居,骄横跋扈,穷奢极欲,为所欲为,肆行无忌;未获得者便甘当奴才,卑躬屈节,溜须拍马,谄媚求荣。但不论外在如何表现,他们却都把周围的人当作自己的潜在的敌人,提防着,恐惧着,嫉妒着,讪谤着,在谄媚中怀着杀机,在吹捧时藏着嫉恨,一有时机便猛地扑过去扼住别人的喉头,恨不得把别人连骨头加肉都嚼烂吞下。他们从不考虑人类的存在,只有自己的存在,任何别人都是他们借以达到自己目的的桥梁,有利可图便甜言蜜语,无利可图便叱来咤去。他们从来不尊重人,不知道人的尊严,在狼面前他是羊,在羊面前他是狼,做狼做羊都是为个人。只要自己的物质欲望得到满足,他们便不会去创造任何有益于人和人类的任何财富。他们总是先设法去掏别人的腰包,以邻为壑,残害同类,剥夺弱者,去抢那些最易抢到的东西,对上用欺,对下用压,对同类软硬兼施,目的却只有一个——为己……这就是曹禺具体描写的现实世界的状态,而这千变万化、错综复杂的现象世界却只用一根绳牵着,这就是缺乏任何真诚的感情联系而只被物质实利的焦渴烧灼着的人的欲望。谁是金八?它,就是金八!

不难看出,潘月亭、李石清、黄省三、顾八奶奶、胡四、张乔治、王福升、黑三这些人物,不过都是这样一个金八的变形表现罢了。他们个个都是这样一个金八,但同时又都受着这样一个金八的控制和左右;他们害怕金八,害怕别个冷酷无情的物质欲望的大口把自己吞噬掉,但同时又离不开金八,因为他们自己也是充满着饕餮物质欲望的人,也对人没有,甚至也不能有真诚的感情。潘月亭是这个世界上的权力、金钱和肉欲的总化身,他有了金钱,也就有了决定黄省三、李石清、顾八奶奶、陈白露以及由他们连类在一起的所有人的命运的权力,有了占有陈白露的资本。但其他所有人的物质欲望也时刻威胁着他,李石清偷开他的抽屉,掌握他的经济情报,随时可以出卖他,把他从权力、金钱,肉欲的皇位上掀翻下来。他暂时获得了这个世界,但却无法获得这个世界的爱,因为他自己就从来没有爱过这个世界,爱过人,爱过人类。在这种情况下,他一面穷奢极欲地享受,以填补自己永难充实的心灵,一面则不能不时刻提防着周围的任何人,包括自己的奴才。当他被李石清扼住了喉咙的时候,他愤怒,他憎恨,他恐惧,他软弱,但他却不敢发怒,不敢反抗,不敢流露自己的恐怖、失望和颓唐,他必须笑脸相迎,像一个最下贱的奴才一样忍气吞声,步步退让,谄媚讨好。而一旦他摆脱了李石清的实际威胁,他便不管李石清给他卖了多少力,赚了多少钱,冷不防地就扑过去,紧紧扼住李石清的喉咙,绝不手软,毫不留情,一定要把他往死里掐,往死里咬。他和李石清的这两场戏,是《日出》中最惊心动魄的两场戏,但即使在这里,你死我活的斗争也是在彬彬有礼的形式下展开的,彼此用的是暗示,是隐语,是语调的微妙变化,是称呼的看来无意的更换,是一切一切最细微、最不易为人觉察的表情或动作。李石清也是一条狼,是并不比潘月亭善良的一条狼,但却不是一条老练的狼。他以为他已经懂得了狼的手段、做狼的理论,便可以成为一只狼,这是他幼稚的地方。因为真正的狼不是那些一看就像狼的狼,真正的金八是让人看不出是金八或让人看出了也对之无可奈何的人。李石清的失败是由于他的地位的不稳固,因此在这种情况下,他对妻子和儿子的关心便成了他不易摆脱的负累。必须指出,潘月亭一类人也并非不疼爱自己的子女,但即使这种疼爱也表现为尽量满足其物质实利的欲望,因而这种被视为人类天性或人类感情的东西,更无限地扇旺了他们的物质欲望的烈火。李石清的冷酷与他对孩子的爱几乎是呈正比例增长,但他的地位的不稳固性、物质上的匮乏使他难以像潘月亭对待他那样从容地对付潘月亭,当他急不可待地以饿狼的面目出现在潘月

《日出》的结构和人物

亭面前的时候,他却还没有潘月亭的膂力。他过早地让潘月亭注意上了他,而一旦潘月亭留意地对付他,他的失败也就几乎是难免的了。在一个没有人类爱而只有物质欲望的干渴的世界上,人不能成为弱者,因为只有弱者才更依靠感情的救助,他没有与别人可以交换的物质力量。一当失去了感情的救助,人们总是首先把攫取的眼光对向弱者的,因为在这里他们最易获得成功,而受到的反抗又是最微弱的。李石清了解这一点,所以他可以卑躬屈节,可以阿谀奉承,可以摇尾乞怜,但却绝不把自己真实的弱点暴露给别人。他隐瞒着自己的贫穷,隐瞒着自己内心的软弱,甚至连自己的真实感情也极力隐瞒着。可黄省三连这一点也无法做到了,他只剩下了实实在在的哀求和乞怜。顾八奶奶向胡四的乞怜有金钱做后盾,李石清向潘月亭的乞怜有他掌握的经济情报做后盾,而黄省三却是任何后盾都没有的,因而这种乞怜根本不可能有任何效果,他只有一步步迈向更深的悲剧深渊。但也正因为如此,他也不可能真诚地爱上这个世界,不可能爱他绝望地哀求着的一个个冷酷的主子。连王福升这个奴才也随意侮辱他,他必须忍耐这种侮辱,他又怎能爱上人类,爱上人类社会,爱上他周围的人呢?因而埋藏在他内心的依然是对人的憎恨。王福升永远挂着一副谄媚卑屈的面孔,但他对人的憎恨并不下于任何其他人,是他出卖了小东西,他对弱者的歹毒有时是甚于他的主子们的。他的主子们有更多的对象可以掠取,他却只能在极少的比他更弱小的人身上捞回他希望得到的一切,以补偿他在主子们面前长期感到卑屈的心灵。黑三的残酷更是有目共睹的,残酷就是他的职业,可以说他是用对人类的憎恨心为其主子服务的。

  脱离开情感联系的物质实利追求使人变得冷酷无情,脱离开真诚爱情的物性肉欲追求则使人变得虚矫无聊。在顾八奶奶这里,"爱情"成了"肉感"的同义词,因为她从来未曾真正爱过别的人,她只爱自己,胡四只是她满足自己的虚荣心和肉感欲望的物质实体而已。她对陈白露的艳羡,艳羡的只是陈白露的物质性存在,这反映着她自己的最高"理想"："你真是个杰作！又香艳，又美丽，又浪漫，又肉感。"①胡四同样是一个精神空壳，他依靠物质性的存在在顾八奶奶那里领取俸禄，又用这俸禄去满足他的物质肉欲，他同样是一个未曾体验过爱人感情的人。张乔治的心灵同样也是一个空洞。

《日出》发表之后，周扬曾这样批评这个剧作："《日出》里的人物……没有被某一主题的事件或一个主题的线索紧密地联系着。他们在金钱支配的世界里，七零八落，互相冲突，各自管着各自的生活。作者并没有照着社会层的斗争去描写他们。如果作者的兴味不只是'一两段情节，几个人物'，而要企图写一个整个的社会形态的话，那他的这个企图不能不说是并没有很好地完成。他关于这个社会形态，并没有给与一幅统一的图画，只绘成了一些鲜明的斑点。"②对于这个观点，我是极难赞成的。《日出》的优点同《雷雨》《原野》《北京人》一样，恰恰在于它们的统一性，它统一在金八手里，统一在不存在人与人的感情联系的焦灼的物质欲望的烈火中。

当我们更具体地阐明了金八这个抽象的象征性力量的较为具体的思想内涵之后，我们有必要再一次返回《日出》现实意义的层面上来做些考察。曹禺是从全人类的普遍意义的角度思考过他的剧本创作的，但他的具体感受又是面对十分具体的中国社会的。在这里，它便不能不带有民族生活的特定内容。部分中外曹禺研究者常因曹禺对外国剧作家的借鉴而低估了曹禺的创造性和他的剧作的民族性，我认为这是一个甚大的谬误。实际上，曹禺的四部戏剧杰作无一不具有十分独特的民族内容和鲜明的民族性特征，他从来没有简单重复过任何一个外国作家，他的《〈雷雨〉序》和《〈日出〉跋》是现代文学史上少有的杰出的创作论论文，它们说明曹禺的《雷雨》和《日出》是在真正的创造心境下诞生的，一个简单模仿外国剧作的作者是不可能写出如此深刻和具体的创作体验的。曹禺或许始终没有精确地说明过《日出》的独特民族性的内

---

①曹禺：《日出》，载《曹禺选集》，人民文学出版社，1965，第175页。
②周扬：《论〈雷雨〉和〈日出〉》，载《中国当代文学研究资料·曹禺研究专集》上，海峡文艺出版社，1985，第573—574页。

《日出》的结构和人物

容,但这绝不能说明《日出》便是对资本主义金钱势力的一般性揭露。它不同于契诃夫的《樱桃园》,不同于莎士比亚的《雅典的泰门》,也不同于巴尔扎克、左拉、狄更斯对资本主义金钱势力的描写,这不是异常明显的吗?我认为任何一个读者或观众都会实际地感受到它们之间的这样一个总体性的差别。在西方的同类作品中,资本主义的金钱势力是在无情冲击着传统封建道德的过程中迅猛发展起来的,资产阶级的伦理道德夹带着它的一切的复杂特征,它的优点和缺点、它的进步性和局限性、它的破坏性和建设性、它的兽性和人性、它的恶和善,一同浑然发展起来。这曾引起过西方现实主义作家的忧虑,但却没有令他们感到恐怖。老葛朗台(《欧也妮·葛朗台》)、拉斯蒂涅(《高老头》)、萨加尔(《金钱》),乃至于连(《红与黑》)、"俊友"(《俊友》)、渥沦斯基(《安娜·卡列尼娜》)这样一些人物,也与曹禺笔下的潘月亭、李石清、王福升等截然不同,曹禺笔下的资本主义的金钱势力是被直接植入中国传统封建伦理道德关系中的金钱势力,这种势力使传统封建关系发了酵,膨胀起来。曹禺在这样一个现实面前感到了恐怖,并且是真正的恐怖。

实际上,《日出》中的金八仅仅作为现实人物的金八才是全新的,而作为抽象的象征性力量的金八则是中国固有的。鲁迅曾经指出,中国大小丈夫们的最高理想便是"纯粹兽性方面的欲望的满足——威福,子女,玉帛"。在这种理想支配下,他们必然是"单有'我',单想'取彼',单要由我喝尽了一切空间时间的酒"。(鲁迅:《热风·"圣武"》)鲁迅便曾在这"无爱的人间"感到过真诚的恐怖,创作出了中国第一篇现代白话小说《狂人日记》。而到了曹禺这里,资本主义的物质文化涌进了中国都市,但它却更多地被传统的威福、子女、玉帛的理想接纳了下来,现代的掠夺方式与传统的封建理想相结合,撕下了传统社会伦理道德的温情脉脉的面纱,但里面的内容却发了酵,于是青年曹禺继鲁迅之后又重新感到了大恐怖。——我认为,这就是《日出》,这就是《日出》展现的那个现实世界的真实意义。

真正懂得了金八,我们才会真正懂得陈白露。

三

金八是纯粹物质欲望的象征，是"无爱的人间"的统治力量，而陈白露则是"爱"的象征，是"人类爱"的追求者。

我认为，迄今为止，我们并没有真正理解陈白露，我们往往是从方达生的立场上来理解陈白露的，而方达生恰恰并不理解她。

我们总说方达生的到来，唤醒了陈白露的良知，使她产生了从堕落中走出的新的力量。我认为这恰恰把问题弄颠倒了。方达生的到来并没有赋予陈白露任何新的思想力量，事实是陈白露一直期待着某种东西，方达生到来了，但直至最后，方达生使她感到失望，她平日的梦境破灭了，于是她再也无所期待，自杀了。

请看《日出》初版一开始曹禺写的关于陈白露的舞台提示：

陈白露走进来。她穿着极薄的晚礼服，颜色鲜艳刺激。多褶的裙裾和上面两条粉飘带，拖在地面如一层云彩。她发际插一朵红花，乌黑的头发烫成小姑娘似的鬈髻，垂在耳际。她的眼明媚动人，举动机警，一种嘲讽的笑总挂在嘴角。神色不时地露出倦怠和厌恶，这种生活的倦怠是她那种漂泊人特有的性质。她爱生活，她也厌恶生活。生活对于她是一串习惯的桎梏，她不再想真实的感情的慰藉。这些年的漂泊教聪明了她，世上并没有她在女孩儿时代所幻梦的爱情。生活是铁一般的真实，有它自来的残忍！习惯，自己所习惯的种种生活的方式，是最狠心的桎梏，使你即使怎样羡慕着自由，怎样憧憬着在情爱里伟大的牺牲（如小说电影中时常夸张地来叙述的），也难以飞出自己的生活的狭之笼。因为她试验过，她曾经如一个未经世故的傻女孩子，带着如望万花筒那样的惊奇，和一个画儿似的男人飞出这笼，终于，像寓言中那习惯于金丝笼的鸟，已失掉在自由的树林里盘旋的能力和兴趣，又回到自己丑恶的生活圈子里。当然她并不甘心这样生活下去，她很骄傲，她生怕旁人刺痛她的自尊心。但她只有等待，等待着有一天幸运会来叩她的

《日出》的结构和人物

门，她能意外地得一笔财富，使她能独立地生活着。然而也许有一天她所等待的叩门声突然在深夜响了，她走去打开门，发现那来客，是那穿着黑衣服的，不做一声地走进来。她也会毫无留恋地和他同去，为着她知道生活中意外的幸福或快乐毕竟总是意外，而平庸，痛苦，死亡永不会放开人的。①（着重点为引者所加）

在这时，方达生来了，她内心是喜悦的，关于"霜"的那段对话使我们看到了她内心那泓春水般的明净、澄澈的心灵，这是一个还未被她所处的社会环境污染了的纯真心灵，相形之下，方达生的心灵则是闭塞的、混浊的，他已没有童年的天真，没有青春的想象力。接着，陈白露悲哀地发现，方达生并不理解她，也并不真正地爱她，因为他并不知道爱情是什么。方达生是怀着居高临下的怜悯态度来向陈白露求婚的，说到底只是牧师救度众生那种恩赐的态度。严格说来，这不但不是心灵平等融合的那种真正的爱、真正的感情，而且在本质上也是自私的，是为了自身的道德心的平静。首先，方达生并不认为现在的陈白露是可爱的，反而认为她的行为是堕落的，他向她求婚并非因为爱这样一个陈白露，而是为了拯救她。他没有考虑到，在这样的一种结合中，他将陈白露置于了怎样一种卑屈的地位，而又把他自己怎样放在了施恩者的高度上。其次，方达生从来也没有试图真正理解陈白露，真正从同情陈白露的立场上思考她的处境、她的选择和她的心灵状况，他始终把自己当成完全道德的，用自己的标准衡量陈白露的行为，这是一种狭隘自私心理的表现。在这种情况下，他是不会真正理解陈白露，爱上陈白露的。即使在这时，方达生对陈白露的态度不是已经是十分武断的了吗？似乎陈白露的一切都已不必由陈白露个人安排，似乎陈白露只能无条件地服从他为她做出的选择，正像陈白露后来对他说的："你一进门就斜眼看着我，东不是，西不是的。你说我这个不对那个不对，你说了我，骂了我，你简直是瞧不起我，你还要我立刻嫁给你。还要我二十四小时内答

---

① 曹禺：《日出》，文化生活出版社，1936，第8—9页。

复你，哦，还要我立刻跟你走。你想一个女子就是顺从得该像一只羊，也不致于可怜到这步田地啊。"①

在这里，我们绝对不能站在方达生的立场上看待陈白露的道德和心灵。在方达生这样的人生旁观者看来，任何一个处在污浊环境中的人必然都是下贱的，不荣誉、不道德、不体面的，是精神堕落的表现，因而在他们的眼中，甚至连舞女、女电影明星、裸体模特儿、时装模特儿、女演员等等职业，就已说明了一个人的不道德、卑贱和堕落。正是这种观念，使方达生怀着拯救陈白露的目的前来向她求婚，也正是这种观念，使他在没有了解陈白露的内心感情之前，只看到她的生活方式和结交的人员，便本能地表示了对她的蔑视和厌恶。但我们却必须理解陈白露人生选择的意义和她做出这种选择后的内心情感，然后我们才有权利对她的道德和行为做出判断。站在岸边的评论是冷酷的，因为它不想理解人的具体命运和生存条件。

陈白露的家里穷下来，她独立走到社会上来谋生。她曾和一个诗人结婚，至今她还爱着他，但他却抛下了她。在那样一个没有爱而只有物质欲望的干渴的社会上，她陷入了一个怪圈：没有经济的独立，她便没有自己的独立地位。而要取得自己的生存权利和独立地位，她便必须以那个社会环境可以购买的东西去换取金钱。她慨然地对方达生说，对于名誉的看法，他们两个人是不相同的："我没有故意害过人，我没有把人家吃的饭硬抢到自己的碗里；我同他们一样爱钱，想法子弄钱，但我弄来的钱是我牺牲过我最宝贵的东西换来的。我没有费过脑子骗过人，我没有用着方法抢过人，我的生活是别人甘心愿意来维持，因为我牺牲过我自己。我对男人尽过女子最可怜的义务，我享着女人应该享的权利！"②更重要的是，她始终厌恶着她赖以生存的这样一个社会环境，她希求着人与人之间的真挚的感情，她得不到别人的爱，但她对人却始终怀着真诚的并且是平等的爱。在小东西撞入她的屋子之后，她从未因担心自己的安全而心悸，她这时完全沉浸在了对别人的关心和爱护之中

---

① 曹禺：《日出》，文化生活出版社，1936，第39页。
② 曹禺：《日出》，文化生活出版社，1936，第32页。

《日出》的结构和人物

了。她不因关心别人而自豪,但却在爱人中感到喜悦,说明她对人的爱是从自我的心灵中发出的。《日出》发表的当时便有一个外国学者说:"露露是一个美丽的完全的创造。"[1]我完全赞同他的观点。

方达生对她到底太重要了,她留下了他,希望他能够通过理解这个客观环境而理解她。但方达生最终也难以真正理解她,他关心的始终只是她的"道德",而不是她这个"人",她这个人的希望和追求,所以当他知道她不满这个环境,心里很痛苦,而她还在爱着那个诗人之后,他便没有什么心事了:"我可以不必时常惦念你了。"[2]在这时候,陈白露的一切幻想破灭了:"去吧!你们去吧!我知道我会被你们都忘记的。"[3]这是何等哀切的话啊!有的同志认为她向张乔治借钱没有借到是她自杀的一个重要原因,但我认为这是陈白露在绝望中向这个世界做的最后一个试探。张乔治是一直追求着她的,通过借钱最后证明了他也是没有实在的爱情的,他只是把她视作一个玩物。这样,她在这个世界上已经没有了任何生存的必要,她始终没有在人间找到过自己的"家",这只是她的"旅馆",现在她离开了这个"旅馆",回"老家"去了。

爱,感情,不能作为单方面的个体而存在,它需要不同个体间的呼应和交流。没有呼应和交流的单方面个体的爱只能成为"死火"(鲁迅:《野草》)。陈白露自杀了,她的死实际是爱之死,是感情的冷寂。

在陈白露自杀的时候,外面响起了打夯歌。在曹禺,是赋予了它以强烈的政治现实意义的,但我们却不能仅仅从现实政治意义来理解它,因为它在剧本中只是一种旋律、一种节奏、一种氛围。它没有告诉我们更多的现实内容,而主要诉诸我们的想象,而这个想象,我们是从剧作的实际演出中被唤起的。再者,《日出》的整体描写都必须将现实的与象征的统一在一起来理解,落得太实便会扼杀这个剧本的生命。假若从完全现实的角度,剧中那些人物的个个毁灭、整体垮落是根本不可能

---

[1] [美]谢迪克:《一个异邦人的意见》,载《中国当代文学研究资料·曹禺研究专集》下,海峡文艺出版社,1985,第4页。
[2] 曹禺:《日出》,文化生活出版社,1936,第271页。
[3] 曹禺:《日出》,文化生活出版社,1936,第272页。

的，因为即使是一个完全由兽性欲望组成的世界，它也会产生自组功能，潘月亭破产，将会有另一个准潘月亭的发迹而替补；黄省三发疯，将会有另一个黄省三代替他去当最低级的职员。陈白露死了，剩下的这个世界变得更统一了；"爱"毁灭了，物质欲望的权力更大了。仅就这个意义，《日出》中旧世界的灭亡由何而来呢？但我们不能这样理解它，我们只能说，物质欲望在没有爱的情感相生相济的情况下，将会毁灭每一个人的幸福，让每一个人都生活在恐怖之中，到那时，人们就会重新思考自己的存在，去寻找失去了的爱，去寻找逝去了的陈白露。由此可见，打夯歌与其被作为物质世界的存在，不如说是陈白露内心情绪的声响化，其中震荡着的是她至死未泯的憧憬和理想。这个世界不毁灭掉最后一点爱，是不会最终毁灭自己的；不毁灭陈白露，人们是不会感到陈白露的宝贵的。但既经毁灭，便有痛苦；既有痛苦，便有追求；既有追求，便有希望。"太阳升起来了，黑暗留在后面。但是太阳不是我们的，我们要睡了。"只有在这个意义上，陈白露的悲剧才是真正的悲剧，打夯歌所暗示出的希望才是真正的希望。

那么，打夯歌暗示着的理想世界是怎样一个世界呢？它实际便是陈白露憧憬着的那样一个世界，是与剧中现存的世界从性质上完全不同的一个世界，它是一个充满爱的世界。

四

曹禺在创作《日出》时，考虑最多的是结构问题，但我认为，它的最显著的缺点也恰恰发生在结构问题上。

在《日出》发表之后，谢迪克便曾说："它主要的缺憾是结构的欠统一。第三幕本身是一段极美妙的写实，作者可以不必担心会为观众视为淫荡。但这幕仅是一个插曲，一个穿插，如果删掉，与全剧的一贯毫无损失裂痕。"[1]对于这个批评，曹禺当时表示了反对的意见。对于曹禺

---

[1] ［美］谢迪克：《一个异邦人的意见》，载《中国当代文学研究资料·曹禺研究专集》下，海峡文艺出版社，1985，第5页。

的反对，我们完全可以理解。一、为写这一幕曹禺花费了很大精力，付出了很多牺牲；二、从当时演出效果看，这一幕最易引起当时观众的呼应；三、对其中描写的人物，曹禺怀着极深厚的感情；四、这一幕暗示了曹禺的政治倾向性，表现了他对最下层人民群众生活疾苦的关心和同情，在言论不自由的当时，曹禺更感到用这种形式表现自我内心倾向的宝贵；五、当时便有人从维护所谓社会道德的角度反对演出这幕戏，从这个角度，曹禺完全有维护这幕戏的必要。但我认为，上述原因在现在已经不复存在，我们已有可能更冷静地思考一下第三幕在整个剧作中的作用了。我觉得，谢迪克的意见到现在看来仍然是正确的。

我们先从纯形式的角度看一下它给全剧造成的美学效果。第一、二、四幕的地点、场景和人物都是大致相同的，第三幕不论在地点、场景、情调上都与其他三幕有了较大的差异。可以说，这种组合是在诸种组合中最不美的两种形式之一。如果我们把观众、读者直感的顺序变成一种有形的图形，它实际有类于下图：

第一幕	第二幕		第四幕
	第三幕		

它与下列一种结构形式的效果是相同的：

第一幕		第三幕	第四幕
第二幕			

这两种组合形式都使其中的一幕造成游离感，并且在整体上是一种不规则的、令人产生失重感和畸形感的形式。在四言诗中，有一、二对应，三、四对应形式；一、四对应，二、三对应的形式；四句排比的形式；第一句总领，二、三、四句并列的形式；一、二、三句并列，四句收束的形式；或四句递增、递减，皆不两两相同的形式。但只把第二或第三句孤立出来，就会造成全诗的不协调、不和谐，这与四幕剧之间的组合关系在本质上没有什么差别。我们不妨具体看一下

它们的组合关系：

1. ☐　　☐　　　　☐　　☐
2. ☐　　　☐　　☐　　　　☐
3. ☐　　　☐　　☐　　☐
4. ☐　　　☐　　　　☐　　☐
5. ☐　　☐　　　☐　　　☐

这些组合形式尽管各自的美学效果不同，但却都不给人产生不规则的、不谐和的感觉。

具体到《日出》中来说，第三幕的插入直接破坏了我们上面所说的各幕之间的自然相续的特征，它使一、二、四幕原本自然流淌的过程发生了两次断裂：二、三幕之间与三、四幕之间，这是断裂最多的一种插入方式。阿·尼柯尔说："在戏剧中，基本的整一性就是印象整一性。不言而喻，印象整一性是和古老的行动整一性紧密地联系在一起的，但是它的基本着重点却不是放在构思剧本时的创作过程中，而是放在整个剧本对一般观众的印象（即效果）上。"①曹禺创作《日出》时注重的便是剧本的整体印象，但必须指出，第三幕与第一、二、四幕给观众造成的整体印象便是截然相反的。这里有反复响起的乞丐的数来宝，有小孩的哭声，有对小东西的殴打，有脏话粗话，这里的刺激是外部的、肉体的、物质的，精神的刺激通过外部的强刺激而发生，而在其他三幕里外部的刺激几乎淡到无有，所有的刺激都是内在的，它破坏了整个剧作的印象的整一性。

---

① ［英］阿·尼柯尔：《西欧戏剧理论》，中国戏剧出版社，1985，第63页。

《日出》的结构和人物

有的同志可能认为我在这里陷入了纯形式主义的分析，我的意图恰恰相反，我认为这里的问题恰恰发生在曹禺创作思想的不统一上，他将自己思想上两个不完全相同的热点机械地统一在一起了。他对第三幕所描写的对象印象是强烈的，但这个印象与一、二、四幕所关注的重心是不同的。第三幕写的是劳动群众和底层群众的生活命运问题，而一、二、四幕写的则是中国社会的思想命运问题，这两个问题在剧中的关系并没有得到统一，曹禺简单用"损不足以奉有余"连在一起，但在一、二、四幕中的"损不足以奉有余"是因为一个统一的思想原因，即彼此都没有情感追求，都没有人间爱。而第三幕突出的则是有爱而无幸福的社会现实。这又具体表现在陈白露与翠喜两个人物的关系上。假若认为翠喜为家庭、为孩子而忍耐一切的人间爱是《日出》的人生理想，那么陈白露的悲剧意义便极大地被削弱了；如果认为陈白露必须追求真正的人类爱，人们不能再用所有的遁词而承认这无爱的人间的合理性，那么作者理应看到翠喜那金子似的心里是包含着他极难忍受的东西的。《日出》结构上的不统一，恰恰反映着曹禺当时人生观念上的不统一。

1988年11月5日于北京师范大学中文系
原载《北京师范大学学报》增刊《学术之声》第6期

文事沧桑话端木
——端木蕻良小说论(上)

一

中国古代有个成语,叫作"盖棺论定",说是一个人死了之后,人们对他也就有了一个相对固定的评价。这个说法,在中国古代,不是一点道理也没有的。在那时,能变的只是人,评价一个人的价值标准是不能变的。人一死,就变不了了,只要没有隐瞒起什么见不得人的事情来,人们对他的评价就不会有大的变动了。但到了现代社会,不但人会变,评价人的价值标准也会变,即使同样一个评论者,或因时势的变化,或因个人人生经历的变迁,评价人的价值标准也是常常变化的。这样,"盖棺论定"这个成语,就更不能成立了。

"盖棺论定"这个成语虽然难以成立,但是一个人的死对于人们对他的感受和评论还是有影响的。首先,这个人已经死了,他已经退出了现实社会的人际关系圈,无论说他好还是说他坏,他本人都已经不能做出相应的反应。想讨他的好的人在他那里已经得不到实际的利益,想伤害他的人也已经不能使他感到痛苦和悲伤,这就引起了评论队伍的变化。因与他这个人有关系的评论者渐渐少了下去,因与他这个人的事业有关系的评论者则渐渐多了起来。假若他是一个文学作家,因与他有人际关系中的恩恩怨怨的评论者渐渐少了下去，因与他的文学作品有关系的评论者渐渐多了起来。这也就不能不引起对他的评论的变化。中国的评论家好用一个人生前对他的评论和他乍死时的唁电、悼词、墓志铭、悼念文章做根据，实际上，那是些最靠不住的言论。在特别重视人际关系的中国社会里，就更是如此。真能说明一个人的，对于作家，是他的作品；对于政治家，是他的政治实践。当时人的态度只能说明他所处的现实环境条件，对他本人实际上是没有直接的说明意义的。其次，一个人到了死后，就有自己相对的确定性和完整性了。这种确定性和完整性，是以他自身为根据的，而不是以别人的评价为根据的。中国的研究者好说假如孔子活到现在会怎样怎样，假如鲁迅活到1949年之后会怎样怎样，假如胡风执掌了文化大权会怎样怎样，我们这样想想倒也无妨，但却不能作为评价孔子、鲁迅、胡风的根据。这类的话，是说给活人听的，而不是说给死人听的。我们常说"得杀杀某人的威风""得给某人鼓鼓劲"，因为语言可以起到影响活人的思想感情的作用。通过语言，刺激一下他的神经，他就会发生一些变化。我们可以利用语言的力量，使一个活人朝我们所乐意的方向发生变化。人死之后，这样的作用就起不到了，这样的话语也没有了自己的作用。在这时，评论已经不是评论者与被评论者的对话，而仅仅成了活人之间的一个话题。既然是话题，就要把这个人当作一个相对确定、相对完整的对象，而不能随意往他身上添加原本不属于他的东西。在这个意义上，一个人的死，也会影响到人们对他的研究和评论。

　　具体到一个文学作家，身死之后，通常会有四种不同的情况。一是生前红红火火，死后踪迹全无。这类的作家往往不是因为自己的作品而获得生前的社会声誉的。或因权大势大，或因腰缠万贯，或因人缘特好，作品一出，不愁没人喝彩。但是，人一死，茶就凉，吹捧他的人大都改换了门庭，即使还有少数人因惯性的作用说着他的作品，但也没有了当初的热情，久而久之，他的作品就没有人提了。当然，在漫长的历史上，还会有人在故纸堆中发现他的存在，并惊讶于他生前的荣耀，动了为他翻案的恻隐之心，但他的作品是经不起展览的，越展览越会让人感到他的浅薄无聊，所以往往是昙花一现，重新沉没到历史的地平线之下。只要我们翻开《全唐诗》《全宋文》一类的书，是不难发现这样的作品的。其二是生前或走红，或不走红，但人死之后，其作品还是有人去读的，但研究者却寥寥了起来。这类的作品，大都是因袭的、模仿的，与作者的人生经历和人生体验根本没有任何直接的关系，但他因袭的、模仿的还是一种有意味的艺术形式，读者读来还不是索然无味。对于研究者，情况就不同了。研究者研究的是一种有趣味的形式的开创者或集大成者，而不是它的因袭者和模仿者。这类的作品只能作为一个总名而存在，而无法分出这个作者和那个作者来，因为作者的人生经历和人生体验与其作品是没有不可分割的联系的。像才子佳人小说，像武侠小说，都是这样一些有意味的形式的总名。其三是身死之后，虽然没有了广泛的读者，但研究者对其还是有研究的兴味的，并因研究者的研究，他的作品得以持续的流传，虽然不热，但也不断。这类作家大都不是开风气之先的人，但他们的作品却不仅仅是因袭的、模仿的，而是与他的人生经历和人生体验有着直接的联系的。既然是自己的人生经历和人生体验的表现，就有为其他作品所无法代替的独立性，就有仅仅属于个人的艺术风格或艺术特色。对别人的阅读代替不了对他的阅读，对别人的研究代替不了对他的研究，虽然不是文学百花园中最艳丽的一枝，但却也是别有风味的一枝。像岑参，像高适，像贾岛，像孟郊，像俄国的迦尔洵、安特莱夫，像法国的勒萨日、巴比塞，虽非大家，但也有不俗的表现，也有自己作品的流传。其四是死后不但仍有自己广大的读者，也有自己不少的研究者。这类作家在生前是什么样子的，并不重要。或像曹雪芹，一生潦倒；或像李白，生前就有很大的文名。这类的作家大都不仅有自己的个性，其作品是自己人生经历和人生体验的结晶，并且其个性体现着一个时代的精神面貌，体现着一种普遍人性的需求。他们能触动一代代人的阅读兴趣，也能触动一代代研究者的思考热情，读者和研究者都能够借助他们的作品把自己尚处于朦胧状态的人生感受和人生体验明确化起来，强烈化起来，并用自己的人生经历和人生体验重新激活他们的作品。这类的作家给人以仰之弥高、钻之弥坚的感觉。他们的形象不是随着历史的发展越来越渺小，而是随着历史的发展越来越高大。我们中国的研究者常常有一种把所有人、所有文学作品平面化的意图，实际上，人类递代相传的发展方式本身，就是粉碎这种平面化意图的巨大力量。后代人永远不可能记住历史上的所有人物和所有文学作品，但他们又必须在接受前人文化成果的基础上继续发展。这就使那些对后代人的成长没有更大作用的人及其作品随着历史的发展逐渐向下沉落，而那些对后代人的成长有更大作用的人及其作品随着历史的发展逐渐向上升华，升华为后代文化的太阳。像屈原，像司马迁，像杜甫，像曹雪芹，像鲁迅，在当时的人看来都不像后来人看来那么伟大，但我们却不能说他们的伟大是虚假的。中国现代文学作品也在经历着这样的升沉变迁，它们不会永远停留在一个历史的层面和文化的层面上。

端木蕻良已经不在人世，作为一个人和一个文学作家，他已经有了自己的确定性和完整性。我们现在要谈论他，对他得有一个基本的定位。我认为，在上述四类的作家中，他基本上属于值得我们认真研究并在研究中认识他的作品的价值，使他的那些真正优秀的文学作品能够得到历史的承传的第三类作家。

我之所以把端木蕻良视为第三类值得认真研究的作家，是因为他虽然不属于像鲁迅这样能够体现一个时代最伟大的创造精神和最高的文化成果的作家，但他的作品也不是被人吹捧起来的。在生前，端木蕻良是一个有争议的人物，这对于他的亲友不是一件多么惬意的事情，但从我这个局外人看来，似乎也不是一件多么坏的事情。人生是有诸种矛盾的，坏人与坏人有矛盾，坏人与好人有矛盾，好人与好人也有矛盾。那些一生中也没有受到过别人公开的批评或攻击的人，反倒说明他已经被中国社会架到了一个非正常人的高度。端木蕻良不是圣人，自然有值得人挑剔的地方。有值得人挑剔的地方而有人挑剔他，说明他同我们平常人还是一样的，还有我们平常人所不能没有的内心的痛苦和忧愁。这就给我们分析研究他的作品提供了一个可靠的依据。文学艺术不是哄人的，而是实现人际间的感情和情绪交流的。它在何种程度上表达了自己内在的真实的生活感受和人生感受，直接标志着他的文学成就的大小。文学无标准，一个作家内在的心灵感受与他的作品的关系就是衡量他的作品成败得失的唯一标准。与此同时，他的作品也不是固有文学传统中一种有意味的形式或创作方法的机械模仿和简单因袭，他不是才子佳人派的小说家，不是神魔小说或武侠小说的作者，他所写的都与他的人生经历和人生体验有关。有关，就有独立性；有独立性，就值得研究。说到端木蕻良的独立性，我们不能不首先注意到他最早的一个短篇小说《母亲》，这篇小说的情节在他的第一部长篇小说《科尔沁旗草原》中也有描写。

《母亲》写的是他的父亲逼迫他的母亲成婚的故事。他的母亲出生在一个贫苦农民的家庭，他的父亲则是当地一个有权有势的大地主家庭的恶少。这次的逼婚造成了他的舅父一家与他的父亲一家的永结不解的仇恨，而他则是这个有权有势的父亲和出身贫贱的母亲共同生养的儿子。

在这里，重要的不是这个逼婚故事的本身，而是端木蕻良为什么写下了这个故事。

传统的逼婚故事是第三人称的，是站在被侮辱与被损害的被逼者的立场上揭露有钱有势的逼婚者的罪恶的。也就是说，作者与有权有势的逼婚者是不会发生任何连带关系的，通过这种方式，作者才能把自我同他所揭露的罪恶划清界限。端木蕻良则把这种第三人称的故事转移到第一人称的形式上来，公开指明逼婚者是"我"的父亲，而被逼者则是"我"的母亲，这就把小说叙述者同作者本人的关系拉近了，从而也把罪恶的制造者和罪恶的承受者都与作者本人联系了起来。作品中的"我"是一个怎样的人呢？他的存在，既是逼婚者的罪恶的产物，也是被逼者的屈辱的产物；既是贵族阶级骄奢淫逸生活的象征，也是贫苦人民被侮辱与被损害地位的证明；既是传统男性霸权主义的结果，也是女性被强占后的结晶。这一切都构成了他的记忆，也构成了他对自我的反思方式："我"是谁？我原来是这样一个人！

很显然，这是一个在关内接受了现代教育，接受了五四新文化的影响，感受到了现实社会的不平等、不合理，认识到压迫阶级罪恶的现代青年知识分子对自我的存在做出的一个现代性的反思，对自己未来人生道路所做的一个精神的许诺。他同情母亲的遭遇，同情穷苦人的命运，同情被摧残的女性的苦难。他虽然是父亲生养的儿子，但他拒绝父亲的权威；他虽然是贵族家庭的后代，但却憎恨贵族家庭的罪恶；他虽然是一个男性，但却厌恶男性霸权主义的作风。

文事沧桑话端木

《母亲》作为了解端木蕻良当时的思想倾向是重要的，但作为一篇小说却是不很成功的。他记述了这个事件，但却没有更充分地开掘这个事件，没有发现在这个事件背后蕴藏着的更丰富的人性意义。从"思想"上，作者揭露了"父亲"的罪恶，但在小说中真正富有传奇色彩、在读者心目中虎虎有生气的人物却也正是"父亲"这个人物。他敢作敢为，有手段，有魄力，不小气，不畏葸。就是他的权势本身，也并不是绝对令人厌恶的。"外祖父"这个人物是被作者所同情的正面人物，但这个人物却无法在读者的心目中站立起来。他在"父亲"的威迫下表现出了束手无策、无所适从的特征。人们可以原谅他，同情他，但却无法崇敬他。为什么呢？因为人在本能上就是渴求生命活力的，就是崇敬那些能够战胜困苦和灾难的人的。即使在传统的逼婚故事中，站立起来的也是像武松、鲁智深这样一些打抱不平的英雄人物，而不是那些在灾难面前唉声叹气的"老实人"。"母亲"这个人物之所以还能站立起来，正是因为她做出了为别人所意想不到的决定：她要嫁给这个逼婚者。假若作者不是停留在故事表面的意义上，他原本是可以发现这个决定的复杂性的。她当然是反感于"父亲"这种霸道的行为的，但她之做出这个决定绝非仅仅出于无奈。只要我们从一个少女的心理出发，我们就会感到，在整个小说中，真正表现出了对她的异性的爱的，对她的异性美的重视的，不就是这个不讲道理的"父亲"吗？也就是说，即使在这种男性霸权主义的作风中，"母亲"也能感到一种被爱和被重视的心理满足。所有这一切，都被作者的一种思想倾向遮蔽了，使这篇小说只成了一篇缺少人性深度的暴露小说。

显而易见，在《母亲》这篇小说里，作者在社会上接受的新思想是通过"恋母"情结而转化为自己真实的思想和感情的。他通过对母亲的同情，体验到对所有被侮辱与被损害的人的同情，而这种同情就不再是空洞的理念。我很重视端木蕻良的这种思想转换形式，我认为，任何的思想和理论，是必须通过个人的某种情结才能实际地转化为自己真实的思想和感情的。那种没有实现这种转换的思想或理论，始终只是别人的，它可以成为一个人应付外部世界的话语方式，但却无法成为一个人的真实的思想和感情，无法成为他血肉中的东西。端木蕻良这种转换形式也是典型的文学家的转换形式。鲁迅和胡适都接受了西方现代思潮的影响，但他们接受的结果却是大不相同的，鲁迅成了一个真正的文学家，而胡适却没有成为一个真正的文学家。我认为，这与他们接受外来影响的个人情结是有莫大关系的。鲁迅是在恋母情结的基础上接受了西方现代思想的影响，而胡适是在崇父情结的基础上接受了西方现代思想的影响的。鲁迅始终关切的是人与人的情感联系，是人的生命的需求，他要把自己塑造成像女娲那样的母亲的形象，创造生命，保护生命，发展生命，不惜牺牲自己而与戕害生命的强敌做殊死的战斗；而胡适关切的更是一个人的才能和"成功"，是外部世界的需求，他要把自己塑造成一个慈爱的父亲的形象，保护儿子，教导儿子，使儿子们获得像他那样的成功，但要给儿子做出榜样，就要爱惜自己的公众形象。但是，端木蕻良在《母亲》这篇小说中所表现出来的恋母情结，还仅仅停留在浅层次的心理空间，停留在同情母亲、憎恶父亲的简单模式中。他还没有意识到自我存在的特殊性。他像当时一般的进步青年一样，以为发现了贵族阶级的罪恶，就意味着自己不再是贵族阶级的成员；厌恶了男性霸权主义，就意味着自己不再是男性霸权主义者；反叛了父亲，就意味着自己已经不是像父亲一样的人。他并没有意识到，当他厌恶了贵族阶级的时候，他还是贵族阶级的一员；当他同情了女性的命运的时候，他还是一个男性；当他憎恨了父亲的时候，他还要继承父亲的事业。这里的区别仅仅在于，他陷入了更复杂、更深刻的矛盾之中，他必须在这种更复杂、更深刻的矛盾中重新选择自己，选择自己独立的人生道路。

当他在关内的政治活动中受挫，带着他在现代教育和现代文化中形成的新的思想理想重新回到科尔沁旗草原的老家时，所有这些复杂、深刻的矛盾都展现在了他的眼前。

我认为，这就是他的《科尔沁旗草原》产生的思想背景。

二

在过去，我们评论一部文学作品的时候，总是好说，作者给我们描绘了一幅什么样的历史画面，他的描绘是正确的还是错误的；他给我们塑造了一些什么样的人物形象，他对这些人物的态度是进步的还是落后的。好像我们的评论家心里早有了一个怎样描绘历史的标准，早有了一些描写人物的模式：工人什么样，农民什么样，知识分子什么样，地主、资本家什么样。但是，我们要问，既然这些我们都清楚了，我们还看这些文学作品做什么呢？我想，我们读人家的文学作品，就是有一些事情我们不知道，不了解，而总想从人家的文学作品中知道点什么，了解点什么。

作者想告诉我们他不能不告诉我们的事情。他不说，别人就不能理解，不能同情，他说了，愿意理解他的，就能够理解他、同情他了。当然，当文学成了一项社会职业之后，有些作家并不是非说不可、非写不可的，这样的作家有两类：一类是哄着我们玩的，一类是来教训我们的。哄着我们玩的作品，我们看过，心里高兴一阵也就行了，不必那么认真。认真了，反倒破坏了玩的心境，起不到玩的作用了。来教训我们的，实在太多了，我们的父母教训我们，我们的领导教训我们，我们的老师教训我们，社会上又平添了这么多作家，久而久之，我们就感到厌烦了。这类的作品是不会有长久的生命力的。作家想告诉我们的，得是为了获得我们的同情和了解。我们不能同情他，了解他，他感到很痛苦，很悲哀，精神上是孤独的。他们得表达，得说出来，得写出来，得让人感觉到他内心世界里的东西。我们也是希望同情和了解的，同时也有同情和了解别人内心世界的愿望。假若我们能够从他的作品中找到同情和了解，我们是乐意的；假若我们能够同情和了解作者，我们也是乐意的。所以，我们评论一部文学作品，首先要从对作者的理解开始，要首先知道他写了什么，为什么写，写的是不是他的真情实感。只要一个作家写的是自己的真情实感，并且把自己的真情实感有效地表现了出来，不论是写实的，还是想象的、幻想的，不论是叙事的，还是抒情的，它就是一部好的作品；假若他给我们编造的是连他自己也不会这样想、这样感的作品，他就是不希望我们理解他、同情他，我们在他的作品中也发现不了他对我们的理解和同情，它就不是一部好的作品了。

我们讨论端木蕻良的《科尔沁旗草原》，也应当从这里出发。

当我们能够设身处地地替端木蕻良着想的时候，我们就会感到，

《科尔沁旗草原》是端木蕻良当时心灵的真实写照：他用自己的心灵展开了这个广袤而又苍凉的科尔沁旗草原，这个广袤而又苍凉的科尔沁旗草原也以自己的形式展开了作者的心灵世界。

曹革成先生在其《〈科尔沁旗草原〉与〈红楼梦〉的创作比较》[1]一文中，曾多方面比较了这两部文学作品的联系，对于他的论述，我是基本同意的。但我认为，《科尔沁旗草原》与《红楼梦》的几个根本差别也是必须注意的。其一，曹雪芹是在根本失望于自己的旧家庭、根本失望于现实人生的基础上，怀着对社会天生的惶惑和不解而展开对这个贵族家庭、对这个世界的描写的；而端木蕻良则是在接受了五四新文化，有了更广阔的世界知识、有了更现代的社会理念和人生理念的基础上，从改造科尔沁旗草原、建立完全新型的社会关系和人际关系的角度展开对这个世界的描写的。在这一点上，端木蕻良更同于鲁迅，而异于《红楼梦》。其二，《红楼梦》所展开的这个世界，是一个从根本上丧失了生命活力的世界，但端木蕻良笔下的科尔沁旗草原则是雄浑的、充满生命活力的，作者在这个世界里感到的不是生命活力的缺乏，而是生命活力的浪费和邪恶的运用。即使对于这个贵族家庭的描写，作者也分明不是从简单暴露的意义上进行的，他描写了它的发家史，也描写了它的生命活力的衰竭。《红楼梦》描写的那个封建大家庭的衰亡几乎是不可避免的，它的衰亡就是《红楼梦》里的整个世界的衰亡，而端木蕻良描写的这个贵族家庭却是处在新的历史的转折点上，并且它的衰亡也并不意味着整个科尔沁旗草原的衰亡。其三，《科尔沁旗草原》中的丁宁与《红楼梦》中的贾宝玉属于完全不同的两类典型，贾宝玉是无材补天，并且也不以补天为念，而丁宁则是有材补天，并且以补天为念。贾宝玉是单纯的，丁宁是复杂的；贾宝玉身上缺乏英雄气质，丁宁则不乏英雄气质。我认为，只要意识到《科尔沁旗草原》与《红楼梦》的这些根本的差别，我们就会看到，《科尔沁旗草原》展开的正是端木蕻良当时真实的心灵和真实的人生感受。当端木蕻良这样的青年知识分子从现代教育

---

[1] 参见曹革成主编《雄浑与冷艳交错的文学——端木蕻良小说评论集》，北京出版社，2002。

中接受了新的思想影响，有了新的社会理想和人生理想以后，他对自己成长起来的那个世界将持有什么样的态度呢？他是想从根本上毁灭它呢？还是想用自己新的理念改造它呢？显而易见，他的第一个愿望就是想用自己的理想、自己的知识、自己的力量改造它。

正是改造它的愿望，在作者的心灵中展开了整个科尔沁旗草原的历史，展开了它整个的辽阔和雄浑。它们不再是作者的一些零星的回忆，不再是一些分散的事件和零星的传闻。他需要把科尔沁旗草原的整个历史都想个明白，把整个的科尔沁旗草原都看个清楚。正像五四新文化带来了中国先进知识分子对中国历史的整体思考、对中国社会的整体研究，平时各种分散的感觉被联合成了一个整体，各种零星的知识被有机地结构了起来。端木蕻良对科尔沁旗草原的历史感和现实感也正是在这种改造它的愿望中形成的。不难看出，正是在这里，产生了《科尔沁旗草原》的思想结构和艺术结构。毫无疑义，在端木蕻良思考自己的小说结构的时候，是受到马克思主义经济学说和阶级学说的影响的，是受到茅盾《子夜》结构形式的影响的，但端木蕻良结构《科尔沁旗草原》和茅盾结构《子夜》的方式还是有一个根本的不同。茅盾是外在于他所表现的世界的。他本人既不是金融资本家，也不是民族资本家；既不是工人，也不是农民。他不是立于《子夜》内部任何一个确定的位置上环顾《子夜》所展开的这个世界的，而是站在这个世界的外部，通过他从马克思主义理论学说中获得的社会历史理念组织起来的。端木蕻良的《科尔沁旗草原》则有所不同。早在端木蕻良接受马克思主义思想影响之前，科尔沁旗草原的历史和现实就已经进入端木蕻良的内心世界中，马克思主义仅仅提供给了他如何整理和组织这个历史和世界的方式，而没有从根本上改变他内在心灵中的这个世界。科尔沁旗草原的历史和现实既是一个外部的客观世界，也是端木蕻良内在的心灵世界，因为端木蕻良内在的心灵世界就是在感受和体验这样一个外部世界的过程中逐渐丰富起来的。他生在这里，长在这里，这个草原的一切不但构成了他记忆中的形象世界，也构成了他心灵中的情感世界。这两个世界是合二而一的，浑融一体的。我们完全可以说，这里的外部世界就是他心灵世界的形象，他的心灵世界就是这个外部世界的神经网络，没有作者情感和情绪的贯注，这个外部世界在作品中是活不起来的。作者就在《科尔沁旗草原》所展开的这个世界的内部，是在它内部的一个确定的位置上环顾这个世界并形成了他对这个世界的感受和体验的。

作者在《科尔沁旗草原》所展开的这个世界内部的什么位置上？他就在丁宁所处的位置上。端木蕻良并不完全等同于丁宁，但丁宁却是端木蕻良心灵世界的艺术展开形式，亦即他是通过丁宁表现了他当时的心灵世界的。

在分析丁宁这个形象时，我认为，人们很少注意到像丁宁这样从现代城市教育中接受了新的思想影响，而后回到自己家乡的青年知识分子自身的矛盾状态。当他在外地接受了新的思想影响的时候，他是作为整个民族、整个社会的改造者而意识自己的，但在这时，他在周围人的眼里还仍然是一个人，一个体现着他的故乡的特殊性的人。实际上他也确实是在他的故乡形成他的基本的人生观念和世界观念的，新的思想在这时充其量只是他反思自己和自己故乡的思维方式，是他确定未来人生道路的出发点。当他回到故乡，他是作为自己故乡的改造者而意识自己的，他是真诚地爱着自己的故乡并从故乡的整体发展来感受和对待故乡的人和事的。但在故乡人的眼里，他仍然是属于他的家庭的，他也确实是在他的家庭中形成了与其他故乡人不同的人生观念和性格特征的。他对故乡的整体关怀在这时充其量只是反思自己和自己家庭的思维方式，是他的新的人生追求的开始。我认为，在这里，我们可以回答《科尔沁旗草原》有关丁家家族历史描写的若干问题。首先，作者对丁家家族历史上的罪恶是有忏悔的，对受到这个家庭的欺压和凌辱的下层社会群众是怀着真诚的同情的，但这种忏悔绝非我们在后来发展起来的所谓站在被压迫、被剥削阶级立场上对这样一个家庭的绝对否定，这种同情也绝非像后来一些作品一样是把被压迫、被凌辱的社会群众就作为唯一正确的道德标准来加以表现的。在这里，还有一个谁能够成为科尔沁旗草原的主人的问题，谁能够把科尔沁旗草原改造成一个充满真正生命活力的世界的问题。不难看出，作者一旦回到丁家家族历史的描写，首先感到的是生存竞争的残酷，而在这残酷的生存竞争中，谁具有了生存竞争的智慧和力量，谁就能成为科尔沁旗草原的主人。丁家的发家史就是丁家

文事沧桑话端木

生存竞争的智慧和力量逐渐加强的结果,丁家现在的衰弱就是生存竞争的智慧和力量逐渐丧失的结果。在这里,端木蕻良的《科尔沁旗草原》同巴金的《家》也是不相同的,巴金的《家》是站在一个逃离了自己家庭的觉慧这样的青年的角度上看待这个封建大家庭的衰弱的,他并不想在这个家庭的内部来改造这个家庭,所以他并不必关心谁以及依靠什么来改造这个家庭,不关心这个家庭本身的生命活力问题。端木蕻良的《科尔沁旗草原》则不是这样。关于这一点,陈悦先生的观点是值得重视的。他说:

> 在丁家家族史的具体展开时,文本话语凸显的却是对生命的观照及生命的悲剧意识,阶级矛盾与阶级仇恨反而成为其中零星的点缀。[①]

> 丁家三代地主的奸诈、阴狠与凶顽,却并未淹没他们那开拓者的风范。整个这一章,阶级仇恨与盛世家族的豪气同时呈露于笔端。这些成功的创业者有控制大局面的才干,有运筹帷幄的算计,有镇定自若的信心。即使是风流成性、胆大妄为的三爷,也压抑不住奔放不羁、敢作敢为的野性与霸气。他们展示着丰厚的蓬勃的生命活力,及其向外极度张扬的态势。这是端木蕻良那颗"大的心"急欲收纳和赞赏的。[②]

端木蕻良否定的不是这个贵族家庭生命活力的本身,而是这种生命活力的具体表现形式。冷酷性与欺骗性是这个贵族家庭得以在生存竞争中获得胜利的基本原因,而在这里,也就同时意味着那些被侮辱与被损害的下层群众的怯弱和愚昧。在中国现代作家中,端木蕻良几乎是最重

[①] 陈悦:《瑰伟的英雄梦幻和悲抑的生命低语——端木蕻良小说世界精神透视》,载《雄浑与冷艳交错的文学——端木蕻良小说评论集》,北京出版社,2002,第124页。

[②] 陈悦:《瑰伟的英雄梦幻和悲抑的生命低语——端木蕻良小说世界精神透视》,载《雄浑与冷艳交错的文学——端木蕻良小说评论集》,北京出版社,2002,第124页。

视描写道教及其他神佛迷信活动场面的小说家,虽然他的描写有时带有累赘烦琐的缺点,但在端木蕻良所描写的那个世界里,这些迷信活动确实有着恍惚迷离的美感,而这个贵族家庭也正利用了这种文化形式实现着对社会群众的欺骗。这是科尔沁旗草原生活的一个特征。所以,端木蕻良同情这些被侮辱与被损害的社会群众,但却并不认为这些社会群众能够成为科尔沁旗草原的主人,能够给科尔沁旗草原带来新的生命活力。

司马长风先生在概括《科尔沁旗草原》这部小说的艺术风格时指出:"《科尔沁旗草原》的魅力,在于粗犷与温馨的对衬与交织,它一方面写大草原的野性,写杀人越货、奸淫、掳掠的土匪,写心如冷钢的大山,写粗鲁愚昧的农民;另一方面又写《红楼梦》式的、仆婢成群的府邸,写那些风月男女的旖旎缠绵,写眼似儿童、心如老人,思想如巨人、行动似侏儒的丁宁,写小姐、丫鬟们的燕语莺啼……从粗犷的荒野,进入温馨的闺阁,又从荡漾的春光,进入萧索的秋煞;像从现实进入梦境,又从梦境回到现实。《科尔沁旗草原》正具有这种勾魂的美。"[①]我们要问:这两种不同的艺术风格是怎样结合在一起的呢?如上所述,作者并不否定这个贵族家庭所体现的科尔沁旗草原的雄强的生命活力,但这种生命活力的具体表现形式却是冷酷的,它的冷酷性毁灭掉的是科尔沁旗草原的爱与美。科尔沁旗草原是有力的,但却是荒凉的、寂寞的、空阔的,它缺少人与人之间的爱,缺少富有爱意的美。丁宁对他的创业的祖先虽然怀有崇拜之情,但对他们践踏爱与美的行为却是反感的。这同时也意味着他们对女性的摧残和毁灭。他的贵族的祖先并不求取女性的爱情,而只是用权力和金钱占有她们的肉体。他们占有了女性的肉体,却无法获得她们的爱情,他们很快便会感到厌烦,随即将她们幽囚在内室,再去占有和掠夺其他的女性。而丁宁与他的前辈根本不同的地方则在于他追求人与人之间的爱,追求真正的爱情。正是在这里,端木蕻良展开了人与人之间情感关系的描写,同时也描写了那些被幽囚起来的贵族女性的各种性的苦闷和变态的性心理。从这里,我们也不难看出,丁

[①] 司马长风:《新文学史话》,香港昭明出版社,1978,第185—186页。

宁是与他的前辈有着根本不同的社会理想和生活理想的。作为改造者，他希求着、追求着生命的力量，但他同时也希求着、追求着与下层社会民众的平等，追求真正的爱情，追求美。

丁宁的悲剧也正在这里，这使他成了科尔沁旗草原上的一个"孤独者"。

如上所述，当丁宁这样的青年知识分子在思想和感情上发生了新的变化的时候，他在科尔沁旗草原上的归属实际上还是没有发生任何的变化的，他仍然属于这个贵族的家庭，而不属于整个科尔沁旗草原。这个贵族的家庭是把他当作自己的继承人而期待着的，而下层社会群众同样也把他当作这样一个继承人而警觉着和排斥着。这使他根本不可能成为整个科尔沁旗草原的拯救者，而只能作为这个家庭的继承人发挥自己的作用。他不再想用自己先祖的手段治理自己的家庭，不再想用冷酷和欺骗积累自己的财富，但他承继了这个家庭的事业，也承继了这个家庭与底层社会群众的矛盾，客观的情势逼迫他不得不使用与他先祖同样冷酷的阴谋手段对待反抗他个人意志的底层社会群众，这使他更深地陷入科尔沁旗草原传统的怪圈之中去。这是一个人生的漩涡，他不愿做的，偏偏做了；他愿意做的，偏偏做不到。他与他先祖的不同之处仅仅在于，他的先祖在使用这种冷酷的阴谋手段时是心安理得的，而他则是痛苦的，他在自己的奴才的赞扬和崇拜中感到的不是胜利的喜悦，而是失败的痛苦和精神的孤独。

在社会关系中是这样，在爱情关系中也是这样。他所爱的，是水水和春兄这样的女性，但这种爱，像花一样美，也像花一样无力。实际上，他对春兄的爱，只是一个理想，一个梦。它是神性的，但却不是人性的。它缺乏两性爱所不能没有的性本能欲望的基础。丁宁像是一架没有发动机的机器，总是点不起火来，总是开动不起来。这与他先祖的蓬勃的性欲和野性的占有欲望恰成一个鲜明的对照。三十三婶的引诱，是纯粹肉欲的，缺乏爱情的精神基础，缺乏美，同样无法发动起他的爱的热情。在这两个极端上，丁宁都无法获得灵与肉的满足。也正是在这种情况下，他像他的前辈占有那些他们希望占有的女性一样，占有了他原本不希望占有的灵子。灵子就是科尔沁旗草原上的袭人，她不是用爱情点燃了丁宁的爱情,而是用温顺接纳了丁宁的肉体,使丁宁在她身上实现了在春兄身上无法实现的性爱的满足。但是,在科尔沁旗草原上,连袭人这样的爱也是不被允许的,她惨死在这个贵族家庭的魔爪之下。

丁宁想做科尔沁旗草原上的"神",但他却成了科尔沁旗草原上的"魔"。

端木蕻良的研究者们常常说的是他的小说的两种要素:社会的表现和爱情的描写。但在《科尔沁旗草原》里,还有第三种要素,即丁宁的心理独白。时至今日,对《科尔沁旗草原》艺术上和思想上的批评大都发生在对这类描写的态度上。但我认为,正是这类的描写,才是《科尔沁旗草原》的生命和灵魂,是端木蕻良这部作品超凡脱俗之所在。在这部作品里,对于丁家家族史的描写是精彩的,但在前有曹雪芹的《红楼梦》,后有巴金的《家》的中国文学中,要说它这个主题本身有什么特别震撼人心的地方,实在有些过誉。它的爱情描写也是精彩的,但在中国文学中,并不乏爱情描写的圣手,它在这方面的描写相对说来还显得有些零碎,有些分散。而丁宁的心理独白,在心理展示的大胆和心理把握的深入上,则是很少有人能够企及的。

我认为,要理解《科尔沁旗草原》的这个特点,我们可以先从理解鲁迅的《在酒楼上》《孤独者》《伤逝》这类小说入手。

鲁迅是特别重视白描手法的运用的,但到了《在酒楼上》《孤独者》《伤逝》这三篇小说中,人物的内心独白则成了主要的表现手法。这里的原因是非常明显的。对于像吕纬甫、魏连殳、涓生这样一些通过学校教育或书本知识建立了新的社会理想和人生理想,但在社会上又无法实现这些理想的知识分子来说,仅仅从外部的言行是无法让读者完整地感受到他们真实的形象,也无法让读者真正理解他们内心的痛苦和挣扎的。在这时,也只有在这时,心理独白才正式成为中国现代小说区别于中国古典小说的一种重要的描写手段。它的性质不是浪漫主义的主观抒情,也不是现实主义的客观描写,而是对具有理性精神和自我反思能力的现代知识分子复杂心理状态的揭示形式,具有极鲜明的现代主义艺术特征。这种现代性的描写方式,也要求我们要用现代性的解读形式。对用大量心理独白的方式展示出来的人物形象,我们既不能像把握其他

文事沧桑话端木

人物那样仅仅用其外在的言行及其实际的行为效果判定他的性质和作用，也不能仅仅通过他思想中的任何一种倾向或这些思想倾向的总和把握这个人物的统一性。他们的统一性不是这些矛盾的本身，而是发生这些矛盾的原因。具体到丁宁来说，他的统一性不是他的尼采式的极端的个人主义，也不是他的托尔斯泰式的人道主义，甚至也不是个人主义和人道主义的总和，而是他想拯救科尔沁旗草原而不能的无可奈何。我们对丁宁的痛苦和绝望应该采取理解和同情的态度，而不能采取冷眼旁观的评判态度，更不能采取绝对的否定态度，因为科尔沁旗草原的新生恰恰就孕育在丁宁这种拯救和改造的欲望中，没有这种欲望，科尔沁旗草原就永远是过去那个雄浑但荒凉的世界，就永远是丁半仙、丁四大爷、丁大爷、丁小爷、三爷们的世界，甚至连这个世界也将被外来资本所吞没，导致科尔沁旗草原这个世界的根本毁灭。他是一个失败者，但我们不能埋怨他的失败，因为拯救和改造科尔沁旗草原的责任不应当仅仅由这个先觉者来负，他的失败的原因主要不在他的自身，而在整个科尔沁旗草原还没有自新的愿望和要求，还没有自新的基础条件。在这个意义上，是科尔沁旗草原毁灭了丁宁，而不是丁宁毁灭了科尔沁旗草原。我们说一部杰出的文学作品是为了告诉我们所不了解、不知道的东西的，是争取我们的理解和同情的。我认为，《科尔沁旗草原》让我们同情和了解的首先就是丁宁的矛盾和痛苦。离开了对丁宁的同情和理解，我们就不可能理解小说对整个科尔沁旗草原历史和现实的描写（因为小说对整个科尔沁旗草原的描写都是在丁宁这样的知识分子的感受和理解中展开的），更不可能理解《科尔沁旗草原》对丁宁这个青年知识分子艺术表现的力度和深度。只要我们对丁宁的现实处境和思想感受有着真正的同情和理解，只要我们并不想站在旁观者的立场上对丁宁这样有着新的憧憬和理想的青年知识分子进行思想的、道德的或精神的审判，只要意识到我们自己也不是振臂一呼的英雄和永远正确的圣人，我们就会看到，丁宁就是"五四"以后所有有追求、有理想的青年知识分子的象征，他的人生经历和人生感受，他的思想矛盾和精神痛苦，就是一代代现代中国知识分子的经历和感受、矛盾和痛苦。端木蕻良对这类知识分子表现的大胆和深入几乎超过了除鲁迅之外的任何一个人。他不是从西方输入的任何一个概念上表现这类的知识分子的，而是在他们的现实处境上描写他们的思想动态和情感趋向的。只有在这样一种现实处境中，他才深刻地揭示了中国现代知识分子自身的复杂性。西方的"主义"被输入进来了，他们开始用西方的"主义"改造中国，但不论他们信奉西方的什么样的"主义"，他们实际的思想倾向和情感趋向都是无法用这种"主义"本身来概括的。他们的理想，他们的憧憬，他们的孤独，他们的无力，以及所有这些的交错和互动，使他们的思想和感情只是由西方各种"主义"的碎片拼凑而成的。

虚无主义+利己主义+感伤主义+布尔什维克主义=丁宁主义

只要回顾一下从"五四"至今中国现代知识分子走过的各种历史道路，只要我们脱下各种思想的伪装，大胆直视一下我们自己的内心世界，我们就会感到端木蕻良对丁宁的描写是何等的大胆又何等的深刻啊！他比除鲁迅之外的任何中国现代作家都更为深刻地揭示了中国现代知识分子的思想特征，尽管这种揭示并不是那么自觉的。

科尔沁旗草原的历史造成了科尔沁旗草原的现实，科尔沁旗草原的现实造成了他的拯救者丁宁的矛盾——这就是《科尔沁旗草原》这部小说的整体思想结构；大跨度的激流式的历史回溯，散碎但却细致入微的现实关系的描写，丁宁这个人物突兀但却激越峻急、跌宕起伏的心理独白或心理分析，以及这三者的交织——这就是《科尔沁旗草原》这部小说的整体艺术结构。

最后，我们说说大山这个人物。

毫无疑义，大山这个人物的出现是与当时左翼文化思想的影响有直接关系的，甚至端木蕻良自己也是在有意识地描写阶级斗争的意图之下突出了这个人物的重要性的，但他在《科尔沁旗草原》这部小说中，却也有自己存在的自然基础和社会根据。在小说中，大山的存在不是以大山为根据的，而是以丁宁的感受和体验为根据的。他就产生在丁宁的矛盾中，产生在丁宁自我力量的缺失感中。在开始，丁宁是抱着改造和拯救科尔沁旗草原的雄心的，是对自己的才能和力量充满信心的，但当他实际地介入科尔沁旗草原的现实的人际关系之中，他就开始感到了自己的无力，他有了与他的先祖完全不同的人生理想和社会理想，但却因此而失去了他的先祖在生存竞争和现实斗争中的雄强的生命活力。在这时，也只有在这时，像大山这样的人物才出现在他的视野里，大山是作为他失去了的雄强的生命活力，而呈现出自己的独立性及其价值和意义的。大山不是底层社会群众的"典型"，而是从这个阶层中涌现出来的英雄人物。在这个意义上，大山这个人物虽然是虚构的，但并不缺乏生活的基础。他的基本特征是贫穷但充满自尊。他没有权势，但不屈服于权势；他没有金钱，但不崇拜金钱。他的力量来自顾惜尊严但不顾惜自己的生命，他是用生命维护生命的。这使他在个人与个人的比较中，有了较之不能不顾惜个人生命安全的富家豪门子弟所没有的个人魅力。他能够直面死亡，像传说中的刑天一样以乳为目、以脐为口，操干戚而舞，用生命本能的力量进行战斗。丁宁渐渐认识到，科尔沁旗草原未来的主人不是已经丧失了生命活力的他的贵族家庭的后裔，也不是只有美丽的幻想而没有实现这种幻想的实际力量的他，而是像大山这样仍然充满生命活力的人物。这使他产生了与大山联合的愿望。这种联合，实际上是理想与现实的联合（丁宁体现理想而大山体现现实），是思想与行动的联合（丁宁体现思想而大山体现行动），是美与力的结合（丁宁体现美而大山体现力）。但这种联合至少在当时的条件下是不可能得到真正的实现的。在过去，我们把大山就作为一个最完美的理想人物而感受、而分析，我认为，至少在端木蕻良创作《科尔沁旗草原》的时候，还不是把他当作可以独立支撑科尔沁旗草原的孤胆英雄而把握、而描写的。他的理想是丁宁与大山的结合，是大山对丁宁的理解。但是，假若大山没有向丁家进行报复的欲望，大山就不是大山；假若大山还是大山，他向丁家进行报复的欲望就是不可泯灭的，他与丁宁的对立就是不可化解的。历史积累了仇恨，仇恨制造着对立。

但是，丁宁的视野，包括当时端木蕻良的视野，也只能到大山为止。大山就是《科尔沁旗草原》的地平线。至于地平线背后的东西，是丁宁这个人物的视线所不能达到的，也是端木蕻良本人的视线所无法达到的。在《科尔沁旗草原》中，大山是个影子式的人物，但却是一个真实的影子，而在大山背后的"大老俄"、老北风、白老大、杨大顺这类人物，则成了影子的影子。作者在革命理念的怂恿下，常常想用场面描写的方式把他们拉到前台来，给予更具体、细致的描写，但这些描写不能不流于表面化和平面化，造成小说的沉闷和拖沓。要说败笔，这些地方才是《科尔沁旗草原》这部小说的真正的败笔。在某种程度上，对大山的描写也有过度张扬之嫌。

原载《中国现代文学研究丛刊》2003年第3期

文事沧桑话端木
——端木蕻良小说论（下）

三

《科尔沁旗草原》是端木蕻良作品中的《狂人日记》。

他埋葬了过去的生命，埋葬了过去的理想，走上了一条更现实的路。1935年"一二·九"运动的爆发，使他重新振作起来，去走他当时能走的路。

这条路就是融入关内文化，成为关内文化，同时也是整个中国现代文化的一员的道路。我之所以称端木蕻良这条道路是一条新的道路，是因为这是与他在《科尔沁旗草原》中所描写的丁宁的人生道路完全不同的另一条道路。在这条道路上，他所面对的世界是不同的，他在这个世界上应当扮演的角色是不同的，他所形成和发展着的思想倾向和艺术倾向也将是不同的。在《科尔沁旗草原》所展示的那条人生道路上，丁宁必须独立地面对整个世界，他不是成为这个世界的改造者和拯救者，成为这个世界的恩人，就是成为他的贵族家庭固有文化传统的继承者，成为科尔沁旗草原的罪人。他所接受的文化，他对科尔沁旗草原的感情，使他必须成为一个改造者和拯救者。而在这个改造者和拯救者的地位上，他不但需要列夫·托尔斯泰式的人道主义的大爱之心，不但必须站在与一切被侮辱与被损害者真正平等的地位上，同时也需要尼采式的超人的意志力量，需要成为科尔沁旗草原的"统治者"。而在这条新的人生道路上，他面对的已经不是科尔沁旗草原这个独立的封闭的世界，而是整个关内文化，整个中国文化（当时的中国文化是由关内文化体现着的）。在这个世界上，他仍然需要成为一个改造者和拯救者，但担当这个世界的改造者和拯救者的已经不是他一个人，而是与他有相近倾向的一批人。他与他们有着几乎相同的社会理想和人生价值标准，但彼此却有不同的人生经历和个性特征。所有这一切，都潜在地影响着他的思想发展道路，也影响着他的文学创作道路。

人生是微妙的，艺术也是微妙的，在人生道路上迈出任何微小的一步，他面前的世界都会发生一些意想不到的变化。当端木蕻良作为一个科尔沁旗草原的改造者和拯救者意识自己的时候，当他理所当然地应当作为科尔沁旗草原整体愿望和要求的体现者的时候，他恰恰失去了代表整个科尔沁旗草原的资格，而当他不再作为科尔沁旗草原的改造者和拯救者意识自己的时候，当他已经不是科尔沁旗草原整体愿望和要求的体现者的时候，他恰恰获得了科尔沁旗草原整体愿望和要求的体现者的身份和地位。这样一种变化是不难理解的。当他直接面对科尔沁旗草原而意图实际地改造它的时候，他是作为一个不同于科尔沁旗草原、背叛了科尔沁旗草原的固有文化传统的青年知识分子而出现在这个世界上的，他越是意图站在整个科尔沁旗草原的立场上改造这个草原，他与这个草原的距离就越大，也就越感到与这个草原的矛盾和对立，二者构成的是对立的两极，而不是一个和谐统一的整体。但当端木蕻良实际面对的已经不是科尔沁旗草原本身，当他开始以个人的身份实际地参与到由关内社会、关内文化体现的整个中国现代社会和中国现代文化中的时候，他才在这样一个社会上和文化中成了科尔沁旗草原的真正的代表，成了科尔沁旗草原文化传统的体现者。在这时，科尔沁旗草原文化传统不但作为他的地方性特征，同时也作为他的个性特征而被关内文化所容纳和接受。这正像一个中国学者在中国国内无论如何也无法成为整个中国文化的代表，而只能作为与整个中国文化相区别的一个个体或一个派别的代表而存在，但当他到了一个对中国文化极少了解的外国文化环境中，他反而具有了代表整个中国文化的资格，成了整个中国文化传统的体现者。

一个人在不同的文化环境中有不同的"身份"，这种"身份"不但是一个人在自己的文化环境中客观地位和作用的表现，同时还潜在地影响着一个人自我意识的形式，影响着他的人生观念和世界观念。在科尔沁旗草原上，他处在文化的中心地位，天然地是这个草原的主人，他在这个草原的地位是不需向别人证明也不必向自己证明的。他的理想就是科尔沁旗草原的理想，他是站在这个草原的理想的层面上面对这个草原的现实的，科尔沁旗草原的现实首先处在被否定的地位。在这里，他首先是一个浪漫主义者，他是从浪漫主义理想的高度俯视科尔沁旗草原的现实，从而也使他成了一个现实主义者的，只是在浪漫主义的理想同科尔沁旗草原的现实的碰撞中，在希望和绝望的纠缠中，他开始进入现代主义的精神境界。而在关内文化中，他是流浪到关内的一个关外人，一个从辽远、荒僻的文化低地进入原本由关内人构成的中国文化整体结构的一个"闯入者"。在这里，他处在文化边缘的地位，处在被上层政治统治者和文化绅士阶层觉察不到也不想觉察到的外层文化空间，处在科尔沁旗草原上的"大山"的位置，而不再是关内文化中的"丁宁"。他要像大山那样通过对主流社会及其文化的反叛而为自己开辟生存和发展的空间，也要通过像大山那样对主流社会及其文化的反叛而获得进入关内文化的入场券。在这时，发生的已经主要不是理想和现实的碰撞和对接，而是现实与现实的碰撞和对接，是科尔沁旗草原文化和关内文化的碰撞和对接。他是用科尔沁旗草原的文化传统赋予他的力量对关内主流社会及其文化进行反叛的，也是以这样一种力量获得同样反叛关内主流社会及其文化的关内边缘文化——左翼文化——的理解和重视的。也就是说，他反叛的已经不是科尔沁旗草原的文化，而是关内的主流社会及其文化，他的反叛的力量首先是从科尔沁旗草原的文化中汲取和发展起来的。在这种关系中，科尔沁旗草原的文化已经不是首先被置于否定的地位，而是被置于肯定的地位。作者与科尔沁旗草原的文化已经不是立于对立的两极，而是共处于与关内主流社会及其文化对立的另外一极。他所关注的已经主要不是科尔沁旗草原文化应被扬弃的东西，而是它自身所具有而在整个关内文化中相对缺乏的东西。这在"九一八"以后对自己家乡的沦亡怀着切肤之痛、主要关注着反侵略战争的端木蕻良就更是这样。我认为，只要认识到这个时期端木蕻良自我意识形式的这种内在变化，我们就能够理解他这个时期主要以科尔沁旗草原为背景或以类似于科尔沁旗草原的文化背景为背景的长篇小说《大地的海》和《大江》的总体艺术布局以及在这种艺术布局中所遇到的艺术难题。

我们首先说他这时遇到的艺术难题。

孔海立先生曾经对端木蕻良小说中的自我形象进行了系统的研究，他把《科尔沁旗草原》之后端木蕻良作品中的丁宁也作为他的自我形象[①]，我认为，这恰恰忽略了作者这时期自我意识形式发生的内在变化。《科尔沁旗草原》中的丁宁是作者的自我形象，即使对他的解剖也是端木蕻良的自我解剖，而在后来作品中的丁宁，则已经不是端木蕻良的自我形象——在关内文化中，端木蕻良和他小说中的丁宁已经分手，他们成了两个完全不同的人物。端木蕻良对丁宁的描写，已经不是对自我的描写。

他离开了丁宁，更离开了丁宁所承袭的他的贵族家庭的文化传统。我们分明看到，端木蕻良已经不再在自己家族的历史中挖掘科尔沁旗草原的生命力量，关于他家族历史的描写也在他的作品中消失了。

他在关内文化中已经不是丁宁，而是大山。《科尔沁旗草原》中的丁宁是把大山作为一种共建科尔沁旗草原辉煌未来的战友而重视的，而在这时，大山则成了科尔沁旗草原上独立飞翔的雄鹰，成了端木蕻良笔下唯一的理想人物，是作为与关内主流社会及其文化相对立、也与关内左翼作家笔下的艺术形象相区别的人物形象而出现的。他体现着端木蕻良的精神理想，也体现着科尔沁旗草原的独立特征。但是，大山这个形象在端木蕻良心目中的位置仅仅是在关内文化与科尔沁旗草原文化的对应关系中产生出来的，端木蕻良在关内文化中处于流亡青年作家的边缘地位，所参与的也是处于边缘地位的左翼无产阶级文化的阵营，他在意识层面完全接受了当时左翼文化的社会人生观念，在科尔沁旗草原上与之相对应的是大山，而不再是他原来的自己——丁宁。但是，直至那

[①] 参见孔海立：《端木蕻良和他小说（1933—1943）中的自我形象》，《中国现代文学研究丛刊》1999年第2期。

时，大山仍然只是端木蕻良观念中的人物，而不是他在科尔沁旗草原生活中朝夕相处的人物典型。他是一个真实的影子，但真实的影子仍然只是影子；他是科尔沁旗草原上的一只雄鹰，但这只雄鹰却始终没有飞翔起来。他在小说中仍然不能构成情节发展的推动力量。

也就是说，在端木蕻良这个时期的角色变化和思想意识变化的过程中，曾经给《科尔沁旗草原》带来思想深度的丁宁和给《科尔沁旗草原》带来历史阔度、社会阔度、情节发展的推动力量的丁家家族发展史，都已经在他的意识中，也在他这个时期长篇小说的艺术布局中滑落了出去，而他希望给科尔沁旗草原带来更耀眼的光辉的大山，却因为端木蕻良故乡生活经验的有限性仍然停留在一个影子的地位而无法成为他长篇小说艺术布局中的主体部分。

但是，端木蕻良笔下的科尔沁旗草原仍然是有活力的，这种活力来自哪里呢？

首先，来自科尔沁旗草原的自然景观。

假若世界上要有荒凉而辽阔的地方，那么，这个地方，要不是那顶顶荒凉、顶顶辽阔的地方，但至少也是其中最出色的一个。

这是多么空阔、多么辽远、多么幽奥渺远啊！多么敞快得怕人，多么平铺直叙、多么宽阔无边呀！比一床白素的被单还要朴素得令人难过的大片草原啊！夜的鬼魅从这草原上飞过也要感到孤单难忍的。

多么寂寥啊！比沙漠还要幽静，比沙漠还要简单。一支晨风，如它高兴，准可从这一端吹到地平线的尽头，不会在途中碰见一星儿的挫折的。倘若真的，在半途中，竟而遭遇了小小的不幸，碰见一块翘然的突出物，挡住了它的去路，那准是一块被犁头掀起的淌着黑色的血液的混凝的泥土。①

---

① 端木蕻良：《大地的海》，载《端木蕻良文集》第2卷，北京出版社，1999，第1页。

端木蕻良是个自然景物描写的专家，他的"雄放中和着一缕忧郁，辽阔中渗着一点哀愁"①的景物描写，至今震撼着中国读者的心灵。在这里，我们能够很清楚地感到，端木蕻良对科尔沁旗草原的整体印象，不是或主要不是从它的社会生活中获得的，而是从它的自然景观中获得的。它像一张地图一样铺展开了整个科尔沁旗草原，也铺展开了端木蕻良的全部故乡回忆。他的所有关于故乡的人和社会生活的描写，都力图纳入这个雄阔浩渺的自然景观中呈现出来，并且找到与之相应的规模和气氛。他有写不好人物的小说，但却没有写不好自然景物的小说。这是他从童年起就生活着的世界，是这个世界给他的第一个印象，从而也形成了他的主要的世界图式。它是清晰的，但又是神秘的；它是辽阔的，但又是苍凉的；它是气势磅礴的，但又是寂寞冷落的。说到底，这种印象实际是在自然生命力的蓬勃和人气的稀薄的双重因素的交织中形成的，假若我们置身在这样辽阔的大草原上，也会感到一种高耸的精神生命力的，同时也会有一种缺乏人与人之间情感交流的寂寥的感觉。这在千百遍的重复中强化了端木蕻良对科尔沁旗草原的印象，使他终生难忘，永不磨灭。当他进入现代的大都会，当他的故乡沦落为日本侵略者的殖民地，这种印象不但没有淡漠下去，反而愈加分明起来。对它的辽阔感愈加分明起来，对它的寂寥感也愈加分明起来；对它的亲切感愈加分明起来，对它的忧郁感也愈加分明起来。这两种不同情绪的强化将端木蕻良景物描写的兀突感和涡旋感加强到了常人所没有的程度，从而形成了端木蕻良景物描写的独立特色。这种景物描写的特点，不但在对科尔沁旗草原的描写中表现出来，同时也在《大江》中对"大江"的描写中，在后来的短篇小说中对湖泊、对海洋的描写中表现出来。实际上，在端木蕻良的笔下，草原、大地、大江、湖泊、海洋，都已经不是一种人物活动的背景，不是单纯的自然景物，而是这个现实世界的基本图式。它是整个现实世界的象征，是整个现实世界的原型。它不是美好的，但却是比现代的大都会更具有生命活力的世界。端木蕻良的景物描

---

① 赵园：《端木蕻良笔下的大地与人》，载《论小说家》，浙江人民出版社，1987。

文事沧桑话端木

写时时刻刻暗示着这样一种确信：未来的世界不是从资本主义的现代大都会产生出来，而是在这个充满生命活力的自然世界中产生出来；中华民族的危机，无法依靠现代大都会政治官僚和文化绅士的头脑得到克服，而必须依靠科尔沁旗草原这种原始的生命活力。在这里，透露着端木蕻良作为科尔沁旗草原人的骄傲与自豪，同时也表现着对关内软性文化的轻蔑和否定。

这样一个广袤辽阔的世界难道会是没有力量的吗？

端木蕻良的小说所力图实现的，就是要为这样一个世界图式找到与之相应的人的力量。

如上所述，在这个时期，端木蕻良已经不愿在他的贵族祖先那里去寻找科尔沁旗草原的前途，他的左翼的文化立场使他把目光主要转向了他的贵族家庭的对立面——贫苦农民。在这个范围中，他的经验世界里储藏最丰富的是像《大地的海》中的艾老爹这样的农民。

> 农夫有着和肩膀一样宽的灵魂，有时会寂寞的不着边际的哀伤着自己，有时又在毫无意义的做着愉快的大笑。对着生人，也怀着磅礴的热烈粗鲁，怀着父亲对儿子样密切的愿望，对着自己的亲人则反而像仇敌那样疏远着，因为他们不会在作态上表示感情，他们以为真实的感情是无须表现的，倘一表现便显得琐碎、卑下。年老的祖父，可以坐在篝火前和死去整整十年了的祖母，叨叨咕咕的谈上一个夜晚，而白发的外婆，在梦中，又会寂寞的"吹土"，第二天早起来对孙子唠叨："唉，真是土埋半截了呢！"[①]
>
> 有人曾到北国的旷野里，看见过一棵独生的秃了皮的大松树吗？要是给它起一个适当的名字，那就是艾老爹。
>
> 这树是很可怕的。春天，它是绿的。夏天，是绿的。秋天，依然是绿的。冬天，它还是绿的。风吹来，休想迷惑它摇曳一棵枝

[①] 端木蕻良：《大地的海》，载《端木蕻良文集》第2卷，北京出版社，1999，第3—4页。

条。雪来了,并不能加到它身上以任何的影响。它的哲学就是:重的就比轻的好,粗的就比细的好,大的就比小的好,方的就比圆的好,长的就比短的好。小鸟是不会落在它身上的,因为它不懂得温柔。在它整个的生命里,似乎只有望一下这草原就够了。除了空阔,它再不需要任何其他的东西。人们简直不知道它是怎样活过来的,而且为什么到现在还在活着啊!……而且居然是魔鬼一样的矫健啊!……①

这是多么有力的描写啊!像木刻一样,几笔下去,有棱有角,刀削斧劈般深刻。艾老爹这个人物的经历,也充满着奇诡的色彩,虽然作者并不把他作为科尔沁旗草原的希望,但对于这部小说,却是带来生命活力的因素。

端木蕻良不想把大山拉到他的小说的前台来,无疑这是聪明的,但他依然无法放下塑造大山这类人物的心愿。这里的原因也是很明显的,假若不暗示出大山的形象来,科尔沁旗草原的前途在哪里呢?端木蕻良的希望又在哪里呢?端木蕻良有很多地方接近鲁迅,但在一个根本点上却无论如何也不会与鲁迅"苟同":他没有鲁迅那么"悲观",甚至也不敢像鲁迅那么"悲观"。他像当时绝大多数左翼青年作家那样,总要塑造出能够体现或表现出他们的人生理想的现实形象来。《大地的海》中的"来头",《大江》中的"铁岭",就是作为成长中的大山这样的人物被塑造的。他像后来的路翎一样,总想在这样的农民身上,不但挖掘出反抗强权的物质力量来,还要挤压出他们体现时代脉搏的思想力量来。所以,我认为,这两个人物都是有一种挤压感。他们在其出发点上,都还是有自己的现实性的,作为一个艺术形象,也有一定的力度,但越到后来,他们的形象越趋于模糊,有点似是而非,有点扑朔迷离,让人感到难以把握。他们的难以把握,不是丁宁那样的难于把握,而是把原本明确的东西搞模糊了。像来头和铁岭这样从一个青年农民走上抗日道路、

---

① 端木蕻良:《大地的海》,载《端木蕻良文集》第2卷,北京出版社,1999,第26页。

文事沧桑话端木

成为抗日战士或抗日将领的人是数不胜数的，他们没有像端木蕻良笔下的来头和铁岭那样经历过那么些莫名其妙的思想纠缠。中国的农民很简单，他们并不思考什么人生的价值和意义，他们可以落入任何一种可能的人生状态之中去，并依靠他们的坚韧在这条道路上走下去。他们是按照"只好如此"的原则对待自己人生道路上的任何转变的。他们不是哲学家，不是政治思想家，他们生活在"生活的逻辑"中，而不生活在"思想的逻辑"中。在这两部长篇小说中，来头和铁岭都担任着第一主人公，这造成了大量生涩的描写和没有意味的客观过程的交代，影响了这两部长篇小说的思想和艺术成就。在这两部小说中真正富有传奇色彩并且生动丰满的不是这两个主要的人物，而是在《大江》中作为陪衬出现的李三麻子。

为了说清李三麻子这个人物，我们不能不提出这样一个问题：到底是谁体现着科尔沁旗草原的原始生命活力？是大山吗？是来头吗？是铁岭吗？不是！从大山、来头、铁岭这样的农民身上能够成长出体现端木蕻良当时所认为的先进思想力量来吗？不能！现代的思想力量是在丁宁这样的知识分子身上才能产生出来的。尽管丁宁是不可能将自己的思想理想贯彻到底的，尽管丁宁这样的知识分子在当时的中国社会是不可能具有改造现实的稍微大一点的力量的，但新的思想理想和社会理想仍然只能在这样一些知识分子身上才能够产生，而不可能在大山、来头、铁岭这样的青年农民的身上产生。思想，借助的不仅仅是经验，更是一种思维形式。没有一种新的思维形式，没有一种能够穿透经验层面现实人生的理性思维能力，不在比现实经验更广阔的全部社会联系中，不在比现实经验更长远的历史变迁中，就不可能产生超越于自身文化传统的新的社会理想和人生理想。当丁宁产生了改造科尔沁旗草原的愿望后，首先考察的是科尔沁旗草原的整个历史和整个社会，他通过这种历史的考察和整个社会的考察，获得的是与大山、来头、铁岭完全不同的体验和感受。他看到的不仅仅是斗争，还是为什么而斗争；他看到的不仅仅是缺乏原始生命力的一面，还是缺乏人与人之间的爱和同情的一面。丁宁的弱点不是思想层面的，而是实践层面的。他没有实践的力量，也没有实现的可能，但我们却不能说他是没有新的社会理想和人生理想的。大山、来头、铁岭则没有产生丁宁这样的思想的可能性。端木蕻良企图通过他们实际的人生经历和斗争经历悟出一种属于现代社会的革命思想来，这是根本不可能的。他们无法超越于他们自身的狭隘的生活经验，也就无法产生超越于自己的文化传统的新的社会理想和人生理想。他们只能是某种过往典型的历史重现。实际上，像大山、来头、铁岭这样的反抗农民，在中国的历史上存在了两千余年，他们的斗争经历和斗争经验一点也不比大山、来头、铁岭这样的人物更少，但他们并没有在反抗压迫的斗争中形成新的思想理想和社会理想。当然，这并不是说他们是没有自己的历史作用的，特别是在反侵略的战争中，他们的实际作用理所当然地超过像丁宁这样的知识分子。但他们的作用不是来自他们的思想，而是来自他们原始的生命活力。而只要认识到这一点，我们就会发现，大山、来头、铁岭就其实质仍然只是李三麻子这类的人物，并且在其人生观念的透明性上，在其特征的鲜明性上，在其性格的朴素、单纯上，他们则远远不如李三麻子这个艺术的典型。端木蕻良在他们身上寄托了太大的理想，反而把这些人物压垮了。端木蕻良没有在李三麻子身上寄托太多的理想，他实实在在地依靠自己对这类人物的实际感受和了解，反而把这个人物写活了。我们谁都不会将他误解为一个圣人，谁都不会把他当作一个理想的人物形象，但也正因为如此，读者感到他比大山、来头、铁岭都更加亲切和可爱。

端木蕻良在写作《科尔沁旗草原》的时候，在理性上用的是马克思主义的经济基础的理论，从经济的角度，他建立起来的是《科尔沁旗草原》那样的思想的和艺术的框架。在那个框架里，他没有也无法将他的贵族发家史排除出去。这正像在茅盾的《子夜》里，吴荪甫不能不占据着小说的中心地位。茅盾意欲证明吴荪甫的无力，但只要作家关注的是中国现代的经济发展，他就无法摆脱开吴荪甫的阴影——中国现代的经济独立和经济发展是离不开像吴荪甫这样的民族资本家的。但到了端木蕻良的《大地的海》和《大江》中，作者关注的是中华民族的军事危机，是中国现代的反侵略战争，并且是当下的具体的抗日战争的胜利。经济的分析已经没有多少重要的作用，社会的分析才是唯一重要的。而只要我们从社会分析的角度，我们就会看到，李三麻子这个人物较之来头、铁岭乃至大山都是一个更有光彩的人物。只有他，才是当时科尔沁旗草原上的"当代英雄"。

科尔沁旗草原上的抗日，不像波兰、希腊等弱小民族在近现代历史上进行的反侵略的民族战争，也不像俄国反对拿破仑入侵的卫国战争、美国反对英国殖民军的独立战争，前者是本民族贵族阶级领导的争取民族独立和民族解放的斗争，后者则是国家对国家的战争。科尔沁旗草原上的抗日则是在中国政府默认了日本占领东北三省的事实之后在没有一个统一的贵族集团领导的情况下自发产生的一些抗日斗争，后来逐渐发展起来的抗日义勇军也是在这些自发的抗日斗争的基础上逐渐发展起来的。在这时，除了日本侵略者之外，科尔沁旗草原上还存在着四个主要的社会阶层：官、绅、匪、民。这时的"官"，已经是日本侵略者的"官"，是为维护日本侵略者的政治、军事统治服务的；这时的"绅"，是受到日本侵略者政治、军事政权的保护，同时也支持着日本侵略者政治、军事统治的；这时的"民"，不论愿意还是不愿意，都必须顺从日本侵略者的政治、军事统治，是日本侵略者眼中的"顺民"；只有"匪"，是与日本侵略者的政治、军事统治发生着公开冲突的一个社会阶层。在原来的"官""绅""民"中都可能产生公开反抗日本侵略者政治、军事统治的爱国者，但在这时，他们的具体身份也不再是"官""绅""民"，而是具体表现为"匪"。在原来的"匪"中，也有一部分成了日本侵略者政治、军事统治的力量，但在这时，他们的身份已经不是"匪"，而是日本侵略者的附庸，是日本侵略者的军事力量。所以，一旦科尔沁旗草原面临的是反抗外国军事侵略的任务，"匪"的作用就是十分重要的了。我们中国知识分子向来是歧视"匪"、憎恶"匪"的，但因为我们是按照和平的要求被塑造出来的，而不是按照战争的要求被塑造出来的，所以到了战争的时期，我们这些知识分子就走不到"时代的前列"了。在战争之前或战争之后，我们最重视的是"民"，但我们的"民"则常常是"顺民"，在中国人的统治下是"顺民"，在外国侵略者的统治下，只要没有被逼到走投无路的地步，没有被逼为"匪"，他们仍然是"顺民"。在这时，倒是平时被我们瞧不起的"匪"，成了中华民族脊梁式的人物，成了那个时代的"当代英雄"。

"匪"有"匪"的人生态度和人生观念。他们的人生观念不是从人类文化中产生的,而是从人的本能需要的基础上产生的。本能,是不受任何社会规则约束的,既不受本民族统治者制定的社会规则的约束,也不受外族侵略者制定的社会规则的约束。他们无所依靠,因而也无所顾忌。"官"压他,"绅"怕他,"民"躲他。他们从"官""绅""民"那里得不到关怀和支持,也得不到奖赏和荣誉,他们自然也不会为"官""绅""民"的社会着想。他们不需要文化的修饰,没有固定的伦理道德规范,也没有人类文化赋予他们的人生理想和社会理想。自己活着,自己活得痛快,既是他们的最低纲领,也是他们的最高纲领。"活着就是这么一回子事,谁能活,谁就是英雄。""利己,我没有不赞成的……再不然,损人,利己,比如抢人,我也干,我人是老粗,从小惯啦,喜欢这一手。既不利己又不利人这一门,我看不惯,他妈的,你说可也怪了,我天生成,就看不起这一道……""不做无益之事,不做无味之事"[①]是他们的座右铭,是他们的为人处事的基本原则。但也正因为如此,他们并没有瞻前顾后的毛病,他们整个的生命都活在当下的情景中,饿的时候想的只是找食吃,渴的时候想的只是找水喝,在战争中,想的只是战争。对于他们,打仗不是为了另外一个目的,不是为了升官发财、光宗耀祖,也不是为了建功立业、名垂青史。打仗就是他们的生活方式,打仗为活着,活着为打仗。不难看出,这样一种人生态度和人生"观念",在严峻的战争年代,在中华民族面临着日本帝国主义的军事侵略的时候,是比中国社会"官""绅""民"各阶层的传统的人生态度和人生观念都更富有魅力的。实际上,李三麻子体现的就是人的生命本能的力量。在外国侵略者的军事侵略面前,中华民族进行的是生命的战斗,是保卫本民族基本生存权利的斗争。这种斗争,依靠的不是文化,不是理想,甚至也不是脱离开生命本能需要的所谓现代理性,而是一个民族的求生本能和自由意志。一个民族有自己的求生本能和自由意志,就有反侵略的斗争;一个民族连自己的求生本能和自由意志都丧失

---

① 以上均引自端木蕻良:《大江》,载《端木蕻良文集》第2卷,北京出版社,1999,第438页。

了,这个民族就会甘愿做外国侵略者的顺民和奴隶。在现代思想理念上,汪精卫、周作人都是比李三麻子这样的"土匪"更健全的人,但他们却缺乏独立的求生本能和自由意志。正是在这样一个意义上,在当时的中国,李三麻子这样的人物及其人生态度、人生观念具有了夺目的光彩。端木蕻良是从科尔沁旗草原上走出来的青年作家,他有着对这样的人物的真实的感受和记忆。他的家乡的沦陷,他对家乡命运的真切的关怀,使他关心的不再是"思想""品德""世界观""人生观"这些纯粹理念中的东西,而是实实在在的抗战,实实在在的抗日斗争。这使他不能不暂时放弃知识分子的倨傲,把李三麻子这样的人物及其人生态度、人生观念推到历史的前台来。这个人物形象的过人之处,在于作者不是站在否定和批判的立场上讽刺、挖苦李三麻子和他的人生态度及人生观念,而是带着一种隐然的肯定和赞许。他没有把李三麻子作为圣人来歌颂,但也没有把他当作坏人来否定。与此同时,端木蕻良笔下的这个人物也不同于沈从文笔下的同类人物,他不是仅仅从超时代的人性的层面上肯定李三麻子及其人生态度和人生观念的,而是在社会历史的层面上,在中国反侵略战争的需要上予以肯定的。

我们说科尔沁旗草原充满着原始的生命活力,李三麻子实际就是科尔沁旗草原原始生命活力的社会表现。在《大江》中,李三麻子这个人物形象是与作者对"大江"的景物描写遥相呼应的,它们都给《大江》这部小说带来了生动的气象和艺术的力度。李三麻子的人物语言与端木蕻良景物描写的语言一样,是他的文学语言中最富表现力的部分。但端木蕻良没有把李三麻子提高到这个人物所应当具有的高度。他想用对来头、铁岭这样一些人物的描写弥补李三麻子这样的人物的不足,反而给小说的创作带来了驳杂和沉闷。我认为,即使将来头、铁岭这样的人物塑造得更成功一些,他们也只是《水浒传》中的林冲一类的人物,而李三麻子则是《水浒传》中的武松和鲁智深。林冲的意义在其过程,武松、鲁智深的意义在其性格,很难说林冲就是比武松、鲁智深更完美的人物典型。

就其思想挖掘的深刻性和艺术表现的完整性,《大地的海》和《大江》远没有达到《科尔沁旗草原》的水平。

四

《大地的海》和《大江》是从端木蕻良的故乡记忆中选取题材的，《新都花絮》则是在他的现实生活的感受中选取题材的。

在对端木蕻良小说的研究中，研究者似乎都对《新都花絮》没有更高的评论热情，其中一些研究者则公开表示了对这部小说的描写感到难以理解。我则认为，《新都花絮》不论在其人性表现的深刻性上，还是在其艺术描写的精细性上，都是一部较之《大地的海》和《大江》更优秀的作品。

我认为，要感受和理解《新都花絮》的意义，我们得透视到端木蕻良内心的秘密。

《科尔沁旗草原》不但给端木蕻良的文学创作画上了一个分号，同时也给端木蕻良的生活画上了一个分号。从此之后，尽管他以一个科尔沁旗草原代表者的身份出现在关内社会中，但他实际已经不是科尔沁旗草原的一员，而成了关内社会的一分子。他生活在关内人的世界里，并且也以关内社会人的生活方式生活着。在其外在的标志上，他与多数关内人已经没有任何的差别，他也被自己周围的人视为与自己相同的一个人，与他进行着各种形式的交往。在这时，抗日战争爆发了，国民党政府放弃了先安内而后攘外的政治主张，正式对日宣战，并且号召全民抗战。在我们关内知识分子的眼睛里，出现了一个全民抗战的热潮。全国人民的抗战热情空前高涨，全国人民的抗战决心十分坚定，抗战的宣传空前热烈，抗战的活动空前频繁，我们也把抗战胜利的希望寄托在这种空前高涨的抗战热情上。所有这一切，作为一个流亡关内的东北知识分子，端木蕻良都不能不感到高兴，不能不表示支持，不能不积极地参加。但是，面对所有这一切，这个从东北流亡到内地的青年知识分子端木蕻良，还会不会有与我们并不完全相同的感受呢？

在这里，我们得知道，端木蕻良虽然早已成为我们关内文化的一员，虽然在表面上已经与我们没有任何的差别，但他依然与我们是不同的。这里的不同，至少有两点，一是实际处境的不同，一是基本文化心理的不同。在实际的处境上,端木蕻良是一个早已失去了自己故乡的人,虽然随着在关内生活时间的延长,故乡的记忆已经被现实生活的印象埋藏起来,但他却绝对不会完全忘却它的存在。故乡沦陷的隐痛是我们看不到的,但他自己却是能够时时感受得到的。在基本文化心理上,他也仍然是一个东北人,虽然他以关内文化的方式与我们交往着,联系着,不愿也不能将自己的喜怒哀乐完全公开表现出来,但作为一个东北人的基本性格特征,作为一个东北人感受人、感受社会、感受世界的方式,却是不可能完全改变的。逄增煜先生在其《日神文化与东北作家群的创作》中曾说:"东北先民的日神崇拜及日神文化精神——追求火爆热烈,在严酷的生存环境和压力面前终不退缩,而是以太阳般的激情积极忘我地投入和搏战——一直是东北大野的精灵,千百年来始终伴随着融进东北生民的生产生活方式和民风民俗而流传不息,并构成一种集体无意识和文化无意识,潜移默化地渗透、积淀在一代代东北住民的心理结构中。"[①]假若我们能够意识到端木蕻良当时的内心隐痛和他的东北人的这种基本性格特征,我们就能够意识到,他看待我们的方式与我们自己看待自己的方式是有很大不同的。我们完全能够相信,当抗日战争爆发的初期,当国共再一次合作联合抗日的时候,全国的抗日情绪是异常高涨的。我们不但情绪高涨着,同时也相信这种高涨是真诚的——我们没有理由不相信我们的真诚性。但是,我们的抗日热情很可能与端木蕻良的有点差异,即端木蕻良当提到抗日时可能高兴不起来,而我们当提到抗日的时候可能是非常高兴的。端木蕻良内心有着一触即疼的东西,我们内心可能并没有这种东西。我们必须看到,在我们关内的文化中,在我们关内文化体现着的中国文化中,有一种狂欢仪式一类的传统。我们平时的生活是艰难的,我们平时内心有很多痛苦,但我们隐忍着,迅速地忘却,迅速地平息,并被其他的印象所冲淡,但当遇到一个群体共同认可的场合,或是春节这样允许高兴的日子,或是葬礼这样允许不高兴的日子,我们就能痛快淋漓地宣泄出来。在允许高兴的日子里,我们未必遇到了真正高兴的事情,但我们却真诚地高兴着,欢歌笑舞,锣鼓

[①] 逄增煜:《日神文化与东北作家群的创作》,《文艺争鸣》1994年第6期。

喧天；在允许不高兴的日子里，我们未必对某个事情的发生或某个人的死亡感到痛苦，但我们仍然真诚地痛哭着，呼天抢地，声泪俱下。所有这一切，实际都与某个特定的对象和某个特定的事件没有必然的联系，而只是有了一个情绪的发泄机会。每个人所以狂热的原因实际是各不相同的，但却都在公众认可的同样一个意义上得到发泄，而其形式则取决于这个公众认可的仪式的要求。需要狂欢就狂欢，需要痛苦就痛苦。每个人都感到自己的感情是真实的，但产生这种感情的原因却是各不相同的；所有的人都演着同样一出戏，但各自的潜台词却是彼此不同的。

那时抗战热情的突然爆发带有中国传统的狂欢仪式的性质，还可以从中国关内人的基本人生态度和人生观念的性质和特点得到说明。我们关内人的人生观，是一种求舒适的人生观，不是一种求意义、求价值的人生观。谁能把自己的生活安排得舒舒服服，做事少而享乐多，谁就是最幸福的人。我们也要从事一种事业，但从事这种事业的目的不是为了这种事业的发展，而是通过这个职业获得自己的经济收入，从而把自己的生活安排得清闲自在，舒适愉快。奋斗是没有办法的事情，是穷苦人不得不做出的牺牲，享受则是人生的目的。我们希求温和而不希求热烈，我们希求安定而不希求变动，我们希求从容而不希求紧张，我们希求舒适而不希求艰苦，我们希求稳妥而不希求冒险。凡是有条件的，有权的，有钱的，有才的，都努力避开艰苦的环境而寻求舒适的生活，艰苦只留给那些没有条件得到舒适生活的人。这种人生观念，是从我们儿童时代起就被灌输进来的。每一个富裕家庭的父母，都给自己的子女安排好尽量舒适的生活，不让他们去冒险，不让他们去奋斗，不让他们去过艰苦的生活。谁要是放弃了可能得到的舒适生活而选择更加艰苦的环境，谁就会被认为是一个傻子，一个智力不健全的人。我们就在这温室一样的环境中生长起来，从小泡在温水里，长大成人之后就只能在温水中生活。泡在温水里，通体舒适；水温一变，浑身不自在。不论在什么样的条件下，首先要给自己营造一个舒适的环境。在这个舒适的环境中，什么时髦的事情都可干，什么时髦的口号都可喊，但一旦连这个舒适的环境也不存在了，就对什么也不感兴趣了……这样一种人生态度和人生观念，是在一种文化中建立起来的。抗日战争的爆发，可以激发起

文事沧桑话端木

我们的抗日热情，但却无法一下子便改变我们基本的人生态度和人生观念。与此相反，这种人生态度和人生观念倒可以被我们的抗日热情和抗日活动暂时掩盖起来，连我们自己也意识不到我们这种热情和这种活动的虚浮性质。但所有这一切，却很难瞒过端木蕻良的眼睛，因为他的人生态度和人生观念是在科尔沁旗草原上形成的，他还留有科尔沁旗草原人的人生态度和人生观念的清晰的记忆。他看得到，感得到，但在大多数的情况下却不能捅破这层窗户纸，因为这是我们的文化。而就我们每一个人，都不是坏人，都是很真诚的，我们做的是有意义的工作。即使端木蕻良自己在这种环境中，也没有比我们做得更好，做得更多，他没有理由指责我们，也没有必要责怪我们。这种文化差异带来的对周围环境的敏感，我也曾有过一点体会。20世纪60年代，是提倡向贫下中农学习的年代，我的城市的同学们都很真诚地向贫下中农学习，学习贫下中农坚定的阶级立场，学习贫下中农热爱党、热爱毛主席的阶级感情，学习贫下中农艰苦朴素的优良品质，等等，等等。但我是从农村长大的，我就是贫下中农出身，我知道贫下中农并不像他们想象得那么崇高，那么伟大，我在本能上就能感到同学们学习贫下中农根本不是出于对贫下中农的同情和理解，并不是为了贫下中农生活得更自由、更美好、更富裕，而是为了自己的"进步"，为了自己的入团入党，为了自己的前途。但我却不能说破这一切，因为同学们都是很真诚的，都是一些好人，他们希望有一个好的前途，我也希望有一个好的前途，我不能把同学们说得都很虚伪，都很矫情。我认为，端木蕻良在我们关内文化中的感受也有点像我那时的感受。但他是一个文学家，他能够用艺术的形式表现出他的感受来，而又不伤害我们多数人的自尊和自信，而我却不能。

我认为，只要我们能够了解端木蕻良在我们关内文化中的这点内心的感受，这点内心的秘密，我们就会理解《新都花絮》的意义和价值。

端木蕻良选择了宓君这个人物作为小说的主人公，可谓匠心独运。她不是一个不求上进的小姐，更不是一个自甘堕落的女人。她纯真，她善良，她直率，她热情，她有修养，懂艺术，她厌恶粗俗，厌恶虚伪，从关内文化的角度，她可以说是一个非常可爱的少女。她的美丽，她的热情，她的任性，她的小鸟一般的自由，都不能不引起我们的怜爱。

"面对着中华民族伟大的解放战争,伊的感情是庄严的,伊很想做一个有用的公民,贡献出自己的服务的热情,伊的教育,伊的情操,都使她有着这种憧憬……"[①]她这种感情,这种憧憬,是真实的,真诚的,但却是没有根的。它的根并不扎在对民族命运的关切上,并不扎在对沦陷区人民的关心和同情上。对所有这一切,她都无所系念,似乎她也没有理由系念这些与她个人的生活如此"遥远"的事情。她之能产生这种感情、这种憧憬,仅仅由于自己爱情上的失意。她生长在一个并不保守的家庭里,她的父亲曾是安福系的重臣,当过北京的道尹,是儒林硕儒,但在失势之后,颇有自悔之意,让他的子女都接受了良好的西方文化的教育。但所有这一切,并不是像五四新文化先驱者们那样,是为了中国的科学、民主和自由,而是为了垂"裕"于后,让自己的子女都过上安逸舒适的幸福生活。在他的家庭里,在他的家庭所体现的整个上流社会中,新文化,西方文化,都早已被镶嵌在了求安逸、求舒服、求荣耀的中国固有文化的镜框里,成了他们的身份,他们的地位的标记。路(小说中宓君的第一任恋人,商业储蓄银行总经理路作民的三儿子——编者)把窑痞张僧如假托窑姐写给他的信夹在鲁迅的《彷徨》里,真是一语道尽了"新文化"在这个圈子里的地位和作用。实际上,端木蕻良暗示的并不仅仅是这个上流社会,而是这个时候的关内文化。"其实潇湘(一个窑姐——引者)的文笔也很好的,市上流行的新文学她都看过。"[②]七小姐宓君就是在这样一个富裕的家庭里,在这样一个关内文化中,在父亲特别宠爱的环境里长大的。她不是为抗战而生产出来的,而是为自己的舒适和别人的舒适而被创造出来的。她的生活的唯一的内容就是爱和被爱。只是因为爱情上的失意才使她产生了一种参加抗战工作的冲动,在她心目中的"抗战",只是顺便遇到的一台比爱情更受世人注目的人生大戏,其实际内容在她是毫无意义的。这场大戏在革命时就是革

---

① 端木蕻良:《新都花絮》,载《端木蕻良文集》第2卷,北京出版社,1999,第261页。

② 端木蕻良:《新都花絮》,载《端木蕻良文集》第2卷,北京出版社,1999,第275页。

命，在复辟时就是复辟，只要能够轰轰烈烈，能够被世人所注目就行。但她之参加抗战，归根到底还是因为爱情的失意，所以当她爱上了梅之实，梅之实也爱上了她之后，她的抗战的热情就烟消云散了。——抗战，对于她，只是填补自己内心空白的一种方式。但这个空白是爱情的空白，不是抗战的空白，只能由爱情来填补。

在这里，我们必须加以注意的，就是端木蕻良并没有把宓君描写成像张天翼《华威先生》中的华威先生那样的一个可笑的人物，更没有有意地给她的脸上涂上白粉，在对她的描写里，我们甚至能够感到端木蕻良对她的一点男性的爱意，感到他也能像梅之实那样爱上这位贵族小姐。显而易见，在端木蕻良看来，这并不是宓君一个人的过错，并不是宓君比所有其他人都更加虚伪，更加庸俗，更加追求安逸和舒适，而是整个关内的社会，整个关内的文化，大多数关内的人，原本就是这样的，原本就与科尔沁旗草原的文化不同。科尔沁旗草原上的人们过的是另外一种生活，具有的是另外一种人生态度和人生观念。他们没有关内人这么雅致，这么小巧，也没有关内人这么安于舒适惬意的生活。但也正因为如此，他们更有抗战的精神和抗战的力量。而在这种时时处处关心着自己的舒适和安逸的关内文化中，是不可能产生出真正的抗战热情来的。这是一个悲剧，而不是一个喜剧。

假若我们在端木蕻良这个时期的作品里寻找他自己的身影，我认为，梅之实便是这个时期端木蕻良的自我写照。梅之实像这时的端木蕻良一样，已经成为新都文化的一员，他的音乐才能使他能够在新都文化中受到重视，受到欢迎，但他知道，他之受到重视和欢迎的不是他的艺术的精神，而是他的艺术的外在特征，一种周围人所器重的所谓才能和技巧。他有着与其他所有人都不相同的人生经历和人生体验，这种人生经历和人生体验才是真正赋予了他的艺术以精神内涵的东西，但在新都文化中，这是受到人们轻视的东西。他感到孤独，感到寂寞，他找不到与周围人进行有效对话的方式。我认为，这也是端木蕻良处身在关内文化中的真实的内心体验。他是一个在关内文化中的关外人，人们并不在意他作为一个关外人如何看待我们的关内文化。我们关内文化是以自己的文化看自己的，不论是自傲还是自卑，不论是保守还是激进，都只是关内文化心理的表现，都是一种关内文化的"西洋镜"。他不能戳穿，也不可能戳穿这个西洋镜。他在内心深处是孤独的，寂寞的。他之爱上宓君，除了宓君的女性美之外，更是因为他一度错误地理解了她，认为她与她周围的人都是不同的。当宓君触到了他内心的隐痛，当他发现她与她周围的人并没有什么根本的不同，便毅然地离弃了她。——这，也是他对我们关内文化的一种内心态度。

宓君这个人物的重要性，还不仅仅在于她自己，更重要的是围绕她，展开了对新都重庆生活的更广阔的描写。重庆，是抗战时期的首都，但人们到这里来，并不是为了抗战，而是为了在战时为自己和自己的家庭营造一个舒适的生活环境。鲁迅在20世纪20年代就曾指出，中国人是没有确定的"主义"的，"火从北来便逃向南，刀从前来便退向后"（鲁迅：《热风·"圣武"》）。这次的"火"就是"从北来"的，我们自然要"逃向南"，逃向战时的首都重庆，不过这次逃的不是普通的老百姓，老百姓是逃不起的，逃得起的都是有钱的人。他们到了重庆，首先想到的是给自己营造一个舒适的窝，并且在这个窝里继续过自己温热的生活：

> 沙发是软软的，床铺是软软的，厚绒的地毯踏在上面仿佛深陷下去了似的。
>
> 屋子里呈着一种富贵气的红色，仿佛一个鼓胀蓬笼的灯笼似的红晕晕挂着，映照她俩就如两只丰腴的红烛一样，也都摇摇的燃烧起来了。
>
> 屋里是暖馥馥的，朦胧胧的红色灯光像潜沉在海水底下的探海灯似的，好像光线都不能直接的透露出来，而且缠绕着许多丝络的水草，拥塞着许多透明色的肉黄的肥膜的水母，灯光又像是从红珠子里流射出来，像是围绕了一个珊瑚的透亮的红色骨骼的晕环……总之，宓君一走到这个屋子里，就觉得一切都是洞红，一切都是暖滟滟的热作一团……[1]

---

[1] 端木蕻良：《新都花絮》，载《端木蕻良文集》第2卷，北京出版社，1999，第239页。

<h1 style="text-align:center">文事沧桑话端木</h1>

　　这是宓君的朋友紫云的家，是紫云当大官的丈夫在新都重庆刚刚为自己营造起来的。这里的一切都是温热的，柔软的，红晕，朦胧，舒适得令人沉醉，令人浑身乏力，连点抗战的气味都没有。只要我们想到端木蕻良笔下的科尔沁旗草原的冷、硬和荒凉，想到科尔沁旗草原上进行的艰苦卓绝的抗战，我们就会感到，这里的描写是表现着端木蕻良对新都文化，同时也是关内文化的严重的失望的。但他却不能不承认这一切对于我们关内人的合理性。人人都在这么做，连那些国民政府的要员都在为自己建造豪华的住宅，作者有什么理由过多地责怪紫云这样一个女性呢？与其说紫云和宓君是体现关内文化的丑的，不如说她们是体现关内文化的美的，只不过这种美缺乏作者所希望的那种内在的精神内涵：

　　　　紫云的肢体是丰腴的，她的肌肉紧凑而富于节奏，脚踝和臀都是丰满而浑圆，流射出一种光艳照人的快感。她的气味是强烈的，四肢的律动，也富有坚强的魅力。她的肉体散布着一种紧迫的感觉，而她自己对这些都是漠然无觉的，所以这种紧迫的力量更在这沉默中加强，使她的美丽更加撒上一种强烈的椒粉。她的无遮拦的肉体的光色几乎是带着辣味的，她也是用这个来征服她那在社会上有着很高地位的丈夫，使他不敢扭拂她的意识，虽然她对自己的美丽并无自觉而且并不经意的去鉴赏，但是在这方面，她却是知道得很清楚，而且不轻轻放过。她一接触了温热的水，皮肤就泛起一种粉红色，好像一触就要淌出血来。

　　　　宓君却比她清秀，皮肤比她还要白嫩，像出水芙蓉似的，带着一种清香的油质。而且和紫云那种少妇型的美质完全不同，她是什么都不多的，肢体是平静而羞怯的，缺乏一种夸张的气息，而带着一种淹留的顾盼的姿态。而且顶怕热水，所以不能完全浸在水里，只是坐着，热的水溅在她的身上，她就轻轻的蹙着眉峰……①

---

①端木蕻良：《新都花絮》，载《端木蕻良文集》第2卷，北京出版社，1999，第243—244页。

正像端木蕻良是一个描写景物的能手，他也是一个描写女性的能手。在这里，紫云和宓君是两种女性美的形态。紫云是健美型的少妇，宓君则是优美型的少女，但这两种美都是典型的关内文化中的女性美。紫云的美是有力的，但却用在征服丈夫、驾驭丈夫上，带有明显的世俗美的特征，而宓君的美则有一种游移不定的色彩：希望人爱而不知让什么样的男人爱的外形美的特征。这两种美，都不具有内在精神的独立性。

在这以安逸舒适为最高标准的关内文化中，家居、饮食、游乐、性是四位一体的存在，而那些教授和学者的政治的、经济的、哲学的、历史的、文化的各种议论则像飘浮在所有这些之上的浮云，只是这里的人进行交际时的一些不变的话题，一些凑热闹的争论，一切都是老生常谈，一切都是皮里阳秋，在嘴皮子上翻江倒海，在实际上屁事不顶。这也是钱锺书在《围城》中所表现的中国知识分子。但显而易见，钱锺书的《围城》对这些人物的言行表现缺乏显影的能力，因为钱锺书本人也属于中国关内知识分子的文化传统，他自己也像其中的知识分子一样，有着东西方文化的丰富的知识，但却没有一个确定的现实追求。而端木蕻良则对这些人物做了成功的显影，抗战的现实背景把中国这些学者、教授的无聊呈现得淋漓尽致。科尔沁旗草原的文化传统使端木蕻良对这样的文化现象感到一种无可奈何的悲哀，从而拉开了感情的距离。

在这样一个文化环境中，也有爱情，但爱情也成了一种技巧，一种讨得少女欢心并将之俘虏过来的本领：

路的长处就是什么都做到恰到好处。他穿的衣服都是最好的料子，样子既不新奇，又是随着时尚的。他的鞋子都是惠罗公司的出品。他以为中国人对帽子和鞋都不考究，所以他对这两样东西就特别考究起来。

路的议论既不乖僻，也不啰嗦，听来非常入耳，就是反对他的人也要为他的声音和态度而首肯。

他不刺探别人的隐秘，他的内心平静得很，也不怕别人刺探他的，他的态度可以说是落落大方。[1]

这不是一种讽刺，而是一种文化。在这种文化里，连抗战也只成了这些很会享受人生的人的一道风景：

> 摇船声，打桨声，掠水声……在清寂浑浊的水面上传来。
> 嘉陵江上的大船，与别处不同，它是前面船头低而船尾高，粗粗看去，以为它是倒行的呢。
> 沿江建造的房子，有一半都是用竹竿架空了，像马来人的房子，远远看去非常别致。
> 快到对岸，白石上写着很大的大字："抗战到底！"
> 到了海棠溪，她们雇了马匹，从石级上爬上去。
> 这马小得很，有驴子那样大，以能爬山出名。
> 到了老君洞，吃了一口茶，便到南山去。
> 南山是清幽的。[2]

我认为，《新都花絮》除了写宓君在保育院的那一节有些急迫、仓促之外，整篇小说都是很精彩的，并且精彩的不仅仅是描写的手段，还是它对中国关内文化的解剖。这种解剖，即使拿到现在来，也仍然是非常深刻的。一切严肃的东西，到了我们的文化中，都只是供那些很会享受的人欣赏的一道风景。

原载《中国现代文学研究丛刊》2003年第4期

---

[1] 端木蕻良：《新都花絮》，载《端木蕻良文集》第2卷，北京出版社，1999，第268—269页。

[2] 端木蕻良：《新都花絮》，载《端木蕻良文集》第2卷，北京出版社，1999，第278页。

三十年代左翼文学·东北作家群·端木蕻良（之一）

一

我们现代文学研究，在"文化大革命"结束之后的新时期里，发生了一个根本的变化。这个变化是以重新发露它的意义和价值开始的：我们重新解读了鲁迅，从鲁迅的著作中发现了与政治家、革命家的思想学说不同的意义和价值，发现了他对中国国民性的批判和对中国社会思想发展的追求，发现了他的孤独和绝望，发现了他对孤独和绝望的抗争，并从他对孤独和绝望的抗争中发现了他的哲学；我们重新解读了茅盾和郭沫若的作品，不但在他们的作品中发现了与外国文学影响的联系，也从他们的作品中发现了种种难惬人意的弱点和不足；我们重新发现了徐志摩、李金发、卞之琳、戴望舒、何其芳、冯至、"九叶"派的诗、"七月""希望"派的诗，重新发现了胡适、梁实秋，重新发现了周作人、林语堂、废名，我们把他们的作品从尘封的"资产阶级文人""反革命分子"的档案馆里解放出来，使他们的作品重新焕发了昔日的光彩；西方的研究者和港台的研究者帮助我们发现了张爱玲、苏青、徐訏、无名氏，我们自己则发现了沈从文的小说、新感觉派的小说，新武侠小说、新鸳鸯蝴蝶派的小说也进入了我们研究的视野……在这个过程

三十年代左翼文学·东北作家群·端木蕻良（之一）

中，我们也曾对东北作家群的作品投射过关注的目光。新时期最早以东北作家群的作品为研究对象的大概是我的师弟王培元，他的硕士论文就是写东北作家群的，他后来编辑出版了《东北作家群小说选》；在东北作家群研究中卓有成效的是东北师范大学的逄增煜先生和河南大学的沈卫威先生，他们都有东北作家群研究的专著出版，对东北作家群各个作家的分别研究也在东北作家群研究中发挥了重要的作用；东北地区自己也曾出版过东北作家研究集刊类的刊物，出版过大型的东北作家的丛书。但所有这一切，在众声喧哗的当代文学研究的论坛上，都没有发生更大的影响。在当今的社会上，人们热衷的是周作人、林语堂的散文，穆时英、施蛰存、张爱玲的小说。这当然是无可非议的，并且是我们新时期文学研究的重要成果之一。但假若我们从整体上对我们当前的文学研究进行一次扫描，我们会发现，在我们每一步都似乎朝着一个理所当然的正确方向前进的时候，当我们每个人都真诚地、认真地进行着自己的探索和研究，都在发露着我们现代文学的价值和意义的时候，我们却也在不自觉中遮蔽了很多东西。"十七年"被奉为主流的左翼文学受到了自那时以来最严重的冷淡，甚至鲁迅因与左翼更亲密的关系而受到了越来越多的人的怀疑乃至轻视，似乎左翼文学已经没有多少值得称道的地方，似乎它原本就是一次历史的失误。在"十七年"，"左"是坠在它胸前的一块荣誉奖章，而现在，"左"则成了打在它脸上的一块耻辱的印记。而"十七年"被贬为"资产阶级"或"小资产阶级"文学的作品则拥有最大量的读者，似乎他们才是当时最最正确的文艺方向的坚持者，其作品也体现了那个时期最高的艺术成就，不"左"在"十七年"是一块耻辱的印记，而现在则成了一个"光荣"的符号。左翼文学被遮蔽了，"东北作家群"自然也就被遮蔽了，因为东北作家群是在20世纪30年代左翼文学的旗帜下陆续走向文坛的，他们的基本倾向从来都是"左"的。虽然上述那些研究者还在不断地阐释他们作品的意义和价值，但他们的作品却已经没有多少读者。假若我们现在问林语堂是谁，施蛰存是谁，只要有点文学常识的人都会给我们做出正面的回答，但假若我们问端木蕻良是谁，骆宾基是谁，恐怕就没有多少人能够回答出来了。但是，只要是真的读过端木蕻良、骆宾基作品的读者，只要不是以他们的政治态度，而是依其文学作品本身的价值和意义感受和衡量他们的作品，他们就一定是较之林语堂、施蛰存低一个等级或几个等级的作家吗？我认为，情况远不是这样的。当然，我们对萧军和萧红是熟悉的，但我们熟悉萧军并不是熟悉他的作品，而是熟悉他与萧红的关系，而对于萧红，我们常常一反过去的态度，不是把她视为一个左翼作家，而是将之视为一个非左翼作家而得到我们的肯定的。我们没有以她为标记拒绝张爱玲，但却常常以她为标记拒绝丁玲。东北作家群的作品在无形中被我们遮蔽了，我们不是不知道他们的作品，而是我们自觉不自觉地离开了他们，离开了他们作品的思想意义和审美风格。我们告别了豪放和粗野，走向了细腻和缜密。这个变化不是不可理解的。我们是在"文化大革命"的混乱和动荡中走出来的，是在从"革命文学""左翼文化""解放区文学"发展出来的"十七年"的文学中走出来的。在"文化大革命"中，我们在"革命文学""左翼文学""解放区文学"的旗帜下"横扫"了学院派知识分子，"横扫"了所有被视为资产阶级、小资产阶级的知识分子，同时也包括当时"革命文学""左翼文学""解放区文学"阵营中的大多数人。我们厌恶了豪放和粗野，我们尝到了"左"的苦涩，我们希望一个稳定的社会，一个和睦的人际关系，一个充满了爱和同情的世界。任何带尖刺的东西，任何富有震撼力的激情，任何与我们平静生活的要求不相符合的东西，都会在我们的心灵中引起一种恐怖的回忆，一种不舒服的感觉。我们需要周作人，不需要鲁迅。周作人即使批评我们，也带着温和的性质，而鲁迅的攻击则令人感到一种无可逃遁的紧张。我们喜欢徐志摩，不喜欢闻一多。徐志摩的潇洒和从容是我们在平静的日常生活中最需要的一种人生态度，而闻一多则令我们感到一点憋不住的激烈，一种与我们希望平静的心背道而驰的情绪。我们喜欢戴望舒而不喜欢艾青，因为艾青的诗中有一种承担的沉重，一颗动荡的反叛灵魂。我们喜欢张爱玲而不喜欢丁玲，因为即使张爱玲感到荒凉和寂寞的那个世界，也是我们愿意进入的世界，而丁玲的世界却是我们无论如何也不愿进入的。那是一个太危险的世界，一个令我们自身难保的世界……所有这一切，都是我们这些知识分子自然而然的倾向，也是无可厚非的倾向。我们就这样进入了文化界，成了我们时代的文化"精英"。我们还有很多的忧虑,很多的不满,但我们已经能够在我们的文化中居住下来,日出而作,日入而息,按照我们自己给自己制定的作息时间表按部就班地进行我们文化的"建设",按照我们给自己制定的质量标准检验我们的学术"成就"。我们不承认任何外在的权威,我们就是我们自己的权威;我们不承认任何的圣人,我们就是我们自己的圣人。在我们自己的意识中,我们就是真理、正义、公道、进步、社会文明的象征,我们以反主流文化的姿态成了我们这个时代的主流文化。但是,我们是怎样成了我们时代的"精英",我们时代的"圣人"的呢?我们是在"文化大革命"之后进入中国当代文化领域的,"文化大革命"给我们制造了半生的苦难,但也为我们清扫了中国当代文化的空间。旧的主流文化已被折磨得遍体鳞伤,没有了自愈的能力,我们几乎是如入无人之境般地大踏步进占了新时期的文坛。在开始,我们还能听到从远方传来的零星的枪声,到了后来,到了比我们更年轻一代的作者那里,则连这枪声也听不到了。这是我们的经历,也是我们的人生观和文化观。我们喜谈建设而厌恶破坏,因为我们已经不需要破坏,"文化大革命"破坏了我们需要破坏和不需要破坏的所有的东西,留给我们的只是一个莽莽苍苍的文化空间。我们不必破坏什么就能建设起"自己的园地",这个园地的"建设"有西方文化的现成图纸。四分之一个世纪的封闭为我们保留下了这些图纸的"新颖性"和"创造性",使我们在中国大陆文化的疆域内获得了"创造者"和"探索者"的美誉。我们喜谈温和而反对激烈,因为"文化大革命"压制了反对我们和不反对我们的所有人的"气焰",我们已经没有多少严峻的文化敌人,我们不需要激烈,也不会激烈;我们喜谈爱情而诅咒憎恨,因为"文化大革命"让我们在变成弱者的强者身上发泄了所有的憎恨,只有把"文化大革命"那段应当让毛泽东负责的经历丢到九天云外,我们这些"精英"知识分子就是没有憎恨也不会憎恨的人。我们好说"告别革命",实际上不是我们告别"革命",而是"革命"告别了我们。我们根本就没有革过命,也从来没有打算去革命,我们向谁告别?……总之,我们是戴着白手套而采摘了我们的文化成果的。但一旦我们成了文化的"精英",一旦我们在被"文化大革命"清扫出来的文化空间中安了营，扎了寨，并且占领了这个领域的角角落落，其他的人就很少有可能挤进我们的文坛了。他们开始向经济的领域、政治的领域进行战略转移。但一旦转入经济的领域、政治的领域，我们这一套文化却行不通了。在经济的领域里，金钱就是皇帝，经营手段就是将军，我们的人道主义只能当老板们的擦脚布，谁要真把我们的文化当成金科玉律，谁就会被拔光吃净；在政治的领域里，权力就是生命，策略就是骨骼，我们的幽默和冲淡只能当政治家会议桌上的一种点缀品，谁要是真把我们的文化当成自己的指导思想，谁就会永久地被踩在别人的脚下，成为各种政治斗争的牺牲品。我们在"文化"上胜利了，但我们在"社会"上却失败了。在"文化"上，我们讲的是人道主义和个性主义，是理解和同情，是幽默和冲淡，是达观和超脱，是中庸和和平，而在"社会"上，行动着的却不是我们的文化原则。金钱和权力以及金钱和权力的联合力量起于草末，聚于原野，奔流在长江大河。我们的精英文化微笑着迎接了这阵给世界带来清爽和活力的狂风，但当它像龙卷风一样在世界上汇聚成了一股奇大无比的力量，我们的文化的宫殿却也开始发生着精神的坍塌。它把我们的文化连根拔起，抛到空中，旋到天上，而后又撒落在大地。我们的文化实际早已成了文化的碎片，收拾不到一起来了。我们高谈着个性主义，但我们的个性主义却不能不是在现实规范约束下的个性主义；我们高谈着人道主义，我们要求别人对我们实行人道主义，但我们却未必对比我们更弱小的人实行人道主义；我们高谈着自由，但真正得到自由的仍然是金钱和权力，而不是社会上的人；我们高谈着同情和理解，但我们同情和理解的永远是那些根本不需要我们理解和同情的国家和个人，是比我们更强大、更富有的国家和个人，他们没有我们的同情照样能够强大和富有，而需要我们同情和理解的却未必能得到我们的理解和同情……我们自以为成了我们时代的孔子，但是实际上，我们却成了我们时代的杨朱。我们与杨朱不同的是，杨朱为我，杨朱的文化也是为我的文化，而我们讲的却是人类、国家和社会，是人类的文明、国家的强盛、社会的进步、文学的发展。在开始，我们是用现实的感受看待文化的，是用对中国的体验看待西方的，是用人的需要看待科学和理性的。现在却颠倒了过来，我们开始用文化规范现实的感受，用西方的标准要求对中国的体验，用所谓科学和理性的标准来衡量人，要求人。我们开始是被别人的思想标准和文学标准所衡量的，而现在我们开始用自己的思想标准和文学标准衡量别人，要求别人。但这也恰恰证明了，我们已经成了我们时代的正统的文化、高雅的文化、主流的文化，我们以反正统、反高雅、反主流的姿态，体现的却是我们时代的正统的、高雅的、主流的文化。这正像朱元璋，反了皇帝，成了皇帝。我们则是反了主流文化，成了主流文化。我们用我们的主体性扫荡着一切不同于我们的人的主体性，似乎所有的人都必须匍匐在我们的文化价值标准面前惴惴不安地等待我们的审判。在我们的文化价值标准面前，连鲁迅也成了不值一哂的心理变态狂，不可救药的激进主义分子，横躺在我们前进道路上的一块僵硬的石头。但据说，这都是为了反对主流文化的需要。

二

在我们谈论主流文化和非主流文化的时候，提出来的常常是谁是主流文化、谁不是主流文化的问题。我认为，这种提问题的方式就是值得商榷的。谁是主流文化？谁是非主流文化？这个问题只有在一个特定的时间层面上才能进行确定的指认，而一旦脱离开这样一个特定的时间层面，主流文化可能成为非主流文化，非主流文化也可能成为主流文化，想在不断流动的历史上指认一种文化是不是主流文化，那是根本不可能的。谁是官？谁是民？今天我当了官，我就是官，明天我不当官了，我就不是官了。主流文化和非主流文化的问题也是这样。所以，这里的问题首先是什么是主流文化、什么是非主流文化的问题，而不是谁是主流文化、谁不是主流文化的问题。什么是主流文化？主流文化是一个社会在特定的历史阶段被普遍视为合理性、合法性的文化。正因为它是被普遍视为合理性、合法性的文化，所以它的生产和传播是不会受到政治经济法权的抑制、压迫和摧残的，并且在一定条件下还会受到政治经济法权的自觉的或不自觉的保护。什么是非主流文化？非主流文化是一个社会在特定的历史阶段被普遍视为非合理性、非合法性的文化。正因为它是被普遍视为非合理性、非合法性的文化，所以它的生产和传播是不会受到政治经济法权的保护的，并且在一定的条件下还会受到政治经济法权的自觉或不自觉的抑制、压迫或摧残。实际上，主流文化和非主流文化就其本身是没有正确和谬误之分的，主流文化既不是绝对正确的文化，也不是绝对谬误的文化。它像任何一种文化一样，都是现实社会的一种本能需要，但又不是所有本能需要的体现，是现实社会一部分人的本能需要，但又不是现实社会所有人的本能需要的体现。它之成为主流文化，永远是现实社会一种本能需要压倒所有其他本能需要、一部分人的本能需要压倒其他所有人的本能需要的结果，因而它也自然地具有一种社会霸权和文化霸权的性质。社会霸权是说整个社会都会强制地让每一个人都简单地、无条件地服从它的文化原则，违背它的原则就是违背整个社会的原则，并且会受到社会各种形式的惩罚；所谓文化霸权就是在文化上它的原则和结论已经被确定为不言自明的公理，所有其他的文化则必须为自己做出合理性和合法性的证明，并且是以主流文化的原则作为论证的公理、定理系统的。这样，主流文化实际已经是一种失去文化本质的文化。文化本身就是在人类相互交流的过程中产生的，是人类不断求知的过程。它既然已经被社会公众承认为绝对的真理，既然已经不需要对自己的合理性和合法性做出新的证明，它就失去了人类相互交流的功能，也退出了人类求知的过程，其文化的性质就退化甚或消失了。非主流文化也不是绝对正确的文化或绝对谬误的文化，但既然主流文化已经在社会上具有了社会霸权和文化霸权的性质，它就一定会对每个个体的人的另一些本能需要构成抑制、压迫和摧残，并且这种抑制、压迫和摧残在社会的少部分人那里则成为不可忍受的。法家的文化对于秦王朝的统治是一种合理性、合法性的文化，秦朝的法律对于推行秦王朝统一的政策和法令是一种需要，但到了陈胜、吴广那里，则成了无法忍受的压迫和摧残。当受到抑制、压迫和摧残的人的本能要求还仅仅是一种内心的体验，还仅仅是一种无可名状的痛苦，它还不是一种文化，但当这种内心体验找到了一种语言形式，使之在社会上有了公开表达的可能的时候，它就成了一种文化。这种文化是在反抗主流文化的抑制、压迫和摧残的过程中产生和发展起来的,是在对主流文化进行证伪的过程中表现出自己的独立性的。所以非主流文化的总体特征就是其批判性、"破坏"性,它是在对主流文化的批判中逐渐建构自己的。但也正是由于非主流文化的存在和发展,激活了整个社会的文化,其中也包括它所反对的主流文化。在这时,也只有在这时,主流文化才不再是不证自明的公理,而成了必须接受挑战、必须重新论证自己的东西。假若它已经不能论证自己的合理性,它就无法继续受到整个社会的普遍的认可和信奉,它的权威地位就会逐渐地丧失,甚至最终让位给反对它的非主流文化。必须指出,非主流文化也是一种群体性的文化,因为文化不能不是群体的。文化是一种语言形式,是交流的手段,它至少还有一个发话者和一个听话者,并且在二者之间能够起到彼此沟通的作用。但主流文化体现的是社会整体,非主流文化体现的则是社会整体之内的更小的社会群体,并且这个社会群体也像它的文化一样,是在社会整体中不被视为合理或合法的社会群体。非主流文化在其内部也是被普遍视为合理、合法的文化,也是对不同的本能需要和少部分的现实需要具有抑制、压迫、摧残的作用的,但这并不意味着它在整个社会上已经成为主流文化。当它还是非主流文化的时候,即使他们之间的矛盾和斗争,也是建立在反对主流文化的基础之上的,也是在不断建构自己的过程中发生的。这并不说明它在整体上已经是一种主流的文化。主流文化因其社会霸权和文化霸权的性质可以建立在一个抽象的理念的基础之上,人们在不理解其合理性的基础上也必须遵从它,信奉它,其理念是与自己的生活体验、精神体验相脱离的;而非主流文化则没有这种社会霸权和文化霸权,人们是在自己的生活体验的推动下离开主流文化而趋向于非主流文化的,即使这种文化理念自身具有抽象的性质,其中也曲折地指涉着这些人的实际的生活体验和精神体验,不是纯粹的作戏,不是完全骗人的东西。由于这种原因,主流文化往往表现出一种胖大而无力的特征,而非主流文化则表现着一种瘦小而有力的特征。主流文化的无力不是因为它本身就是一种绝对谬误的语言形式和理论形式,而是因为这种语言形式和理论形式已经与现实人的物质生命和精神生命的存在和发展失去了更直接、更紧密的联系；非主流文化的有力也不是因为它本身就是一种绝对正确的语言形式和理论形式，而是因为它与现实人的物质生命和精神生命的存在和发展有着更直接、更紧密的联系。非主流文化并不总是能够上升为主流文化，恰恰相反，大量的非主流文化是不可能上升为主流文化的。中国古代的道家文化从来没有上升到主流文化的地位，因为它自身并不具有社会政治的性质，不具有成为主流文化的基本条件，但它却一直作为儒家文化的解构力量存在着，满足着在社会联系之外寻求个人心灵平静的知识分子的愿望和要求。但那些具有社会政治性质的文化是有可能上升为主流文化的。社会文化的整体演化往往具体表现为一种新的主流文化代替了另一种主流文化，这种新的主流文化仍然将会遇到新的非主流文化的挑战，但它也给社会文化的发展造成了一个新的基础。西方18世纪的启蒙主义文化，中国20世纪初的三民主义文化，中国20世纪中期的马克思主义文化，都经历了由非主流文化向主流文化转变的过程。但在20世纪30年代的中国，马克思主义文化却不能视为当时中国社会的主流文化，在马克思主义文化旗帜下发展起来的左翼无产阶级文学，也不是当时的主流文学。我们在反主流文化的旗帜下对鲁迅、对左翼文学运动的批判，并不具有真正反主流文化的性质，而是对现实主流文化的一种曲折的肯定形式。

三

我们对鲁迅、对20世纪30年代左翼文学的批判是在中国经济现代化的旗帜下进行的，但我们所说的现代化，往往只讲少数知识分子理念上的现代化，而不讲整个中国社会的文化化、文明化。实际上，中国文化的落后性不仅仅是由少数知识分子理念上的落后造成的，更是由整个社会经济上的落后造成的。中国古代书面文化向来只是少数知识分子的文化，其中多数又是官僚知识分子。中国大多数的社会群众无法参与整个社会的文化生活，他们的感受和体验得不到直接的表现，更无法发展出独立的文化。少数具有反叛心理的知识分子面对的是一个更强大的官僚知识分子集团。他们的文化是通过官僚知识分子的消化和吸收才得以在中国古代社会发生一定的影响的。它们在一定程度上消解着当时社会的主流文化,但却永远无法构成一个相对统一的非主流文化,更没有力量上升到主流文化的地位上去。这样一个文化发展状况,是不可能带来整个文化性质的变化的,是不可能导致中国文化的现代化的。整个中国文化的现代化是在西方文化的影响和推动下发生的,但中国文化的现代化却并不等同于中国文化的西方化,仅仅由少数留学生把西方文化的理念介绍到中国是无法真正实现中国文化的现代化的。中国文化的现代化,是在越来越多的社会成员参与社会文化生活,利用书面文化载体表达自己现实的生活感受和精神感受、表达自己的理想和追求的过程中逐渐实现的。只有表达,才有对话,才有心灵之间的切实的碰撞和交流;只有越来越多的社会成员进入这种对话关系当中来,中国文化的社会化的程度才会不断提高,中国文化才不再仅仅是少数知识分子卖弄嘴皮子、卖弄笔杆子的杂场,各种不同的文化理念才会在切实的生活感受和精神感受的基础上发展起来,形成我们现代中国人的文化,形成我们现代中国人的文学艺术。它没有一个确定的终点,也不是一次一劳永逸的革命,而是一个曲折变化的历程。任何一个新的社会阶层带着自己独立的生活感受和精神感受进入中国的文化界,参与到中国社会的文化生活中来,都会给中国的文化带来新的变化,都会给整个社会文化的格局带来一次新的调整。中国文化的现代化就是在这种不断的变化、不断的调整中逐渐实现的。任何一个阶层都没有垄断中国现代文化的权力,也没有永久地占据主流文化位置的力量。五四新文化运动标志着接受了西方文化影响的少数知识分子进入了中国文化的舞台。在当时,它是一种非主流的文化,是在反叛中国固有文化传统的基础上发展起来的,这带来了中国文化根本性质的变化,也给中国现代教育的发展注入了新的活力。但是,五四新文化运动的胜利并没有把新文化整个地提升到中国社会主流文化的地位上去,只是增强了中国社会对新文化的容受力。中国文化的格局原本是极其狭小的,新文化的格局则更加狭小,它无法容纳越来越多的青年知识分子的加入。1927年的中国事变重新把大量青年知识分子排斥到了政治、经济法权的保护圈外。他们仍然不是中国社会的普通群众,不是工人和农民，但他们的社会处境却与底层的社会群众有着更多的联系，他们的生活感受和精神感受与那些已经有了稳定社会地位的学院派教授和学者有了更明显的距离。他们是一个相对独立的知识分子阶层，它处在社会上层和社会下层之间的联系通道上，是上下两个阶层的通风管道。他们有他们自己的社会感受，有他们自己的精神体验。他们的社会感受和精神体验无法代替其他所有社会成员的感受体验，不是唯一正确的，但却也是中国社会这一类知识分子的感受和体验。他们的文化无法代替整个中国现代社会的文化，但其他社会阶层的文化也无法代替他们的文化。他们起到的是把整个中国社会挂到国家政治统治的战车上的作用，是把穷人挂到富人的经济现代化战车上的作用，是把社会群众挂到上层知识分子文化的战车上的作用，使中国的现代化不致只成为国家政治统治者统治手段的现代化，只成为少数富人的消费生活的现代化，只成为少数学者和教授的话语形式和理论形式的现代化。中国社会要发展，中国文化要发展，但这种发展却不能造成整个下层社会与上层社会的更严重的脱钩现象。假若上层社会被西方文化的拖车拖到"超现代化"的高度，而整个中国社会群众却被现代化的反作用力抛到更加原始的茹毛饮血的生活之中去，这种现代化也就不再是真正意义上的中国社会的现代化。我认为，这就是30年代左翼文化的价值和意义所在。胡适、周作人、林语堂、戴望舒、穆时英、施蛰存、沈从文等人所体现的非左翼文化也不是当时的主流文化。当时的主流文化是三民主义文化，是被当时政治、经济法权化了的三民主义文化，这些非左翼的知识分子在某种程度上也受到当时主流文化的束缚和抑制，但当时的主流文化对这种文化已经有一定的容受力，这种文化也已经适应了在当时主流文化的束缚和抑制下曲曲折折表达自己内心意愿的社会条件和文化环境，已经失去了五四时期直接向当时的主流文化挑战的能力。左翼文化则是一种新的充满活力的非主流文化，不论在它的产生和发展的过程中经历了多少不应有的波折和挫折，有着多少不尽如人意的地方，但作为一个整体，它关注的是那些被中国社会、中国文化，也包括中国现代文化所遗弃了的人。正是它，给当时的中国文化、中国文学带来了一个新的生机，也带来了一种新的话语形式和理论形式，一种新的审美倾向和审美形态。在30年代，它起到的不是消灭了胡适、周作人、林语堂、戴望舒、穆时英、施蛰存、沈从文所体现的非左翼文化的作用，它的非主流文化的地位使它根本不可能起到这种作用的，而是通过挣扎和努力在中国文化界存在下去并发展起来的作用。它在当时的发展是有限的，付出的代价却是最惨重的，但这恰恰证明了它的非主流文化的地位。

原载《文艺争鸣》2003年第1期

三十年代左翼文学·东北作家群·端木蕻良（之二）

四

我之所以不厌其详地首先论述20世纪30年代左翼文化和左翼文学的性质、价值和意义，是因为东北作家群及其任何一个成员的价值和意义是无法脱离开左翼文学的存在和发展而得到单独的阐释和说明的。遮蔽了整体，就是遮蔽了它的一切，其中任何一个独立的个体是无法不处在这个巨大阴影的笼罩之下的。

如上所述，左翼文化和左翼文学的价值和意义就在于它把一个有别于胡适、周作人、戴望舒、沈从文这样一些非左翼作家的生活体验和精神体验带入了中国的文化、中国的文学，丰富了它的内涵，扩大了它的表现幅度，提高了它的社会化的程度。只要在这样一个意义上看待东北作家群的作品，我们就会看到，在左翼文化和左翼文学的发展过程中，最典型地体现着它的这种作用和意义的几乎首推东北作家群。

东北，在我国的地理版图上是一块很大的土地，但在我国文化的版图上有它的位置吗？当然，我们可以从尘封的历史资料上找到许多东北出身的文人，找到他们创作的许多作品，但这些文人及其作品却只是关内文化的复制品，没有体现出这块土地上的人民的独立的生活体验和精神特征，没有把他们的独立的世界感受、人生感受、审美体验注入中国文化的精神之中去。能征善战的满族人进了关，成了中国社会的统治者，但他们的文化却丢失在关外那块广袤的土地上。他们在关内学会了温文尔雅，学会了忠孝节义，学会了讲"道"论"理"，但所有的这一切都不是他们在东北大地上自然形成的世界感受、人生感受和审美体验，这样一个剽悍的民族，当面对西方列强的军事侵略的时候，不但早已失去了征服汉民族政权时候的剽悍的力量，甚至连直面西方列强的勇气也丧失了。五四新文化运动是在中国文化的核心地区发生的，是由少数留学国外的知识分子发动的，他们带着自己的新的生活感受、社会感受和精神感受进入了中国的文坛，开创了中国的新文化，但这个新文化并没有把东北这块大地上的人们的独立、真实的生活感受、社会感受和精神感受充实到自己的肌体之中去，也很少带着自己的眼光烛照过这块广袤的大地上的人们。这是一块沉默的土地，是被中国文化遗弃了的土地，在这块土地上生活的是无数沉默的人民，是被中国文化遗弃了的人民。直至20世纪20年代，在中国知识分子的感受中，它仍然主要是一块由军阀张作霖统治着的土地。它不但给当时的中央政权制造着各种麻烦，也给关内的人民带来了一次次的军阀战争，扰乱着关内人民的安宁和幸福。人们很少想到，那里的人民也是中国的人民，那里的文化也是中国的文化，那里人民的生活感受、社会感受和精神感受，也是中国人民的生活感受、社会感受和精神感受的一部分。他们与我们是不同的，但却是一体的。我们不能遗弃他们，他们也不会甘心处于被遗弃的地位。他们要有自己的声音，要把自己的声音输入到整个中国社会上去，输入到中国文化中来。这种情况，到了1931年的"九一八"事变之后，发生了一个根本的变化。日本帝国主义的入侵迫使中国人、中国的知识分子不能不把自己的目光转向东北三省，转向这里的人民。但是，即使在这时，中国社会、中国的知识分子，对这块土地，对这块土地上的人民，仍然表现出了令人难以理解的冷漠。当时的国民党政权不是在保护这块土地、保护这块土地上的人民的基础上谋求自己政权的巩固和自己统治的安全，而是通过更明显的遗弃它的方式维护自己政权的巩固和自己统治的安全，甚至当时被视为新文化代表人物的胡适也把解决东北问题的希望寄托在国联的调停上。当然，所有这一切，人们都可以用国家策略和外交策略的原因予以说明。但假若被日本帝国主义占领的不是东北而是蒋介石的家乡浙江省、胡适的家乡安徽省，他们的国家策略和外交策略还会是这样的吗？一个国家，一个民族，当受到外国帝国主义的侵略的时候，自己没有痛苦，没有挣扎，没有奋力地抵抗，而让国联来维护自己的"和平"，这个"和平"是什么呢？不就是维持现状吗？不就是让中国更明确地接受日本帝国主义侵占东三省的事实吗？直至现在，我们中国人仍然不重视文化的作用，以为文化只是，也只能是知识分子牌桌上的一副麻将牌，谁输谁赢都是知识分子自己的事情，在社会上是不起任何作用的。实际上，一个地区，一个社会阶层，在整个中国文化中没有自己独立的声音，没有自己独立的真实的生活感受、社会感受、精神感受的表现，痛苦的时候叫不出苦来，高兴的时候笑不出声来，自己的哭声、笑声无法感染中国社会更广大的民众，自己的生活感受、社会感受、精神感受无法成为整个中国社会感受的一部分，这个地区、这个社会阶层就只能是整个国家和整个社会策略原则中的一个被动的棋子，并且总是处在首先被牺牲的地位。牺牲了他们，别人感觉不到痛苦，感觉不到自己即将被牺牲的命运，也就更能换取整个国家、整个社会的暂时的和平和虚假的安宁。在20世纪30年代的中国，东北，就是作为整个中国、整个中国社会的一个牺牲品而存在的，是被中国所遗弃了的一块土地。它不仅被当时的政治统治者作为换取整个国家政权的暂时安定的牺牲品，同时也被当时很多知识分子当成了换取自己幽默、冲淡、中庸、和平、节制、优雅、宽容、大度、静穆、尊严、和谐、完美的文化形象的牺牲品。他们都是以默认了日本帝国主义侵略的现状为前提的。关外的丧权不能影响关内政治统治者的政权的安定，关外的屈辱不能影响关内知识分子的个人形象的尊严。这就是中国当时主流文化和诸多非主流文化的一个不成文的基本原则。在这样的文化原则面前，东北作家假若不放弃自己独立的生活感受、社会感受和精神感受，不像关内的政治统治者和许多高雅的知识分子那样极其"冷静"、极其"理智"，不带有任何"偏激"情绪地看待自己家乡的沦亡，是不会找到自己的生存和发展的空间的。关内的国家政权不会让他们偏激的呼喊破坏了自己先安内而后攘外的政治策略，关内的学者和教授不会让他们粗粝的声音破坏了自己优雅的心境、中庸和平的文化心态和冲淡平和的审美境界。正是有了左翼文学的存在，东北流亡内地的知识分子才有了自己同声相应、同气相求的伙伴，才有了发表自己文学作品的阵地。它无法像国家政权和学院派文化那样给他们提供更优越、更舒适的生活环境和文化环境，无法保障他们个人的前途和命运，甚至连他们生命的安全也无法保证，但左翼文学到底提供了给他们表达自己独立生活感受、社会感受和精神感受的文化的空间，到底没有拒绝他们偏激的情绪和粗粝的声音。东北作家首先找到的是鲁迅，虽然鲁迅像当代批评家所说的那样没有比自己更阔的朋友，但他却没有拒绝这些比自己更阔的朋友。是鲁迅，把东北作家一个个推上了文坛，并使这个作家群体逐渐壮大起来，成了左翼文学内部的一个独立的流派。可以说，没有左翼文学，没有鲁迅，就没有东北作家群的产生和发展，就没有中国现代文学史上的这个独立的文学流派和文学现象。正是他们，在中国的文化史上，第一次把在当时东北这块大地上，在日本侵略军的铁蹄下形成的独立的生活体验、社会体验和精神体验带入到整个中国文化中来，成为整个中国现代文化的一个有机组成部分。从此之后，中国文化、中国文学才不仅仅是关内的文化和关内的文学，而是关内文化和关外文化的综合体。直至现在，它仍然是中国文化中的一个不太和谐的音符，但却已经是它的一个音符。

五

中国的新文化、中国的新文学通过20世纪30年代左翼文学阵营的存在为东北作家群的创作提供了存在和发展的空间，但东北作家群之与30年代左翼文学也正像沈从文之与30年代的非左翼文学一样，并不是30年代左翼文学在同样一个文化层面、文学层面的推广和普及。它是带着为其他左翼作家所少有的一种自然的素质进入30年代的左翼文学阵营的。在这个意义上，我们与其说中国的新文化、中国的新文学以及30年代的左翼文学赋予了东北作家群以文化的和文学的生命，不如说东北作家群的创作为中国的新文化、中国的新文学以及30年代左翼文学注入了新的生命和新的生命活力。

"五四"是一个伟大的民族文化、民族文学的革新运动。"五四"那一代人,特别是在实际进行着五四新文化革新运动的那个特定的历史瞬间,是有着强烈的民族意识和民族精神的。正是在这种民族意识和民族精神的推动下,他们对阻遏着中国文化、中国文学现代发展的中国固有的文化传统进行了坚决的反叛,为中国文化、中国文学的现代发展开辟了新的更广阔的发展道路。但是,任何一个文化革新运动都是一个发展的起点,而不是一个发展的终点,它只是为各种新的文化、新的文学的创造提供了可能性,而不可能提供所有新的文化、文学创造成果本身。在这时,我们就不能不注意到一个文化和文学革新运动发生的具体历史条件和它采用的具体形式,因为正是它的具体的历史条件和具体的革新形式决定着它在开始阶段的发展以及这个时期特定的发展趋向性。五四文化和文学革新运动是在辛亥革命之后相对和平的历史条件下和相对和平的社会环境下进行的,是在向西方文化、西方文学开放的具体形势下实现的,是由那些具有了更广泛的世界眼光和世界联系的归国留学生具体发动的,这使五四新文化运动之后20世纪20年代的新文化和新文学就有了特定的发展趋向性。也就是说,中国新文化、中国新文学在20年代的发展并不是中国新文化、中国新文学在所有可能的发展趋向上的发展,而是在一个特定的发展趋向上的发展。这种特定的发展趋向性,有它不可代替的独立意义和价值,但也有它不可能没有的局限性。它的局限性同所有的局限性一样,同样会埋伏下新的文化的或文学的危机。克服这种危机的往往不是它自身的自然发展的力量,而是从一种完全不同的基础上发展起来的另一种力量。中国新文化、中国新文学的发展同样需要不断寻找新的生长点。

20世纪20年代的中国新文化、中国新文学埋伏着一种什么样的新的危机呢?

"五四"是在西方文化的影响下对中国固有的文化传统进行的一次伟大的革新运动,它是在这个运动的发动者的强烈的民族意识和民族精神的推动下发生的。但当这个运动取得了表面的胜利,五四新文化成了新一代中国知识分子可以自由选择的一种社会的职业,一个他们发挥自己聪明才智的社会空间时,也就产生了一个怎样具体感受和理解它的价值和意义的问题。事实上,对于任何一个社会现象和社会文化的现象,都不是只有一种确定无疑的感受方式和理解方式,而是有着各种不同的感受方式和理解方式。对于五四新文化、新文学革新的这种特定形式,很自然地存在着两种相联系而又绝不相同的感受方式和理解方式,一是立足于整个中华民族在现代世界的存在和发展,一是立足于西方文化的输入和介绍。不难看出,这两种感受方式和理解方式在五四新文化运动没有取得表面的胜利之前,实际上是重合在一起的。为了中华民族在现代世界的存在和发展,必须向西方文化和西方文学开放,必须引进西方文化和西方文学。没有这样一种开放的姿态,没有这样一种措施,仅仅依靠中国固有文化传统及其自然的演化和发展,是无法形成适于中华民族在现代世界上生存和发展的文化的。而要向西方文化、西方文学开放,要引进西方的文化和西方的文学,本身也就意味着为中华民族在现代的生存和发展寻求新的途径和新的道路。但当五四新文化运动取得了表面的胜利,当五四新文化同中国固有的文化传统一样,也成了一种社会普遍认可的文化形式,一种受到政治经济法权保护的正当的社会职业,并以社会教育的形式将其固定下来,它也就成了一代一代青年知识分子求得自我生存和发展的必经的途径。在这时,体现固有文化传统的老一代知识分子已经构不成对他们个人命运和前途的直接威胁,影响他们个人前途和命运的则是新文化、新文学阵营内部的知识分子的竞争关系,是他们在这种竞争关系中的成败和得失。这在自觉与不自觉间就改变了他们自身的文化心理和文化心理的发展趋向,也改变了中国新文化与中国新文学的具体走向。五四新文化、新文学运动打破了中国文化的封闭性,实现了中国文化向整个世界文化的开放。但当外来文化被引入了新文化、新文学阵营内部知识分子个人或集团间的竞争,外来文化,特别是在当时世界上具有强势地位的西方文化的性质就发生了潜在的变化,它在这种竞争中被凝固化了,凝固成了判断是非、分辨优劣、决定弃取的固定的价值标准,凝固成了有类于中国古代文化传统中的圣经贤传一类的东西,这孕育了20年代中国新文化、中国新文学阵营中的世界主义文化倾向。这种世界主义的文化倾向是以世界强势国家的强势文化为统一的价值标准，衡量并要求各个不同民族的不同作家的文学创作，自觉或不自觉地向没有民族间矛盾和差异的统一的世界文化倾向提供了重新生长的土壤，使那些不满于这种倾向的知识分子重新把本民族固有的文化价值标准提高到一种普遍的、绝对的文化价值标准的高度，将其凌驾在世界各个不同民族文化之上，并自觉不自觉地将其作为统一世界文化的价值标准。毫无疑义，20年代中国知识分子在中国新文化、新文学的发展史上是有不可磨灭的历史功绩的，他们为中国新文化、新文学的发展奠定了最初的基础，但他们的意义和价值更在于他们是一批中外文化的使者，是最早把西方文化、西方文学作品大量翻译介绍到中国并以此为基础开始自己新的文化和文学创造的知识分子。但他们的局限性也是显而易见的，"五四"以后进入新文化界的青年知识分子，几乎都没有形成自己独立的思想追求和文学追求，他们的思想追求和文学追求直到多年以后都是在中国传统文化或西方文化传统的基础上形成并发展起来的，他们也常常以中国或西方某种文化或文学传统的传承者自居。他们用中国或西方固有的文化价值标准感受、理解、分析、判断具体的中国文化现象和文学现象，在开始，也提出了大量新的问题，但这些新问题的提出不是更加增进了他们促进中国文化及其发展的自觉性，而是更加加强了他们对中国文化及其发展的盲目性。这正像我们可以以美国摩天大楼或中国古代的阿房宫为标准感受、理解、分析、判断中国农村的茅草屋，但却无论如何也无法仅仅依靠这样的感受、理解、分析、判断实际地改善中国农村的住居条件一样，他们的思想追求和文学追求也无法在五四新文化、新文学运动的基础上起到进一步革新中国文化、中国文学的作用。他们往往自以为已经超越了鲁迅、胡适、周作人、陈独秀、李大钊这些五四新文化、新文学运动的倡导者，但在实际上却渐渐淡化了对中国社会及其文化的入骨入髓的深切感受。他们的心灵不是变小、变细了，仅仅停留在个人小悲小欢的欢赏或怨诉之中，就是变大、变空了，跟着中国传统文化或西方文化谈论着与中华民族及其文化的现实发展没有必然联系的一些抽象理念。必须看到，这与五四新文化运动过程中的情况是有根本的不同的。五四新文化运动也是主张输入西方文化的，也是以西方文化的话语形式对中国固有的文化传统进行批判的，但那时西方文化、西方文学在中国社会上还没有得到公众的认可，极少数提倡新文化、新文学的知识分子，在中国社会上是受到歧视、排斥乃至打击的。他们之所以走上革新中国文化的道路，是因为他们真切地感受到了中国固有文化传统对自己的束缚，感受到了这种革新对中华民族及其文化发展的实际意义和价值。占据他们意识中心的不是中国古代文化或西方文化价值标准自身，而是中国文化革新对自我个性的解放，对整个中华民族及其文化发展的实际意义和价值。不论他们意识到还是没有意识到，他们的文化思想都已经不能完全包括在中国固有的文化传统之中，也已经不能完全包括在西方固有的文化传统之中，他们的文化思想同时具有了民族和现代的二重性品格。现代性和民族性在像胡适的《文学改良刍议》，陈独秀的《文学革命论》，周作人的《人的文学》《平民文学》《思想革命》，鲁迅的《狂人日记》《阿Q正传》《祝福》《伤逝》《补天》《铸剑》《藤野先生》《记念刘和珍君》《秋夜》《雪》这样一些作品中是没有任何矛盾和差异的。它不是狭隘民族主义的，但也不是世界主义的。而在20年代青年一代知识分子之中，这种浑然一体的价值和意义则逐渐发生了分裂，一部分人发展了世界主义的文化倾向，一部分人则发展了狭隘民族主义的倾向。李金发的诗我们很难说是民族的，废名的小说我们很难说是世界的。现代性和民族性在这样一些作品中分裂为二，中国新文化、中国新文学的发展埋伏下了自己的危机。

　　这种危机产生的原因还因为五四新文化、新文学运动是在相对和平发展的历史阶段主要由留学归国的知识分子具体发动的。他们多是一些书斋文人，对知识分子自身的关怀超过了对下层社会群众的关怀，对书面文化的关怀超过了对整个社会文化的关怀，对抽象的国家整体的关怀超过了对各个不同社会阶层的不同社会成员的个体生活命运和精神发展的关怀。当五四新文化、新文学运动取得了表面的胜利，当他们的文化主张已经得到了中国社会的口头上的认可乃至拥护，当他们从西方文化中接受过来的一系列文化概念已经可以在书面文化的创作中得到自由的运用，当他们已经以中国文化名人的身份受到了中国社会的普遍尊重乃至崇拜，他们就再也没有继续推动这个革新运动的内在动力了。他们受到了中国社会的温情的抚摸，世界上任何一个固有的文化价值标准都已经无法构成对他们实际生活和文化心理的严重压迫，它们开始仅作为一种文字的语言滑行在他们意识的表层，飘浮在他们心灵的上空，与这些文字语言紧密结合在一起的人的实际生活命运和思想命运渐渐在他们的头脑中黯淡了下去。在这时，他们变得温和了，大度了，宽容了，已经没有了与中外历史上已有的知识分子和已有的思想学说不同的、仅仅属于自己的独立的思想和追求，他们也就不能不摇摆在世界主义和狭隘民族主义两种不同的文化倾向之间。胡适在提倡白话文革新的过程中是没有发生过思想上的动摇和游移的，但在白话文的革新取得了形式上的胜利之后，他就没有仅仅属于自己的思想了。他的实用主义有时只是对杜威实用主义理论的重复，有时又是晚清乾嘉学派学术思想和治学方式的照搬照用。但不论采取什么样的形式，起到的都是使他和他的思想飘浮在中国社会及其文化的表层空间的作用，它再也无法在胡适的心灵深处激荡起情感的或思想的浪花。他始终在理念上坚持着五四新文化的原则，但始终也没有把这些原则转化为他的物质生命和精神生命的存在形式。他在中国现代学院派文化的建立和发展中的作用是不可低估的，但潜在的世界主义文化倾向却也淡化了他对中华民族悲剧处境和悲剧命运的敏锐感觉。"五四"以后中国社会发生的所有惨烈的事变都没有动摇过他从五四时期就已经成型了的人生观念、社会观念和文化观念，都没有重新激发起他内在的热望和激情。他是一个爱国主义知识分子，但他的爱国主义并没有超越于传统爱国主义的范畴。面对东北三省的失陷，他表现了中国知识分子固有的爱国主义立场，但也保持了一个中国高雅知识分子固有的达观和冷静。他始终把现代反侵略的战争仅仅理解为一个国家政权的政治行为、一个国家政权的外交关系问题，他常常是以一个国家政权谈判代表的身份，或向国家政权、国联提供应变策略的姿态来发表自己对于日本帝国主义侵略行为的看法和态度的。在他的言论中，我们感受不到那些沦落到了生命绝境的底层人民的情感和情绪，感受不到作为一个人对另一些人的生活命运和精神命运的感同身受的同情和理解。他滞留在一个民族危机的"积极"旁观者的立场上。周作人在五四新文化运动中也是有自己独立的追求的，他是同鲁迅一道批判传统奴性人格最坚决、最彻底的一个。但当五四新文化运动落潮之后，他就同鲁迅走上了两条不同的文化道路。鲁迅越来越同挣扎在生命途程中的社会底层的知识分子，特别是青年知识分子的命运和前途联系在了一起，而周作人却越来越深地躲进了自己的象牙塔。在这时，他对传统奴性的批判也主要成了一种书面的话语形式，一种外在于自我的文化价值标准。他没有在这种批判中变得越来越坚韧，越来越果敢，而是变得越来越自私，越来越软弱。他批判着别人的奴性，但却发展着自己的奴性。当他实际面临着日本帝国主义的强权压迫的时候，他的人格的尊严连同民族的尊严都没有得到起码的维持。实际上，他背叛的不仅仅是中华民族，同时也是他在五四时期所坚守的文化原则和人格原则。在这时，抽去了民族意识内涵的世界主义，抽去了社会意识内涵的个人主义，抽去了竞争意识、斗争意识的和平主义，成了周作人既欺骗别人也欺骗自己的一种文化理念。应该说，直至现在，周作人的这种世界主义、个人主义的文化观念，对我们中国知识分子还是有很大的诱惑性和欺骗性的。

　　世界主义不仅仅是左翼外很多知识分子潜在的文化倾向，它在20世纪30年代左翼知识分子内部也有潜在的广泛影响。这些知识分子在反叛国内政治专制和文化专制政策的时候，仍然承袭着20年代发展着的潜在的世界主义文化倾向，他们的马克思主义不是在自己的生命历程和生命体验中自然地生长起来的，而是在对世界文化潮流的体认中从西方文化中接受过来的。这使他们在主要关注国内的政治斗争的时候，却日渐淡化了对日益加深的民族危机的感受和意识。到了30年代中期，左翼文学内部发生了"两个口号"的论争。它是在新的民族危机的条件下展开的。直至现在，我们还是依照一种抠字眼的方式看待这场论争的。实际上，任何一个严肃的文学论争都不可能仅仅是一个抠字眼的论争，它直接或间接地反映着论争参加者之间具体生活感受、社会感受和文学感受的差异。必须看到，我们的民族危机绝不是从"两个口号"论争那个时候开始的，从鸦片战争以来我们的民族危机就一直存在着，一直加深着。鲁迅全部的文学活动和文化活动都是在一种强烈的民族危机的意识中形成的，他之极早地关注着东北作家的创作，体现的不仅仅是他的阶级意识，更是他的民族意识。而对于另一些关内的左翼文学家、理论家，在关注着国内政治界、文化界的矛盾和斗争时，却往往淡漠了对中华民族整体上的危机意识，这使他们对东北作家的出现没有表现出应有的热情，而是更多地表现着一种文艺指导者的倨傲。在共产国际没有改变自己的文化策略的时候，他们没有意识到中华民族的民族危机以及在民族危机条件下中国左翼文学发展的特殊性，而在共产国际改变了自己的文化策略之后，又企图为中国文学的发展设计出一个新的指导性的理论口号。不难看到，这种仅仅从政治策略的改变来看待中国左翼文学发展的角度，加强的仍然是民族内部不同政治势力之间的政治斗争的意识，是对这种斗争的另一种斗争策略的意识，而不是民族意识和民族精神本身。他们不是从左翼文学的现实发展看左翼文学的未来走向，而是根据共产国际的新的指令生硬地改变着自己的理论主张和文艺方针，并且把文艺作品的创作硬性地纳入自己改变的理论旗帜和文艺指令之下，这没有带来中国左翼文学的进一步发展和壮大，反而导致了中国左翼文学阵营的解体。所有这一切，实际上都是在一种潜在的世界主义文化倾向的左右下发生的。关注什么？关注中华民族及其文化发展的实际命运和前途，还是关注从西方文化中接受过来的某种已经凝固化了的文化价值标准或从这个文化司令部发出来的文化指令？这是两个并不完全相同的思路。

在中国新文化、新文学阵营内部逐渐发展出一种潜在的世界主义文化倾向的同时，新文化、新文学阵营内部也逐渐发展出了一种狭隘的民族主义文化倾向。到了20世纪30年代，一些中国作家公开打出了"民族主义"的旗帜。必须看到，他们不再是从新文化、新文学阵营的外部来反对五四新文化、新文学的复古主义者，而是一些新文化、新文学阵营内部的知识分子。他们从事的是现代白话诗文的写作，他们的"民族主义"的口号也是孙中山提出的一个具有现代革命意义的口号。但这些"民族主义文学家"并不是在民族意识、民族精神的发展过程中走向所谓"民族主义文学"的创作的，而是在与国内知识分子争地盘的意识下打出"民族主义文学"的旗帜的。支持着他们创作的不是他们真实的生命感受和精神感受，而是当时国家政权实现对全社会的政治、经济和文化控制的需要。这使他们所谓的"民族主义文学"根本不具有真正的民族意识和民族精神，也无法实际地唤起读者对民族命运和前途的关切。

六

民族危机存在着，发展着，但在关内知识分子中发展起来的中国新文化、中国新文学却逐渐淡化着民族意识和民族精神。真正为中国的新文化和新文学注入了更饱满、更充沛，也更坚韧的民族意识和民族精神的，在20世纪30年代，是东北作家群的创作。在这里，我们并不是说它在"思想"上是多么"超前"的，在"艺术"上是多么"精粹"的，因为它对于我们，对于广大的读者，不是作为从古代或从外国输入的一种思想形式或艺术方法而存在的，而是作为中华民族现实命运的象征而存在的。东北这块土地是被日本帝国主义以军事侵略的形式霸占了的，东北作家群没有屈服于当地的帝国主义的政治统治，他们的文学作品写的是他们这样一些人的生命的体验，写的是这块沦陷了的土地上的人民的生活命运和思想命运。不难看出，他们的这种存在的形式本身就是一种意义，一种价值，就是中华民族现实命运的一种象征形式。民族意识和民族精神对于他们绝对不是外加的另一重意义和价值，不是他们经过努力才"学习"到的一种思想、理论或本领、才能，而是他们生命存在的形式的本身，是他们身上的一种近乎自然的社会素质。对于文学作家而言，这种自然素质的东西实际上远比那些有意识地追求着的东西更加重要，更能体现他们的文学作品的实际意义与价值。沈从文小说的意义和价值就是沈从文以及他所描绘的那个"边城"世界本身的意义和价值，是沈从文对"边城"世界的自然性和朴素性的亲近和仰慕，但在同时，我们也能够看到，在沈从文以及他所描绘的这个世界里，是绝对产生不出现代中华民族的民族意识和民族精神来的。这是一个还没有同现代中华民族的整体命运联系为一个有机整体的世界，是一个能够满足人的精神自由的感觉和要求但却无法满足人的社会进步的感觉和要求的世界。直到后来，直到现在，沈从文以及与沈从文的文学观念相近的中国知识分子还主张文艺与抗战无关论。实际上，抗战与沈从文的文学创作确实是没有必然的联系的。但到了东北作家群这里，情况却发生了根本不同的变化。这些东北作家并不必有意地追求民族意识和民族精神，他们自身的存在就已经天然地具有这种意识和这种精神。他们的文艺几乎必然地与抗战发生关系，因为他们全部的生活体验和生命体验与当时的反侵略战争发生着千丝万缕的联系，日本帝国主义的军事侵略几乎是无可挽回地将他们个人的实际生活感受和实际生活命运提升到了对整个民族命运的感受和体验的高度上来，他们表现着自己，同时也在表现着我们的民族。他们的最基本的愿望和要求也就是当时整个中华民族的最基本的愿望和要求。在这个意义上，他们以及他们的作品本身就是一种符号，一个信息，一种能够激发起每一个中国人深层意识中的民族意识和民族精神的存在物。假若说30年代废名的小说更具有自然性的品格而较少社会性的意义和价值，茅盾的小说则更具有社会性的意义和价值而较少自然性的品格；假若说30年代新感觉派小说更具有现代性的色彩而较少民族性的内涵，30年代的乡土小说则更具有民族性的内涵而较少现代性的色彩；假若说30年代沈从文的小说更具有抽象的人性的价值而较少抽象现实性的意义和价值，东北作家群则在自己的基础上重新把中国新文化、中国新文学的自然性和社会性、民族性和现代性以及蒋光慈等革命文学家的小说更具有现实性的意义和价值而较少抽象的人性的价值有机地结合了起来。在这里，我们仍然不是对他们具体创作成就的评价，而是看到了他们的特殊境遇和在这种特殊境遇中的生命体验所自然具有的文化素质和文学素质，一种为当时关内知识分子所不易具备的生活体验和社会体验。

原载《文艺争鸣》2003年第2期

三十年代左翼文学·东北作家群·端木蕻良（之三）

七

中国现代的民族意识和民族精神并不仅仅是一种抽象的理念，它还是一种关于人的观念，一种感受人、表现人的角度和方式。

在人的原初性的存在中，灵和肉、文和武、情感和意志原本是紧密结合在一起的。在那时，一个人的情感和愿望不会借助另外一些人的力量去获得，去实现，他必须依靠自己的力量。这样，在一个人身上，自然本能的欲望就一定会上升为情感。一个饿了的人一定会对食物产生情感的亲和力，一个有了性欲要求的人一定会对异性产生爱欲的情感，而对阻碍或妨碍他满足这种本能欲望的事物或人也一定会产生畏惧、厌恶乃至憎恨的感情，人的审美的感觉就是在这种自然的本能欲望及其情感态度的基础上渐渐沉淀而成的。没有人的自然本能欲望，没有在这种自然本能欲望基础上产生的各种不同的情感态度，一个人就不会产生各种不同的美与丑的感觉。欲望需要实现。欲望得不到实现，情感就不会消失。所以在一个原始人的身上，情感也一定会上升为意志，因为意志就是一个有长度、有硬度的情感原始人，在情感的推动下宁愿付出牺牲、战胜困难去实现自己无法泯灭的欲望。一个饿了的人要得到食物，一个对异性产生了爱欲感情的人要实现与异性的媾合，都要去行动，都要有一个实现的过程，这个过程是他在与对象的无法泯灭的情感亲和力中完成的。这个过程得不到完成，他的欲望得不到满足，他的情感力量就不会消失，不会泯灭，这种情感就会持续地促使他去行动。这就表现为人的意志，人的意志力量。人的意志不但是未得到实现的欲望和情感持续发挥作用的过程，同时也是一个人的特定审美态度得以维持并表现出特定审美倾向的根本原因。审美的过程离不开人的自然的本能欲望以及在此基础上形成的情感情绪的感受，同时也离不开人的意志的力量。脱离开人的意志的审美感觉只是一些杂乱无章的美感的碎片，而不会构成相对有序的审美形式。人的意志在自然的状态下也一定会转化为理性，因为理性是有效地完成这个过程的方式，只有在人的意志的推动下不断为欲望的实现做出各种不同的努力，人才会获得经验，获得对各种不同经验进行鉴别和整理的能力。所以，没有欲望、情感和意志，就没有人的理性的需要，也不会发展出真正理性的态度和真正理性的思维方式。原始的人既不可能仅仅是情感的人，也不可能仅仅是理性的人，他的欲望、情感、意志、理性是紧密结合在一起的。欲望的受阻转化为情感，情感的受阻转化为意志，意志的受阻转化理性，理性的受阻使之重新返回意志的、情感的或欲望的状态。但不论外在是一个怎样的状态，它都不可能是纯粹的，不可能只是物质的欲望而不同时包含着情感、意志和理性，不可能只是情感而没有欲望、意志和理性的内涵，不可能只是意志而不同时表现为一种欲望、情感和理性形式，也不可能只是理性的而不是欲望、情感和意志的表现。我们好说"完整的人"。什么是"完整的人"？"完整的人"不是没有缺陷的人，不是万能的人，也不是人见人爱的老好人，而是同时表现出自己真实的欲望、情感、意志、理性的人，是所有这些都有机地结合为一个物质精神整体的人。

　　但是，书面文化的产生使人类发生了严重的分化和分裂，社会被分为两个不同的部分，一部分主要是用头脑的，一部分主要是用体力的。在中国社会上，这种分化和分裂则被儒家文化机械划分"劳心者"和"劳力者"的观念推向了极端。"劳心者治人，劳力者治于人"，这两种人不但有了社会分工的不同，同时也有了彼此截然不同的价值标准。人的统一的价值标准消失了，不同的人开始在不同价值标准的规范和约束下向不同的方向发展，造成了人性发展的畸形化。"劳心者"从读书认字的那一天起就被从人类完整的生活中抽取出来，他们不再被视为在自己自然本能欲望的基础上进一步成长、壮大的人。他们自己的物质欲望在观念上已经不必用自己的力量去满足，而被当成了他们的天定的法权。他们的存在价值被先天地规定为"治"别人、"治"劳力者。这种"治"，不是用自己的力量去"治"，而是用"心"去治，用自己的"聪明才智"去治。他们不必直接面对自己所"治"的对象，而是运用自己的头脑调动这部分"劳力者"去压制那部分"劳力者"，又用那部分"劳力者"压制这部分"劳力者"。他们从一开始就离开了自己的自然本性，离开了自己的自然本性所欲望的实际对象。这些对象是"配给制"的，是由社会奖掖给他们的，正像北京烤鸭的食物不是由它们自己啄食的，也不再是它们自己欲望的对象。中国的"劳心者"也萎靡了自己的自然本能欲望。那些形似自然本能欲望的东西，实际已经不是自然本能欲望的本身，而是在非自然本能的意义上被意识、被感觉的。一切自然本能欲望的满足都成了权力的象征，成了他们"作威作福"的优势地位的证明。他们萎靡了自己的自然本性，同时也不再有这种自然本能欲望基础上形成的真正自然的情感，一切的情感都只是刹那的、表面的印象，都只是一种一掠即过的愉悦的感觉，一些审美感觉的碎片，而不是构成他们人格要素的内在的激情。这种情感形式，这种美感感觉，是享乐型，而不是精神型的。是外部世界的一次性给予，而不是以自己的力量在一个完整的过程中争取来的。它只在接受时的那一刹那引起欲望满足时的愉悦感，而缺乏各种不同精神体验的基础。其内涵是单薄的，缺乏更复杂多样的内蕴的意义。这种没有过程的接受构不成自己独立的意志，他们所有的形似意志的感觉都是从维护一个与自己自然本能的欲望对象没有直接关系的抽象整体的意识中产生出来的，是从维护别人的政权的模糊的意识之中产生出来的。这种意志带有空洞的想象的性质，而不是他们自己的自然本能所实际欲望的对象。真正独立的意志越是受到压抑，越是变得坚强有力，因为意志就是在受压抑的欲望和情感中产生的，这种欲望越是无法得到实现，越是具有其强烈性，这种情感越是得不到表现，越是具有内在激情的性质。而他们所谓的意志则是易碎的，他们的意志实际并不是意志，充其量只是一种尚未得到证实的"决心"。他们的善变几乎越过世界上所有类型的人。他们在中国社会上被视为得"道"知"理"的人，被视为有理性思维能力的人，但他们的"道"和"理"并不是在他们自然本能的欲望、自然真实的情感和生命意志的基础上建立起来的，而主要是在固有的语言概念的基础上演绎出来的，因而也不具有真正理性的性质。总之，在中国儒家机械地划分"劳心者"和"劳力者"的人的价值观念的影响下，中国的"劳心者"，中国的知识分子，不论在肉体上还是在精神上，都被严重地扭曲了。我们平时崇奉的圣贤或才子，倒常常更是一些畸形发展的人，一些失去了生命意志和精神活力的人。

"劳心者"用自己的观念扼杀了自己，同时也用自己的观念扼杀了"劳力者"。实际上，任何一个正常发展的人，都既不可能仅仅是一个"劳心者"，也不可能仅仅是一个"劳力者"。当中国的知识分子、中国的政治统治者仅仅把广大的社会群众规定为一些"劳力者"的时候，中国广大的社会群众就被严密地禁锢在自己狭小的生活空间，禁锢在自己的家庭关系中，禁锢在自己机械肉体的活动中。他们不需要知识，不需要文化，不需要思想，不需要对社会、对民族、对整个世界、对整个人类命运的关心，甚至他们连西方中世纪社会群众所受到的那点宗教教育也没有。父亲就是他们的上帝，母亲就是他们最高的保护神，对于整个民族、整个社会、整个人类的灾难，他们只有被动承受的分，而没有任何主动改变的责任和能力。他们只能成为一群被政治家所放牧的"羊"，而不能同时成为具有自己攫食能力的"狼"。

中国社会这种"劳心者"和"劳力者"绝对分离的人的价值观念，同时也表现在"文"和"武"的绝对分离上。"文人"被定格在没有无法压抑的欲望要求，没有不可遏止的情感态度，没有不可战胜的意志力量，不论在任何情况下都不失温良恭俭让态度的一些没有生人气的人，而武人则被定格为不必有文化、有思想、有社会的理想、有正常人的感情、有强烈的生命意识的莽夫。越是到了后来，"文人"与"武人"越是被截然分成了两类完全不同的人。"文人"是道德的楷模，"武人"

只是维护现实政权的工具；文人的道德中排斥了"武人"之所以成为"武人"的人格因素，"武人"只是维护现实政权的工具；文人的道德中排斥了"武人"之所以成为"武人"的人格因素，"武人"也不被认为必须严格遵守文人所制定的道德规范和社会规范。"文人"是"细人"，"武人"是"粗人"。文人看不起武人，但在武人面前又是一些窝囊废；武人也看不起文人，但又不能用文人的文化装饰自己，掩饰自己。

如上所述，现代中国知识分子关于人的观念的变化并不是一次性完成的，也不是在任何一种西方的或中国古代的抽象文化理论的指导下完成的，而是在现代知识分子各种现实的人生体验和人生经历中逐渐实现的。西方列强的出现，中华民族作为一个民族整体与西方列强所构成的特定的现实关系，是中国知识分子能够超越于中国古代"劳心者""劳力者"的机械划分而带着一种新的观念重新感受人、感受人的发展的重要前提条件。正是在这样一种关系的感受和理解中，鲁迅在留日时期建立了自己全新的"立人"思想，对中国人、对中国知识分子的人格发展提出了全新要求。它之所以是全新，就是因为只有他，才真正超越了中国古代机械划分"劳心者"和"劳力者"并为不同的人提出了不同的价值标准的传统的人的观念，而从中华民族现代发展的角度对人，特别是对中国人的全面发展提出了新的要求。在中国现代文化史上，鲁迅是第一个把战士的精神注入文化事业中来的伟大的知识分子，是把人的欲望、情感、意志、理性结合为一个整体并对之进行了完整表现的伟大的文学家。但是，鲁迅的这种传统，随着新文化职业化特征的加强，又一次被中国知识分子所淡化、所消解。当中国的读书人再一次把成为文人、学者、教授、诗人、作家作为自己人生的终极目标的时候，当中国知识分子开始满足于自己已经是一个文人学者、教授、诗人、作家的时候，中国传统的那种"文人"的标准又自觉不自觉地在中国知识分子中发展起来。新文化、新文学繁荣起来，新文化、新文学作品多了起来，但新文化的精神、新文学的精神却在这表面的繁荣中一天一天地低迷下去。好的作品不是没有，但从整体的发展上，"五四"以后的中国新文化、中国新文学却不能不说是在两个不同的方向上蜿蜒趋进的：一边是越来越细小的个人小悲小欢的抒情，一边是越来越空洞的脱离开自己实际的人生体验，脱离开自己本人真实的欲望、情感、意志等主体精神表现的社会描绘；一边是在越来越微弱的社会承担意识的基础上的个人生活的恩恩怨怨、哭哭啼啼，一边是在越来越薄弱的主体精神基础上的社会宣传和政治宣传。他们的作品不再主要是他们主体精神的由内向外的表现，而更是他们实际的人生欲望、情感、意志和思想的文化掩体。正是在这种情况下，东北作家作为一个群体出现在中国的文坛上。他们是从另一个不同的文化世界走进中国文化、走进中国新文化的，是从带有蛮荒特征的东北这块大地上走出来的。在这块大地上，人的生活还没有完全被中国传统文化秩序化、条理化，西方的现代化模式也还没有成为那里人的理想模式。他们是在一种更为自然的、原始的、无序的生存竞争的生活中走出来的。在这种生活中，人性的善和恶、美和丑还没有被一种文化的外衣包裹起来，还以相对赤裸裸的形式表现着。在这种生活中的人，谁也无法单靠情感或单靠理性而生活，其中的每一个人都必须以自己整个生命的力量承担自己的生命，都必须同时调动自己欲望的力量、情感的力量、意志的力量和理性的力量。人性的分化主要发生在人与人之间，而不发生在同样一个人的身上。卑鄙者发展着自己的卑鄙，高尚者发展着自己的高尚；善良者发展着自己的善良，残酷者发展着自己的残酷。但不论什么样的人，都必须调动自己全部的生命的力量，都必须为自己做人的方式承担这种方式所可能带来的灾难和祸患。强盗必须随时准备为自己的强盗行为付出代价，英雄也必须随时准备为自己的英雄行为付出各种形式的牺牲；穷人必须承担自己的贫穷，富人也必须承担自己的财富。他们都不能把自己的神经完全松弛下来，在一种没有任何奋斗精神的状态下"安享"别人已经摆好的人生的宴席。在这样一个世界上，没有一条不偏不倚的人生道路，没有一条像中原知识分子那样不冒险只得利、不付出只享受的生活方式。对于他们，生活是严峻的，生命是沉重的，每一个人必须正视自己面前的世界，都必须用自己的力量承担自己的生命。对古代的缅怀救不了他们，对未来的憧憬也救不了他们；古圣先贤的教条救不了他们，西方的思想学说也救不了他们；父亲的权威救不了他们，母亲的温情也救不了他们。他们必须成为一个独立的人，准备独立地到现实的世界上去奋斗，去跋涉。他们在本能上就不会像中原知识分子那样,从接受教育的那一刹那起就幻想着一条只有顺利而没有挫折、只有成功而不必冒险、只有幸福而没有痛苦的人生道路,并视这样一条人生道路为理所当然的人生道路。他们经得起打,经得起摔,得为任何的成功准备付出自己的牺牲,得为任何的胜利准备经受惨痛的失败。只有不怕危险的人才有自己的安全,只有能够吃得起苦的人才有自己的幸福,只有经过艰难的人才有自己的前途。……这样一种近于原始的、自然的人生观念,在正常的情况下是不可能进入中国文化的腹地的,是不可能被中国广大的知识分子所理解、所接受的。甚至连胡适、周作人这样一些新文化运动的倡导者,也在本能上无法接受这样一些"粗人"的人生观。正是中华民族越来越严重的现代危机,正是日本帝国主义更加明目张胆的大规模军事入侵,使东北作家在自己日常生活中形成的这种原本带有原始性、"落后性"的人的观念,才在不必经过中原知识分子软性文化的再处理的情况下实现着向现代人生观念的直接升华。这种从原始性向现代性的直接升华的过程是不难理解的。当他们在实际的人生经历中形成的人生观念在中华民族现代危机的条件下显示出了较之中国传统文人"温良恭俭让"人格模式更直接、更现实的价值和意义的时候,他们的人生观念也同时具有了抗拒中原知识分子文化同化的力量,并在与鲁迅文化传统和文学传统的结合中将其提升到现代社会文化的高度。它不再是原始的,同时也是现代的;不再是不自觉的,同时也是一种自觉的人性追求;不再是纯自然性的,同时也是社会性的;不再是狭隘的个人的,同时也是民族的、世界的。在他们的作品中,人的原始性的活力同时具有了现代民族文化的高度,同时也在现代民族危机的背景上得到了重新的反思和审视。

我们看到,东北作家群的作品,就其个人风格而言,彼此的差距是很大的,甚至大于其他任何一个文学流派个人与个人之间的差距,但在对人的表现上,却有着惊人的一致。他们都不把在零度的情感线上表现着客观、理性色彩的人物作为自己理想中的人物,他们的作品中有高尚和卑鄙,有人道和不人道,有爱和憎,但没有一贯正确的导师,没有绝对英明的领袖,没有无私无欲的圣人,没有无往而不胜的天才,只有以各种不同的方式生活着的人;他们都不把没有奋斗精神的纯粹消费性的生活当作自己生活的理想，他们的作品中有痛苦和幸福，有胜利和失败，有忍耐和反抗，但没有对痛苦的歌颂，对幸福的艳羡，对胜利者的献谄，对失败者的嘲弄，对忍耐者的安慰，对反抗者的鞭挞。所有这一切，都体现着他们不是在现实人生之外旁观人生，在社会人生之上评判人生，而是在人生之中感受人生、体验人生、表现人生的。我认为，这才是一个现代文学家必须具有的人生姿态。这种人生姿态本身并不一定能够造成现代中华民族的伟大的文学和艺术，但现代中华民族的伟大的文学和艺术却必须立于这样的人生姿态上。只要我们从这样一个角度感受和理解东北作家群的作品，我们就会看到，在20世纪30年代的各个文学流派中，最没有假道学气也没有才子气的文学作品几乎首推东北作家群的作品。他们是带着一种与中国传统知识分子迥然不相同的人生观念进入现代中国文化和中国文学的。

原载《文艺争鸣》2003年第3期

三十年代左翼文学·东北作家群·端木蕻良（之四）

八

中国左翼文学是在中国新文化、中国新文学的基地上站立起来的，它把大量被排斥在国家政治经济法权保护圈之外的社会底层知识分子的社会人生感受带入了中国的新文化和中国的新文学，成为20世纪30年代中国新文化、中国新文学中的真正的先锋派；东北作家群是在20世纪30年代中国左翼文化、中国左翼文学的基地上站立起来的，它把一向被中国文化传统排斥在自己的文化圈之外、在东北这块蛮荒的土地上成长起来的现代青年知识分子的人生感受和社会感受，把在这块土地上被日本帝国主义的军事侵略激发起来的中华民族的意识和民族精神带入了依然主要关注着民族内部阶级斗争的左翼文化、左翼文学界，成为20世纪30年代左翼文化、左翼文学中的真正的先锋派。我认为，我们要了解端木蕻良作品的意义和价值，是不能脱离开东北作家群这个群体的价值和意义的。他是这个群体的一员，而不是这个群体的另类。

我们说端木蕻良是东北作家群中的一员，就是说我们必须首先从他的作品与整个东北作家群作品的联系、与非东北作家群作品的区别中来感受和了解他的作品的意义和价值，而不应当首先从他的作品与整个东北作家群作品的区别、与非东北作家群作品的联系中来感受和了解他的作品的意义和价值。只要我们注意到这一点，我们就会发现，端木蕻良的作品与所有东北作家群的作品一样，始终浸透着一种浓郁的民族意识和民族精神，这种浓郁的民族意识和民族精神在他们的作品中具体表现为一种广大的忧郁。民族意识和民族精神的形成，不是依靠对任何一种细碎生活的感受和体验，不是依靠对一个人的命运、一个事件的结果、一个具体情景的性质，甚至也不是对本民族内部某个革命的成功和失败的感受和体验，而是在对我们民族现代命运的整体感受和体验中形成的。我们经常认为，30年代体现了中国新文化、中国新文学的现代性的作品就是像新感觉派小说那类描写都会消费生活的作品，当然，他们描写的确确实实是中国大都会消费生活的现代形式，但文学的现代性并不主要表现在感受什么、表现什么上，更表现在怎样感受和怎样表现上。中国新文化、中国新文学现代发展的最主要的表现形式是社会意识、民族意识和人类意识的增强，在整个中华民族的前途和命运、在整个社会发展和人类共同命运的基础上感受人生，表现人生，恰恰是中国新文学现代性的主要标志。而只要我们真正关切着中华民族在现代世界上的命运和前途，我们首先感到的就是一种广大的忧郁。在这里，也只有在这里，我们遇到了一种历史的宿命，一种由几千年的文化造成的现实的结果，一种不能让任何一个具体的人或具体的历史事件担负罪责的铁定的谬误。它不是纯粹个体的，纯粹个体的忧郁在他人身上或具体有忧郁的性质，但正像一个人失恋很可能正是另一个人获得爱情的前提一样，纯粹个体的忧郁是没有传达功能的，是在更多的读者那里引起幸灾乐祸感觉的一种情绪，而一个民族的危机却是笼罩在这个民族全体成员之上的，是不被任何一个民族成员的具体的、瞬间的情绪感受所左右的。说到底，它更是一个人、一个作家对外部世界的整体感受，对民族命运的整体感受。它在作品中成为一种调子，一种底色，一种笼罩一切的氛围，任何具体的人物，任何具体事件，任何具体的情景，都是在这样一种调子、一种底色、一种氛围中获得自己特定意义和价值的呈现的。它改变着所有具体的事物，而所有的具体的事物无法改变它。我们看到，端木蕻良作品中缺少很多东西，但却不缺少这种广大的忧郁感。他没有像周作人一样走向闲适，像林语堂一样走向幽默，像新感觉派作家那样走向轻巧，像沈从文那样走向飘逸，也没有像郭沫若那样走向乐观，像茅盾那样走向客观，而是像其他东北作家群的作家一样走向了一种广大的忧郁。正是在这种广大的忧郁中，他不论写什么，都体现着他对东北这块土地的沦陷以及这块土地上人民的屈辱和苦难的记忆，体现着他对自己民族所实际面临的严重危机的感受。对于他，这不是一个抽象的理念，而是在他的实际的人生体验中自然具有的东西，他的忧郁也是东北这块土地的忧郁和整个中华民族的忧郁。在他这里，同在所有东北作家群的作家那里一样，个体的命运同整个民族的命运是有机地联系在一起的。

假若我们仅仅着眼于端木蕻良与其他东北作家群成员的区别，我们很容易把端木蕻良视为一个才子型的文人，一个现代社会的花花公子，但是，只要我们真正进入端木蕻良的作品中去，真正从他对人的感受和表现看待他以及他的作品，我们就会感到，他绝不是关内文化中的那种才子型的文人，不是现代中国大都会中的花花公子，他对人的审美的感受和体验完全属于别一种类型。他同所有东北作家群的作家一样，欣赏和追求的不是中国知识分子身上的那点灵巧、那点潇洒、那点才智、那点柔媚，而是人身上那点生命的活力，那点在严酷的现实生活中不能不具有的意志的力量。在对人的总体的艺术处理方式上，不论是他的长篇小说，还是他的短篇小说，他从来也不脱离开人的具体的、整体的生存状态，表现人的平面的、瞬间的道德心理和道德表现。他的表现是人怎样生，怎样死，为什么而生，为什么而死，亦即人的生命的力量以及人的生命力量的源泉。他笔下的人物是整体的，不是瞬间的、部分的。他不遮蔽人性中的恶，也不遮蔽人性中的善，不遮蔽人性中的琐屑和庸俗，也不遮蔽人性中的庄严和伟大。而对于当时很多中国作家而言，这种明显的遮蔽是屡见不鲜的。假若说当时的左翼作家常常用人的社会性、阶级性遮蔽掉性心理对人性发展的影响作用，遮蔽掉人性中的琐屑、平庸的一面（例如，茅盾《子夜》中的赵伯韬被描写成了一个好像连一点真诚的爱情感觉也不再会产生的赚钱机器），假若说30年代新感觉派小说家常常用人的性心理遮蔽掉人的社会性、阶级性，遮蔽掉人性中庄严和伟大的一面（例如，施蛰存《鸠摩罗什》中的鸠摩罗什完全被描写成了一个性的奴隶，而不再具有一个伟大佛学翻译家的历史面貌），端木蕻良的作品则没有这种有意与无意的遮蔽感。他笔下的人物有时有欠精细，但却永远不欠力度；有时有欠模糊，但却永远不欠完整性。这与关内新文学作家的作品大都不欠精细、不欠清晰，但却常常有欠力度、有欠完整性恰成一个鲜明的对照。

在中国现代文学的整体背景上，端木蕻良的作品是与东北作家群的作品融为一体的，它们是作为东北新文学的一个统一的潮流汇入整个中国30年代的左翼文化和左翼文学，汇入整个中国新文化和中国新文学，并以自己独立的价值和意义、独立的题材和风格为之注入了新的生命活力的。但是，作为一个地域性的社会，作为一种地域性的文化，东北社会和东北文化同样是结构性的。东北作家群的成员都在这样一个社会结构、文化结构中成长起来，但他们又是从这个结构内部不同的空间环境中成长起来的。他们各自有着不同的人生经历和不同的人生体验，因而也有着不同的思想和艺术的风格。在这里，我们不妨从萧军、萧红、端木蕻良、骆宾基这四个东北作家的区别和联系中来确定端木蕻良作为一个东北作家群作家的独立意义和价值。萧军出身于一个匪徒世家，在关内文化的背景上，这是一个极不名誉的出身，但在东北这块还没有被关内严密的统治秩序所整合的土地上，在这个以力争于世的世界上，这个出身则并不像在关内知识分子观念中那么低贱和耻辱。在日本帝国主义侵占东北三省之后，正是在这样一个阶层中，首先分化出了一部分抗日的武装力量，并显示了这个社会阶层实际是有较之在任何政治统治秩序中都安于做顺民的所谓"平民百姓"，较之那些甘愿为任何强权政治服务的所谓才智双全的知识分子所无法代替的独立价值和意义的。他们是一个能战斗的阶层，是一个不把自己的生命看得比别人的生命、亲人的生命更重要的人的阶层。他们的"恶"中也有"善"的光辉，在我们平时以为的"善"中也有"恶"的污浊。萧军就是带着这样一个社会阶层的传统、这样特定的感受和体验，直接进入中国的新文化和新文学的。我认为，时至今日，我们对萧军《八月的乡村》的文学价值和历史价值还是没有更为充分的估价的。他在艺术表现上的粗疏是显而易见的，但这

三十年代左翼文学·东北作家群·端木蕻良（之四）

并不是我们忽视它的根本的原因。李金发的诗在艺术上粗疏不粗疏？刘呐鸥的小说在艺术上粗疏不粗疏？为什么我们把李金发的诗和刘呐鸥的小说恭维得比烙铁还要热，而对萧军的《八月的乡村》却冷落得比冰块还要冷呢？说到底，我们不喜欢萧军的《八月的乡村》并不仅仅因为它在艺术上的粗疏，而是因为我们艺术欣赏趣味上的偏狭和自私。假若我们换一个角度，我们就会看到，它几乎是中国现代文学史上唯一一部带着自己真实的军旅生活的小说作品。它不是站在战争之外对战争的歌颂，不是在战争胜利后对战争参加者的或自我的历史功绩的夸示，更不是把战争当成一场人生大游戏写出来供人欣赏和把玩。他写的是自己的感受和体验，写的是自己的所见与所闻，它是中华民族真实历史命运的一个写照，是中华民族部分成员在当时的一种真实的生存状态，它让人像感受战争那样感受战争。几乎只有在萧军的《八月的乡村》里，战争才既不是人们急切盼望的一个建功立业的机会，一个表现人的勇敢、坚强、爱国主义等优秀品德的场合，也不是一些完全愚妄的人做出的一种完全愚妄的人生选择。它既没有歌颂战争，也没有否定参加反侵略战争的人。我认为，中国经历了多半个世纪的战争而没有伟大的战争文学的产生，与后来的作家离开了像萧军这样的创作心态是有根本的关系的。萧军身上带有一种在关内知识分子看来是野气和匪气的东西，但也正因为他身上有这点野气和匪气，才亲身经历了早期的反侵略战争的战争生活，才能够以亲身经历过战争生活的人的眼光写下了那时的真正的军人和真正的军旅生活。假若说萧军体现了东北社会男性文化在特定的历史条件下向中国现代文化的过渡，萧红则体现了东北女性文化在特定历史条件下向现代文化的过渡。她对东北这块土地上更带男性霸权文化特征的原始性生存状态，表现出了更加决绝的反抗和更加深刻的揭露，这使她成为中国现代文学史上最杰出的女性作家之一，但她对男性霸权文化的揭露仍然带有在东北这块蛮荒土地上形成的特定的人的价值观念。假若说张爱玲更是从男女两性情感沟通的意义上描绘海（上海）港（香港）都市生活的，萧红则是带着对女性生存权利和对女性生命力的呼唤描写东北人的生活状态的；假若说张爱玲希求的是东西方文化的和解和融和，萧红希求的则是中华民族的独立和自由。骆宾基没有萧军的男性的雄强，没有萧红的女性的敏感，但却有东北殷实民众的坚实和缜密。东北农民也同关内的农民不同，东北殷实的农民也是关内贫穷农民流落到东北之后富裕起来的，富裕起来之后也要在这个没有强固的政治统治秩序的环境条件下生存和发展。他们更少关内农民的保守和守旧，更少关内农民的懒散和顺从，而更多执着追求的精神和自立自强的意识。骆宾基笔下的人物，不是关内乡土小说中那些被动承受着苦难的农民，也不是动不动就烧地主的房子的农民，而是在艰苦的环境条件下仍然保留着奋斗精神和奋斗目标的农民。他的小说也像这样一些农民一样显现着坚实和缜密。而端木蕻良，则与萧军、萧红、骆宾基都有所不同，他经历的是与他们都不相同的一条精神发展的道路。

对于端木蕻良的小说，我想在另一篇文章中再做具体的分析。在这里，我想通过两个著名作家与端木蕻良的精神联系从总体上说明端木蕻良作品的独立价值和意义。第一个是俄国的列夫·托尔斯泰，第二个是中国的曹雪芹。假若有人问我，在中国现代作家中，谁在精神实质上更加接近列夫·托尔斯泰？我可以毫不犹豫地回答：端木蕻良。在东北社会上，端木蕻良的家庭是一个贵族化的家庭，端木蕻良就是在这样一个贵族的家庭中，在一个有着更多文化积淀的经济富裕的家庭中成长起来的。他到关内接受了大学的教育，接受了五四新文化的熏陶，从而对自己的家庭、对自己接受的文化的教养有了不满，有了反思的能力。特别是在民族危亡、社会腐败的现实条件下，这个青年知识分子开始了一条既不同于自己家庭的文化传统，也不同于其他东北知识分子的精神发展的道路。他像俄国的列夫·托尔斯泰一样，探索着一条在精神上通往人民、通往被侮辱与被损害的人们的道路，探索着一条在情感上与底层人民融合的道路。不难看到，从他的第一部长篇小说《科尔沁旗草原》开始的一个相当长的时期里，端木蕻良都是围绕着这样一个主题展开自己的艺术描写的。我认为，只有像端木蕻良这样一个作家，才没有把这样一个主题庸俗化、简单化，才没有以"谁投降谁"的方式代替这样一个严肃的、重大的，既是社会历史的也是人性发展的文学主题。正因为他的这种追求是自发的、自觉的、真诚的，所以他也能够真切地感到在这条精神追求道路上的艰难和曲折。在这里，既有情感与理智的冲突，也有人性中善与恶的冲突；既有利益与利益之间的冲突，也有意志与意志之间的较量；既有贵族知识分子自身的原因，也有底层民众自身的原因。他与列夫·托尔斯泰追求着几乎相同的目标，但他的作品却不是列夫·托尔斯泰作品的简单的模仿。围绕着这个主题，端木蕻良展开了对东北文化传统和现实社会矛盾的有广度也有一定深度的描写。他让我们看到，东北社会的贵族是与俄国的贵族截然不同的，俄国的贵族既是一种政治的身份、经济的地位，也是一种文化身份的象征，而中国东北的贵族几乎只是一种经济地位。他们的发家史是建立在野蛮迷信基础上的蛮性掠夺史，是一种单纯物质欲望的恶性膨胀。维系着这个家庭兴旺发达的不是人的情感和理智，而是残忍和冷酷。他们获得的不是底层社会群众对列夫·托尔斯泰这样的俄国贵族家庭的尊敬和崇拜，而是决绝的仇恨和蛮性的反抗。这就使端木蕻良这样的贵族知识分子没有可能真正地实现聂赫留朵夫式的精神"复活"之路。端木蕻良对这个主题的描写也是没有最终完成的。他在晚年，更多地离开了列夫·托尔斯泰，而更多地接近了曹雪芹。我认为，他对于《红楼梦》的研究和对于曹雪芹的描写，其暗示的意义更大于它的直接的意义。在这里，宣布着他早期追求的失败，宣布着他内心的枯寂。但是，这二者之间的联系仍然是清晰可见的。列夫·托尔斯泰和曹雪芹都出身于贵族家庭，他们在感情上都更亲近下层社会群众，只不过列夫·托尔斯泰为此孜孜不倦地奋斗了一生，曹雪芹则有看破红尘、在精神上遁入空门的惆怅。端木蕻良与他们不相同，但在中国现代历史的背景上，走过的却是一条从列夫·托尔斯泰到曹雪芹的内在精神嬗变之路。毫无疑义，在这一点上，即使把端木蕻良放到整个中国现当代文学史上，也是有其不可替代的价值和意义的。他虽然没有将这样一个精神发展过程都淋漓尽致地袒露出来，没有做出列夫·托尔斯泰之于俄国文学、曹雪芹之于中国古代文学那么伟大的贡献，但他为中国现代文化和中国现代文学所提供的这个文学的主题却是有着不可忽视的重要性的。中国现当代文化的道路，不是也不能是贵族专制文化的发展之路，但也不能仅仅是平民文化的革命之路，同时还应当是上下两层在精神上实现现代性沟通、现代性融合的道路。没有这样一种沟通，没有这样一种融合，一个民族永远是一个分裂的民族，一个充满内部的仇恨、内部的厮杀，从而无法形成真正的民族意识和民族精神的民族。

九

上面我们着重论述了东北作家群的价值和意义，突出了它在中国现代文学发展史上的不可取代的地位，但这并不意味着我要将东北作家群凌驾到20世纪30年代其他文学流派和其他新文学作家之上，以它的价值和意义代替其他所有的文学流派或文学作家的存在。事实上，任何一个独立的文学流派只能在一个侧面上体现着中国新文化、中国新文学的发展，而不可能代替整个中国新文化、中国新文学的各种不同的发展方向。正像中国社会各阶层在理论上应有彼此平等的地位一样，在一个民族的文学中，各个不同文学流派在理论上也应当具有平等的地位。我们反对用其他文学流派的价值和意义遮蔽东北作家群的独立价值，我们也反对用东北作家群的独立价值和意义代替其他文学流派的价值和意义。

除此之外，东北作家群作为一个文学流派其发展也是极为不充分的。我们说东北作家群是一个独立的文学流派，一个具有独立价值和意义的流派，是就他们的作品所自然表现出的倾向而言，但这并不说明它是一个自觉的、自为的文学流派。事实上，他们其中的任何一个作家，都对自己所存在的这个文学群体没有一种自觉的意识的。他们不是通过彼此的了解和同情有机地联系在一起的，不是通过与关内文学家不尽相同的文化的、文学的和审美的追求联系在一起的，而更是通过鲁迅对他们的扶持和彼此与鲁迅的关系联系在一起的。中国少有真正思想上和文学上的联合，而更多人事关系上的联系，这在东北作家群作家之间表现得就更加明显。鲁迅的去世，实际上意味着他们彼此精神联系纽带的中断。在这时，他们在整个中国关内文化中就像被抛到海洋、湖泊中的一个糖块，难免不被分解，被溶化，作为一个独立文学流派的意义和价值就逐渐丧失了。抗日战争胜利之后，特别是1949年之后，中国又一次进入了和平发展的阶段，中国人，特别是中国知识分子的目光又一次主要转向了民族内部的斗争，民族危机感迅速低落，民族意识和民族精神仅仅成了一种抽象的理念。不能不说，即使尚在世的东北作家自己，也淡漠了开始走向创作道路时的民族意识和民族精神，在整个中国文化中陷入了"盲人骑瞎马，夜半临深池"的盲目状态，这与整个中国文化发展的客观状况有直接的关系，但也与他们当进入中国关内文化之后没有逐渐强化自己的独立意识，没有逐渐强化东北作家群这个文学流派的内部联系，没有把自己独立的文化传统和文学传统持续贯彻下去并使之不断深化也是有直接关系的。这些始终在关内文化中处于边缘地位的关外来客，既没有在政治上获得权力的地位，也没有在文学上获得权威的地位，而他们又淡化了自己的流派意识和独立意识，他们的作品仍然只是因为鲁迅当年的评价而在文学史上获得勉强的肯定，人们对其作品的心灵感受力实际已经变得非常微弱。他们的传统不但在整个中国文化中没有得到自觉的传承，甚至在东北这块土地上也没有得到自觉的传承。这个文学流派的作用也就在中国文化中基本消失了。

但是，只要我们考虑到美国西部文化、西部文学与整个美国文化、美国文学的关系，只要考虑到西方二战文化、二战文学与整个西方文化、西方文学的关系，我们就会感到，东北文化、东北文学在整个中国文化、中国文学中的长期被遮蔽的地位并不是一种多么合理的现象。任何一个地域的文化传统、文学传统都不会是十全十美的，但任何一个地域的文化传统、文学传统都是有不可替代的意义和价值的。世界永远不会只有和平而没有动荡，只有民族间的和解而没有民族间的矛盾，一个民族也不能只靠温良恭俭让活着，还要靠它的民族意识和民族精神，靠它的不屈的反抗意志和坚韧的斗争精神。因此，我们不能有意与无意地忽视东北作家群的文化传统和文学传统，不能忽视它的独立的价值和意义。

其中也包括端木蕻良及其文学的创作。

原载《文艺争鸣》2003年第4期

现实空间·想象空间·梦幻空间
——小议中国现代异域小说

我的博士研究生沈庆利的博士学位论文《诱惑于别一世界》是专门研究中国现代异域小说的。他所说的"异域小说"不是通常意义上的外国小说，而是中国现代作家以外国为背景的小说。这类小说此前还没有一个专名，但又是一个值得研究的文学现象。所以，我也使用这个专名概括这类中国现代小说。

一

国内与国外，实际上是一个空间的问题。所有的艺术创作，开拓的都是一个艺术的空间，而艺术的空间说到底则是一个想象的空间。想象的空间不同于现实的空间，但又是以现实的空间为基础的。在这里，有两层意思：一是说艺术家若没有对现实空间的感受，就不可能产生艺术的想象，就不可能开拓出想象的空间来。一个自幼目盲的人是不可能创作出优秀的绘画作品的，一个自幼耳聋的人也是不可能创作出优秀的音乐作品的。这就说明想象的空间是不能完全离开现实空间而孤立存在的。二是说想象的空间之所以是想象的空间，归根到底是以现实的空间为依据的。我们说一个艺术家的想象力十分丰富，是说他主观想象的世界与直感到的现实空间有着极大的差别，没有现实空间的参照，是无所谓想象力丰富不丰富的。既然想象空间与现实空间有着不可分割的联系，也就有了彼此的关系问题。在这里，想象可以有两种不同的形式：一是通过想象构造出的世界在表现形态上更加类似于现实的空间，让读者像进入一个特定的现实空间一样进入作者所构筑的艺术世界之中去。这个世界实际是一个想象的世界，但并不让人感到奇异或怪诞。二是通过想象构造出来的明显不同于现实空间的另一类空间，人们是陌生的，如梦如幻，但也正因为如此，它才让人感到一种奇幻或怪诞的美感。实际上，这两种空间都是想象的空间，也都是梦幻的空间，但因为前一种在读者的感受中大致同于现实世界，所以我们常常将其作为现实空间本身来分析和理解。这在现实主义文艺理论家那里更是如此，即使视为想象的空间，也不认为它是虚幻不实的。而后一种在读者的感受中就根本不同于现实世界，带有明显的梦幻感觉，虽然我们也知道它是想象的产物，但它又不同于一般的想象空间，所以我们常常直接称之为梦幻空间。一部《红楼梦》，就同时有这两种不同的想象形式，太虚幻境构筑的是一个梦幻空间，而对贾府人物及其生活环境的描写则是有类于现实空间的想象空间。

想象空间虽然是在现实空间的基础上产生的，但想象空间与现实空间却有根本的差别，那就是现实空间不是任何一个人按照个人的意愿随意创造出来的，而是外在于任何个体人先行存在的。它给任何个体人都提供了一定的自由活动的空间（没有任何自由活动的空间，人就无法生活在这个世界上），但它给任何个体人所提供的自由活动的空间又是极其有限的，是不能满足其全部要求的，并且它给每一个个体人所提供的自由活动的空间是极其不同的，有的相对阔大些，有的则极其狭小。但从总体而言，对于任何一个个体的人，现实空间都是不完全自由和舒适的。想象空间则不同了。想象空间不是外在于它的创造者的，而是它的创造者自由想象的产物。尽管他所创造的这个想象空间本身也不是完全自由的，但它对于它的创造者而言，则是自由的。假若《红楼梦》真的是曹雪芹的一部"自传"，曹雪芹就是贾宝玉，那么，我们就可以这样说，贾宝玉在贾府那个现实的空间中是不自由的，而曹雪芹在创作《红楼梦》的过程中体验的却是创造的自由。《红楼梦》的读者在阅读过程中获得的也是自由的体验，因为他们已经不受贾府这个现实空间的束缚，他们是在超越贾府这个现实空间的视点上俯视这个空间的。总之，想象空间是对现实空间的超越，现实空间是不自由的，想象的空间则能满足人的自由的要求。

二

中国古代也有不少异域小说，但中国古代的异域小说几乎无一例外的是一些梦幻空间。前有《山海经》，后有《镜花缘》，它们描写的显然不是异域现实世界的真实状况，而是作者虚构出来的。造成这种艺术形式的原因是不难理解的：作者生活在自己的现实环境之内，对于自己所生活的这个世界，他是熟悉的，而对异域生活，他并没有实际的感受和了解，但既然是"异"域，就是与我们不同的。怎样的不同，他不知道，也不想知道，他讲的不是科学，而是故事，是令人感到趣味的故事。在这时，他就要尽量向"奇"向"怪"的方向想，向"奇"向"怪"的方向虚构，其梦幻的性质就是显而易见的了。实际上，在中国古代，异域仅仅是中国小说家的一种想象形式，异域世界同天堂地狱世界、神魔世界、鬼怪世界在本质的意义上都是相同的，都是不同于现实世界的梦幻世界。小说家借助这样的梦幻世界超越了现实空间的束缚，实现了自己的自由要求。

梦幻的空间与现实的空间在表现形式上是完全不同的，但二者之间却有一根坚韧的连线。这正像放风筝一样，将风筝放得越高，这个连线不但要更长，而且要更坚韧，否则，这个风筝就收不回来了。这个连线是什么呢？就是作者的价值观念。中国古代的异域小说尽管创造的是一个梦幻的空间，这个梦幻的空间与现实的空间有着形式上的巨大差别，但其价值观念却是与作者在自己的现实生活环境中形成的价值观念完全相同的。他的想象越奇特，他的价值观念越是要明确，越是要坚韧，越是要具有现实性，否则作者的思路就永远回不到现实世界之中了，就永远耽于这种奇特的幻想了，就把这种奇特的幻想当作真实的世界来感受、来对待了。这样的人实际已经不是一个正常的人，而是一个精神病患者，一个疯子。我们常常将这类描写称为"夸张"，就是说它把现实生活和现实人物的某个或某些特点做了夸大的描写，虽然夸大了，但对这些特点的感受和理解还是相同的，感受和理解它的价值标准还是相同的。在《镜花缘》里有对君子国、直肠国、女人国等的想象性描写，这些描写之所以使人感到可笑，就是因为作者是以自己在现实生活中形成的价值标准为标准的，假若他自己就生活在只有女人而没有男人的世界里，就不会觉得女人国是奇特可笑的了。

但到了中国现代作家这里，异域小说却发生了一个根本的变化。在他们这里，"异域"已经不是一个纯由自己的主观想象虚构出来的空间，而成了一个与本民族现实生活相似的现实的空间。这两个空间都是可感触的实实在在的空间，但又是两个迥然不同的空间。这里的不同，不仅是现象学意义上的，同时也是价值论意义上的。一个外国美人，一个中国美人，不仅有长相上的不同，而且有何为美、何为丑的价值标准上的不同。中国古代的异域小说，是在现实空间基础上通过作家的自由想象构筑起来的一个梦幻的世界。而这两个空间却都是现实的空间，以一个为基础是无法想象出另外一个来的，因为其中没有一根坚韧的价值观念的连线。在学院派知识分子那里，特别是在东西方文化比较学者那里，可以在这两个价值观念系统之间选择一个，并以这个为标准衡量和判断另外一个，以实现自我价值观念上的统一性。"西化派"选择的是西方的思想，西方的价值系统，同时也用此衡量和判断中国社会和中国文化；"传统派"选择的则是中国的思想，中国的价值系统，并用之衡量和判断西方社会和西方文化。他们都有自己理论上的统一性，但中国现代异域小说家却无法做到这一点。这些小说家不能按照理论写小说，他们必须面对现实空间中一个个具体的人，一件件具体的事，一幅幅具体的生活场景，而不仅仅是书本中的理论，文化世界中的话语。他们运用的不仅仅是理性的思考和综合的判断，而首先是自己的直感感觉和直觉印象。但当回到他们的直感感觉和直觉印象的基础上，我们就会看到，他们的直感感觉和直觉印象本身就是驳杂而不统一的。假若一个小说家的所有直感感觉和直觉印象都是在同一现实空间中获得的，所有这些直感感觉和直觉印象在自由的想象中就能自行构成一个新的统一整体，因为所有这些直感感觉和直觉印象都是建立在相对统一的价值观念体系之上的。在这个意义上，即使我们把《西厢记》中的张君瑞和《红楼梦》中的林黛玉放在一起，也能演化出一段曲折离奇的爱情故事，并且并不改变我们原来对这两个人物的直感感觉和直觉印象。但在两个不同的现实空间获得的直感感觉和直觉印象就不同了。我们很难想象，《红楼梦》中的贾宝玉同《安娜·卡列尼娜》中的安娜·卡列尼娜怎样在同一个想象的空间中相互交往并且不改变我们原来对这两个人物的直感感觉和直觉印象。也就是说，中国现代异域小说家头脑里闪烁着的是从两个现实空间中获得的直感感觉和直觉印象的碎片，这些碎片不但不能自行地组合在一起，而且还会发生相互的排斥和冲撞，并在相互的排斥和冲撞中改变着自己的性质和形象。在中国，一个小脚女人原本是很美的，一旦有了异域美人的印象，原来很美的小脚反而变得丑陋了，不那么雅观了；在西方，男女两性在公开场合拥抱接吻原来是很自然的事情，但在中国异域小说作家这里，往往不是感到过度放纵，就是感到异常自由，总之不会是一件平平常常的事情。中国古代小说家虽然将异域写得奇奇怪怪，但作者的心态却是相对稳定和统一的。中国现代异域小说家的心态则不然，而是自身就发生着矛盾、分裂和冲突。他们越是更深地进入异域现实空间的内部构造和深层构造之中去（这是他们的小说创作获得更高艺术成就的前提），他们越是感到孤独、痛苦和迷惘，因为他们在另外一个现实空间里获得的直感感觉和直觉印象本能地干扰着他在这样一个现实空间里的直感感觉和直觉印象，而他从那个现实空间里带来的价值观念和价值标准在这样一个现实空间里则受到有形与无形的排斥和抵制。对于一个人，这都不是那么惬意的事情，都会产生一种孤独、寂寞和痛苦的感觉。那么，在这两个现实空间之间还有没有一根连线呢？还有。但却不再是任何一种先验的价值观念和价值标准，而是小说作者的心灵感受。不论是本民族的事物，还是异域的事物，都是通过作者的心灵直接感觉和感受到的。他们的直感感受和直觉印象是斑驳陆离的，是驳杂而不统一的，但却都是同一颗心灵的自然反应。这些反应前后可能是不一致的，但从这不一致中也能寻出一点蛛丝马迹般的联系来。它是中国知识分子在进入异域世界之后自我心灵发生的异变过程。

这个异变过程不像在同一个现实空间的人的成长过程那样，是逐渐朝着适应这个空间环境的方向发展的，是逐渐从幼稚向成熟的方向发展的，而是受两个现实空间的扯裂、排斥和挤压的，是在两个现实空间之间跌来撞去的，这同时也是他们心灵变化的曲线。不难看出，这种变化曲线是极为特殊的，是既不同于中国古代小说作家，也不同于异域作家的。在过去，我们常常从现实主义认识论的角度评论或分析所有的小说创作，其中也包括评论和分析中国现代的异域小说。实际上，中国现代异域小说对异域的描写根本无法做到像异域作家那样"真实"和"客观"，让中国作家创作出像巴尔扎克、列夫·托尔斯泰、狄更斯那样真实、具体、细致并且具有现实批判力度的异域小说，不但是不可能的，而且也是不必要的。中国读者是通过异域作家作品的译本认识异域世界的，而不是通过中国现代异域小说认识异域世界的。中国现代异域小说的真正意义和价值不是认识论意义上的，而是价值论意义上的。

三

只要从这样一个角度感受和分析中国现代异域小说的价值和意义，我们就会感到，郁达夫小说，特别是他的《沉沦》，在中国现代小说史上有不可替代的价值和意义。沈庆利在其论文中首先论述的是平江不肖生的《留东外史》和苏曼殊的《断鸿零雁记》，这从史的描述上无疑是正确的，但从小说形态学的角度，平江不肖生的《留东外史》仍然没有超出中国古代异域小说的范畴，它无意将异域视为一个独立的现实空间，也不想表现异域这个现实空间对中国人的心灵震撼。他仍然是把异域当作一个魔幻世界来想象、来杜撰的。苏曼殊是一个真正进入日本社会内部的中国知识分子，但他所进入的方式不是现代性的，他的小说更是中国古代游子小说的一种新的形态。这种游子小说重视的是个人身世的漂泊感，而并不重视对自我心灵的感觉和审视。在他们之后，有两个作家值得重视，其一是鲁迅，其二是郁达夫。鲁迅没有异域小说的创作，但他却是曾经只身进入日本社会并用心灵感受过这个现实空间的冷暖的。1904年，鲁迅离开在东京的中国留学生社会，只身一人来到"没有中国的学生","看见许多陌生的先生,听到许多新鲜的讲义"的仙台医学专门学校。在这里,他体验到的才是一个中国留学生在异域现实空间里的真实的孤独和痛苦,以及在这种孤独和痛苦中对真实的人性关怀的渴望和尊重。不在这样一种心灵感受的基础上,我们就无法理解幻灯事件在鲁迅心灵中产生的震撼作用,也无法理解鲁迅此后发生的一系列的精神裂变。他一生既不把自己所生存的这个现实空间理想化,也不把异域现实空间理想化,从而在精神上超越了人类的现实生存境遇,进入一种类似于宗教意识的精神境界,并成为一个真正意义上的"人之子",一个真正意义上的现代思想家和文学家。郁达夫则是通过另外一种形式体验异域现实空间的。他带着自己儿童式的纯真进入了异域现实空间,也以儿童式的纯真受到异域异性的吸引,这种吸引使他必须更深地进入这个现实空间之中去,必须与这个现实空间中的异性建立起真实的生活联系和情感联系。他向往异域男性青年所能享受到的追求异性的自由,但他却无法更深地进入这个空间之中去,他被自己从另外一个世界带来的意识所牵绊,也被异域的空间所排斥。他是通过体验自己的孤独、痛苦、软弱、无奈、变态性心理而超越了这个现实空间的。在这个异域现实空间里,他是不自由的,不仅仅是一个异域青年的不自由,更是一个弱国子民在这个异域现实空间中的不自由。郁达夫感到无法从根本上超越这两个现实空间的束缚,而要超越,唯有死亡,所以他把自己的小说主人公送到了死亡的道路上。在现在,我们可以从各种不同的角度批评郁达夫的异域小说,但郁达夫异域小说关注的始终不是异域现实空间的"客观的"真实,而是自我的真实的人生体验。

但是,像鲁迅和郁达夫这样的异域留学生在中国现代史上并不是典型形态的留学生。他们充其量只是留学生中的"异类",而不是留学生中的"正统"。中国现代留学生不是到异域体验生活的,甚至也不是到异域求取生存和发展的,而是在"西天取经"的模式下被派往异域去取"科学技术""异域文化"之经的,是为了取"经"回来在中国传"经"布"道"的。这就产生了异域之"经"与本土之"经"、异域之"道"与本土之"道"的整体性对抗。但这是知识论意义上的,而不是精神学意义上的;是学者意义上的,而不是文学家意义上的。不能不说,中国现代异域小说的创作并没有沿着郁达夫所开创的精神心理小说的方向发展，也没有取得为中外文学家所注目的更高文学成就，我认为，这与中国现代异域小说家的学者心态有极为密切的关系。毫无疑义，学者有学者的道路，知识有知识的作用，我们不能用文学家的文学标准否认学者的知识的价值和意义；但学者不是文学家，知识不能代替文学，这也是不容否认的事实。"学成归国"的心态使中国现代留学生不可能真正深入异域的现实空间之中去，不可能作为一个个体人获得对异域现实空间的真实的、深入的精神体验。生不在斯，死不在斯，所有的人生荣辱都在另一个现实空间之中，异域空间只是从本民族现实空间的底层攀升到本民族现实空间的高层的一个桥梁，一架云梯，只要塌陷不下去，就是一个理想的桥梁，一架完美的云梯。在这里生活着的人的更细致的体验，更内在的精神生活，与"学成归国"的学子们没有直接的关系。在这里，只有知识、理性，只有作为知识需要掌握的哲学、经济学、法学、心理学、美学和自然科学等等，只有掌握这些知识过程中的"甘苦"，只有拿到博士文凭过程中的"艰辛"。而所有这一切，都在"学成归国"的那一刹那转化为幸福的体验、骄傲的资本和值得付出的代价。这是与鲁迅在仙台医专的孤独体验和郁达夫的性苦闷完全不同的两种体验。鲁迅和郁达夫的是文学的、精神的体验，大多数留学生的则是学者的、知识的体验。

老舍不是一个学者，甚至也不是一个异域留学生，但他的《二马》却带着明显的学者的态度。在《二马》中，老舍进行的是"世俗"与"世俗"的比较，而不带有对小说人物精神命运的真诚关切。他对英国小市民的描写不同于狄更斯对英国小市民的描写，他对二马的描写也不同于他后来在《骆驼祥子》《四世同堂》《断魂枪》《月牙儿》等作品中对中国人的描写。老舍在异域现实空间中是游离的，这个现实空间没有搅动起老舍内在精神世界的波澜。异域现实空间对老舍的意义，主要在于给了他进行小说创作的动机，这使他后来成了一个优秀的中国现代小说家。真正在异域现实空间中获得精神震撼的是巴金，异域无政府主义革命家的活动煽起了巴金的反抗热情。但巴金仍然浮在法国现实空间的表层，他没有实际地参与法国无政府主义者的革命活动，他对无政府主义者的描写是抽象的、概念化的，既缺乏屠格涅夫作品的具体性，也缺乏伏尼契《牛虻》那类作品的人性深度。给他带来文学声誉的不是描写无政府主义革命活动的小说作品，而是描写封建大家庭败落过程的《家》，这证明他基本上是一个温情的人道主义者，而不是一个暴烈的无政府主义革命家。实际上，许地山的宗教意识也同巴金的无政府主义一样，不论是在异域现实空间，还是在本民族现实空间，都停留在一般的宗教意识的层次上，而没有像甘地、奥古斯丁、列夫·托尔斯泰、陀思妥耶夫斯基那样，真正达到精神信仰的高度，并具体转化为艺术的超越精神。林语堂较之老舍更是一个学者，更是以一个学者的眼光看待异域社会的，正像沈庆利在论文中所说，他始终做着"美国梦"，而忘了自己实际是一个精神流亡者。徐訏利用各种背景编织着他的富有悬念的故事。无名氏实际上没有在异域现实空间的精神体验，他利用异域背景张扬的只是自己的民族情绪，而这种情绪与异域背景并没有必然的联系……总之，异域小说对中国现代作家提出的是一个极其困难的创作课题。

  如上所述，艺术的空间实际是一个想象的空间，而想象的空间则是对现实空间的超越，人类社会中没有任何一个现实的空间是真正自由的，中国现代异域小说家必须完成双重的超越，既要超越本民族现实空间对自己的束缚，又要超越异域现实空间对自己的束缚，并且这种超越不能是虚假的，不能抹杀不同现实空间的真实的差别和距离。这种超越实际就是对人类现实生存状态、精神状态的超越。这种超越存在于哪里？存在于小说家的不自由的感觉里，存在于他们渴望自由的愿望里。这种文学并不是高不可攀的，而是中外所有伟大艺术家的根本标志，屈原、司马迁、曹雪芹、鲁迅、但丁、塞万提斯、列夫·托尔斯泰、陀思妥耶夫斯基、萨特、加缪、卡夫卡、马尔克斯都是这样的文学家。在这样一个层面上，异域小说同所有伟大的艺术没有也不应该有任何的不同，只是它把这样一个艺术的高度直接呈现在了中国现代作家的面前，使中国现代作家无法绕过这个高度而创作出真正杰出的异域小说来。

原载《汕头大学学报（人文社会科学版）》2005年第6期

河流·湖泊·海湾
——革命文学、京派文学、海派文学略说

一

严格说来,"京派"不是一个"派","京派文学"也不是一个"派"的文学,而是中国新文学发展的第二个十年期间在北京这个特定城市从事新文学创作的新文学作家(我们现在所说的"京派"),以及由他们创造的新文学(我们现在所说的"京派文学")。他们之所以不是一个"派",就是因为他们实际是没有一个彼此共同服膺的文学思想和文学主张的,彼此的性格及其文风也有太大的距离,构不成一个同气相求、同声相应的文学流派。大概周作人在内心深处就不怎么样看得起沈从文的小说,沈从文常常以"农民"自诩,他的小说既有些"土气",也有些"蛮气",而周作人在其气质上就是一个传统的士大夫,是很爱面子的,浑身上下都是"雅"气逼人;朱光潜很推崇沈从文的小说,沈从文对朱光潜其人也没有恶感,但他们仍然不是"一路人"。在文化身份上,沈从文是个土包子作家,不大买"洋文化"和"洋教授"的账,即使对现代中国的"城市人",特别是对那些一句粗话也不敢说的"绅士"们,也没有多少好感,而朱光潜恰恰是一个满肚子"洋墨水"的"洋教授",是一个地地道道的现代中国的城市人,并且是一个文质彬彬、温良恭俭让、不会说粗话的"绅士"。实际上，朱光潜之推崇沈从文，也有点降格以求的味道，正像在农家菜馆吃饭，没有龙虾、鱼翅，一盘小鸡炖蘑菇也不失其新鲜可口的味道。朱光潜内心所注重的，是西方和中国古代那些文学大师和美学大师的著作，对中国现代文学的评论，只是他作为一个文学编辑所不能不做的事情罢了，对于他，未必是那么认真、那么严格的。至于像何其芳、卞之琳、李广田这样一些青年作家，实际还没有自己固定的人生目标和艺术追求，到了后来，其变化都颇大，既与周作人有着无法跨越的距离，也与沈从文、朱光潜有着不同的思想倾向和文学倾向。硬说他们是哪一派，都是没有实际意义的。废名的枯寂是一个男性的枯寂，凌叔华的精致、林徽因的温婉，是女性的精致和温婉，在艺术上是不搭界的；沈从文的湘西世界，师陀（芦焚）的河南果园城世界，汪曾祺的苏北乡镇世界，不但是各不搭界的外部世界，而且他们反思各自世界的人生观念和审美观念也是截然不同的，从文学的角度，很难说他们就是一个流派。这在文学批评中看得更加清楚。周作人、朱光潜、李健吾、李长之，在现代文学批评史上都是举足轻重的人物，但他们的文艺思想和批评风格是各不相同的，不是一派……

但是，这是不是说他们之间就没有共同性了呢？不是！但他们的共同性不是由他们共同的文学主张规定的，也不是由他们的文学风格决定的，而是由其地域文化特征规定的——他们共同构成了一个地域文学的共同体。这正像现在北京的诸多中国现代文学研究专家未必都有共同的思想主张或学术主张，但他们却构成了北京的中国现代文学研究共同体，这个共同体是与上海、南京、武汉、济南等城市的中国现代文学研究共同体并不完全相同的。

二

北京文化，从鸦片战争到五四新文化运动，更像是河流文化，并且是一个大河文化。它像一条大河，是奔流不息的，是"奔流到海不复回"的。五四新文化运动的倡导者们，大都相信进化论，即使鲁迅，也无法否定进化论对自己的影响。实际是他们身处在这种大河文化的冲击下，即使在理论上不相信进化论，在具体言行上，也是身不由己的，不能不承认文化是进化的，是可以进化的。从中国固有的文化传统，到复古派、洋务派、维新派、革命派、五四新文化运动，一浪高过一浪，并且都朝着同样一个方向，朝着我们现在所谓的"现代化"的方向，似乎有势如破竹之势，是不由得人不相信文化的进化的。在这样一种大河文化的冲击下，一个知识分子所能意识到的，不是为自己建构一座"希腊小庙"，不是为自己建构起一种什么样的固定的文化体系，一种什么样的固定的文艺思想，而是要推动中国文化、中国文学的发展，并且自己也随着这样一个变化的趋势不断向前走，走向中国文化、中国文学的未来的辉煌，也为中国文化、中国文学未来的辉煌尽到自己的一份责任。这正像河流中的鱼，它游着，但并不留恋它现在游动着的这块水域，也并不特别珍惜它现在游动的姿势和态势，而是为了最终游入大海。那时的北京文化，就是整个中国文化的缩影，所以五四新文化运动的倡导者们，都有一种革新中国文化、推动整个中国文化发展的感觉；他们对整个中国文化、中国文学的关心，超过对自我思想成就和文学成就的关心，至少在他们自己的感觉中，他们所做的主要不是为自己而做，而是为整个民族而做，为整个中国社会而做。在五四新文化运动之后的近十年间，在五四新文化运动倡导人的学生们一代，虽然由于河道突然加宽，水流的速度已经缓慢了许多，但仍然有其大河文化的余绪，傅斯年、顾颉刚、郭沫若、茅盾一代知识分子，仍然有一种"创建中国新文化舍我其谁"以及"后来者居上"的感觉，以为自己的思想倾向体现的就是中国新文化的发展方向。但在这时，中国文化的发展却改了河道，由纯粹的语言文化革命转到政治革命的方向上去了。其后的大河文化，是政治革命的文化，不再是纯粹的语言文化了。这甚至也不同于孙中山领导的辛亥革命，辛亥革命还是以知识分子的宣传鼓动为主的，而到了北伐战争及其以后，就是以玩枪杆子为主了。它也是一浪高过一浪的，也是"奔流到海不复回"的，像大河的流水，一直流到1949年中华人民共和国的成立。不过这已经不是文学家的事，而成了职业政治家、职业革命家的事。在这时，北京也失了首都的地位，国民党定都南京，政治中心转移了，"北京"也改名"北平"。但在这里，还留下一些大学，一些大学的教师和学生，五四新文化与新文学在这些大学的教师和学生中，已经成了一种传统，回不到鸦片战争之前的固有文化传统之中去了。也就是说，中国文化的大河改了道，不流经北京了，但这里仍然不是干涸的，仍然留下了新文化与新文学的一片积水。它已经不是一条大河，不是奔流不息的了，不是"奔流到海不复回"的了，而是更像一个大的湖泊，除了原有的积水，也将全国各地的知识分子吸引到这里来，像一条条小溪流入湖泊。至少在中国新文学的第二个十年，这个文化的湖泊不但没有枯竭，而且积水越来越多，仍然是中国新文化、新文学发展的中心地区之一。所谓京派作家，实际就像在这个文化湖泊中生长着的鱼：像周作人、废名、凌叔华、杨振声，是原来就在北京的新文学作家，留在了这个"湖"里；而像沈从文、何其芳、萧乾、芦焚（师陀）、卞之琳、李广田、李长之，则是新从外地进入北京的，游到了这个"湖"里。他们都是这个湖泊中的鱼，都在北京这个文化城市从事着自己的文学创作，不但"湖鱼"不同于"海鱼"或"河鱼"，而且"此湖"之鱼也不同于"彼湖"之鱼，他们成了一个文学共同体，至少在形式上，就成了一个"派"。我认为，"京派"之"派"，就是在这样一个意义上形成的。

我们研究中国现代文学的，首先遇到的就是五四新文化革命，再后来，就是中国共产党领导的政治革命，因而我们的文化观念和文学观念，往往首先是建立在这两个革命基础之上的，用我现在的说法，就是建立在河流文化的基础之上的，是以纵向的流动为主体的（从文学研究的角度，它更接近社会历史学派，是从社会历史发展的角度感受和理解文学的）。但是，我们很少注意到，这种文化，实际上是最不利于文学的成长和发展的，正像河流并不利于鱼的生长一样。在这里，我们至少应当考虑到下列几种情况：一、尽管长江、黄河、珠江、黑龙江这些大江大河都流入了大海，成为中国自古至今并未干涸的几大河流主脉，但并不是任何溪流都是能够流入大海的，更多的溪流流着流着，就在半路干涸了，消失了，其中的鱼也就干死在半路上。在开始的时候，是谁也分不清哪些溪流将会成为大江大河，而哪些溪流将会干涸在半路上的，所以从来都是死在干涸的小溪流河道中的鱼是大量的，而有幸生在大江大河中的鱼则是极少的。20世纪20年代的文学家,立志成为文学革命家的人多矣,像高长虹、向培良这样的青年文学家,未必就不是诚心诚意地要成为文学革命家的人,但走着走着,就走到绝路上去了,就半路夭折了。高长虹、向培良还是我们能够说出名字来的,而在他们身后还不知道有多少爱好文学的青年,都无声无息地夭折了。实际上,这就是多数"河鱼"的宿命,是不能埋怨别人的。而生长在一个大的湖泊中的鱼,就没有这种选择的险境。湖在,鱼就在;鱼在,就能生长,就能越长越大。二、即使生长在大江大河中的鱼,河道也是窄的,水草也是少的,供鱼游动的空间小,供鱼食用的养料少,并且越是接近河流源头的鱼,越常常表现出营养不足、发育不良的特征。例如胡适的新诗,在其革新的意义上,是没有人能够与之相比的,但就诗论诗,我们就不敢恭维了。河流中的鱼,是注定要不断向前游的,不游,就成长不起来,壮大不起来。就是鲁迅,假若只有一篇《狂人日记》,人们也是不知所云的。他的《狂人日记》之所以显得如此丰满,就是他此后的作品不断丰富着人们对它的理解。但是,"河鱼"的这种低劣的生存条件,决定了"壮志未酬身先死"的多,而游入大海、成为我们现在所说的"文学大师"的少。仅从文学而言,陈独秀、李大钊、钱玄同、刘半农、沈尹默甚至胡适,都没有游出多远,也都没有多么光辉灿烂的文学成就。湖里的鱼则不同了,几乎从小鱼秧子开始,就有优裕的生活条件,发育是健全的。在这里,我们不能不想到京派的林徽因。从我这个近七十岁的人看来,她在当时只不过是一个小女孩子,但她的诗却写得像她这个人那么美丽,绝没有在河鱼中常见的那种干瘪和枯瘦。三、河流文化是一种长度文化,一条河,要流经许多地方,地貌不断变化,气候不断变化,水质也不断变化。我是山东人,对黄河比较了解。黄河下游的水夹带着大量的泥沙,这在上游是没有的。在我想象中,黄河上游的一些鱼类,当游到像黄汤一样的下游的水中,肯定会因窒息而死的。更严重的是,几乎一到干旱季节,偌大一个黄河,整个下游竟会滴水无存,干涸得像一个干瘪的老女人,那黄河上游整个河道中的鱼,不就全部死于途中了吗?虽然新的雨季到来之后,又是一河浩浩荡荡的大水，革命最终还是要胜利的，但这些在暂时的失败中牺牲的革命者，却是永久地牺牲了。革命，是一件极其残酷的事情，不论是文化革命，还是政治革命，都是有困难的，有艰险的，像左联五烈士，像应修人、潘漠华，像李大钊、瞿秋白，像杨铨、闻一多，都是在革命文化的河道中牺牲的。这对于湖中之鱼，则不是一个问题。四、从河流文化与鱼的关系来说，也是不利于鱼的生长的。实际上，在河与鱼的关系中，鱼靠河。没有河，鱼就无法生存，无法生长。鱼，要靠河水养活自己。而河里并不一定要有鱼。河里有鱼是条河，河里无鱼也是一条河。河，不是为了养鱼的，是为了将多余的水排泄出去的。而无水的地方则是靠河灌溉的。水才是河的主体，鱼是附丽于水的。在延安，有丁玲、周立波、赵树理、孙犁、李季等文学家及其文学作品，有中国共产党领导的政治革命，但即使没有他们，也有中国共产党领导的政治革命。也就是说，革命文学是在革命的基础上建立起来的，而革命却不是在革命文学的基础上建立起来的。革命与革命文学的关系是一种偏正关系，而不是一种并列关系。在开始，很多延安作家认识不到这一点，碰了很多钉子。实际上，政治革命是这样，文化革命也是这样。在文化革命中，文化是为自己的民族而存在的，而不是自己的民族是为文化而存在的。直至现在，我们对五四新文化运动还是有各种不同的看法的，并且所有这些看法都有存在的理由和根据，因为既然这个运动的意义是对于整个民族的意义，这个民族的所有成员也都有依照自己的感受和理解对它进行评价的权利。这种情况，在湖泊文化中是不会发生的。在湖泊文化中，湖泊与鱼是一个整体，是相互依赖、相互发明的关系。鱼，有赖于湖，无湖，鱼无以为生；而湖，也有赖于鱼，无鱼，湖就没有生气。大河奔流，本身就是一个自然的奇观，更不必依赖鱼的游动。这正像两万五千里长征，本身就是一个壮举，这期间有没有文学作品产生出来，都不失为人类历史上的奇观。而湖是静的，没有鱼的游动，湖就活不起来了，就不美了，就成为一个死湖、臭湖了。那时的北京，是靠着京派文学才有了精神，有了生气的。直至现在，一想起古典诗词的优美和现代白话诗的平淡，还不能不怀疑乃至怨恨胡适的白话文革新，但恐怕没有任何一个人从内心深处就厌恶林徽因的诗，尽管她的诗也是用白话文创作的。这似乎是一个悖论，但其中并不是没有原因的：河流中的鱼，是向前游动的，它对现在的占有，同时也意味着对过去的遗弃；而湖泊里的鱼则没有遗弃什么，它只给它存在的世界增加了情趣和美感。五、河，有急流，有险滩。鱼游在河中，难免不被石壁撞断几根筋骨，不被石棱划上一些伤痕，即使侥幸游入了大海，在大海的五彩缤纷的鱼类中，也早已不是多么美丽可爱的鱼类。像胡风、冯雪峰、丁玲、萧军和艾青，到了20世纪50年代，已经是浑身错误，反不如那些没有"革"过"命"的作家显得纯洁可爱了……

总之，河流，并不是多么适于鱼类生长的；革命，并不是多么适于文学发展的。

三

与"京派"对举的是"海派"。

如前所述，"京派"不是一个"派"，但我们过去所说的"海派"，却是一个地地道道的文学倾向、文学派别。

上海，是在西方现代资本主义影响下在中国首先发展起来的一个现代商业城市，被我们称为"十里洋场"。我们现在所说的"海派"，指的就是那些与这个"十里洋场"有着更直接联系的文学作家及其文学作品，就是与现代商业城市滋生出来的城市消费群体的消费生活直接联系着的文学作家及其文学作品。20世纪30年代的张资平、叶灵凤、施蛰存、穆时英、刘呐鸥，20世纪40年代的张爱玲、徐訏，就常常被我们归为"海派"文学作家。

但是，我们过去所说的"海派"，与我们现在所说的"京派"，实际上是没有对应性的。因为既然"京派"不是一个严格意义上的文学流派，而是一个城市文学作家及其文学创作所构成的文学共同体，与之对应的也不应当是一个严格意义上的文学流派，而应当是一个城市文学作家及其文学创作所构成的文学共同体。实际上，这也牵涉到我们对现代资本主义及现代资本主义城市的理解。现代资本主义在人类历史上带来了生产力的迅速发展，带来了人类物质生活以及物质生活方式的巨大变化，但这绝不意味着现代资本主义的文化就是单一的物质文化或消费文化，或者是在物质文化、消费文化的基础上将人类各种不同文化倾向高度统一起来的文化。恰恰相反，资本主义文化的特征不是人类文化的更高程度的统一，而是人类文化更高程度的分化乃至分裂。在社会关系上，资产阶级的发展与工人阶级的壮大是共时性发展着的两种不同的社会倾向，资产阶级与工人阶级的分裂远远超过了封建时代地主阶级与农民阶级的分裂，将社会阶级之间的分裂发展到了前所未有的高度，从而公开撕下了封建关系的那层温情脉脉的面纱；在政治、经济、文化的关系上，资本主义经济权力的发展与资本主义政治权力的发展、资本主义文化权力的发展是共时性发展着的三种不同的社会权力，其对抗的力量远远超过了中世纪贵族政治、农业经济和宗教权力之间的对抗，将社会各项事业及其从事社会各项事业的人之间的对抗发展到了公开化的程度，传统社会那种所谓人类统一的价值观念体系在资本主义社会的条件下终于走向了瓦解："上帝死了。"这种分裂也带来了文学自身的分裂，资本主义时代是个"主义"丛生的时代，资本主义时代的文学也是"主义"丛生的文学。不同的"主义"有不同的立足点，彼此是平等竞争的关系，而不是相互替代、相互包容的关系。显而易见，资本主义文化的这种特征也是当时上海文化的特征。所以，我们与其将"海派"理解为由一种文学倾向构成的文学流派，不如将其视为由各种不同文学倾向构成的一个城市文学共同体。

如果这样理解海派，我认为，当时的海派文化实际上更是一种海湾文化。海湾文化的首要特征就是与外海的直接联系，在海湾与外海之间是可以直接流通的，中间没有将其绝对隔离开来的堤坝，外海的鱼可以直接游到海湾中来，并成为海湾鱼类之一种。湖泊文化是独立的，海湾文化没有湖泊文化那种相对完整的独立性。周作人在五四时期是不计较外与内的差别的，但到了后来，就将"新文学"传统主要归到晚明知识分子那里去了。但这也是他由大河文化转化为湖泊文化、由五四文化转化为"京派"文化的开始。朱光潜是一个推崇西方美学的美学家，写过《悲剧心理学》，但他在具体评论文学作品的时候，用的却不是西方美学的标准，而更是中国传统文学的标准，他对更带西方悲剧美学特征的鲁

河流·湖泊·海湾

迅小说并不十分赞赏，倒是对与西方悲剧美学特征有更明显距离的沈从文的小说，有着更高一些的评价。他们都很注意与海外文化的区别，在海外文化与中国新文化之间筑起一道堤坝，使之明显隔离开来。周作人的小品散文、沈从文的小说、废名的小说都异常突出地表现出了这样一种特征。到了海派文人那里，情况就大不相同了。他们大都是直接认同海外的一种文化派别的，并以海外这种文化派别的徽帜作为自己的徽帜。我们知道，在当时上海文化界具有广大影响的左翼知识分子群体，就是公开打着马克思主义的旗帜的，除了鲁迅，他们谁也不会认为自己的思想实际是与马克思的思想有着严格的区别的；按照当今的标准，我们甚至可以控告梁实秋的著作是对美国白璧德著作的抄袭，因为他的文艺论著中的主要观点，都是对白璧德文艺思想的转述，而在当时，甚至连与梁实秋争得脸红脖子粗的鲁迅都不会在意这些；"论语派"之于英国的"幽默"，新感觉派小说家之于日本的新感觉派小说，都是只重"同"而不求"异"的，像是海湾中的鱼，可以在外海与海湾之间穿梭般往来，出来进去都是一个样，它们觉不出这之间会有什么根本的变化……

　　湖泊是静的，所以湖泊里的鱼即使是成群结队地游着，也是各自独立的，彼此没有什么约束，也不必有什么约束。它们是个人主义者，各自有各自的想法，各自有各自的打算，不必考虑别人喜欢什么与不喜欢什么，更不必为别人牺牲自己，在其内部的精神上是十分分散的。但这种精神上的分散并不影响它们集体的生活，它们总是成群结队地游着，即使不是同一个族类，彼此也没有不可克服的矛盾和斗争，所以在形式上它们更是一个群体，组成的更是一个"和谐的社会"。海湾对于外海，当然平静多了，但对于湖泊，却仍然是动荡不宁的，仅仅潮起潮落，就使海湾的鱼不能不受到海流的影响。在这动荡不宁的海流中，不同族群的鱼是有不同的活动轨迹的。整个海湾中的鱼，并不给人一种整体的感觉，彼此的差异是十分明显的，并且各有各的命运，各有各的盛衰历史，其喜怒哀乐并不相通，但具体到一个族群，又是有其集体意志和集体主义精神的。特别是在狂风恶浪中挣扎求生的鱼群，那种在艰险中不退缩、不掉队、不离群、不四散逃生的场景，至今还是颇令人感动的。

721

我们知道，在当时的上海，最突出地表现出这种特征的就是左翼知识分子群体，但却不限于这个群体，同时还是当时上海所有独立文学派别的特征：上海时期的"新月派"、"论语派"、民族主义文学派、新感觉派，乃至自由人、"第三种人"，哪一个文学派别又没有为自己的独立生存与发展进行过斗争呢？哪一个派别又不是在彼此的论战中将自己的身影镌刻在中国现代文学史上的呢？这是海湾文化的特征，是海湾鱼类的基本生存方式。如果说生在静态社会背景下的京派文学，总是表现着一种自由悠游的神态，而在汹涌海流中的海派文学，则是有战斗性的，则是敢于在自己的论敌面前"亮剑"的。当时上海几乎所有文学派别，都曾公开亮出过自己的思想之剑、文学之剑。向海外求同、向国内求异、党同伐异、远交近攻，几乎是海派文学的一个总体特征。

　　实际上，海湾文化也是不那么适于文学发展的，特别是在中国现代文学的历史上。这里的原因是明显的，海湾里的鱼大都是从外海游进来的，那些在外海能够得到自由发展的鱼，由于不适应海湾的特殊环境，可能活不了很长时间，而那些迅速适应了海湾的特殊环境、活了很长时间的鱼又可能长不很大，这在"全球化"程度还很低的中国现代社会，尤其如此。所以，"海派"有"海派"的苦衷，"海派"有"海派"的困境，它们大都是崇拜外国文化的，但外国文化却未必钟爱它们。这种状况，直到现在，依然存在。例如，中国的自由主义者大都是崇拜美国文化的，而美国文化却并不特别钟爱中国的自由主义者，倒常常更加重视与中国的自由主义者立于相反立场的保守主义者。海湾与外海原本是没有一个有形的堤坝的，内外可以自由通行，但在人们的观念上还是能够清楚地意识到海湾与外海之间的界限的，对海湾之鱼与外海之鱼各有不同的评价标准。这就使海湾里的鱼类陷入了一种尴尬的境地：外海的鱼认为它们是内陆的，不那么喜欢它们。而内河的鱼又认为它们是外海的，也不那么喜欢它们。甚至连它们自己也不知道到底应该用什么标准衡量自己，一忽儿这样想，一忽儿又那样想，搞得自己没有一个主心骨，在文学创作上也是摇摆不定的，无法将自己的"主义"贯彻到底。此其一。外海是广大的。在外海，尽管不同的鱼类之间也有差异和矛盾，甚至可以互相残杀、互相吞噬，但由于空间太大了，每一种鱼都有较为充分的回旋余地,所以尽管天敌甚多,作为一个族类,也不容易被敌人消灭。在世界范围内,马克思主义和白璧德主义是天敌,但马克思主义以苏联为大本营,白璧德主义以英、美为根据地,在近距离的战斗中,各自都能取得自己的胜利,但在远距离的战斗中,谁也不能够消灭谁,反而构成了一种互补共存的世界文化格局。到了中国的"海派"文化中,情况就大不相同了。在彼此面对面的斗争中,就成了你死我活的,彼此没有退让的余地。此其二。由于以上两种原因,海派文化内部的斗争,常常只是理论上的斗争,是口水战,彼此的分歧来不及通过具体的文学创作表现出来,并且构成像西方现实主义、浪漫主义、现代主义那样的真正的文学流派。思想上的差异更大于文学作品之间的差异,名不副实的现象是海派文学的普遍现象。严格说来,茅盾的《子夜》并非真正意义上的无产阶级革命文学,施蛰存的小说也不是弗洛伊德精神分析小说,林语堂的散文并不那么"幽默",自由人的文学并不那么"自由",民族主义文学家的作品也未必真正是民族主义的。这正像每一个去外国留学的学生都为自己起了一个外国名字,但却并不因为有了一个外国名字便成了外国人一样。此其三。

在动与静的比较中,海鱼与河鱼是类同的,革命文化要"革命",海派文化要"争斗",都不能不动。它们是以"动"为贵,以"动"为荣的,都在自己的方向上表现出一种激进的姿态。湖鱼则另成一类,它们需要的是"从容"。但从内外关系上考察,河鱼与湖鱼都是淡水鱼,独有海鱼是咸水鱼,味道是不同的。革命文化要革命,最终还要落实到中国老百姓身上,这就有了中国的土气;京派知识分子重视的更是自己的中国经验,即使从外国接受过来的东西,也早变了味道,没有海鱼的咸味了。上海是"洋场","洋货"最受欢迎,其次便是出口转内销的中国货,与内地的趣味是截然不同的。上海的左翼作家在其社会追求上是与中国共产党领导的政治革命遥相呼应的,从上海到延安解放区的作家也相当多,而京派作家则与中国共产党领导的政治革命没有多少紧密的联系,此后成为解放区作家的人数也较少。但上海的左翼作家讲"意德沃罗基"(英文ideology的音译,即意识形态——编者),讲"奥伏赫变"(德文aufheben的音译,即扬弃——编者),还是洋味十足的,到了延安解放区，就有了"小放牛"，有了"逼上梁山"，中国味十足了。在思想倾向上，沈从文、废名、萧乾、师陀这些京派小说家，都不是革命者，但从小说创作风格的角度，他们与其说更像张资平、叶灵凤、刘呐鸥、穆时英、施蛰存这些非革命的小说作家，不如说更像鲁迅、赵树理、孙犁这些革命的小说作家——他们的作品都可归入"乡土小说"的一类。

总之，革命文学、京派文学、海派文学是在三种不同语境下中国现代文学的三种不同的文学形态，就其特征，革命文学更接近河流文学，京派文学更接近湖泊文学，海派文学更接近海湾文学。我认为，时至今日，中国文学仍然是在这三种文学形态既相互纠缠、相互冲撞、相互制约，而又相互吸引、相互补充、相互融合的过程中演变和发展的。

四

如上所述，我们过去的中国现代文学的观念，主要是由革命文学的观念构成的，在前有五四文学革命，在中有左翼文学运动，在后有解放区文学，三者连成一个统一的历史线条，构成了一个统一的文学历史的骨架。李何林、王瑶、唐弢等学术前辈就是以这样一个骨架建构起最初的中国现代文学史的整体框架的。他们对中国现代文学史上的各种文学现象都有涉及，但仍然是以革命文学的特征作为唯一合理的文学标准分析和评价所有这些现象的，这就在具体叙述中国现代文学的历史过程的时候发生了严重的失衡现象。这种失衡现象集中表现在20世纪30年代，而在20世纪30年代则集中表现在对京派文学历史地位估价的严重不足与对左翼文学之外的海派文学（我称之为"狭义的海派文学"）发展倾向的简单否定。实际上，在20世纪30年代文学的历史上，左翼文学运动承上启下的历史作用及其具体的文学成就是不可忽视的，但京派文学的文学成就却并不像我们描述的那样不值一哂。时至今日，我们已经能够看到，在当时的京派文学中，包含着在五四新文化运动中成长和发展起来的新文学的开山者之一、作为中国现代小品散文魁首的周作人，包含着一个继鲁迅之后最杰出的短篇小说作家、同时也是20世纪30年代最杰出的短篇小说作家的沈从文，包含着中国现代学术史上的一个最杰出的学院派美学家的朱光潜。周作人、朱光潜、李健吾、李长之的文学批评在中国现代文学批评史上各成一派，并且都堪称中国现代文学批评史上的重头人物；沈从文之外，废名、师陀、萧乾、汪曾祺的小说也都独树一帜，在中国现代小说史上是不容忽视的；到了后来，何其芳、卞之琳都成为中国现代文学史上的著名诗人，而凌叔华、林徽因则是为数不多的中国现代女性作家中的两个；周作人之外，废名、李广田、萧乾、汪曾祺也都是中国现代文学史上的著名散文家；现代话剧仍不发达，但到底有李健吾的戏剧作品，并不是一片空白；标志着现代话剧艺术最高艺术成就的曹禺的作品，走红于上海，但其创作，却始于北京。所有这些，都是不能仅仅从革命政治立场的角度得到充分说明的。也就是说，他们不是"革命的"，但其文学成就却是不容忽视的。而像蒋光慈、潘漠华、应修人、胡也频等大量革命作家，在中国现代革命史上的贡献当然是不容抹杀的，但在其具体的文学创作上，却未必能够超过京派作家的贡献。革命文学，是中国现代文学的一种独立的文学形态，但又不是唯一的文学形态，用单一的革命文学的标准，并不能对京派文学做出全面而贴切的分析和评价。

"文化大革命"结束后的中国现代文学研究，对于京派文学和狭义海派文学研究的加强是一个重要的趋势，在"文革"后第一代硕士研究生的毕业论文中，凌宇的《从边城走向世界》是一个标志性的成果之一，它同时也开创了新时期以来的沈从文研究，将沈从文研究提高到了同鲁、郭、茅、巴、老、曹研究同等显豁的水平，体现着新时期以来中国现代文学研究的新发展。而在另外一个方向上，以舒芜的《周作人概观》、钱理群的《周作人论》和《周作人传》为标志的周作人研究，也以直逼鲁迅研究的气势迅速发展起来。所以"京派文学"虽然是一个新的概括，但这个概括却并不空泛，以京派文学研究为论题的专著和学术论文也相继涌现出来。显而易见，这是一个合乎规律的中国现代文学研究现象。但是，"文化大革命"结束后的中国现代文学研究，是在社会政治领域的翻案风的影响下发展起来的，它或明或暗地仍然承袭着"文化大革命"前所流行的是非判断形式的影响，这就使京派文学研究常常是在与左翼文学研究的对比乃至对立的关系中得到彰显的，因而也以另外一种形式影响到对整个中国现代文学研究的感受和理解。我认为,将革命文学、京派文学、广义的海派文学作为迄今为止的中国新文化发展的三种主要的文学形态加以研究,而不是将其作为完全对立的文学倾向和文学流派,是当前中国现代文学研究应当注意的一个重要问题。

革命文学,是有较为清晰的创作目的的,尽管这个目的未必是实利性的目的。所以,革命文学在其内部结构中必然存在着两个极点,其一是作者的理想(社会的或精神的),其二就是"现实"。前一个极点在中国现代文学史上往往受到西方文化的影响,但不是西方文化的本身,而是西方文化对作者本人的影响结果,是在其思想或精神中的"已有";"现实"则是中国固有文化传统(其中也包括已经被中国文化所吸收了的外来文化)在当下社会的结晶体。所以,革命文学常常表现出反传统的倾向,因为它希望改革的现实就是中国固有文化的折射板。凡是优秀的革命文学作品,都不可能完全脱离中国固有的文化传统,但中国固有的文化传统必须通过这个折射板极为曲折地表现出来,将中国现代革命文学与中国固有文化的联系平面化、直接化,就有模糊其革命性的危险,这在我们的研究活动中是必须注意的。中国现代革命文学与西方文化的联系,更应是精神的,而不是形式的。在中外比较文学研究中,脱离作者本人思想的和精神的要求而单纯地比较文学形式的异同,就有将革命文学作品虚无化的危险。革命文学的根本是革命,而革命是有实际内容的,只讲形式,不讲内容,革命文学就不成其为革命文学了。广义的海派文学,是在与西方文化直接交流中发展起来的文学,这种文学具有更加明显的反传统的性质,但只要它能够比较成功地将西方文学的精神或形式输入中国,它就是有其价值和意义的文学。它体现着中国文学的跳跃性变化,可能一闪即逝,也可能多年以后才在中国文学中发挥其实际的影响作用。而京派文学的文学联系则是与中国固有文化传统的联系。它是前一个时期文学革命的结果,但就其自身,则是具体运用这种成果进行个人化的文学创作的结果。在这时,中国固有的文化传统更多地被纳入已经革新了的文学形式之下发挥自己的作用,是新文学与中国固有的文化传统在更大的范围和更内在的精神上进行融合的结果。京派文学是五四文学革命的结果,但它本身从事的不是文学的革命,而是个人化的文学创作。

　　我们看到，京派文学在20世纪30年代几乎是最丰腴、最精美的一种文学形态，而到了40年代，周作人就陷入了他平时极为厌恶的政治的泥坑，并且是绝大部分中国人都不愿陷进去的一个外国侵略者的政治泥坑，演出了一出类似《红楼梦》中的妙玉的人生悲剧。而在1949年之后那段政治化的年代里，除了像何其芳这类早已离开了京派文人圈子的京派作家，原来的京派文人大都以退出文学或固有的文学立场为代价而获得了物质性的生存权利。如果说那时还有胡风集团、丁玲、冯雪峰、艾青、邵荃麟、李何林这样一个不断遭到整肃，也不断趋于瓦解的左翼文学阵营的话，却早已没有"京派"，也没有"京派文学"了。——京派文学形态的再度出现是在"文化大革命"结束之后。在这时，具有文学革命精神的知识分子在五四文学革命传统的旗帜之下重新开辟了一个新的文化空间和文学空间。而在此后得到更为充分发展的却不是革命文学，而是类似于20世纪30年代"京派文学"的文学潮流。周作人、沈从文等京派作家的影响，不论在其理论界、创作界，还是在其文学接受群体中间，都逐渐取代了鲁迅的影响，而文化平和主义对文化激进主义的胜利则是这个时期中国文化发展的总体特征。但尽管如此，在近三十年的文学发展中，我们仍然不能低估京派文学形态在其中发挥的重要作用。

　　冬天有松柏，春天有桃李。——这就是文学，这就是文学的历史。

2009年5月17日于汕头大学文学院
原载《中国现代文学研究丛刊》2009年第5期

"左联"研究点滴谈

几十年来，尤其是新中国成立以来，在整个中国现代文学研究中，关于中国左翼作家联盟和以它为旗帜的30年代文学的研究，从资料的收集整理，到作家作品、运动斗争的分析评价，应该说是比较充分和比较有成绩的。但较之对此前的20年代文学和此后的40年代解放区文艺的研究，对于"左联"，并且由此波及的整个30年代文学，研究者的分歧意见却又呈现着更多、更杂的状况。溯其因，概在于我们还没有一个评判它的较为统一的标准。

"左联"时期，是我国无产阶级文学的初创期。即使就世界范围而言，无产阶级文学也处于萌芽阶段，没有更丰富的经验供我们借鉴，没有更完整的理论体系供我们参考。我们研究者首先要把它作为初创期的文艺现象进行考察。这可以帮助我们解决这样彼此相连的两个问题：不致过低估计它的历史功绩，因为它的开创性意义本身便足以表明它的不可磨灭的贡献；不致讳言它的严重失误和明显缺点，因为探索总是伴随着失误的，有失误是可以理解的，无失误反而是不可思议的。

无产阶级文艺的产生较之他种文艺的产生有着自己的特点：从总体说来，他种文艺是先有大量文艺实践而后得到理论的说明；无产阶级文艺是从理论的探索开始而后逐步付诸创作实践。"整个艺术，老实讲，

"左联"研究点滴谈

与其说是资产阶级或无产阶级创造的,不如说是知识分子创造的。"[1]无产阶级文艺的开创者是那些接受了马克思主义世界观的知识分子,他们的第一步是在马克思主义理论指导下建立新的无产阶级文艺原则。"左联"的伟大功绩首先在于对无产阶级文艺理论的翻译介绍和独立探索,这一点,在30年代没有任何其他派别的文艺家所能代替。我们讲"左联",首先要讲这一点。它在文艺创作上也取得了一定成就,但较之理论上的贡献是属于第二位的。"无产阶级的诗歌和无产阶级的艺术产生了,但发展很慢,因为无产阶级还弱小,他的文化事业在相当程度上要由知识分子中的叛逆者来决定。""这一位或那一位伟大的艺术家可以出自无产阶级,但那些长年在艺术气氛中生活的人,那些有技巧的人,则更容易取得成果。"[2]明白这一点,我们也可以解决以下几个互相联系的问题:我们不必因为肯定"左联"的功绩而人为地抬高"左联"的文艺创作成就,又人为地贬低巴金、老舍、曹禺及其他民主主义作家的艺术成就;我们也不要因为后者在艺术创作成就上超过了绝大多数左翼无产阶级革命作家而否认"左联"在中国现代文学史上的巨大贡献;更无须生拉硬扯地夸大他们与"左联"的关系,或者他们所受到的"左联"的影响和帮助等等。

由于无产阶级文艺家是在缺乏大量优秀的无产阶级文艺作品,缺乏更丰富的无产阶级文艺创作实践的情况下开始自己的理论探索的,所以他们实际上只有两条道路可供选择:一、在马克思主义理论指导下,根据中国革命和中国文艺发展的实际需要,提出中国无产阶级在当时历史条件下切实可行的文艺原则,在相对真理中逐步建立具有普遍意义的无产阶级文艺学说。这是一条把马克思主义普遍原理同中国具体文艺实践相结合的道路,鲁迅是这条道路的最成功的践行者,他为我国无产阶级文艺学说的建立做出了最卓越的贡献。他的特点是在理论与实践、需要

---

[1]〔苏联〕卢那察尔斯基:《艺术和它的最新形式》,载《世界艺术与美学》第二辑,文化艺术出版社,1983。

[2]〔苏联〕卢那察尔斯基:《艺术和它的最新形式》,载《世界艺术与美学》第二辑,文化艺术出版社,1983。

与可能、政治要求与文艺特性的结合中阐述问题。"左联"其他成员也都程度不同地践行着或践行过这条道路，但同时又程度不同地存在着另外一种倾向。二、忽视中国革命的具体特点，忽视当时的实际可能性，忽视文艺发展的特殊规律，仅仅从理论上、从需要上、从政治的要求上提出问题，并以自己所设想的理论模式规范当时的文艺创作。这是一条教条主义的道路，在中国具体表现为一种"左"的倾向。

以上两种倾向的交织，给我们现代文学研究工作者带来了一定的困难。在这里，最需要我们有一个比较统一的认识，一个相对客观的标准。以人划线是不行的，即使以鲁迅划线也没有充分的说服力。就事论事也是不行的，没有一个整体性的认识，个别的理论是非很难判断。

当时的中国革命，是无产阶级领导下的资产阶级民主主义革命；当时的无产阶级文化运动，是无产阶级领导的反帝、反封建的文化运动。我认为"左联"内部所有"左"的偏向，都产生于当时并不明了中国无产阶级的这个具体思想任务，他们认为无产阶级文学就是反对资产阶级文学的，无产阶级思想就是要消灭资产阶级思想的。这在世界范围中，在发达的资本主义国家是这样，从长远的历史发展中是这样，但在当时的中国，在封建主义的中国，在封建社会意识形态占统治地位的中国却不应是这样，也不能是这样。我们也要反对资产阶级，但主要还不是直接地反对它本身，而是反对它向中国封建主义妥协投降的一个侧面，目的仍然主要是消灭封建阶级；我们也应当批判资产阶级思想，但首先应批判的是它反封建思想不彻底的一面，软弱、动摇、妥协的一面，目的仍然是清除封建思想的社会影响。由于一些同志把自己的理论基点放在批判各种形态的资产阶级思想上，所以在下列各种问题上都极容易表现出"左"的偏向：一、忽视资产阶级、小资产阶级文学在现代中国所可能具有的反封建的积极意义，对之采取过火的否定态度。二、不是从发展、坚持"五四"反封建战斗传统出发提出中国无产阶级文学的目的和任务，而是在与资产阶级、小资产阶级文学的简单对立中理解中国无产阶级文学的职责。三、对具有反封建思想而尚未接受马克思主义的资产阶级、小资产阶级文艺家实行"左"的打击政策。四、无视当时绝大多数的左翼作家还不可能完全抛弃资产阶级、小资产阶级世界观的现实状

"左联"研究点滴谈

况,无视他们即使具有这种世界观仍然能够在马克思主义指导下进行反封建革命斗争的实际状况,从而对左翼作家在作品中的资产阶级、小资产阶级世界观的流露实行笼统的一概否定的态度。五、对资产阶级、小资产阶级世界观的否定在当时必然表现为对知识分子的过火否定,对知识分子的过火否定必然走向对文学的"表现自我"的过火否定,对"表现自我"的过火否定必然导致对浪漫主义创作方法、对文学主观感情因素的否定。在排斥浪漫主义的前提下提倡现实主义,在排斥主观性的前提下提倡客观性,是当时在创作论上的"左"倾表现。六、对资产阶级、小资产阶级反封建斗争的积极意义的否定必然引伸为对表现、反映这类生活的文学作品的否定,要求当时的作家脱离开自己感受最深的反封建斗争,去描写他们还不熟悉并且还难以马上熟悉的工农群众的革命斗争;要求作家脱离开自己熟悉的题材,去反映他还不熟悉的重大题材;要求他们脱离开体会最深的黑暗的社会现实,去设想光明的出路;要求他们脱离开他们了如指掌的平凡人物,去塑造高大的无产阶级英雄形象;等等。这些在理论上似乎是正确的,但在当时的情况下,在绝大多数作家仍然出身于资产阶级、小资产阶级乃至封建家庭,思想感情、审美情趣还不可能完全无产阶级化的情况下,难免导致题材的狭窄化、作品的概念化、主题的理念化、内容的空泛化,从而也在一定程度上影响了左翼作家的艺术成就……以上各种倾向,虽然在当时并不是以完整的理论形态表现出来的,但却散见在很多左翼理论家的著作中。我们只有有了一个明确的客观标准,才能对各种复杂理论现象做出一个恰如其分的评价,也才能对"左联"的历史功过做出具有说服力的叙述和判断。

与近几年整个现代文学研究的生动活泼的局面相比,关于"左联"和30年代文学的研究,显得有些沉闷停滞,没有多少实质性的突破。这几年,对于纠正革命文学运动和现代文学研究工作中的"左"的错误,做了不少工作,却很少涉及历史上长期存在过、对后来的研究工作又影响深远的这种"左"的偏颇。这些,都值得深思,需要及早扭转的。如果我们能从上述的基本估计出发,重新审视这段文学历史,可能会使研究工作有较大的开拓,并且从中得到更多的历史的启示!

原载《文学评论》1985年第2期

关于左翼文学的几个问题

第一个问题是关于主流意识形态和左翼文学的问题。当前研究左翼文学一个很重要的概念就是主流意识形态。主流意识形态的提出使我们进入了一个理论的困境。这个主流意识形态最早可能是20世纪50年代在毛泽东文艺思想这样一个大前提下，在肯定主流意识形态的文学主流的前提之下，从外部给予左翼文学的。但到"文化大革命"结束之后，特别是到了20世纪90年代末，新的自由主义知识分子借用了主流意识形态这个概念，但却是为了否定它。同时活跃的还有另外两种观念。既然左翼文学是主流意识形态，那么一定还存在着另一种对主流意识形态进行消解的力量，这就有了知识分子话语、民间话语、自由主义的话语。当把主流意识形态当成与知识分子话语、民间话语和自由主义话语相对立的概念的时候，这就很自然地把左翼文学推到了理论的审判台。左翼文学成了一个被审判的对象。

这样一种对左翼文学的概括，我认为是不精确的。因为一提起左翼文学，我们首先想到的是20世纪30年代的左翼文学。20世纪30年代的左翼文学不是主流的意识形态，在当时的社会上不是一种话语霸权。在中国的话语霸权必须伴随两个东西，第一，它必须和政治权力直接结合；第二，它必须和经济的权力结合。任何一个独立的知识分子，当他的话语和当时的政治权力、经济权力没法发生直接的结合的时候，这种话语是构不成话语霸权的。把不构成话语霸权的一种话语形式视为一种

关于左翼文学的几个问题

话语霸权，就把我们的研究和左翼文学完全对立起来了。这是当前非常流行的概念和概念的界定。我认为左翼文学在当时不是主流话语，不是主流的意识形态，也不是主流的文学，更不是一种话语霸权。它仅仅是一种话语形式。为了更精确地说明这一点，下面分三个部分简单地说一说我的意思。第一，左翼文学的形成。左翼文学作为一个潮流、一个派别的形成，是新文学发展的结果。五四新文学是没有一个固定的概念的界定的，新文学永远是在一个不断地滋生和生长的过程当中来进行界定的文学。它不可能永远停留在白话文革新这样一个点上，也不可能永远停留在《狂人日记》这篇小说的这个点上，当然，它也不可能永远停留在李大钊的《布尔什维克的胜利》和《庶民的胜利》这一个点上。它必须向外展开，才可能形成我们的新文学，才可能是一个发展的过程，才是一个不断流动着的文学。在流动的过程当中，它扩大了自己的影响，同时也把自己搞成了一种结构。它不是一个流，而是一个结构。新文学展开自己的时候，我们分明看到新文学发生的那一刹那，已经不是一粒种子，不是一粒种子长成的一个干，然后再分出几个枝。就是一粒种子，也是一个文学的结构体。这个结构从后来展开的形式来看，自然地包含了三种因素。其一，在李大钊和陈独秀的社会思想中自然地包含了社会革命的性质。所以当十月社会主义革命胜利以后，李大钊就很容易与十月社会主义革命和马克思主义形成一种呼应。他之所以参加新文化运动，是因为在当时的政治革命当中找不到一条新的出路，看不到一种前途，十月社会主义革命使他看到了一种前途。他觉得中国的社会必须进行改造，这个改造是必须的。怎么改造，十月社会主义革命提供了一个社会主义的道路，提供了一种新的改造形式。"五四"之后，李大钊和陈独秀就独立了出去。其二，胡适是从美国接受了大学学院派教育的，他所接受的文化是杜威的实用主义。杜威的实用主义就是大学的一个理论，一种哲学学说。作为一个新文化运动的领袖，他自身的存在就是中国学院派文化的种子，当他展开了自己的时候，就可以看到，他写的易卜生主义以及关于思想革命的那一些东西都不体现他的内在最深刻的愿望。他自己最深刻的愿望就是建立一种学院派文化，一种学术文化。所以胡适是延续着学院派文化在发展的。他在建立中国学院派文化的过程当中，获得了比陈独秀和李大钊、鲁迅和周作人都要高的社会地位。实际上，一直到现在，在学院派教授当中影响最大的还是胡适和胡适的思想。其三，中国文化不仅仅有革命的文化，也不仅仅有学院派文化，在五四新文化运动中还产生了第三种文化，这个文化就是社会文化。它是以作为一个文学家的鲁迅来体现的社会文化的最基本的东西，不是附着于学院派的，也不是进行革命的，它就是一个知识分子，就是知识分子通过自己的作品和自己的读者达成沟通。这种沟通是通过一个刊物到了读者那里并回归到自己所形成的一个社会文化网络。这个社会的流通形式是可以不通过国家政治，也可以不通过政治革命这个系统的，它是社会、文化的系统。这三个系统是新文学的自然的展开。在这个展开的过程当中，从每一个方向上都离开了"五四"的那一个点，那个综合的点，它们都不再等同于那个点。五四新文学是什么？我们可以看看左翼文学开始文学革命论争的时候，成仿吾、郭沫若、鲁迅、郁达夫这些人都构成了似乎是势不两立的两派，但是为什么共产党要他们合作，他们就马上可以合作，弄出一个左翼文学？因为这一批人和胡适、梁实秋、陈西滢、徐志摩等人有一个根本的不同，就是他们是在社会上活跃的知识分子，他们的生活是不安定的。在当时的社会中，由于新文学发展规模的限制以及中国文化的落后，从事写作的人是最不安定的群体。学院派知识分子有国家的背后支持。学院派带有雅文化的性质。他们都是从英美留学回来的。在政治上，英美是最强大的国家；在文化上，英美在当时是所谓最先进的国家；在经济上，英美是最发达的国家。这三个条件符合了中国新文化的要求，也符合了中国的政治家和普通老百姓的价值观。这种价值观自然地把曾留学英美的知识分子一下子推到了一个高雅的地位。那些政治家也不得不把胡适当作一个社会的贤达。左翼主要是一些从事文学创作的作家，除了写诗的以外，大多数都聚集在左翼作家这个群体当中。

左翼文学的形成不是哪一派倡导的产物，它是这个阶层、这个文化群体结合的产物；它不是由哪一个理论所体现的，是共同的生存状态和对社会的感受形式。它存在的合理性在于，政治革命不能够反映中国社会的所有的问题，学院派知识分子也永远不可能感受和解决社会上的所

关于左翼文学的几个问题

有的问题，有一些问题是需要社会文化来解决的。其实现在也是这样。当我们在研究左翼文学和对它的历史评价的时候，我们的社会当中有很多问题是不能通过这个问题解决的。我们社会上的一些知识分子、新闻记者、作家在理性的思考上可能不如我们这些学院派知识分子，但是他们对社会现实矛盾的感受的强烈程度比我们要强烈。这就是左翼文学。

左翼文学被自由主义知识分子说成是一种过激的文学，但不过激的文学是理性的，左翼文学感受的则是社会。

第二个问题是左翼的构成。左翼文学本身也不是一个统一的文学，是没法用一个人、一种倾向、一种理论对它做出一个确定无疑的界定的文学。左翼文学自然包含四个层次。第一个是鲁迅作为一个个体的人所体现的。他显然不带有政治性，不是说他不关心政治，而是说他作为一个左翼知识分子是坚持对社会思想的改造的。他对国民党做出了多次的反抗和批评，但是你从来不会在鲁迅的作品里听到说国民党政府是一个反动政府，必须推翻。查阅《鲁迅全集》，也没有这样的绝对的理性化的最终的政治判决。他同样也不会说只有中国共产党领导的革命才能够拯救中国，中国必须走社会主义的道路，我们在鲁迅的作品中也找不到这样一个判断。鲁迅作为一个独立的知识分子，他坚持着一种社会的批判。他之所以更多地批判国民党，更多地同情共产党，那是因为共产党被国民党非法地宣布为一个非法的政党。从人权的要求上说，鲁迅是同情共产党的。通过国民党对共产党的镇压，他看出国民党的政权是不尊重人权的，不尊重人的思想自由的，不尊重人的政治自由的。他作为中华民族的知识分子，他要获得自由，也必须反抗现实政权的压迫，但是这种反抗并不意味着一定要推翻这个政权，由他自己来操纵政权，掌握政权。第二个更接近鲁迅的一个层次，是用马克思主义的理论作为自己的话语形式，但实际追求的是像鲁迅那样的独立精神的。胡风的局限性就是，他用的马克思主义语言形式与他所追求的实际的目标是不完全契合的。西方的马克思主义是在对资本主义进行批判的过程当中发展起来的，马克思有自己的独立话语形式。第三个部分是像李初梨，包括郭沫若、成仿吾等人。这些人所从事的活动是文学活动，但是他们是依照革命和不革命，依照对待国民党政权的态度来评价人的价值。我听说，一直到"文化大革命"结束以后,有些人还愤愤不平:"我们那时候参加革命,参加共产党,鲁迅那时候做什么去了?为什么对鲁迅评价那么高,对我们评价那么低呢?"用鲁迅的话来说,就是一只脚踏在文学上,一只脚踏在革命上。他们把自己的文学价值放在政治革命的作用上来体现。第四个方面,从发展的角度来说就是周扬。周扬可以说到后来成了毛泽东的政治话语的文学阐释者,是完全政治化了的,是依照一种政治的领导来决定自己的理论取向。当然,当时的周扬也不是这样的。实际上,左翼是这四派构成的。我们不论是对左翼文学做出一种批判,还是对左翼文学做出一种肯定,我们必须在差异当中来思考左翼文学,而不应该把左翼文学当作一个笼统的左的,并且把"文化大革命"的一些责任推到20世纪30年代的左翼文学上。左翼文学在那个时候是非权力化的文学,没有经济权力依托和政治权力依托的文学。

  第三个问题就是中国左翼文学的被消解。我们总是认为在"十七年"的时候取得胜利的是左翼文学的文学观,从而认为左翼文学到最后成了一种主流文学。实际上不是。左翼文学很早就被解构了。一种文学有产生,有发展,也有消亡。到了20世纪40年代,在解放区文艺里,左翼文学就受到了一种压制。除了少数人成了毛泽东思想的阐释者,像萧军、丁玲、王实味,这些左翼文学的人物,直接受到了整改。不是说消灭,是改造,改造成适合毛泽东文艺思想的。这就是说,不是左翼文学改造了其他的文学,而是左翼文学被另一种文学所改造。这是一种消解形式。在20世纪40年代的抗日战争当中,左翼文学又被民族主义文学所消解。抗日了,一些左翼文学家已经不再坚持原来的左翼立场,这就和其他的等同起来。这又是一种消解,被民族主义所消解。在40年代,假如还有左翼文学,我认为是以胡风为代表的、以《希望》和《七月》为核心的左翼文学。这个时候还保留着30年代左翼文学的基本性质。但是就这个小集团来说,这个性质是在鲁迅已经缺席,周扬、郭沫若已经缺席的条件之下来坚持着左翼文学的基本的理论倾向。但到了50年代初,胡风集团和他们的理论倾向都受到了批判。实际上胡风的被整肃标志着中国左翼文学的最后的消解。到最后已经没有左翼文学,当然它的话语形式还保留着,但是在这个话语形式背后所体现的是毛泽东的文艺思

关于左翼文学的几个问题

想。毛泽东的文艺思想也有它产生的根据,但它已经不是左翼文学的文学观念。到50年代,取得主流文学地位和主流的意识形态地位并获得政权支持和经济支持的文学意识形态不是左翼文学的意识形态,而是政治革命家的文艺观和文艺形态。这是我自己的一个观点,这个观点就是,我们对于左翼文学还要做一个事实的分析,不要被一种固定的观念所左右;要对历史做出一种分析,而不是做出更大的综合,不要只在综合当中谈综合。用一个概念判定一种文学现象,然后再批判这个概念,可能批判的不是左翼文学本身,而是我们设定的一个目标。

原载《中国现代文学研究丛刊》2002年第1期

今天研究左翼文学的意义
——"中国左翼文学国际研讨会"闭幕词

闭幕词是临时加到我身上的。我没有准备,没有稿子,就简单说两句吧。首先还是感谢国内外的专家能够到我们会上来支持我们。这次研讨会,无论是大会发言还是小组讨论,都是热烈的,提出了许多问题,对于这些问题,我也没法做出总结,大家各有意见,有各自不同的角度,都共同对中国左翼文学发表了自己的意见。既然没法总结,就只能谈一点自己的看法,这就得说到我们申请的一个国家重点课题,说到我们为什么申请这个课题,在申请课题的时候,我们有些什么想法。

首先,我有一个不成熟的意见,就是我们的现代文学研究,作为整个文化研究中的一个部门、一个专业,它的意义到底应该怎样理解?它的意义到底在什么地方?这是我多年来一直在思考的一个问题。在这个社会当中,我们作为一个个体的人,我们做的这份工作,肯定地说,并不具有对于整个世界、整个人类的指导意义,我们没法仅仅通过现代文学研究,给整个人类指出一条光明的道路,我们也没法给中国文学的发展指出一条正确的道路。我们不光没有这个资格,同时,我们也没有这样的能力。但是,我们存在着,我们思考着,我们每一个人都在追求一种有价值的人生,要发现一种终极的价值。但是这种价值又是最终没法发明出来的。那么,我们的存在还有什么意义?我自己想,我在做着中国现代文学研究,通过现代文学研究,也要接触外国文化和中国古代文

今天研究左翼文学的意义

化以及各个国家的文学、各个时期的文学。我觉得，首先是我在学习着，我在成长着，我在追求我自己生命存在的价值和意义。我活着，我有生命，我要思考一些问题，我要感受这个世界，我要思考下一步我该做什么，还要写一篇什么文章，我还想说什么话。我觉得这是一个首要的东西。鲁迅在临死以前答徐懋庸的公开信中曾经说过一句话："我倘能生存，我仍要学习。"鲁迅说还要学习，为什么他还要学习？因为一旦不学习，鲁迅自己的生命也就中止了。要感觉到自己生命的意义、生活的意义，感觉到价值，自己还要成长，在这样一个大千世界当中还要更多地感受和理解人生的问题、人类的问题、文学的问题，还要创造，还要写作，还要发表自己的言论。我们中国古代的思想家孔子，当他说到他自己的人生的时候，他没有描述给我们一个思想，我发明了一个什么样的思想可以指导人类，他只说我十有五而志于学，三十而立，四十而不惑，五十而知天命，六十而耳顺，七十而从心所欲不逾矩。他说他是从十五岁开始学习，那么学到什么时候到了终点了呢？他说七十岁而从心所欲不逾矩，好像是一个终点，但是实际上还不是一个终点。恐怕他那个时候也就七十多岁，他仍在追求自己的成长，追求自己生命的价值和意义。在不断思考新问题，在感受人生、感受世界的过程中来感受着自己的价值和意义。

那么，我自我的成长，我作为一个教师的自我的成长，我自我思索的问题，也会影响着年轻一代、年轻的学生。我在走着，他们也在走着。我们人生当中遇到的东西他们也可能会遇着，我们需要思考的问题他们也可能需要思考。我们文化的意义不是通过一个人，而是通过我们大家，通过所有的知识分子，通过我们民族的文化，实现的是一个再造生命的过程。青年一代就是在我们这样的文化氛围当中成长着。我们创造了一个文化的氛围，当他们还年轻的时候，还没有取得自己的新的创造力，还无法超越传统、脱离我们给他们的束缚的时候，他们首先是接收我们的思想、我们的信念。他们可以通过我们怎样思考人生，感受过什么，思考过什么问题，启发他们也思考，也有某种情感态度。他们还要成长，还要通过研究、通过学习来确认自己的人生道路，而这个人生道路仍然是不可捉摸的，仍然是没有任何一个人可以给另外一个人预先设计好的一条万无一失的人生道路。他们还要创造，还要走。

　　文化的创新就是我们思考过的问题。我们思考过，但是我们还要思考。"文化大革命"结束以后，我们这一代人首先思考的是，在"文化大革命"这样一种自我封闭当中，这样一种文化禁锢当中，永远跟着一个最高指示走，行不行？我们跟着最高指示走，最终走向了我们生命的疲弱。我们要从"文化大革命"的阴影当中走出来，从固有的文化专制当中走出来，走出我们的自由。那么，我们的自由要借助一种话语形式，那就是反封建的话语形式。我们要选择我们自己的道路、自己的人生道路，但是我们自己没有这样的一种力量。我们可以与政治家一同走出"文化大革命"，这一步应该是相对地走出来了，"文化大革命"再也不能束缚我们了。但是每一个走出来的人是不一样的。走出来以后，我们发现，人类的悲剧、中华民族的悲剧、中国人的悲剧、中国知识分子的悲剧并没有结束，人仍然在自己悲剧的道路上走着。在这样一种道路当中，我们还应该思考人生，还应该感受我们面临的问题，还要做出抉择。

　　在重新面临这个抉择的时候，我们仅仅通过改革开放还能不能走出我们的阴影？现在改革了，开放了，人类的悲剧还有没有？文学的悲剧还有没有？中华民族的文学有没有发展起来？我们还要继续思考。我们继续思考，我们走着，年轻一代才能从我们的思考中来感受到我们思考的问题，来发现他们的人生价值。当我们从"文化大革命"的阴影当中走出来的时候，青年一代是跟着我们从反封建那样一种氛围中走出来的。在这个时代，从国民经济总体的发展数字上来说是增长的，但青年人没有走上文化的道路，甚至我们自己的学生，我们专业的青年人，当在课堂里学习的时候，他们首先想到的，在这个新的历史阶段，再也不是文化，而是经济、政治，想的是自己的经济地位、政治地位。在这种政治经济的关怀中失落的是什么呢？失落的很可能是自己的生命。青年一代并没有因为关心经济而创造出经济的财富，但却在经济关怀当中失落了自己的精神。他们的误区和我们现在的误区，是我们自己，我们知识分子自己带给自己的。为什么是我们自己带给我们自己的？在这个时候，我们有了经济生活的转变，在物质生活上，应该说我们教师队伍，

今天研究左翼文学的意义

我们文学的队伍,已经成了一个国家获益者的阶层。有些先生说,中国知识分子的地位还很低,这是对的,但是,通过知识分子这条道路,有些人是可以发财的,教育的腐败就是从我们知识分子的腐败开始的。为什么它会腐败下去?因为我们失落了我们的文化,我们再也没有一条文化的道路可走。我们追求的是经济,是金钱。对于政治上的民主化,我们也有一个观念,但还有谁在争取?真正地在实践当中去争取,像鲁迅,像20世纪30年代左翼作家那样用生命去追求、去争取,中国知识分子当中还有没有?没有了。我们用我们的生命在追求着什么?我们生命当中没有追求了。没有追求,我们的精神生命就停止了,我们的文化就没有力量了,说句不好听的话,就是腐败下去了。

那么,在这个时候再反观一下左翼。在"文化大革命"结束的时候,我们把徐志摩、沈从文、张爱玲这些非左翼的作家的价值突出出来,那当然是有价值和意义的,因为他们是被文化专制主义驱逐出文化圈的一批人,而这样的驱逐是不应该的。因为他们也是中华民族合法的公民、合法的阶层,对他们的专制实际上也包含着对我们的专制,我们为他们争取自由实际上也是为我们争取自由,这个自由我们已经争取到了。徐志摩我们不会歧视他,不会禁止他的书了,不会再重新把他拉到资产阶级的被审判台上。沈从文是,张爱玲是,新感觉派也是。

但是,当我们在争取这一批人的自由的时候,我们想一想,我们却重新把另外一批人押上了历史的审判台,这时被审判的是谁?是鲁迅,是左翼。但是,反过来想,当我们审判左翼的时候,审判鲁迅的时候,我们有没有资格来审判他们?审判一批在黑暗当中摸索着,为寻求光明而冒着被专制的危险、被杀头的危险、坐牢的危险的这么一批人。在那样的社会当中,尽管他们没有找到一条人类唯一正确的道路,可能他们相信的一条所谓光明的道路,被事实证明并不是全人类唯一正确、光明的道路。但是,他们为了这条光明的道路曾经挣扎过,曾经以自己的生命去实践。我们有没有资格来审判我们的前辈?假如说我们冒着更大的危险,我们以生命在争取着我们现在的民主、现在的自由,为了我们的奋斗更有成果,为了汲取他们的教训,我们可以对他们的思想、他们的创作进行批判性的审查。但是,事实证明,在继续争取政治民主和思想自由的道路上我们都是懦夫，而相反证明了20世纪30年代的左翼作家在这条道路上倒是一些勇士、一些战士。在"文化大革命"前造成的极左、造成的损害已经被我们认识到的情况下，我觉得重提左翼用自己的生命争取自由的这样一种战斗的精神，可以说是我们知识分子继续前进、继续成长的一条道路。这个成长仍然不是为了整个人类，而是为了我们自己，是使我们变得更加崇高一些，或者说变得更加不懦弱一些，使我们自己感觉到，我们还是一个响当当的知识分子，可以和中国的、外国的、中国历史上最好的知识分子获得一个平等的地位并能够进行对话的这样一个知识分子。在那个时候，我们才有权利对别人做出一种评价，做出一个评论。假如说我们什么也没有做，我们就没有理由来评价任何一个给历史还做出过一点点贡献的人。我们现在说我们的左翼文学是不成熟的，但是，事实证明我们也是不成熟的。我们研究他们的不成熟是为使我们成熟起来，还是为了表明我们高于他们？我们可以审判他们，可以评论他们？

我们就是要寻找一条文化道路，这条道路使我们能够有资格来评论他们，有资格在课堂上对这些人的盲目性、他们的意识错误、他们选择的这条道路的非合理性做出一种批评，但是，要做出这种批评得首先获得他们那种在人生的道路上不畏艰险、艰苦跋涉的那么一种追求精神。

所以说，我觉得，在这个时候重提左翼对我们来说是有价值的，并且可以成为一个学术的生长点。围绕左翼我们会做出各种各样的判断，正是由于大家对它的文学道路、它的教训经验做出各种各样的判断，我们才有争鸣，我们才有讨论，我们才不会自说自话，才不会一片歌舞升平。我觉得，我们这个学术界太"和谐"了，我们在一条没有追求、没有争取、没有感受到自己价值的平面上太"和谐"了。但是，我们的文化问题，大量的问题，实际上是存在的，我们把空白，把年轻人现在就应该懂得的人生的艰难遮蔽了起来，使他们在没有任何思想准备的情况下到社会实践中去经受。我们把一些"美好的前途"，把一个所谓平坦的道路交给我们的青年学生，让他们再像20世纪30年代的青年一样把人生的道路想得那么平坦，那么笔直，再使他们向往着一个美好的前途和美好的黄金世界，向往着胜利，向往着不经过任何努力就可以获得人生的

今天研究左翼文学的意义

胜利。这些青年人在当了打工仔以后,甚至到大学毕业、研究生毕业、博士生毕业,然后才感觉到人生的痛苦,而在这时,他们却在任何一个微小的痛苦面前都经受不住。从前年到去年,北京都有一些大学生自杀,这是一个重要的文化现象。为什么他大学毕业了还要自杀?因为在人生当中,他们感觉到没有一个他们所想象的幸福的道路,他们觉得活着没有意思了,活着没有值得他们追求的东西了,他们的理想的东西失去了。在和平的温柔乡中,他们的生命走向了人生的绝路。假若是一个战士,我遇到困难我会克服它,寻找克服它的道路,我会变得更加坚强。只有这种坚强的精神,一种追求的精神,才能承担人生当中、历史当中、社会当中、自己的人生道路当中所经历的各种各样的困难,大踏步地走下去,走完自己的一生。不但走完自己的人生,同时为未来的人生留下一点儿光明。假若我们每一个人都为未来留下一点光明,我们的未来就会光明一点儿,这就是当时我们为什么要研究左翼。

我们在会上提出的所有这些问题,实际上是需要我们这一代人重新思考的。我们前一代人曾经思考过,但是,他们是在那种条件之下思考的。我们这一代人还要思考,下一代人还要思考。当然思考的环境条件不同,思考的方向、思考的重点、思考的结论都会有不同,正因为这样,我们的现代文学才会在一代代人中重新生发,我们现代文学研究才会长盛不衰,在我们的文化发展当中留下我们淡淡的足迹。

2006年1月10日　汕头大学ACC三号会议室
原载《中国现代文学研究丛刊》2006年第2期

胡风的深刻性和独创性[①]

我认为，要理解胡风文艺思想的实质意义及其在中国现代文艺思想史上的地位和作用，首先应当理解中国新文学的本质意义到底是什么，它是怎样产生的。胡风文艺思想中的一个重要内容是他对五四新文学发生根源的认识，他认为中国的新文学不是中国传统文化和传统文学自身独立发展的结果，而是西方文化和西方文学在中国文化土壤上的移植。我认为，不论胡风的用词是否为人们所乐于接受，但他所表达的观点本身却是毋庸置疑的。中国文化史的事实异常明确地向我们表明了，它在漫长的历史发展中已经形成了一个自满自足的封闭系统，如若没有任何外力的撞击，它自身的发展将永远是循环式的。古埃及文化、古印度文化都没有依靠自己的自然发展走向现代化的发展道路，中国古代文化也只能是如此。为什么它不可能走出自我设定的这个封闭式的循环圆圈？为什么它只有朝代的更迭，儒道文化的此伏彼起，一治一乱的周而复始？最根本的原因即在于中国传统文化首先将中国人民的精神规范化和凝固化了。不论是儒家文化、道家文化、法家文化、道教文化，还是中国化了的佛教文化，都是以压抑或节制人的个体生命欲望和主观精神意志为特征的。胡风反复强调表现人民群众的精神奴役创伤，说明他充分

[①] 本文为作者在1988年7月16日由中国社会科学院文学研究所和文学评论编辑部召开的"关于胡风文艺思想的反思"座谈会上的发言。

胡风的深刻性和独创性

意识到了奴性意识对人民群众的精神戕害。而不用强有力的精神力量冲击，洗刷掉这种精神上根深蒂固的奴性意识，中国文化是不可能真正走上现代化的发展道路的。显而易见，中国新文学的产生并不在于鸦片战争后中国那点微弱的资本主义工商业的发展，不论是胡适、陈独秀、周作人，还是中国新文化的杰出代表鲁迅，都不与中国资本主义工商业的实际发展有多大直接联系，他们的思想是在中外文化的交流中产生的，他们接受了西方文化的影响，接受了新的文化价值观念，而后有了改革传统文化的愿望和决心。也就是说，他们首先发生的是主体价值观念的变化、主观精神上的变化，因而同样的客观现实在他们眼前呈现出了不同的面貌。新文学的发生不是祥林嫂变了，闰土变了，阿Q变了，而是表现他们的鲁迅的主体意识变了。我们完全可以说，没有这种主体意识、主观精神的变化，便没有五四新文学。但作家主体精神的变化，不仅仅是对西方文化观念的简单接受，而是通过这种接受，开发、强化了作家内部的主观精神和个体的生命力，冲击了他们的传统奴性意识。他们的"新"，并不"新"在有了"新"知识，懂了"新"名词，提出了"新"口号，掌握了"新"技巧，而是因为他们是较少传统奴性意识，具有现代意识的一代新人。有了新人，有了新的精神境界，才有了新文学。但这种"新"，不是一次性完成的，而是一种由旧蜕新的不断变化过程，是一种有多级精神层次组成的序列。主体精神的每一种变化，都改变着作家眼前的客观世界的面貌。新文学和新文学作家也必须在这种过程中变化和发展。但在"五四"以后的新文学作家中，仍有三种不同的发展趋向，并不把这种主体精神的变化作为文学创作的最根本的问题。胡风所集中批评的便是这三种趋向。

一是以创造社为代表的中国浪漫主义文学趋向。他们更多地注重西方文化和文学的新潮流本身，当自身接受了西方某些新的理论标准之后，便以为自己是这种理论的实际持有者了，而较少注意如何把这种理论实际地移化为自己内在的主观精神素质。因而他们的主张变化很快，像捡萝卜一样，扔掉一个又捡起一个。第二种情况是像周作人、林语堂这样一些新文化、新文学的倡导者。他们的特点是对旧文化的弱点有较清醒的理性认识，但这种认识也愈加使他们感到改造传统文化的艰巨性。在这种情况下,他们不是愈加强化了自己的精神抗争力量,而是愈加委顿了这种主观力量。在他们那里,理性认识的清醒化与主观精神力量的弱化是同时发展的。第三种情况是以茅盾为代表的中国的现实主义文学趋向。他们更强调对现实的理性认识,认为正确地分析现实是现实主义文学的主要前提。但脱离开主体意识的不断深化发展,外部的客观现实将永远是一种色调、一种面貌。这种现实主义缺乏对人的精神震撼力,更多地着眼于对现实的描述,胡风称之为客观主义的倾向。我认为,胡风并非绝对否定以上三类作家在中国新文学史上的作用和意义,但作为一种整体创作倾向,他是持严峻批评态度的。作为与以上三种创作倾向对立的,胡风总结了鲁迅的创作倾向。可以说,胡风的文艺思想主要是在总结鲁迅的创作经验中建立起来的,这使他同时成了一个杰出的鲁迅研究专家。正是在全面总结五四新文学和当时左翼文学运动的经验和教训的基础上,胡风提出了作为他文艺思想核心的"主观战斗精神"的理论命题。他重视作家的主体精神的作用,但更重视这种主体精神在创作实践中的进一步的发展和变化。他提出作家必须用强烈的主观战斗精神去拥抱现实,突入现实,肉搏现实,也就是从改造现实的角度去把握现实,而同时又在把握现实、表现现实的过程中改造自己的主体精神,加强主观战斗的精神。更重要的是,胡风所说的作家世界观的改造,并不是教民接受圣徒的渡引、学生接受教师的训导那种卑屈的和被动的改造,而是作家进行的主动的、自觉的自我文化心理的调整。在这里,自我改造和创作自由是有机地统一在一起的。胡风对作家的评论是严峻的,但同时又为作家的创作自由而斗争。他反对"题材决定论",主张"哪里有生活哪里就有斗争",重视作家对自己所熟悉的生活的表现和挖掘,反对以先验的理论束缚作家。显而易见,胡风文艺思想的这种统一性,恰恰因为他紧紧抓住了新文化与旧文化、新文学与旧文学最本质的差别,这种差别即是:新文化和新文学是医治中国人民群众几千年来的"精神奴役创伤"的文化与文学。正是在这一点上,胡风把主观与客观有机结合了起来,对内的"主观战斗精神"是作家自身要摆脱传统奴役性意识对自己的束缚,而这种主观战斗精神又只有在与社会传统奴役性意识的斗争中才能得到表现和进一步加强。与此同时,胡风反对把

胡风的深刻性和独创性

"形式"和"内容"完全对立起来,反对把传统的形式当作"民族形式"凝固化起来,他认为在传统的形式中便凝结着传统的意识,作家主体意识的发展必然通过艺术形式的发展才能得到体现。这一切,都表现出了胡风文艺思想的深刻性和独创性。历史事实证明,中国新文学的每一步发展,都是从胡风所强调的"主观战斗精神"这个基点上开始的。鲁迅早期对"精神界之战士"的呼吁,对"主观意力"的重视,五四时期周作人提出的"辟人荒",左翼文艺运动中胡风提倡的"主观战斗精神,冯雪峰提倡的"主观力",新时期文学中刘再复提出的"主体意识",在精神本质上都有一脉相承的东西。因而我认为,胡风文艺思想理应在中国现代文艺思想史上占有一个崇高的位置。

但是,胡风文艺思想也有一些严重的缺点。我认为,他的文艺思想仍然没有挣脱历史决定论的束缚,当他把自己的主观战斗精神与历史决定论结合起来之后,他的主观战斗精神的具体含义变得相对狭窄了,现实的具体历史任务限制了主观战斗精神的更多方面的内涵,这在创作方法上使胡风把自己带有更普遍意义的文艺论强行纳入了现实主义这种相对狭小的文艺框架中来。事实上胡风文艺思想的这种偏执化,是与他对中国传统奴性思想和现代个性意识的偏狭化理解直接联系在一起的。鲁迅文艺思想及一般文化思想的特征是在各种对立原则中把握中国文学和中国文化的发展,他把阿Q的消极忍耐和盲目革命都当作奴性意识的表现,同时又把个性解放与人类同情都当作现代意识的不可或缺的组成部分。正是在这种对立原则的彼此制约中,鲁迅较之胡风更充分地估计了中国文化改造的艰难性,因而他的思想中更多悲剧意识,而胡风更多乐观主义。鲁迅的主观战斗精神与更多的"韧性"结合在一起,胡风虽然重视对鲁迅的"韧性"战斗精神的提倡,但实际并没有在鲁迅的原意上理解"韧"的含义。鲁迅的主观战斗精神更多地与清醒的理性认识组合成一体,胡风对现实的认识远不如鲁迅细致和明敏,他对意志、精神、感情的重视远过于对现实细密认识的重视。他对现实人的了解陷于粗疏,鲁迅则有为胡风所不及的惊人的深刻。在实际的美学观念上,鲁迅更重视自然生命力同合理理性的结合形式,对原始生命力的盲目破坏作用有更加痛切的感受,因而他的作品更少外部的豪壮美,更多内涵的严峻美。而胡风更重视原始生命力自身的价值,他的文艺思想以及在他文化思想影响下产生的文艺作品更多外部的震撼力,而没有鲁迅作品的忧郁美和严冷色彩。这或许是他的文艺思想和作品的个性特色,但在这个性特色中也表现着他的局限性。

胡风为他的缺点付出了太严重的代价,我们更多地记住他的贡献吧!

原载《文学评论》1988年第5期

战争记忆与战争文学[①]

我认为，战争、战争记忆、战争文学是三个不同的概念，应当严格区分它们之间的关系。战争和战争记忆是现实层面之间的关系，文学则是另外一种东西。我经常想，战争文学与战争、战争文学与战争记忆究竟是怎样一种关系？有一个画面在我脑海里留下了难以磨灭的印象。在美国入侵伊拉克的战争中，我从电视里观看到美军导弹轰炸伊拉克的场面。空袭开始之后，巴格达上空乌云滚滚，硝烟弥漫，炮火惊起了一群飞鸟，它们在战云翻滚的天空中惊惧地鸣叫着。这是什么？我想，这就是战争文学。战争文学是什么？战争文学就是这群飞鸟，就是这群飞鸟的叫声。它既不是入侵伊拉克的美国军队，也不是伊拉克的萨达姆政权，也不是拉登的人体炸弹，而是这群鸣叫的飞鸟，是这群飞鸟所叫出的人性的声音。这种人性的声音既不属于美国，也不属于萨达姆政权，而应当属于人类。我认为，战争是建立在民族与民族、党派与党派、政治集团与政治集团之间的矛盾和仇恨之上的，但战争文学却不应当是上述矛盾的产物。战争文学产生于战争，由战争激发而来。战争文学里面有着战争的回忆，但并不是战争的本身；战争文学是由仇恨造成的，但它本身却不应当是仇恨；战争文学是由分歧、矛盾，由人与人之间的相

[①] 本文系作者为2005年8月24日至26日在北京召开的"东亚现代文学中的战争与历史记忆"国际学术研讨会撰写的会议论文。

互残杀、民族与民族之间的相互践踏所诱发和引起的，但它本身绝不应该是所有的这一切，而应当是这一切所激发出来的人类向美、向善、向和平、向世界大同的那样一种感觉的升华。战争文学离不开战争，但战争文学不能仅仅是对战争历史的摹写，它更应当是作家从战争记忆中做出的一种人性的反思，这种反思是对战争整体的反思，而不是对战争中的任何一方或某个历史事件的是与非的反思。战争本身是人类的一种灾难，无论对于失败一方还是胜利一方，战争带给他们的都是灾难。

20世纪是一个多灾多难的世纪，整体上可以说是一个战争不断的百年。中国也经历了一个世纪的战争，从军阀混战到北伐战争，从抗日战争到国内战争，加上后来的抗美援朝战争。但是，经过如此长时间绵延不绝的战争，却没有使中国出现伟大的战争文学。无论现代文学中的战争文学，还是当代创作的战争文学，都没有达到真正人性高度，这些战争文学的作家和作品都没有进入一流文学的行列，最多达到了二三流创作的水平。也就是说，中国人和中国作家尽管经历了那样多的战争，却没有创作出中国现当代战争文学的佳作，没有创造出与我们所进行的现实的战争相吻合、相匹配的战争文学。要探究其中的根本原因，我以为应当从中国人的战争观上来反思。中国人从春秋战国时期就开始累积自己的战争记忆，此后，各诸侯国之间的战争、同一个民族之间的战争、不同民族之间的战争此起彼伏，连绵不断。通过这些战争，中国人对战争逐渐产生了大致相同的价值标准。这一标准的核心内容是单方面地看重战争的性质，而不对战争本身进行诘问，即绝对化地看待战争的正义性与战争的非正义性，并由此形成了简单的线性思维：正义战争会胜利，非正义战争会失败，正义战争必然要战胜非正义战争。这种简单化思维模式很容易得出这样的结论：正义战争胜利了，就会带来历史的进步和社会的发展。这种价值观和思维模式实际上把战争变成了非常宝贵的东西，就好比两个人打了一架，好人打败了坏人，打架本身就变成了好事情。这实际上掩盖了互相争斗本身给人类所带来的灾难。在中国人的战争观中，还存在着另一方面的缺陷，即对普通人生命的忽略和轻视。在中国古代的战争中，决定战争胜负的往往是领袖人物，是军队的将领或者某些英雄人物，这些大人物因而受到格外的推崇和尊重。而那

战争记忆与战争文学

些在战争中献出了个人生命的广大的士兵却显得无足轻重,这些普通人的作用不被历史学家和文学家们所注意,他们不仅在文学作品中难以占据显要的位置,在实际生活中,他们的现实存在和生命个体也几乎被忽略不计。这样一大群活蹦乱跳的人,一个个生灵,为了国家和君王,在一次次的战争中,年纪轻轻的,便死去了,消失了,默默无闻地、悄无声息地离开了这个世界。与那些领袖、将军和英雄身上所环绕的各种各样的光环相比,这些普通士兵和众多的百姓显得微不足道。这表明,在我们民族的战争观中,还缺乏起码的生命意识和人性意识。

在中国人的战争观中,不仅生命意识严重匮乏,与上述中国人战争价值观相连的还有灾难意识的薄弱。抗战时期,我刚刚记事,记得有一次为了躲避日军的"扫荡",和家人一起趴在庄稼地里藏了一天一夜,地上的蚂蚁爬了一身。这些经历在我幼小的心灵里留下了深深的印迹,使我初步体验到了战争的痛苦和灾难。在抗日战争已经结束了这么多年后的今天,假如我们仅仅因为自己最后取得了战争的胜利,就感到一种由衷的喜悦,而不去反思战争,反思人类的灾难,不去追忆由于战争,中国死了多少人,日本死了多少人,一个民族给另一个民族带来多少创伤,而只是在大量的生命毁灭、人类痛苦面前仅仅留下一种庆祝和喜悦的情绪,实际上等于肯定了战争。战争本身是人类的一种灾难,中国人的战争观中由于忽略了这一点,因而造成了抗战胜利之后的文学创作中,仅仅留下了对胜利的歌颂,对英雄人物的称赞。我们从中感觉不到这场战争对整个人类,其中包括对中国人民所带来的巨大灾难,从中看不到这场战争对人们心理的巨大伤害,即没有从人性的角度发掘战争所造成的人与人之间的冷酷和仇恨、民族之间的敌视,等等。这种文学灌输到人们的意识中去,必然会促使我们对侵略的民族产生怨恨。而那些真正从人类意识出发的战争文学,应当是在取得战争胜利之后,致力于两个民族的同时觉醒,争取今后不再发生战争。即使在当前的现实社会里,中日两国还存在着一些矛盾,但文学的力量和文学家的职责要求我们,在描写这场战争的时候,不应当让战争所造成的破坏性影响无尽无休地持续下去。这就需要有一种人类意识,当我们真正地感觉到这种意识重要的时候,就不应当再制造民族与民族之间的仇恨。我们要憎恨侵略，但不应憎恨曾经侵略过别的国家的那个民族；我们应当憎恨战争，但不应当憎恨曾经在战争中表现出了英勇精神的那些战士。目前，这种人类意识还没有被整个人类所普遍接受，还没有在世界各国之间形成共识，这正是摆在文学家和文学研究者面前的严峻问题。呼吁世界的和解与和平，宣传关注人类未来前途的人类意识，已经成为文学工作者必须承担的历史责任。如果文学家不承担这样的责任，其他任何人都不会承担它。政治家有政治家及其所属政治集团的利益，不同社会的人有其不同的思想倾向，如果文学家不通过文学作品来进行人性的观照和表现，而是在自己的创作中自觉不自觉地增加着民族和人类之间的敌视与怨恨，用反战的形式渲染战争，这样的战争文学是没有价值的。

这次国际研讨会谈到东北亚意识，但我认为，要建立东北亚意识，首先要建立人类意识。因为在整个人类世界里，印痕最深、时间最长的战争记忆，民族之间所留下的仇恨的记忆、痛苦的记忆，恰恰是在东亚这几个民族之间最严重。假如仅仅记得这些，东亚之间的和解、世界的和平是不可能实现的。对台湾的关系也是这样。中国大陆和台湾之间曾经存在着太多的分裂记忆、惨痛的记忆、两党政治斗争的记忆、你死我活残酷拼杀的记忆，假如我们仅仅停留在这样的记忆里，两岸同胞之间的和解也是根本不可能的。如果从人类意识出发，通过文学，尤其是最敏感的战争文学，来共同反思战争给我们的民族带来的灾难、共同的灾难，具备了这种创作意识的作家即使没有创作出伟大的作品，但他通过自己的文学努力，关注和关心整个人类的命运，用纯真的爱心来消除战争的根源，这样的文学家是值得我们敬重的。真正的战争文学应当具备这样的创作意识，这是文学家们的天职。

如果从人类意识来考察世界各国的战争文学，你会发现有许多足以引起人们思考的成功的作品。即使在苏联的社会主义文学中，也有许多值得珍视的好作品，如《毁灭》《静静的顿河》《日日夜夜》《这里的黎明静悄悄》等等。读了这些作品之后会让人感到精神上的震撼，作品中所展示的战争生活、许许多多富有个性的人物、各种人物命运的变化等等，能够引起我们深深的感动和反思，它让你思考战争，思考战争对人的影响，让你深刻体验到战争的巨大影响力，让你加深对世界的认

战争记忆与战争文学

知，对人生的感受，对人类命运的思考。阅读这样的战争文学作品，能够促使你去思考战争中的人性，感受到在经历了生死之劫的战争之后，人是怎样改变了他们的思想观念，怎样转变了他们对世界的看法。总之，如此规模的世界性战争对人、对人类的触动的确是无可估量的，但它们却没有赞扬战争本身，没有肯定民族与民族间的仇恨和杀戮。

在西方文学中，很早便出现了许多伟大的战争文学巨著，如《荷马史诗》《奥德赛》等。西方有两类战争文学。第一类是表彰人的勇敢，即对战争中的将领或士兵所表现出来的过人的英勇与顽强的战斗意志给予充分的肯定和赞扬。在这类作品中文学家一般不对斗争的双方做绝对善恶的区分和价值判断，无论战争如何惨烈，无论是对胜利者还是失败者，只要表现出了坚强的意志力和超人的能力，敌对的双方都会向对方表示敬意，文学家也对他们给予同样的赞美和称颂。另一类战争文学则是近现代尤其是反映两次世界大战的作品，这类战争文学具有明显的民族立场，文学家也站在自己国家的一边来描写笔下的战争。在《战争与和平》中，托尔斯泰是站在俄罗斯民族的立场上，从俄国的视角来描写那场俄法战争的。他在作品中高度赞扬伟大的俄罗斯民族，充分肯定了俄国人民的爱国精神，但即使在这样具有鲜明民族立场的战争文学作品中，托尔斯泰也没有贬低法兰西民族，没有把整体的法国人当作敌人。当你读了这些伟大的作品，绝不会去憎恨别的民族。这些作家将自己的民族立场与世界的和人类的立场结合在了一起，不去亵渎和诬蔑其他民族，也没有使其他民族感到歧视和压抑。在阅读其他西方战争文学作品，如莫泊桑的《羊脂球》，都德的《最后一课》《柏林之围》的时候，你同样会感到心灵的震撼。这些作品普遍地具有一种平民意识，对战争中小人物的关注和肯定超过了对大人物的描写与肯定。更重要的是，这些作品不是把人当作战斗的机器，当作战争的奴隶，而是从多重角度展示人性的各个方面，表现人类善与恶的转化。在这些作品中你得不出哪个民族优于哪个民族的印象，而是清晰地感受到人性，感受到人类的本性和共性的东西。

对比西方反映"二战"的伟大而辉煌的文学作品，我们的战争文学就显得比较局促和狭隘了。谈论这些并不是贬低中国或东北亚的文学家们，而是希望通过西方的战争文学来反思我们的文学，并通过我们的文学来反思我们自身。一个民族的文学观反映了这个民族的价值观，反映了这个民族对世界和人类的认识高度。在西方的战争文学中，那些伟大的作品叫我们憎恨的不是另外一个民族，不是另外一个民族的人，而是人类的苦难，是导致人类互相残杀的根源。这些作品肯定了人的意志，肯定了人类战胜困难的力量，肯定了人性中那些美的东西、善的东西，叫我们认识到人类还有许多灾难，还有许多痛苦；叫我们真正意识到人应当怎样活着，不应当怎样活着，民族与民族之间应当构成怎样的一种关系，不应当构成怎样的一种关系。通过这些文学作品使我们体会到人类如何消灭战争，走向永久的和平。

战争本身与战争文学有着明显的区别，从事战争文学创作需要战争的亲身感受和体验，但作家怎样感受战争，怎样描写战争，却有着很大的不同。战争曾经带来了民族之间与国家之间的矛盾和仇怨，然而真正具有人类意识和终极关怀的作家，对于这些矛盾和仇怨，不应当使其继续积累、增加和传递下去，而应当以一个作家的良知和责任感，在战争文学创作中努力增强民族与民族间的相互理解和同情，努力弥合人与人之间、民族与民族之间、国家与国家之间的沟壑和创伤。通过文学作品传达出美好的人性，从而引导人类走向和平与和解。

原载《河北学刊》2005年第5期

延安文学有重新加以研究的必要

任何一种文学现象都是在其所处的民族文学的时空结构中获得其特定的价值和意义的，延安文学在中国文学史上就是这样一种文学现象。延安文学的存在，不仅关系于自身，而且关系到整个中国现当代文学史乃至整个中国现当代文化史。它与20世纪30年代左翼无产阶级文学运动既是两个性质不完全相同的独立文学运动，彼此之间又有着割不断的历史联系。没有30年代左翼作家的加入，延安文学是不可能产生如此强大的影响的。尽管30年代左翼作家到了延安地区之后经历了各不相同的人生道路和文学道路，但我认为，延安文学的最坚实的内核仍然是由这些左翼作家带到延安文学之中去的。在40年代的中国文学中，延安文学与国统区、沦陷区的文学，既有相互对照、对比的作用，也有互补共存的性质。相对于国统区文学，延安文学可能少一些独立性的品格，作家的个性特征也不如国统区文学鲜明，但从文学题材和文学语言的角度，延安文学又是为国统区文学所无法完全替代的。从总体而言，沦陷区文学与现实的民族战争有着更加遥远的距离，而延安文学不论其成就还是不足，都与那个时代的革命战争和民族战争联系在了一起。在1949年之前，延安文学在整个中国文学中是一种非主流文化、非国家文化；1949年之后直至"文化大革命"结束，作为一种文艺形态它已经成为主流文化和国家文化。其中的利弊功过尽管可以有各种不同的评价，但这个事实的本身也说明，延安文学在中国近现代文艺史上的作用是不可低估的。"文化大革命"结束之后，延安文学的研究一度萧条，作为一个文学研究领域的盛衰变化的过程是可以理解的，但对30年代左翼文学和延安文学研究的忽视，也给中国现当代文学的研究带来了某些不均衡的现象，在文学观念上也有忽视文学的社会性、革命性，片面强调文学的娱乐性、消费性的偏差。所以，延安文学有重新加以研究的必要。

一

重新重视延安文学研究，不是重新肯定"文革"前十七年的研究模式，不是重新将延安文学凌驾在五四文学革命、20年代文学、30年代左翼文学、30年代非左翼文学、40年代国统区和沦陷区文学之上，将其作为中国现代文学发展的终极形态，而是应该充分注意到"文化大革命"结束后中国现代文学研究的新的进展，并在一个更高的视点上对其进行重新的感受和思考。文学艺术，归根到底是人类以及一个民族内部不同阶级、不同阶层、不同集团和不同人之间实现情感和情绪交流的一种重要的文体形式。所谓交流，就是彼此有差异、有不同而互补，彼此完全相同就没有交流了。要交流，自然彼此就都要进行表达，并且要做出具有一定深度的表达。文学艺术的标准，从来不是完全统一的，从来不是只有一种倾向、一种题材、一种创作方法。甚至一部文学作品的价值，也只能在与各种不同倾向、各种不同题材、各种不同创作方法的作品的关系中得到相对确定的感受和认识。"文化大革命"之前的中国现代文学研究，只将延安文学的标准当作评价中国现代文学作品的标准，这就极大地提高了延安文学的价值和意义，也极大地降低了其他各种不同形态的文学艺术作品的价值和意义。用句时髦的话来说，就是用延安文学的价值遮蔽了其他各种不同形态的现代文学作品的价值和意义。"文化大革命"结束之后的思想解放运动，在具体的表现形式上就是从延安文学的单一的价值标准的束缚中解放出来，重新将那时被遮蔽的文学作家的文学作品发露出来，并以他们自身的思想追求和艺术追求为标准感受和评价他们的文学作品的价值和意义。我们很难想象，假若没有这样一个思想解放的运动，像徐志摩、戴望舒、沈从文、新感觉派、张爱玲、

延安文学有重新加以研究的必要

七月派、九叶诗派、周作人、胡风、朱光潜等等，会得到重新的认识和评价。甚至鲁迅，也无法在一个更高、更普遍的意义上得到重新的阐释和研究。但与此同时，我们在重新感受和评价上述文学作家的文学作品的时候，也是在有意与无意地消解、淡化乃至颠覆延安文学的价值和意义的基础上进行的，从而将延安文学遮蔽起来，好像它的存在只剩下了负面的意义，而不再有任何正面的价值。这就等于将它逐出了中国现代文学史的整体架构，从而在另外一个方向上破坏了中国现代文学架构的完整性。这不仅影响了对延安文学的研究，同时也影响到对其他各种不同文学作品的感受和认识。

实际上，在中国现代文学史上，延安文学是一种独立形态的文学，因而也有其独立的研究价值和意义。从严格的意义上说，只有延安文学，才是中国现代民族战争和革命战争的文学。包括左翼文学和1940年代国统区文学在内的所有其他类型的文学，都不足以称之为民族战争和革命战争的文学，其中的绝大多数都没有被严密地组织进民族战争和革命战争结构的内部，成为这个结构不可分割的有机组成部分；而延安作家则是被严密地组织进了这个整体结构的，是在这个结构内部生成与发展的。我们常常感到延安文学缺少他种文艺形态所具有的那种独立性和自由性，但这种比较只是平面的比较。延安文学是受到当时民族战争和革命战争现实条件束缚最严重的文艺形态，甚至当时政治的束缚也只是民族战争、革命战争现实条件束缚的一种转化形态。在一个随时都有可能被敌人的军事力量消灭的生存环境中，文学艺术的创作是不能有更广大的思想空间和艺术空间的。换言之，它作为更多地承担了近现代中华民族物质苦难和文化苦难的文艺，它之无法得到更为充分、更为自由的发展几乎是必然的。这与1949年之后的情况完全不同。1949年之后文艺政策上的失误，不是由于延安文艺的失误，而是由于在现实环境已经发生了根本变化的条件下仍然泥守着民族战争、革命战争条件下的文艺标准。但只要我们将延安文学放在与太平天国革命战争时期的文学、晚清旧民主主义革命时期的文学的比较中，我们就会看到，延安文学作为一种民族战争和革命战争的文学，还是比较充分地体现了中国近现代文化和文学的发展的。不论在其规模还是在其质量上，延安文学相对于太平天国革命战争期间的文学和晚清旧民主主义革命战争期间的文学,都有了长足的进步、长足的发展。正是因为它是一种特殊形态的文学,所以,我们必须找到接近它、感受它和认识它的特殊的角度和方式,必须对之进行认真的研究,只有这样,我们才能将其蕴含的特殊价值和意义充分发掘出来,以丰富我们对中国现代文学的感受和认识,提高发展当代中国民族文学的自觉性和独立性。但这并不意味着重新回到"文革"前十七年的研究模式之中,重新用延安文学横扫中国现代文学。它是中国现代文学的参与者,我们尊重的是它的参与价值。

二

中国现代文化既是一种由传统向现代转化的文化,也是一种将高雅的、严肃的文化向广大社会群众普及的文化。中国现代文学也是这样。但是,这两者是有尖锐的矛盾的。传统之所以是传统,就是因为它是已经扎根于最广大社会群众的深层文化心理之中的一种文化。中国文化之向现代的每一个微小的转变,都会在最广大的社会群众的深层文化心理上产生巨大的震荡,也会受到传统文化心理的有形与无形的剧烈反抗。直至现在,这个矛盾还是我们所无力解决的。在这里,产生了相互冲突的两个不同的原则:其一是发展的原则、革命的原则,其二是人的原则、人的幸福追求的原则。而在社会关系中,则具体表现为个人的原则和社会的原则。革命性的转变从来不首先发生在最广大社会群众的集体性转变上,而是发生在少数个人(在中国现代社会,往往是知识分子个人)的身上,而这种转变总是首先受到广大社会群众深层文化心理的拒绝和反抗。广大社会群众要适应一种新的原则,总是需要一个漫长的历史时期。我认为,延安文学所遇到的恰恰是这样一个矛盾。但民族战争和革命战争的紧迫性,恰恰不允许广大社会群众有这样一个漫长的适应过程。战争是一种破坏性的力量,但现代的民族战争、革命战争所需要的恰恰是革命者对现代世界、现代社会的熟悉和了解,对现代战争和现代科技的掌握和运用。战争所需要的现代性转变,实际上较之和平时期的日常生活更多,也更真实。在日常生活中,人们在传统和现代之间有

延安文学有重新加以研究的必要

更大的自由回旋的空间，但在你死我活的战争中，则不容许人有这么大的自由。我们看到，中国的现代化更多的是在民族危机的感受中被挤压出来的，而在和平条件下的日常生活中，即使是对现代化的提倡，也带有很大的虚假性。延安文学作为一种民族战争、革命战争的文艺形态，实际已经深深地陷入这种在当时历史条件下根本无法克服的矛盾之中。在文学作品中，它则具体表现为广大社会群众的传统文化心理与作家所主观追求的先进性、革命性的矛盾。作家假若片面追求自己作品的先进性和革命性，势必离开普通社会群众的传统文化心理，从而使普通社会群众文化心理的革命性转变的描写带有虚假性或虚浮性，使自己的艺术描写缺少震撼人心的巨大力量，其作品的先进性和革命性像是贴在作品上的标签；而假若作家更注重社会群众文化心理的真实描绘，那么，其作品的先进性和革命性就要受到严重的影响。我们看到，即使延安文学中那些比较优秀的作品，都无法成功地弥合两者之间的矛盾。丁玲的《太阳照在桑干河上》、周立波的《暴风骤雨》，都力图将土地革命这种外部的社会历史变动过程同广大农民群众革命觉悟的提高过程有机地结合起来，实际上，这两个过程在当时的历史条件下并不是完全统一的。这样一个革命更是依靠革命政权的外部力量予以实现的，没有这样一个外部力量的参与，仅仅依靠农民自身的觉悟，是无法实现这样一个社会历史的变动的。与其说广大农民是在革命觉悟提高的过程中接受并参与了这个革命的过程，不如说更是在顺从权力意志的传统文化心理的基础上接受并参与了这样一个革命的过程。当时的所谓"发动群众"，充其量只是让广大农民群众相信政权的力量能够压制地主阶级的反抗，能够保证他们对所获得的现实物质利益的永久拥有权。在整体上，这两部文学作品都属于宏大的革命叙事，但其革命性却不是从具体的艺术描写中非常自然地流露出来的，它们都有些"生"，有些"硬"。赵树理、孙犁的小说在艺术描写上更显得亲切、朴素，但在艺术风格上却不具有反抗性和革命性。但是，即使这种矛盾，也是延安文学向中国现当代文学提出的一个尖锐的文学课题——如何将文学的先进性、革命性同广大社会群众人性的美化及精神的发展更加有机地结合起来，从而创作出具有时代历史高度的真正伟大的文学作品。在"文化大革命"前，就将延安文学视为这样的作品，显然是不符合历史的实际的；"文化大革命"结束之后，将那些不具有任何革命性、不具有真正社会历史高度的文学创作视为中国现当代文学的典范，实际上也等于将文学艺术降低到了单纯娱乐品、消费品的地位，助长了当代文学平庸化、低俗化的发展倾向。在这个意义上，重提延安文学所主张的革命性与艺术性相统一的标准，我认为还是极为必要的。

在延安文学研究中，是绕不开毛泽东《在延安文艺座谈会上的讲话》（以下简称《讲话》）的。在"文化大革命"之前，我们将《讲话》奉为中国现当代文学艺术的圭臬，而在"文化大革命"之后，我们似乎又将中国当代文学史上发生的所有灾难、所有过错都推到了《讲话》身上。我认为，这都不是研究的态度。所谓研究，实际上是一种有距离的观照。在这种有距离的观照中，研究的对象首先是一种"存在"，而只要是一种存在，它就一定有其存在的价值和意义。在这时，关键不在于它有没有自身存在的价值和意义，而在于我们如何理解和阐释它的存在价值和意义。一个根本不具有其存在价值和意义的事物是不可能呈现在我们的眼前的，但它同时又是一个个体、一个特殊，而不是一切，不是一般，所以，任何一个事物都不可能包容一切，涵盖一切。在有距离的观照中，山就是山，水就是水，太阳再亮也只是太阳，而无法代替世界上的万事万物，更不能代替观照者本人的存在，不能代替"自我"。我认为，只要以这样一种有距离观照的研究态度看待《讲话》，我们首先应当意识到它所体现的是当时一个革命家、政治家从他所领导的政治革命的利益的角度对他所领导下的文学艺术家提出的要求，而不是当时的文学家、艺术家从自身文学创作的角度对社会环境、政治环境、文化环境提出的基本要求。这两个角度并不是完全重合的。假若我们从一个革命家、政治家的角度看待《讲话》，就会发现，它还是比较充分地体现了革命家、政治家对当时文学艺术的期待和要求的。可以说，从中国历史存在以来，还没有任何一个政治家、革命家能够如此鲜明地站在自我政治利益和革命利益的立场上将对文学艺术的理解和要求表达出来。但是，文学艺术并不仅仅是服务于政治家和革命家的，而更多的是面对读者，面对整个人类、整个人类社会和人类历史的，是直接作用于广大读者的

延安文学有重新加以研究的必要

内在精神需求的。越是伟大的文学家、艺术家，越不仅仅停留在政治实践的现实需要上，而是更关注人的内在精神需求。在这里，就有一个当下的政治实践和长远的精神发展的差异和矛盾的问题。"文化大革命"前，将《讲话》提高到文学艺术圭臬的高度，所忽略的恰恰就是文学艺术的这种独立性、文学家与艺术家的内在精神追求，而离开了这一切，文学艺术作品就只能跟在政治实践后面对政治实践做程序性的过程描摹，也就失去了文学家、艺术家独立创造的更广大的空间。但这并不意味着一个政治家、革命家就不能表达自己对文学艺术的理解和要求，也并不意味着文学家、艺术家就不必承担来自社会不同领域的社会压力和思想压力。只要回顾一下人类文学艺术的发展历史，我们就会看到，没有任何一个伟大的文学家、艺术家是躺在现实荣誉的温床上进行创作的。革命家、政治家要有所承担，文学家、艺术家也要有所承担。正是这种承担意识，才能赋予文学艺术以思想的厚度和艺术的厚度。所谓承担，就是有困难，有危险，需要承担。而要承担困难和危险，就不能太直露，就必须探索能够将自己的思想感受暗示给读者的艺术途径和方式，就必须选择适于自己的文体形式，或者独创仅仅属于自己的新的文体形式。而能够支撑自己的承担意识、支撑自己面对困难和危险，则是一个真正的文学家、艺术家所不能没有的精神追求和艺术追求。只想成名成家，只想享受文学家、艺术家的荣誉和利益而不想承担任何困难和危险，是不可能创造出真正伟大的文学艺术作品的。我认为，只要意识到这一点，我们就会感到，"文革"前十七年的文学悲剧是不能仅仅推给毛泽东和他的《讲话》的。我们对《讲话》也需要进行重新的感受和认识。历史是复杂的，人生是复杂的，文学也是复杂的。正因为复杂，才需要研究。任何想把历史捋直的企图都是不能解决问题的。

原载《学术月刊》2006年第2期

解放区长篇叙事诗的繁荣

人称我国是个"诗国",诗歌创作在我国特别繁荣兴旺,但这是指抒情诗和短篇叙事诗而言,至于长篇叙事诗,在我国古代文学史上,则不但没有较之西方更为突出的文学成就,而且显得格外萎黄,像《孔雀东南飞》和白居易的《长恨歌》一类的叙事诗已经属于凤毛麟角,更莫提像荷马史诗那样的长篇巨制了。五四新文学革命发生之后,由于诗体的解放,开始出现了一些叙事长诗,但总体来说,它仍然不具有多么显著的地位。简直可以说,长篇叙事诗作为一种重要的文学样式出现在中国的文坛上,是从40年代的解放区文艺开始的,并且它在这一时期的空前繁荣的发展,它的文学地位在这一时期的空前提高,在迄今为止的中国文学史上,都是绝无仅有的。从1946年到1949年全国解放的短短三年中间,就出现了李季的《王贵与李香香》、阮章竞的《漳河水》、田间的《赶车传》、李冰的《赵巧儿》、张志民的《王九诉苦》和《死不着》等许多长篇叙事诗,真可谓如雨后春笋,纷纷破土而出。

为什么长篇叙事诗独能在这时得到空前繁荣的发展呢?其原因可能是多方面的,但我认为,解放区诗人的强烈的叙事要求与向民间文艺形式学习二者的相结合,是解放区长篇叙事诗产生并得到繁荣发展的最根本的原因。

在解放区,革命文艺工作者的抒情性作品仍有一定的繁荣,但由于反映工农兵生活的需要,叙事性作品的地位大大提高了,工、农、兵的

解放区长篇叙事诗的繁荣

觉悟和成长的过程,他们正进行的各种斗争,解放区人民精神面貌的前后变化,他们从黑暗走向光明的生活经历,都需要用叙事性的作品予以表现。这种强烈的叙事要求,不但反映在小说作家和戏剧作家身上,也必然反映在解放区诗人的身上。但若仅仅有这种强烈的叙事要求,仍然不可能带来叙事长诗的繁荣,因为在当时的特定历史条件下,由于诗人们面向广大工农兵群众进行创作,五四时期的新诗形式的长篇叙事诗是不可能得到重视的,它们不可能在当时的工农兵群众中发生广泛的影响。所以,强烈的叙事要求若不能获得能够被广大工农兵所普遍接受的诗歌形式,这种要求便无以付诸实现,叙事的内容便没有相应的文艺形式予以负载。我们看到,在长篇叙事诗繁荣局面出现之前,已经有一些诗人以新诗形式写过一些叙事诗,但多是较短的叙事诗,没有直接造成大量的长篇叙事诗。

毛泽东同志的《在延安文艺座谈会上的讲话》(以下简称《讲话》)发表之后,解放区的诗人开始注重向民间诗歌形式学习,搜集、整理、研究、学习民间歌谣蔚成风气,他们也用这类形式写了不少具有革命内容的诗歌。但当时的民间歌谣,还多是一些短篇的诗歌、谣曲,不是长篇叙事诗的形式,所以在这样的民间文艺形式没有和强烈的叙事要求联结在一起的时候,解放区诗人的这类作品还多是一些短诗。也就是说,如若民间诗歌形式不和强烈的叙事要求相结合,这种形式自身也不足以带来解放区长篇叙事诗的繁荣。

上述二者的结合,是经历了一定的过程的。应该说,强烈的叙事要求早已萌动在解放区诗人的创作里,1942年毛泽东同志的《讲话》发表后,解放区诗人也已经开始向民间歌谣学习,但在一个较长的时间里,二者还是相对独立发展的,所以在此期间,解放区长篇叙事诗的创作还没有出现高潮。在这里,李季的《王贵与李香香》可以说是起到了开山作用。它第一次成功地将反映人民觉悟、斗争过程的叙事内容与短小的民间文艺形式结合起来,用原来多是两句一首的"信天游"的形式连缀成章,表现具有巨大时间跨度的叙事内容。此后的长篇叙事诗虽有不同,但作为此二者的结合形式,则是大同小异的。阮章竞在谈到他的《漳河水》时说:"这篇东西是由当地许多民间歌谣凑成的。"(《漳河水》

小序）而他之所以要"凑成"一个独立的长篇叙事诗，则出于表现史诗性巨大历史内容的需要：

> 太行山的妇女，过去在封建传统习俗的野蛮压迫下，受到了重重的灾难。但随着抗日战争、减租减息，解放战争、土地改革，这两个时期的伟大斗争，她们获得了自由，认识了自己的力量。十多年来，她们忍受着难以设想的重负，支持人民解放事业，并且不断地和封建传统习俗作斗争。在党的领导下，积极参加生产，获得妇女彻底的解放自由。她们的丰功伟业，在祖国解放的史诗中，占着光荣的一页。

（《漳河水》小序）

这样巨大的历史内容，这样史诗式的叙事性题材，是不可能容纳在一首短小的民间歌谣之中的，如果说李季的《王贵与李香香》是用同种民间诗歌形式的"信天游"的连缀成章才满足了内容上的叙事需要，阮章竞的《漳河水》则是通过多种民谣形式的杂糅实现同种目的的。这种结合要有一个过程，所以《讲话》之后立即掀起了秧歌剧运动，新型歌剧和新编历史剧很快走向了繁荣，《白毛女》《逼上梁山》《三打祝家庄》等大型的优秀剧目都出现在李季的《王贵与李香香》之前。作为解放区小说作家的代表者的赵树理，也早在1943年便写出了他的代表作《小二黑结婚》《李有才板话》，1945年又写成了他的长篇小说《李家庄的变迁》。因为这些形式，就其自身而言，便是适用于长篇叙事题材的表现的，一旦有了新的内容，很快便会走向繁荣发展的道路。而由民间歌谣表现现实的巨大的历史内容和具有较大时间跨度的叙事题材，则需有一个转化过程和摸索过程。因此，解放区叙事长诗的繁荣是在稍后的几年。

我认为，明确了解放区叙事长诗繁荣的这个基本原因，对于掌握它们的思想艺术特征也是有好处的。

首先，解放区的长篇叙事诗赋予了中国诗歌以更丰富的历史内容和更细致的历史变迁过程的描绘。在中国古代文学史上，历史变迁的过程主要反映在小说、戏剧，特别是长篇历史题材的小说里，诗歌之反映时

解放区长篇叙事诗的繁荣

代面貌，主要通过时代感情情绪的表现和特定事件、特定人物的刻画（如杜甫的"三吏""三别"，白居易的《卖炭翁》等），对于历史发展的过程，表现是不够充分的。而解放区的长篇叙事诗，则把解放区人民的翻身史、解放史、精神发展史和各种斗争历程作为自己的主要表现内容，从而为诗歌表现的内容开拓了更大的空间。

第二，解放区长篇叙事诗为用诗歌的形式塑造更多、更好的典型人物形象开辟了新的道路。在中国古代诗歌中，也塑造了一些优美动人的人物形象，如罗敷（《陌上桑》）、兰芝（《孔雀东南飞》）、木兰（《木兰辞》）、杨玉环（《长恨歌》）等等，但这些人物形象，严格说来，还不足以称之为人物典型，因为他们还不具有更深厚的社会历史内容。真正自觉地用诗歌的形式塑造具有广阔社会内容和普遍典型意义的人物形象，实在说来，还应推解放区长篇叙事诗的创作。在这方面，我认为阮章竞的《漳河水》表现得更为突出。它塑造了三个不同个性的妇女形象，表现了中国妇女在封建婚姻制度下的三种不同的苦难命运，从而也反映了中国妇女走上自由解放之路的三种不同的途径。我们不能说解放区的长篇叙事诗在塑造典型人物方面取得了多么辉煌的成就，但至少可以说，塑造具有深厚社会历史内容的典型人物形象，确实成了解放区长篇叙事诗作者自觉的、着力追求的艺术目标。

第三，在艺术上，解放区长篇叙事诗除保持了民间歌谣固有的清新、优美、形象鲜明、节奏流畅等特征之外，还在表现深刻的历史变动和艰苦的斗争历程的过程中，具有了一定程度的遒劲有力的特征。李季的《王贵与李香香》，在运用"信天游"的比兴手法，造成清新、明快的风格特征上，取得了最突出的成就。如常为人称道的下列两节，就写得像民歌那样轻盈、美丽：

> 山丹丹开花红姣姣，
> 香香人材长得好。
>
> 一对大眼水汪汪，
> 就像那露水珠在草上淌。

但《王贵与李香香》中也不仅仅有这种清新的格调，还有时给人一种急促有力的感觉。

　　一阵阵黄风一阵阵沙，
　　香香看着心上如刀扎。

　　一阵阵打颤一阵阵麻，
　　打王贵就像打着了她！

这种急促的节奏很好地表现了李香香当时急骤颤动着的心灵和紧张敏锐、疼痛如刀剜的心情。虽然用的还是"信天游"的形式，但与民间原有的"信天游"的格调却有了某些不同。

阮章竞的《漳河水》运用多种民间歌谣形式，适应着情节发展过程中各种不同的需要，所以较之李季的《王贵与李香香》更富有变化。

　　漳河水，九十九道湾，
　　层层树，重重山，
　　层层绿树重重雾，
　　重重高山云断路。

这不但具有民歌风味，同时还更接近中国古代的词、曲。而结尾时的四句则又是另一种风味：

　　万年的古牢冲坍了！
　　万年的铁笼砸碎了！
　　自由天飞自由鸟，
　　解放了的漳河永欢笑。

这里的情调像民歌，但也像新诗，它带有自由体新诗的开阔感、力

解放区长篇叙事诗的繁荣

度感。

田间的《赶车传》在解放区长篇叙事诗中是比较特殊的一部，它在通俗化、口语化的过程中没有走向民歌的轻松、流畅、优美，而保留了部分奇僻拗口的感觉。

> 哪像是在赶车？
> 赶的是大难大仇！
> 哪像是在赶车？
> 赶的是一条命！
> 哪像是在赶车？
> 赶的是一堆火！

我们不能说田间《赶车传》的这种艺术追求是完全成功的，但较之李季的《王贵与李香香》那种优美、轻快的民歌风味，又确实能给人一种苦难生活的沉重感，历史发展的沉实感和农民心灵的执拗、强韧感。

像任何一个历史上的文学现象一样，解放区的长篇叙事诗创作也是有弱点的，除了它们带有解放区一般叙事性作品普遍具有的一些弱点（如人物塑造的单面化、情节发展的定型化、矛盾斗争的简单化等等）之外，除诗歌创作中一般的技巧上的毛病外，我认为，最重要的一点也在于还没有把民间歌谣形式与所应反映的强劲、浑融、阔大、深沉的历史变动更加有机地结合起来。作为当时长篇叙事诗作者所要反映的对象，原本是充满艰苦的历程，充满血与火的斗争，充满痛苦与喜悦的心灵挣扎，而作为大多数的诗体形式，带来的却更多的是轻松、愉快、和乐、静美的风格，因而作者们追求着革命史诗的内容，却没有带来应有的革命史诗的气度。它们没有茅盾小说的广阔的视野，没有鲁迅小说的深沉的思索，没有曹禺戏剧心灵撞击闪现出来的电火花，没有巴金小说中澎湃着的热情，没有丁玲的《太阳照在桑干河上》、周立波的《暴风骤雨》中的浑融的历史感。这不能不让人认为，中国民间的歌谣形式是不利于表现具有强大力度感的巨大历史变动的，尽管作者们为了适应内容的需要也对它们进行了一些必要的改造，但因它们固有的基调便与现代巨大历史变动的基调根本不同,所以二者要达到完全的适应是极困难的。

　　现代的生活,现代中国人民的情绪感受要求着现代的艺术形式,所以解放区叙事长诗一度繁荣之后,在新中国成立后的五六十年代虽也有余脉蜿蜒,但时至现在,这类长诗已不再多见。但抚今追昔,我们也不能不怀着欣悦的心情想起那段长篇叙事诗繁荣发展的短暂历史时期。

原载《自修大学》1986年第7期

解放区戏剧的主要特征

文学史，不是历史上所有文学事件和文学作品的杂乱堆积和无序直陈，而是在人们掌握了它的主要特征和展现规律之后对客观存在过的文学事件和文学作品的主观描述和有序转陈。因此，我们在学习文学史的时候，便不应仅仅知道在那个历史时期发生过哪些历史事件，出现过哪些文学作品，还应当了解这个时期的某个文学现象具有哪些与他种文学现象不同的特征。只有这样，我们才能更清晰地认识这个文学现象，更正确地分析与这个文学现象联系着的文学事件和文学作品。

本文试图根据自己的理解，谈一谈解放区戏剧的几个主要特征。

一、在中国现代文学史上，戏剧第一次成了一个历史时期的主要文学样式，并为其他文学样式的发展开辟着新的道路。

在五四时期，文学的革新首先表现为语言形式的革新，而在四种主要的文学样式中，诗歌起步最早，散文成就最大，小说迅速成熟并逐渐成为文学的主要文学样式，只有戏剧创作，起步既晚，成熟又迟，不论在质还是在量上都无法与其他三种文学样式并肩媲美。中国现代戏剧，真正的成熟是到了30年代的事情，但即使在那时，戏剧也远非整个文学的潮头，其成就也远不如小说创作。40年代的国统区和沦陷区，其情况与30年代没有本质的不同。只有在40年代的解放区，戏剧才真正成了整个文学的潮头。陆定一同志说："自从'文艺座谈会'以来，首先表现出成绩来的是戏剧。那年就有新式的秧歌出场了。《兄妹开荒》现在已经传遍全国。新的戏剧运动,范围非常广大,改良的平剧(京剧旧称——编者)出现了,《血泪仇》和《保卫和平》等秦腔戏出现了,新式的歌剧《白毛女》出现了。这方面的收获最快,最丰富。"①解放区戏剧的这种特殊地位,是与整个解放区文艺的对象密切相关的。那时文艺的接受者,主要是无文化或少文化的农民群众和农民出身的战士。不但散文主要借助文字进行传达,小说和诗歌要求的也主要是阅读对象而不是听众,只有戏剧,可以通过演出直接影响更广大的无文化或少文化的社会群众。所以戏剧成为这个时期整个文学的潮头并发挥着自己的重要社会作用,是势所必至的趋势。

二、在中国现代文学史上,只有解放区戏剧运动是一个以歌舞剧为中心的全面的戏剧运动。在五四时期,几乎只有话剧,才属于现代新文学的范畴,中国传统戏曲,主要还属于封建文化,并理所当然地被新文学作家视为革新的对象。少数新文学作家也曾对之进行改造利用的尝试,但收效甚微。中国民间的戏曲形式,也基本上没有进入五四新文化的范围。三十年代和四十年代国统区、沦陷区的戏剧,严格说来,与五四新文学的情况没有本质意义上的不同。只有解放区的戏剧运动,是一个包括民间歌舞剧、传统戏曲、话剧的一个全面的戏剧运动。在这个戏剧运动中,民间的秧歌剧是其源头,并且一直是这个戏剧运动的主潮。正像唐弢先生主编的《中国现代文学史》中所说:"延安和陕甘宁边区的新秧歌运动,开始得最早,成就和影响也最大,带动了整个解放区的群众性的戏剧活动。"继秧歌剧而起并且艺术成就最高的则是新型歌剧,以获得斯大林文学奖金的《白毛女》为代表的一大批新型歌剧,是这个戏剧运动中涌现的最有光彩的艺术成果。除秧歌剧和新型歌剧之外,传统戏曲的推陈出新也是一个引人注目的戏剧文学现象。其中主要有京剧和秦腔的改革利用,京剧是具有全国性影响的传统戏曲形式,是传统戏曲的最主要的艺术形式,而秦腔则是陕北革命根据地最主要的地方戏曲。以这些传统戏曲形式表现新的内容,构成了解放区戏剧运动的一个重要组成部分。以上三种,都是歌舞剧的形式,所以说解放区戏剧运动

---

① 陆定一:《读了一首诗》,《解放日报》1946年9月28日。

解放区戏剧的主要特征

是以歌舞剧为主体内容的。在五四新文学中占据首要（几乎是唯一重要地位）的话剧，虽然也取得了不容忽视的成绩，但相对而言，其成就是不突出的，其影响范围是不够广泛的，在艺术上也大大落后于30年代的戏剧创作。解放区戏剧运动的这个特征，也是与解放区文艺面临的广大接受者有关的。民间戏曲形式，不但为广大无文化、少文化的农民群众所喜闻乐见，并且还可以直接参加演出，因而最便于普及和推广，最易出现也最易掀起热潮。而新型歌剧和传统戏曲形式，其歌、舞形式是最宜广大群众直接接受的美的形式。话剧的美感是内在的，包含在戏剧冲突的无形结构中，较少外在形式美的辅助手段，所以，解放区戏剧运动必然以歌舞剧为主体。但话剧和所有戏剧形式一样，是通过表演而不是通过文字进行传达的。这样，解放区戏剧运动便能够成为一个包括各种戏剧形式的全面的戏剧运动。

三、解放区戏剧在题材分布上也有自己的特征：秧歌剧以农民生活及军民关系为主要题材，军队生活在话剧中有较多的表现，传统戏曲的最高成就表现在新编历史剧的创作里，新型歌剧对农、兵、工的生活都有较突出的表现，而在所有这些形式的戏剧里，单纯的知识分子生活的题材都极少。秧歌剧主要由农民群众演出或向农民群众演出，所以农村题材和军民关系的题材成了它的主要题材。话剧排演方便，但作为一种有意味的形式不如歌舞剧易于为广大群众所接受，对于战士较之对于一般群众有更强的适宜性，是对战士进行思想教育的方便文艺形式，所以战士生活在话剧中表现较多。传统戏曲的固有剧目中便有很多的历史题材的剧目，在原有基础上进行改编是其方便的形式。新型歌剧对于工、农、兵生活都有适应性，但其对象以农、兵、工为序，所以农民、战士生活的题材多于工人生活的题材。在五四新文学的戏剧中，知识分子的生活是其中心题材，30年代戏剧和40年代国统区、沦陷区的戏剧题材较20年代扩大了，但知识分子题材仍占有较大比重，只有在解放区戏剧运动中，由于自觉地推行为工农兵的文艺方向，工农兵的题材成了唯一重大的题材，知识分子的题材不再被作者所重视。

四、喜剧和带有悲剧过节的正剧是全部解放区戏剧的戏剧形式。戏剧，分喜剧、悲剧和正剧，在现代戏剧中，还出现了一种把喜剧因素和悲剧因素融为一体的戏剧形式。在二三十年代，悲剧是在全部戏剧形式中最受重视的戏剧形式，其成就也较大。在解放区的戏剧中，以悲剧形式结尾的戏剧不再存在，而喜剧、正剧和带有悲剧过节的正剧成了普遍的戏剧形式。解放区戏剧的这个特征的出现，是由当时戏剧创作的目的在于教育人民、鼓励人民积极参加抗日斗争和革命斗争所决定的。喜剧和正剧是在剧中直接指明斗争的胜利结局的艺术形式，喜剧则更能表现生产劳动和革命斗争过程中的欣悦心情。悲剧过节，是揭露敌人的残酷性的必要形式，但要把人民群众对敌人的憎恨导向支持革命、参加革命的特定目的，则不能停留在对敌人的揭露上，所以悲剧只能构成一些戏剧创作的过节，而不能形成整个戏剧的结局。总之，解放区戏剧中不乏具有强烈悲剧性的情节，但却没有以悲剧结尾的完整悲剧作品。

五、戏剧主题的一义性、戏剧情节的单纯性、戏剧冲突的明确性、戏剧语言的直露性，是解放区戏剧的艺术特征。解放区戏剧是面向广大农民群众和士兵群众的，是直接进行革命思想教育的艺术形式，所以它不能像曹禺等二三十年代的戏剧作家的很多作品一样，把戏剧主题较大程度地隐在戏剧冲突的背后，从而使其带有不可明辨的多义性，而必须要把戏剧主题异常清楚地表露给观众，让观众知道它说的是什么，表现的是什么，这样，它们的主题便必须是一义性的。例如，曹禺的《北京人》的主题极难用一句话归纳出来，它给人一个浑然一片的感觉，如一团云朵，远看有形近无形，似可触摸而又不可触摸。但解放区戏剧则不是这样，不但像《兄妹开荒》《夫妻识字》《把眼光放远一点》《查路条》等小型剧目的主题是一义性的、单纯的，即使像《白毛女》《逼上梁山》《同志，你走错了路》等大型剧目的主题也具有明确的单一的规定性，不致让人感到不易归纳，不易说出。

主题的单一性、明确性必须在较为单纯的戏剧情节中表现出来。我们说解放区戏剧的情节是单纯的，并非说它的情节不曲折、无起伏，恰恰相反，较之二三十年代的戏剧创作，解放区戏剧从总体特征而言，情节是向曲折发展了，像《白毛女》《血泪仇》《三打祝家庄》这样一些戏剧创作，其戏剧情节都是相当曲折复杂的。我们所说的它们情节的单纯性，是指他们的情节发展都围绕一个明确的矛盾冲突进行，没有过多

解放区戏剧的主要特征

的其他因素的掺入，基本上呈现着一因一果的形式，因而曲折而不觉纷杂，有起有伏而不觉不可把握。例如曹禺的《雷雨》，有多种矛盾的介入，使其情节的发展很难在其中的一个矛盾冲突中得到基本的规定，多因一果是其主要的形态。而《白毛女》的情节发展尽管几经曲折，但决定情节发展脉络的却只有一对矛盾——地主阶级和农民阶级的矛盾，在剧中，则主要表现在地主黄世仁与喜儿的矛盾中。这种一因一果的情节发展方式，相对于多因一果的推进方式，是比较单纯的，观众易于理解，不致有乱麻难理的感觉。而这里的情节的单纯性，实质也就是戏剧冲突的明确性。

我们看到，解放区戏剧的矛盾冲突都有一种高度的明确性，其性质、其原因、其是非，极其鲜明，能够迅速做出理智的和感情的判断。在主要矛盾冲突与次要矛盾冲突的关系的处理上，解放区戏剧不把主要矛盾冲突缠绕进由大量次要矛盾冲突织成的蚕茧中，所有的次要矛盾都不具有自己的独立意义，而与主要矛盾冲突取着基本相同的走向。例如，在曹禺的《雷雨》中，周朴园与蘩漪、蘩漪与周萍、周萍与四凤的矛盾冲突都并不非常明确，其性质如何，其原因何在，其是非怎样，都不易立即确定。它的全剧的主要矛盾冲突深深埋在各种矛盾冲突的交叉中，各种不同的矛盾都有自己独立的走向，与其他矛盾既有相同的走向，也有不同的发展，人物之间的关系难以仅仅划分为壁垒分明的两方。而在解放区的戏剧中，就不存在这种情况。《白毛女》的全部人物都异常明确地分属于人民和敌人双方，地主阶级与农民阶级的矛盾构成了全剧的主要矛盾冲突，其他矛盾冲突都围绕这个主要矛盾冲突进行。在《把眼光放远一点》之中，有敌我矛盾，有人民内部矛盾，敌我矛盾在剧中的作用是服务于人民内部矛盾的，是为了解决二傻要不要重新归队这个主要矛盾冲突的，其中的人物也有敌人、落后群众，先进人物三部分，各自都有明确归属。

解放区戏剧矛盾冲突的明确性，又是与人物语言的直露性联系在一起的。在这里，我们可以通过下列例证予以说明。

潘辉：地方不要，民众武装不要，自己的队伍还要上人家的圈套……刚才那个自卫队长还埋怨我们不要他们,这样搞下去,我们只有自己活不成。

吴志克:讲来讲去,还是为了一小块地方的得失,为了几十支枪的得失。我问你,几十支枪、一小块地方能解决什么问题?小里小气。

潘辉:再大方也不能拿武装拿地方当礼物送。

吴志克:哼!农民意识。

潘辉:农民意识也好,商人意识也好,事实摆在我们眼前,我们的地区被挤得像巴掌一样大,我们的队伍一天天缩小,这样搞下去,只有垮台。

吴志克:近视眼向来是反对按照统战原则办事的,总有一天……

(《同志,你走错了路》)

在这里,两个人物的思想、主张、对问题的看法,都直截了当地通过对话由自己说了出来,人们仅从他们自己的语言里,便能知道他们的思想观点和倾向,便明白潘辉是坚持既团结又斗争、在斗争中求团结的正确统战路线的典型人物,而吴志克则是右倾机会主义路线的代表人物。

在解放区的戏剧作品中,像中国古典戏曲一样,还有许多自我介绍性的人物语言,例如《白毛女》中的黄世仁一上场便唱道:"花天酒地辞旧岁,张灯结彩过除夕。堂上堂下齐欢笑,酒不醉人人自醉。我家自有谷满仓,哪管他穷人饿肚肠。"穆仁智上场时的唱词则是:"讨租讨租,要账要账,我有四件宝贝身边藏:'一支香来一支枪,一个拐子一个筐——见了东家就烧香,见了佃户就放枪。'能拐就拐,能讹就讹。"这实际上是向观众交代了他们自己的身份、思想和道德品貌。

有时,人物还直接向观众交代自己的行动目的。例如在《兄妹开荒》中哥哥唱道:"这件事情本来大,这些道理我都知道吓,只有我这个妹子太麻达,一天到晚啰里啰嗦说不完的话,碰上她这个牛脾气,偏要和她讨论讨论就吵一架。噫!说着人,人就到,待我和她开个玩笑,开个玩笑。"话剧《夫妻识字》中的妻子说:"嘿!说着他,他就到,叫

解放区戏剧的主要特征

我装着不知道。"这些人物语言，实际只是人物内在的心理活动，在剧中，作者让他们说出口来，其目的是交代他们以后的言行的内在心理根据，自己把自己的企图和目的交代给了观众。

凡此种种，都决定了解放区戏剧中的人物语言的直露性，亦即人物语言能直接反映人物的思想、感情和内心隐秘，内的全在外的语言中直接表现着，不须观众的反复思索和猜度。

对于解放区戏剧的绝大数作品而言，人物性格的扁平性也是一个特征。其中凸圆型人物极少，绝大多数人物都是有一个主要特征。这在它们的人物表中的介绍也可以看得出来。例如，话剧《粮食》在人物表中介绍康洛太说："几年的抗日工作锻炼得他有办法应付敌人。"介绍康辛有说："他和敌人经常打交道，因此和敌人混得很熟。年轻、勇敢、活泼、机智。"康成是"拘谨老诚"，康发成是"积极热情"，老好子是"忠厚的贫农"，四和尚则"狡猾"。剧中人物的表现，也正是这些主要特征的反映。

解放区戏剧可能还有其他一些特征，但我认为，以上几点是较为主要的。

原载《自修大学》1986年第7期

一个寻找女人的女人
——彭慧短篇小说述评

一

迄今为止的人类历史都是男人和女人共同缔造的历史，因而不论我们对迄今为止的人类历史满意与否，我们都不能不认为人类的历史就是"人"的历史："人类"只是"人"的复数形式，这个复数之中既包括所有的男人，也包括所有的女人。

但对于人类文化史，其中也包括人类文学史，情况就不完全相同了。不论我们怎样评价"文化"，它都是由人创造出来又改变了人自身的事物。至少在五四新文化运动之前，中国的文化史，并不完全是由男性和女性共同创造的，而主要是由男人创造的，是按照男人的意志和愿望创造出来而又按照男人的意志和愿望进行书写的。那时也有许穆夫人、蔡文姬、李清照等少数女性作家的文学作品，但所有这些，都像撒在汪洋大海中的几粒盐，根本无法改变文学史的整体性质和面貌。即使对这少数女性作家的作品，人们也是放到男性的文化价值体系中进行分析和评价的：女人没有爱男人根本不爱的事物的权利，也没有不爱男人所爱的事物的权利。直到五四新文化运动，中国的文学才有了新的转机：中国的女性正式获得了从事文学创作的权利，中国现代文学史也成

一个寻找女人的女人

为真正意义上的"人"的文学史。(在这个复数形式的"人"里,既有男性作家,也有女性作家。他们在其创作的权利上,是平等的。)

正是因为迄今为止的人类历史无论如何都是男人和女人共同缔造的历史,而人类的文化史却在一个漫长的历史阶段都主要是男性的文化史,是按照男性的愿望和要求进行创造,也按照男性的愿望和要求进行书写的,所以,男性文化史对人类文化史的书写就有大量的遮蔽,是以歪曲的形式对人类真实历史的呈现。这给人类文化,当然也包括中国文化造成了极大的落差:从自然形态的人类历史的角度,我们关于"女人"的观念是异常清晰的,妲己、西施、王昭君、卓文君、杨玉环、公孙大娘、武则天、李清照、慈禧太后等,都是一些无可争议的"女人"。但在文化的意义上,在我们对她们的书写的层面上,只要我们意识到男性文化对女性是有遮蔽的,只要意识到我们对女性的书写还不能不在传统男性文化的基础上重新进行,我们就不能不对"女人"这个向来明确的概念提出质疑。五四新文化严正地提出了"妇女解放"的问题,但"妇女解放"到底意味着什么?解放了的"女性"到底是怎样的"女性"?其本身就不能不是需要不断进行追问的问题,并且这种追问本身就不在同一个起跑线上,而是在已有的男性文化为她们提供的不同的人生平台上。这是一个随着新文化的发展和演变不断明确化而又不断模糊化的问题。"明确化"意味着女性对自我独立愿望和要求的意识的明确化,但同时也意味着固有的男性文化能够以编码的方式将其组织在自己的价值体系之内,并运用女性的文化成果以加强男性文化对女性文化的控制;"模糊化"意味着女性对自我独立愿望和要求并没有明确的意识,但同时也体现着女性意识在男性文化的遮蔽中浑然存在的本然状态。

显而易见,在20世纪20年代,是少数知识女性首先觉醒的历史时期,也是中国女性文学作家正式走上中国文学历史舞台的历史时期。在这个历史时期,中国女性作家同当时多数知识女性一样,首先意识到中国女性与中国男性的不平等的社会地位,并且较之晚清知识女性更加普遍、更加强烈地意识到男女平等地位的重要性。这种由少数知识女性首先争取的男女平等的权利,不能不主要集中在两个方面:一、男女有受教育的平等权利，二、男女在婚恋关系中的地位是平等的。但在这里，也就孕育着对"何为女人"或者"何为现代女性""何为进步女性"这个根本问题的解答。那时的知识女性，不论自觉意识到与否，但在其内在的意识中必然认为，能够与男性社会成员享受同等程度的文化教育、能够按照自己的意愿在爱情的基础上实现与异性的结合并建立起自己和谐美满的家庭，就是一个真正的女人，或者真正现代的进步女性。但在这里，却也包含着诸多无法回避的问题。例如，在当时的社会上，不论是女性接受教育的权利，还是女性接受什么教育的权利，都不是由女性自我决定的，而是由固有社会与固有社会文化本身的性质所决定的，因而一个女人接受教育的程度本身，并不能决定她是否具有独立的女性意识，是否是一个现代的进步女性。男性与女性的爱情结合，必然是在男女两性之间的关系中实现的，没有爱情的婚姻固然说明男女双方是没有各自的独立性的，即使爱情的结合，也并不意味着男女双方都是有其独立性的。与此同时，"爱情的结合"是一次性的，它说明的只是婚前婚嫁两方情感关系的事实，而无法说明婚嫁之后男女两方情感关系的全部内容。所以，"爱情"是女性生活中一个无法忽略的重要内容，但却不是女性生活的全部内容，甚至也不是女性独有的生活内容，它无法体现"女性"的本质特征。（直至现在，中国的知识分子常常将"事业"视为男性的权利，而"爱情"则是女性的权利；将无法体谅男性"事业"心的女性视为狭隘自私的女性，将无法满足女性"爱情"愿望和要求的男性视为有过失乃至有罪恶的男性，这实际仍是传统婚姻关系的残留物。真正的爱情是相互的，而不是单方面的。在情感的逻辑关系中，任何一个人也不会真正"爱"一个根本不"爱"自己的人，正像"热"会被"冷"所冷却一样。"痴心女子负心汉"只有在依附性的婚姻关系中才是符合逻辑的社会现象。）所有这一切，都不能不在现实的社会关系中表现出来，而知识女性的迅速分化则是这种女性意识片面发展的必然结果。事实上，当20世纪20年代的知识女性意识到自己受教育的平等权利的时候，已经是获得了这种权利的人，而在这些已经进入现代社会教育和现代城市社会的知识女性中，自由选择自己的配偶也不像原来设想得那么艰难。剪发、放脚、男女同校、自由恋爱、求职社会，尽管轰

一个寻找女人的女人

轰烈烈，热热闹闹，但所有这一切，仍然是中国男性社会现代发展的一种形式，是中国男性文化在西方文化的直接影响下所进行的自我调整，而不是通过中国现代女性的自身觉醒所产生的独立愿望和要求，而恰恰是那些自以为已经获得了自由和解放的中国女性，却在更大程度上满足了中国现代男性权力社会的需要，进入上层社会，成为中国社会的"栋梁"，她们在束缚和禁锢中下层女性自由权利的程度上，甚至超过一般的男性知识分子。这类知识女性在整个中国社会上虽然只是极少数，但因她们的女性身份以及与现代男权社会结合的紧密性，其能量却是极大的。更有大量的知识女性，依靠自己已经获得的接受教育和婚姻自由的权利，成就的却只是自己所谓美满、幸福的婚姻。她们实际上已经失望于女性的独立和解放，从而重新依靠与达官贵人、豪富巨门的结姻而回归家庭，成为新形式的家庭主妇，实现了向传统依附性女性价值观念的复归。只有那些在现代中国社会必须依靠自己的知识和才能获得自己生存和发展权利的职业女性和尚没有获得自己特定社会地位的年轻一代的知识女性，还不能不关心作为一个群体的中国妇女的命运和前途。但在她们的观念中，中国现代知识女性已经不是一个整体，对上层知识女性的失望与对下层劳动妇女的同情使她们不再在传统非知识女性与现代知识女性的差异中意识女性的独立和解放，而有了一种朦胧的阶级意识和阶级观念。这种自然形态的阶级意识和阶级观念，当同社会上日益扩大的马克思主义思想学说的影响结合起来，就演变为20世纪20年代末至30年代的女性革命文学，成为当时革命文学思潮的一个有机的组成成分。而到了1931年的九一八事变之后，特别是到1937年的七七事变之后，这种以革命文学为基础的中国女性文学同时也成为民族的反侵略战争文学的一部分。不难看出，这正是中国女性文学的一个显著特征：中国的女性文学，与西方某些发达资本主义国家的女性文学不同，它始终不是一个完全独立的女性文学运动，不是在本民族完全独立自主的历史条件下，当上层社会和男性文化在自己活动的范围内已经基本认可了"自由、平等、博爱"的社会价值原则之后，女性为争取自身的独立和解放而独立发动的文化运动和文学运动，而是在本民族还没有取得自己的独立自主的民族地位，上层社会和男性文化即使在自己的活动范围内也不认可"自由、平等、博爱"的社会价值原则的时候，少数中国知识女性的文化觉醒和文学觉醒。所以，中国现代的妇女运动，始终是在民族解放、阶级解放背景上的妇女解放运动；中国现代的女性文学，也始终是在民族解放文学、阶级解放文学大潮中的女性文学。它在整个中国新文化的发展过程中获得了生成和发展的机遇，但同时也在这个文化整体中受到有形与无形的束缚和禁锢。

彭慧也是在这样的一个情景下走上文学创作道路的。

二

彭慧的第一个短篇小说《米》发表在1932年第2卷第3、4期合刊的《北斗》上。署名"慧中"。对于这个短篇小说，我们不能不从不同的角度给予两种不同的分析和评价。首先，它是彭慧的处女作，是她的小说创作道路的开端。在这个意义上，我们不能不同意作为《北斗》杂志的编者丁玲在编后记中所给予的肯定性的评价。说它"出之于从事工农文化教育工作而且生活在她们中间的慧中君之手"，与另外两篇小说作品，都是"值得特别推荐的"。但从小说创作的角度，它却像当时许多青年左翼革命文学作者的作品一样，带有过于外露的革命煽动性，而缺乏真正深入的人性解剖、生活解剖和社会解剖。在这里，我们不能不注意到一个青年女性作家与当时具有明显男性化特征的中国社会革命运动的内在差异。当然，这并不说明一个中国的知识女性就不能参加革命，不能描写革命，而是说她们在感受、接受和表现现实革命斗争的时候，将会遇到较之男性革命作家更加难以克服的困难。这种困难并不仅仅取决于外在的现实条件，而更取决于女性作家内在的心理承受能力，取决于她有没有足够的余裕心感受、体察并去表现她所要表现的题材。早在20年代，鲁迅就曾指出："我觉得中国人所蕴蓄的怨愤已经够多了，自然是受强者的蹂躏所致的"，"可是我根据上述的理由，更进一步而希望于点火的青年的，是对于群众，在引起他们的公愤之余，还须设法注入深沉的勇气，当鼓舞他们的感情的时候，还须竭力启发明白的理性；而且还得偏重于勇气和理性，从此继续地训练许多年。这声音，

一个寻找女人的女人

自然断乎不及大叫宣战杀贼的大而闳,但我以为却是更紧要而更艰难伟大的工作"。这种"深沉的勇气",这种"明白的理性",是在承担了大量残酷的现实经验,压抑了大量无法诉述的怨愤情绪之后,对现实社会人生的"冷静"观察和"理性"思考。这对于一个感情脆弱的青年男性作家,也是一个极难攀越的艺术高峰,而对于像彭慧这样的青年知识女性,则更是一个极其艰难的精神历程。但社会革命题材的文学作品,特别是中国革命文学作品,所需要的也正是这样的高度,否则,就不成其为"革命文学"或不成其为"中国的革命文学"了。显而易见,彭慧的短篇小说《米》,所缺乏的也正是这种"深沉的勇气"和"明白的理性",而主要停留在情感宣泄和政治煽动的层面上。她太急于抓住这个"重大的题材"了,太急于表现工人的悲惨境遇和反抗斗争了,但却没有真正理解她所描写的这个题材和这些人物。小说选取了上海"一二·八"淞沪抗战为背景,但小说没有具体表现这些工人对抗战官兵的实际支持,没有表现出这些工人在反击日本侵略者的斗争中发挥的实际作用。这恐怕也是彭慧当时所能够达到的认识水平。她从苏联的革命理论中接受了关于无产阶级革命的观念,接受了关于工人阶级是一个革命的阶级的观念,但却不知道怎样的工人阶级才是一个革命的阶级,甚至也不知道工人阶级怎样才能成为一个独立的社会力量。她选取了民族斗争的背景,显然是从中国社会的特定境遇出发的,是从自我和广大中国读者的民族心理出发的,这种民族斗争的背景,激发的原本是读者对外国侵略者的愤恨,对本民族历史命运的同情。在这样的背景上,只有那些切实地关心着整个民族的命运、切实地关心着中国的反侵略斗争的人,才会得到读者切实的同情和理解,但不论小说中的工人群众,还是作者自己,都没有对实际进行着的民族斗争有着真正的关心。小说带有明显的"借机发挥"的性质,即借民族矛盾而发泄对本国上层统治阶级的不满。她牢牢地记住了中国工人阶级的悲剧命运,却忘记了这种悲剧命运是在整个中国的悲剧命运的背景上发生的。中国工人阶级要想从根本上改变自己的历史命运,必须在反抗本民族悲剧命运的斗争中发挥自己独立的作用,并以此取得与国内其他阶级或阶层平等对话的权利。在这里必须指出的是,不论是小说中的工人群众,还是小说作者,对于"罢工"这种社会斗争形式的理解都是不尽合理的。罢工,是工人阶级反抗资本家阶级压迫和剥削的一种斗争形式,是以直接损害资本家阶级的经济利益为主要手段的,它也是工人阶级作为一个阶级开始觉醒的标志,因为它依靠的是工人阶级的自身联合,是在自身的联合中取得罢工斗争的力量的,其中也包括在罢工期间工人阶级在经济上的相互救助和独立争取外部社会的人道主义援助。但在小说的描写中,罢工的工人和小说作者则将救助罢工工人的责任放在资本家阶级和本国政府的肩上,并以此作为揭露资本家阶级和本国政府的理由。这就将小说建立在一个极其无力的思想支架上。《米》没有表现出工人群众在反侵略斗争中的实际作用,让人看到的只是他们的贫穷和他们对资本家阶级的经济依赖,这就使小说的社会批判主题丧失了强有力的根据。必须看到,贫穷是值得同情的,但在原本贫穷落后的中国社会上,贫穷本身却不具有反抗社会的力量。反抗社会的力量来源于人,来源于不甘贫穷落后的人。只有当贫穷落后的人为了改变自己的命运而做出艰苦切实的努力的时候,才会将那些制造贫穷的社会阶级的罪恶暴露在光天化日之下。所以,"革命文学"首先要有真诚的社会革命的愿望和切实的社会革命的斗争,才能起到揭露现实社会、反抗现实政治经济压迫的思想效果和艺术效果。——《米》不是一篇成功的革命小说作品。

《洋外套》发表于1947年9月1日《现代妇女》第9卷第6期。从通常的接受角度,我们也可以概括为对工人阶级贫穷生活的同情和对资本家阶级的揭露,表现的是阶级矛盾和阶级斗争的主题,但它发表在《现代妇女》杂志上,小说直接描写的是一个妈妈和她的儿子。这篇小说没有公开的革命性的煽动,没有激烈的诅咒和攻击的言辞,是一篇类似契诃夫小说的那种较为平实的悲剧风格。

作为现代革命知识女性,彭慧是第一代,而丁玲则是第二代。在小说创作的道路上,丁玲将笔触更加深入到了当时革命斗争的漩涡,因而在现实革命题材的小说创作中也取得了较之彭慧更加突出的文学成就。但两者似乎又有一点相似的演变过程。丁玲由早期《梦珂》《莎菲女士的日记》等知识女性小说的创作开始,而后进入了以男性为主体的综合革命题材小说的创作,但最后还是主要回到女性小说的创作中来,她晚

一个寻找女人的女人

年出版的《母亲》和《风雪人间》等以自身经历为题材的作品，都是以女性的经历与命运为主体的。而彭慧在发表了《米》这一篇以男性为主体的革命小说之后，则完全转向了女性小说的创作，她后来的短篇小说几乎全部是以女性为主人公的。我认为，在这里，我们能够隐隐约约地感到，中国现代女性革命作家，归根到底还是从中国女性的前途和命运的角度感受和理解中国的革命的，这使她们在向以男性为主体的中国革命的中心位置，转移的过程中，总是会遇到这样或那样的难以逾越的障碍。她们或者在形式上进入了革命的中心位置，却在这个中心位置失去了自己的独立性，像茅盾的《虹》中的梅女士和杨沫《青春之歌》中的林道静，她们找到了革命，也就是找到了一个男性的革命导师；她们或者在实际进入革命的中心位置之后仍然坚持着自己的独立追求，从而非常可能走向失败。实际上，彭慧在中国现代政治革命运动中经历的这样一个马鞍形的思想过程，在她的人生经历中也是可以朦朦胧胧地感受得到的。根据彭慧的女儿穆立立的叙述，彭慧五岁丧父，留下她的寡母和她们四个姐妹，大姐当时只有七岁，还有两个妹妹。"彭慧的母亲由于没有儿子，受到彭氏家族的歧视与欺负，以致气郁成疾，长年卧病在床。她常常流着眼泪指着四个女儿，恨她们不是男孩子。因此，彭慧从小就感到社会对女性的不公，一心想着将来要为妇女打抱不平。想来，这是后来彭慧在文学创作中特别关心女性命运的一个原因。"[①]作为一个知识女性关心中国妇女的命运，是彭慧走向革命道路的主要动力因素，同时也是她在革命道路上一波三折的重要原因。彭慧在1925年前后就在长沙女子师范参加了当时的反帝爱国运动，1926年在北京女子师范大学加入中国共产党，1927年大革命失败后被派往苏联莫斯科中山大学学习，她当时只有二十岁，可以说是中国早期一个叱咤风云的女性革命家。但在莫斯科中山大学，她却和该校党的负责人王明发生了一次尖锐的冲突。"彭慧观察问题尖锐，口才又好……她尖锐地批评了王明拉帮结派的错误。大会以后凡反对王明的，都受到打击和处分，这处分一直

[①] 穆立立：《彭慧的文学生涯》，原载《新文学史料》2002年第2期，2007年8月作者做了一些改动和补充，现据修改稿引用。下同。

到1945年'七大'时才撤销。我没有上台发言，尚且受到警告处分，彭慧则可想而知了。……看来莫斯科反王明的那场斗争，使她后来在政治上受到一定影响。"①从通常的观点看来，这是可以归结到党内两条路线的斗争的，但我认为，一个女性对于革命集体中出现的派别斗争和一些领导者独断专行的行为，常常表现出较之男性更加激烈的反对态度，这是在当代社会群体中也常常遇到的事情。彭慧这样一个年轻的女性，却在诸多男性反对者中成为首当其冲的人物，分明是与她的女性特征息息相关的。至于"路线"，恐怕还不是二十一二岁的彭慧所能意识到的。可以想见，革命阵营内部这种磕磕碰碰的矛盾和斗争，在彭慧后来的革命道路上也是在所难免的，这使她逐渐沉静下来，从原来那种罗曼蒂克式的女性革命家，转变为一个较为沉静平凡的革命工作者。而在这时，中国妇女的命运和前途则自然而然地成为她关心的中心问题。在这个意义上，《米》只是她的一次试笔，是依照通常的革命文学观念创作的一个应时之作。不论那些火爆躁乱的场景，还是工人群众那些诅咒骂詈的言辞，恐怕都不能体现彭慧内心的真实感情需要。

她重现了女性身。

三

但是，彭慧的重现女性身，到底与20世纪20年代女性作家的"女性身"有着根本的区别。在20世纪20年代，不论是冰心还是庐隐，不论是凌叔华还是冯沅君，当她们述说女性的时候，实际述说的只是自己，她们在潜意识中就是将知识女性的生活和命运作为中国女性生活和命运的最集中的代表的。她们的理想是"爱"与"美"，是爱情的幸福与生活的幸福，但在这无爱和污浊的社会上，在没有爱情自由和人身自由的人间，她们则是无力的。正是中国政治革命运动的兴起，将20世纪30年代的女性作家吸引到了一个更加宽广的历史舞台上。在这个舞台上，她们看到的不仅仅是自己，而是全国更广大的社会群众，全国更

---

① 帅孟奇：《写给彭慧90诞辰纪念会的信》，转引自穆立立《彭慧的文学生涯》，《新文学史料》2002年第2期。

一个寻找女人的女人

广大的中下层妇女。她们在下意识中就感到一个知识女性的价值不是仅仅由她本人的生活命运体现出来的,而是由在整个社会的进步中个人所发挥的具体作用而体现出来的。她们不再是"个人主义"者,而是"集体主义者",因为任何社会的革命和社会的改造都是依靠多数人的共同努力才能得到实现的,个人只是这个集体中的一员。所以,20世纪20年代的女性作家是分散的,但却是一元的,是在彼此没有一个统一战线的前提下追求着彼此相近的人生幸福和人生理想。20世纪30年代的女性作家仍然是一元的,但却不是分散的,那时几乎所有有成就的女性作家都集中在左翼文学战线上,都是革命文学作家。这不但与分属不同政治派别、不同人生倾向的40年代的中国女性作家有所不同,也与当时分属不同政治派别、不同人生倾向的男性作家有所不同。20世纪30年代走上中国文坛的丁玲、萧红都是左翼文学作家,中翼和右翼几乎没有任何一个女性作家能够与她们的文学成就相媲美。这是一个中国知识女性到中国社会的前沿阵地来试练自己的身手的历史时期,在这里,她们以不同的形式暴露了自己的不足,没有像40年代的张爱玲那样始终从容地驾驭着自己的文学题材和自己的文学创作,从而将自己的作品锻炼到晶莹剔透的高度,但她们的作品却有一种为张爱玲的作品所无法企及的社会的广度和历史的深度,显示了中国女性文学的大胸襟和大气魄。她们不再满足自我所拥有的,不再视自我为女中豪杰或旷世才女,不再自居于中国妇女的拯救者或导师的地位,而是到外在更广大的世界上去寻求更完美、更理想的人性,其中也包括更完美、更理想的女性。在这时,更完美、更理想的人性,更完美、更理想的女性,已经不是自我心中某种理念的外化,而是应当不断成长的女人。那么,更加完美、理想的女性是什么样子的呢?对于她们,是在她们现实的观察和体验中逐渐揣摩体验出来的,而不是依照自己的标准衡量出来的。不难看出,不论彭慧是否自觉意识到这一点,这都是她在生活中不断观察各种女性并且将自己的观察书写出来的根本原因。

所以,我将她定义为一个"寻找女人的女人"。

这种寻找不是按照固定的逻辑顺序进行的,所以,我对她的短篇小说的评述也不按照时间的顺序,而是将她描写的女性按照不同的类型逐个评述。

在彭慧的女性小说中,首先引起我们关注的是她的《巧凤家妈》。这篇小说最初发表在1942年11月5日的《文艺生活》3卷2期上。曾收入中国社会科学院文学研究所现代文学研究室主编、人民文学出版社1981年版的《中国现代短篇小说选(1918—1949)》第5卷。对于这篇小说,张大明教授曾给予很高的评价。他说:《巧凤家妈》"没有复杂的情节,没有尖锐的矛盾冲突,没有隐秘的心理活动,就几幅简洁生动的画面,一些口吻毕肖的对话,就把一个云贵高原上的苗族劳动妇女的形象勾勒出来了"[①]。我完全同意他的看法。在这里,我更关注的是彭慧对"巧凤家妈"这个女性形象的塑造以及与此紧密联系在一起的彭慧对完美、理想女性的追求。

> 昆明城南郊外,是一片开朗的平原。由昆明出发的滇越铁路,可以平稳地在这里驰骋四十多里路的光景。再往南去,火车就得一起一伏地穿山过岭了。铁路的东边,离铁道约二十里,弯弯曲曲和铁道并行着的,又是绵延不断的山峦,一直就接上了四十多里横断了平原的崇山峻岭而做成了这个原野的东南的围屏。
>
> 每年的夏天,就是这地方的雨季,从东边的群山上涌下来的山洪,奔到了平地,就成了长而且狭的河流。它自东而西地横亘过这个原野,和铁路作成十字交叉,一直流到三十多里外,作为这个平原的西边的分界的昆明湖里。

这是小说开头的两段景物描写,假若作为一个男性作家描写男性生活题材的作品,我们大概看不出多么稀奇的地方。但假若我们刚刚读过冰心的《斯人独憔悴》、庐隐的《海滨故人》、凌叔华的《绣枕》、冯沅君的《卷葹》这些20世纪20年代中国女性作家描写女性生活题材的作品,我们便一下子感到了这里的"开阔"。——这是一种女性的"开

[①] 张大明:《主干挺拔 枝叶婆娑——读彭慧六篇小说随笔》,《北华大学学报》2003年第3期。

一个寻找女人的女人

阔"：女性视野的"开阔"，女性心灵的"开阔"。在这里，我们能够感受到20世纪30年代走上文坛的彭慧，不但早已告别了小家碧玉的闺房，同时也已经远远地离开了京城大学的校园和都会有产阶级的家庭。革命的风云、抗战的风云将她吹送到了更加广阔的社会原野上。而正是在这里，她接触到、感受到了在她过往的生活中所不会接触到也不会感受到的别样的生活、别样的人、别样的女性。在这里，她是作为一个寻觅者、发现者而出现的。她描写的已经不是在她原来的生活范围中所熟悉、所亲近的事件和人物，但也正是因为如此，她对这些事件和人物充满了好奇心，有了一种主动性，有了一种发现的喜悦。而这，也分明是这篇女性小说通体给人以新鲜感，不枯燥、不黏滞、紧凑简练的根本原因之一。

真正独立的女性，在精神上较近完美、理想的女性，并不是按照固有的价值观念被有效地组织进现行人际关系中的女性，而是那些靠着自然本能的力量而超越了这种关系的女性。她们的一个显著的特点是其独立性，是其不依附于男性、不依附于他人和不依附于现实社会的伦理道德。在这里，我们能够看到彭慧《巧凤家妈》这篇小说在探索女性、发现女性过程中所体现出来的文化意义。迄今为止的女性主义者，都常常是从纯粹属于自我的或同阶层女性的生活感受和情绪感受的角度来探索女性心灵、表现女性特征的，这当然是一条不可或缺的探索道路，但必须看到，任何人的这种探索都是在被动地接受了现实社会文化熏陶，从而获得了评价自我、评价社会人生的基本能力之后才开始的，这就不能不带上个人或本阶层特定境遇的色彩，而这种境遇则不能不是在男性文化占统治地位的社会中的境遇。这就为女性主义者的女性意识带来了模糊性，也导致了现代女性内部的急遽分化。20世纪20年代中国知识女性的知化追求与恋爱自由的主张并没有将中国的知识女性凝聚为一个文化整体，反而加深了中国知识女性内部的矛盾和冲突，就是因为她们的妇女解放的要求并不是建立在对女性本质的理解之上，而是建立在她们各自的现实愿望和要求之上的，而得到新锐的知识男性的赏识和认可则是当时女性文化的重要特征之一。而到了20世纪30年代，"五四"妇女解放的思想有了一种回潮的趋势，这一方面加强了中国城市知识女性对金钱的依赖、对城市资产阶级男性的依赖，而另一方面则加强了对传统女性"美德"的怀恋。我认为，彭慧这篇小说恰恰成功地跨过了女性意识的这些雷区：她不再在20世纪20年代中国知识女性中间寻找那些为现代知识男性也赞叹不已的女中豪杰、知识精英，但也没有在传统女性中挖掘那些让几千年的中国男性都神魂颠倒的女性的美，而是远远地离开了中国文化的中心地带，离开了中国的"新文化区"，也离开了中国的"旧文化区"，像鲁迅的《补天》一样，走进了一个文化的蛮荒地带——一个文化统治极为薄弱的边远地区。"巧凤家妈"并不是一个汉族人，因而也不是中国汉文化传统的后裔。她是一个"山苗婆"，"迁三苗于三危，以变西戎"（司马迁：《史记·五帝本纪》）还是在舜时代的事情。从那时起，苗人就已经被驱逐出了中原地区，被驱逐出了中国汉文化圈。不难设想，正是在这个文化统治极为薄弱的地区，男性文化对女性的统治也是较为薄弱的，从而为女性的独立性留下了更大一些的空间。"我跟我的男人是个死对头啥，他死了这么多年，一提起来，我还是恨他。他活着，我也是受罪，他懒死啦，只会吹烟……他临死，家里，一文钱都没有啦……"男性的统治造成了男性的堕落，但从"巧凤家妈"对其丈夫的追述，我们又能够感到，即使在她丈夫活着的时候，她对他也不是那么驯顺的。她是依靠自己的劳动求取自身的生存和发展的人，她有一双"稀有的大赤脚"（必须注意，她的"稀有的大赤脚"不是因为当代知识男性审美观念发生了变化而有意"放"出来的，而是因为不愿接受束缚而顺其自然地长成的），并且不为自己这双"稀有的大赤脚"感到羞愧。她"满身的骨骼却很宽大"，是一个"可以和壮年男人比气力的结实女人"，"她的满脸全是一套大模大样的轮廓"……所有这一切都使人感到"巧凤家妈"是一个完全独立的女人，一个地地道道的女人。她不是依靠别人活着，也不是为了别人活着，而是自己靠自己而活，自己为自己而活。我们经常说的女性意识，不就是对这样一种从生活到精神都不受男性社会文化奴役的独立女性的意识吗？

"巧凤家妈"是一个生长在穷乡僻壤的自然女性，但却不是沈从文笔下那种脱离中国现实社会、脱离中国现实社会文化的逍遥客。她的存在不是对中国外省传统文化的一种肯定，而是对它的一种超越；不是对

一个寻找女人的女人

同样长期生活在男权社会、男权文化压迫和束缚中的一般底层劳动妇女的一种肯定，而是对她们的一种超越。"巧凤家妈"与她的周围环境构成的是像鲁迅的《秋夜》中"枣树"与其周围环境的那种紧张对立的关系，这种关系本身就是一种压迫与抗争的关系，是与直接反抗男权社会和男权文化压迫的当代女性主义文学在精神上更相契合的。这类的女性的完美性不是生存形式上的，而是内在精神上的。鲁迅《秋夜》中的"枣树""简直落尽叶子，单剩干子，然而脱了当初满树是果实和叶子时候的弧形，欠伸得很舒服"。①"巧凤家妈"的"美"在其内在的精神，在其在精神上"欠伸得很舒服"，而不是她外部生活形式的本身，而不是很多男性作家乃至女性作家追求的那种外部生活的"幸福"和"美满"！实际上，正是在这一点上，彭慧的《巧凤家妈》的女性观念更与像夏洛蒂·勃朗特的《简·爱》这类作品的西方女性作家的女性观念更加接近。她们都不认为男权社会和男权文化理应为女性提供美满的生活和幸福的前途，这种美满和幸福是要女性自身去追求、去开辟的。彭慧让我们看到，当时的男权社会和男权文化是怎样剥夺了"巧凤家妈"外部生活的幸福和美满，她的生活本身是"落尽叶子，单剩干子"的那种越来越枯瘦、越来越艰窘的生活。她之所以仍然保留着内部精神的饱满和充实，仅仅因为她的自然生命力的强旺。"这个婆娘么，你看她没长个女人相，脾气也丑得很。不整田的话，莫多惹她好些，她的命凶，杀气重呢，莫惹她……你看，她把丈夫克死了，剩那么个囡儿，又克死了……""你看她那副嘴脸，凶样子……"她就在周围那些被男权社会、男权文化异化了的婆娘们的歧视和嘲讽中仅仅依靠自我的生命热情生活着，并且不比其他的女人生活得更没有情趣和精神。她引以为骄傲的是自己更加旺盛的自然生命力，是自己较之一个男人也不逊色的劳动能力。但丧失了与男性平等的社会权利的女性，也丧失了与男性平等的劳动权利，别人付给她的仍然是与那些"枯骨头婆子"一样的报酬。为了维护自己做人的尊严，她不得不离开了她最热爱的土地。

到底什么是"女性"？她与男性的根本区别到底在哪里？恐怕是所

---

① 鲁迅：《野草·秋夜》，载《鲁迅全集》第2卷，人民文学出版社，1981，第162页。

有女性主义者都试图回答而又无法清楚回答的问题。但从彭慧这篇小说的角度，我们至少可以发现，女性在整体上是较之男性更加贴近自然、贴近土地的。在整个人类社会上，她们是生命的源泉，也是生命成长的基础。人，包括男人，是在女性的子宫中孕育成长起来的，她像土地自然地孕育着生物一样自然地孕育着新的生命，为生命的成长提供着所有必须的条件。这几乎是她的本能，而不仅仅是她的理性的行为，她为新的生命所提供的一切不是预先拟好的一个生命药方，而是依靠本能的感觉就能自然地提供出来的。抚养幼儿的成长也是如此。中国古代有一种"天公地母"的说法，如果并不将此理解为上下等级关系，显然是有其现实的根据的。可以说，在整个人类社会上，女性就是土地，就是大自然，而男性，特别是在国家产生之后，就越来越离开了自然生命的要求，越来越离开了对自然生命的本能的爱心，而更依靠一种外部的权威乃至强权，意识自身存在的价值和意义。人类战争实际就是男权社会、男权文化发展到极致的结果。彭慧在这篇小说中特别强调了"巧凤家妈"的自然性，特别强调了她与土地的内在情感上的联系，应该说是从一个女性作家的本能意识触摸到的，不纯粹属于理性的考虑。"种田，是我的本分啰"，"提到田，就使她的面容，完全显出一副像慈母提起她的爱子的表情了"。男权社会和男权文化既剥夺了她与土地的亲情联系，也剥夺了她与女儿的亲情联系。在这里，我们可以隐约地发现，彭慧在本能上是将国内外的男性霸权文化联系在一起来进行控诉和揭露的。这与20世纪40年代中国女性文化中或显或隐的殖民文化因素的加强恰成鲜明的对照。

总之，我认为，彭慧的《巧凤家妈》在中国现代女性文学作品中是不可忽略的一篇。它的鲜明的特征是，在革命文学的大框架下而坚守女性文学的基本立场，既没有在外敌入侵的严峻形势下沾染殖民文化的色彩，也没有因抗战的现实而将男权社会、男权文化对女性的歧视和压迫合法化，神圣化。鲁迅说："用笔和舌，将沦为异族的奴隶之苦告诉大自然是不错的，但要十分小心，不可使大家得着这样的结论：'那么，到底还不如我们似的做自己人的奴隶好。'"①这实际是难能可贵的。

四

与《巧凤家妈》在精神上极为相似的还有《黑水岩》。

《黑水岩》发表于1946年11月10日《现代妇女》第8卷第2期。我认为，这篇小说在中国现代女性小说中的突出特点是敢用险笔，敢涉险境，从而使小说具有文化的、精神的震撼力，这是作者注重人物内在心理的深刻挖掘和真实表现的结果。中国文化是讲"中庸"的，讲"不撄人心"的："中国之治，理想不在撄，而意异于前说。有人撄人，或有人得撄者，为帝大禁，其意在保位，使子孙王千万世，无有底止，故性解之出，必竭全力死之；有人撄我，或有能撄人者，为民大禁，其意在安生，宁蜷伏堕落而恶进取，故性解之出，亦必竭全力死之。"②这在对女性的刻画上，常常表现为中国作家格外重视对被侮辱与被损害的女性形象的"无辜性"的描写。不论这些女性形象受到男权社会、男权文化何等严重的压迫和何等残酷的凌辱，但她们对这个社会、这个文化都是出以"好心"、没有恶意的。似乎不如此，她们的苦难，她们受压迫、受凌辱的悲惨地位就不值得人们的同情了。但是，这是从根本上违背"心灵的辩证法"，违背精神发展的逻辑的。被压迫的心灵是一定要反抗的，被侮辱的灵魂是一定要报复的，其差别仅仅在于一个人有没有反抗的勇气和力量，有没有报复的决心和可能，以及一个女性能够采取什么样的反抗与报复的形式，而绝非没有这种内在的愿望和要求。《黑水岩》中的莫四婆子是一个在当时社会上受尽折磨和凌辱的底层妇女。她先是被陈举人的儿子陈国梁强奸，后来嫁给木匠老李；老李早死，她又嫁给牛贩子莫老四，最后莫老四也一去无回，不知下落。这样一个女

---

①鲁迅：《且介亭杂文末编·半夏小集》，载《鲁迅全集》第6卷，人民文学出版社，1981，第595页。

②鲁迅：《坟·摩罗诗力说》，载《鲁迅全集》第1卷，人民文学出版社，1981，第68页。

人,在当时的社会环境中是不会被认为是一个好女人的,不洁(被奸污)、不贞(未从一而终)、不吉(克夫),"镇上的人,就把她看成为魔鬼样的不祥之物了"。小说一开始,作者就描写了莫四婆子的"厉害",描写了她"即以其人之道还治其人之身"的决绝反抗精神。周围的社会将她恶魔化,她也就以这种"恶魔"的姿态保护自己不受那些无赖汉的侵扰。所有这一切,不正是在她面临日本侵略者的时候做出决绝反抗、誓死不屈的真正原因吗?她有一颗不屈的灵魂!在这里,女性解放与民族解放是在同样一个精神天平上得到衡量的。

《黑水岩》是冷峻的,但并没有将这种冷峻风格贯彻到底。"一生受尽了侮辱和轻蔑的莫四婆,此刻享受着十七个青年人真诚的对她的尊敬……""她是这十七个青年人永生不能忘怀的救主……"这是小说结尾的两个自然段,也是在我们的小说中常见的结尾方式。但恰恰是这种结尾方式,给我们留下的是一个本质上虚幻的精神安慰。"一生受尽了侮辱和轻蔑"对于莫四婆子是一个连血带肉的真实人生,而"此刻享受着十七个青年人真诚的对她的尊敬"对于已经死去的莫四婆子则是不再具有任何价值和意义的心灵幻影。这两者难道是可以等价交换的吗?在莫四婆子随着村民一同逃难到黑水岩的时候,包括这十七个青年人在内的社会群众,不但没有人关心过这个孤苦伶仃的老婆子,甚至还奚落她,怀疑她,希望将她甩开,而现在即使将她视为自己的"救主",仍然因为自己是受益者。在这里,与其让这些获救者在莫四婆子的遗体前三鞠躬,不如让他们痛心地想一想:"我们以前对她到底做了些什么呵!"

小说是写人性的,但人性在自然发展的过程中也是有缺憾、有疏漏的:那些在当时的社会上被侮辱与被损害的人们要重新赢回自己做人的尊严,要得到周围多数人的起码的尊敬和爱戴,常常要付出像莫四婆子这样惨重的生命的代价。这是一个人性的空缺!这个人性的空缺,我们应该用过往的经验,特别是用文学艺术来填补,人类不能一代一代简单重复这样一些漫长的、残酷的人性觉醒的过程!

作为一个女性作家的彭慧是拥护革命、拥护抗战的,是反对女性以旁观者的态度看待社会的灾难和民族的灾难的,但她的小说却在无意之

一个寻找女人的女人

间流露出她对女性在战争年代的历史使命的理解。她笔下的女性,除了像"巧凤家妈"、莫四婆子这样一些在个人的生活经历中为民族的抗战做出过牺牲的女性形象之外,其他的女性形象则是以母亲和妻子的方式介入当时的历史时代的。《一个战士的母亲》发表于1938年《新云南》半月刊第2期,曾收入周良沛主编、云南教育出版社1999年版的《小说中的云南》。作为一个短篇小说,它没有令人格外注目的地方。它没有多少悬念,也没有过于奇突的情节,但作为一篇记人的散文,却不失其平实、朴素的美感。张大明教授说这篇小说"出之自然,显得平淡,饱含生命的活力"①,可以说是一语中的。它之所以平淡自然而又浸透着民族精神和英雄精神,就在于它不是空洞地宣扬爱国,宣扬抗战,宣扬为国捐躯的精神,而完全是从这个母亲的"爱子"之情出发的。但作为一个母亲,她爱自己的儿子,并且像所有的母亲一样在本能上就不希望自己的儿子是个懦夫,是个胆小鬼,是个好吃懒做的懒汉,而是希望他们有出息,有能耐,胸怀宽广,意志坚强,像个顶天立地的男子汉:"丈夫们,儿子们,整天守在家里,就会变成没用的人!变成懒人!要不得的……""男人的心门,是朝外开的!"不难看出,正是出于对儿子的这种自然的爱心,她才成了一个坚强的母亲,才用对儿子的骄傲支撑着自己失去儿子的悲痛之心,这同时也与整个民族的命运自然地联系在了一起:"东洋人动刀来啦……你不打,我不打,未必让他冲进来?先生,你说可是?男人们有了这个志向,才是个大丈夫!他就死在炮火里,那是他心甘情愿的……我生了这样的儿子,也不有愧心……"与此同时,这个母亲的"豪言壮语",并不是为了表示自己的坚强、自己的"深明大义",而更是为了安慰自己身边的儿媳,为了在这个苦难的世界撑起一片生命的天空。所以,即使在这"豪言壮语"的背后,也压抑着自己对儿子的挂念和担心。她对儿媳说:"要真是有个什么……也得忍……不要一天到晚愁成这个样子!自己再闹出毛病来,咋个整?家里还有小呢!"小说对这个抗战战士的母亲的心,刻画得是细

---

① 张大明:《主干挺拔 枝叶婆娑——读彭慧六篇小说随笔》,《北华大学学报》2003年第3期。

腻深刻而又准确生动的。现在的读者，可能已经不能了解这样一个母亲的坚强和母亲的善良，但在那战争频繁、苦难重重的年代，这样的母亲不正是中国的脊梁、社会的脊梁，也是自己家庭的脊梁吗？这是一颗没有被苦难压倒的母亲的心灵！

《春天里的故事》发表于1940年4月16日《文艺月刊》第4卷第3、4期合刊，是具体地表现一个抗战战士的母亲的悲哀的。小说虽然没有明说，但从儿子临走时让母亲有事找保长，最后又领到省里什么会的代表的慰问品来看，这个儿子实际是一个被征到前线参加抗战的战士，但当这个战士离开家乡之后，保长不但没有给予这个母亲任何关心和照料，反而成了上门逼债的债主。小说让我们看到，折磨着母亲们的不仅仅是战争的残酷，不仅仅是外国侵略者的烧杀抢掠，还有中国社会本身的世态炎凉和人情淡薄。

《还家》发表于1941年9月5日《自由中国》第1卷第2期。这篇小说分明是从妻子与战争的关系入手的，但并不是一篇成功的小说。小说写一个离家多年、失去音信的抗战战士回到家乡，妻子却已经信奉了佛教，最后放弃佛教信仰而与丈夫团聚的故事。作者将民族战争与宗教信仰这么两个人类文化的根本问题放在一个简单的生活故事中草草地给予了表面圆满的解决，不能不失之肤浅和草率。在这里，我们也可以看到，人性的问题，女性的问题，都是人类生活中极其复杂的重大问题，任何一个历史时代的任何一种严肃的文化立场，都可以触及这个重大主题的某些侧面，但又不可能触及它的所有侧面。《还家》的失败就在于它用简单的社会同情，掩盖了女性性爱感情重生过程的复杂性和微妙性。一个已经皈依了佛门的女信徒，还能够重新爱上这个离别多年、变得异常陌生了的丈夫吗？作者对此似乎毫不留意，但这也从根本上失去了小说创作应有的艺术趣味，造成了情节的凌乱和内容的空洞。

五

彭慧之所以到更广大的世界上去寻找自己较近完美的、理想的女性，就是因为她已经不像20世纪20年代的知识女性那样，将理想仅仅

一个寻找女人的女人

寄托在现代城市知识女性的身上。但这并不意味着同为城市知识女性的彭慧，对城市知识女性的生活和命运已经失去了起码的同情心。必须看到，彭慧并不像后来的某些男性革命文学家那样将马克思主义的阶级论机械地套用到对中国女性生活和命运的感受、理解和艺术表现之中去，并将城市知识女性一律作为资产阶级代表人物予以绝对的否定。我认为，这样概括彭慧女性小说的这种分野似乎更加确切：她是怀着一个革命艺术家的好奇心理注视着更广大的底层劳动妇女的，她肯定的不是中国妇女的这个阶层，而是努力在这个阶层中间发现没有被传统男权社会和男权文化完全异化的那些朴野的、自然的、劳动的、倔强的、美的女性灵魂。与此同时，她对城市知识女性采取的则是反思的态度，是这个阶层的女性在自我解放的道路上所不能不遇到的一些新的人生陷阱。这些陷阱恰恰是使所谓中国现代城市知识女性重新沦为现代男权社会、男权文化的奴隶地位的途径和方式。城市知识女性并不能保证自己走上的就是一条真正的解放之路、自由之路。

《九峰山下》发表于1938年12月1日《文艺阵地》第2卷第4期，曾收入周良沛主编、云南教育出版社1999年版《小说中的云南》。严格说来，这不是一篇以女性为主题的小说，而是一篇社会暴露小说。但我认为，它恰恰因为以一个觉醒的城市知识女性为第一人称的"我"，而使小说有了别样的风采、别样的意味。她像鲁迅《祝福》《故乡》中的"我"一样，是一个具有现代社会意识和现代社会追求的知识者，但她也像鲁迅笔下的这些男性的知识者一样，在面临现实的社会矛盾的时候是一筹莫展、束手无策的。"如今这世界，道理在次，势力在前。"她的意识、她的追求，充其量只不过是一些"道理"，但这些"道理"在尔虞我诈的现实社会是不起任何作用的。她只能眼睁睁地看着豪强地主秦老太爷勾结官府用阴谋手段霸占了李家四爹的祖传的风水宝地。实际上这是中国城市知识女性成长和发展的一道门槛：面对这样一个中国、这样一个世界，中国现代城市知识女性又有何为？又有何能呢？但如果中国现代知识女性面对这样一个中国、这样一个世界，根本无所为，无所能，那么，这些知识女性会不会反躬自问：我的"觉醒"，到底有什么意义、什么价值呢？我从现代学校教育中所接受的所有这些新知识、新思想，除了平添了自己许多的痛苦和失望之外，又有什么实际用途呢？难道女性解放的意义就是要使觉醒的知识女性经受较之传统妇女更多的痛苦和失望吗？不难看出，这恰恰是一代一代的中国城市知识女性在青春期的浪漫幻想破灭之后纷纷向现实的男权社会、男权文化举械投降的根本原因。绝大多数中国现代知识女性首先陷入的是在现实社会、现实文化的尖锐复杂的矛盾和斗争中的彷徨与绝望，然后就发生分流：一部分精英知识女性通过与现实男权社会、男权文化的合作而成为现实社会的统治者，她们像传统男性统治者那样使用着男性社会的权力，也像传统男性统治者那样通过自己的努力维护并加强男权社会和男权文化的社会统治力量；而更多的现代城市知识女性则将中国社会的统治权力重新出让给男性公民，主动放弃自己的社会责任和社会关怀，成为中国现代城市社会的新形式的花瓶。

《马校长》发表于1947年6月12日《现代妇女》第9卷第3期，是一篇讽刺小说。实际上，这篇小说中的"马校长"就是一个女"假洋鬼子"，一个借助一点"新学"的皮毛将自己提高到体面地位的女性。"她的被称为'女博士'，实在不算过分，想想看，十八年前，她就出过东洋了。她那次去东洋，简直是轰动满城的佳话。那是民国九年的事，那时，她才十八岁，她已在家里遵照未婚夫的指定，读了两年书，什么《三字经》《女儿经》，她都读过了。那年春天，她在东洋留学的从未见过面的未婚夫从东洋回省城来和她结婚，结婚后三天，就把她带到东洋去了。那让多少小姐太太们羡慕着她啊！"在中国近现代文化转型的过程中，开始是少数为了挣脱传统文化束缚、争取自身自由和解放的人首先走上一条新的人生道路和文化道路，从而也为中国社会和中国文化注入了一种新的异质的要素，推动着中国社会和中国文化的实质性的发展。但当这条道路已经被开通，已经成为新的立身扬名的途径和方式，那些在传统社会拥有特权的阶层便起而效仿，或将自己的子弟送上这样一条新的人生道路和文化道路。但在这时，他们中的很多人实际是没有任何新的追求目标的，他们也不想运用自己学到的新的知识或新的思想改造中国的社会和中国的文化，而只是利用它们将自己送上上层统治者的宝座。在这时，所谓"新文化"就成了他们适应旧社会、旧文化的一

一个寻找女人的女人

块招牌，他们不是为中国固有的文化传统带来了新的文化，而是在新的文化形式下复活了旧的文化传统。不难看出，这就是在中国近现代历史上充斥着大量"假洋鬼子"的原因。在表面的形式上，"马校长"绝对是一个"新"女性，她有"博士"的称号，也有"留学"的经历，现在又成为新式学校的一校之长，不再是"男女授受不亲"的闺阁小姐，也不再是没有社会地位的家庭妇女，在当时的社会上，难道不更像妇女解放的典型吗？但是，在没有思想、没有个性、禁锢学生、镇压学生运动、勾结官府、谗上压下等一系列思想习性上，她甚至还不如那些有点方正之气的传统文人。但我认为，彭慧笔下的这个"马校长"，到底不是鲁迅笔下的"假洋鬼子"，也不是张天翼笔下的华威先生，他们的"文化"到底还是他们"自己"的，而马校长则只是当时男权社会、男权文化的一个傀儡，一个木偶，她更加可笑，但也更加可怜。那些男士们在演起戏来的时候还是演得很像的，也演得得心应手、优哉游哉，不失为一种活法，而马校长则演的不是自己的戏，演得不像不说，演得也很累，很不自在。在这里，也可看出女性文学与男性文学到底是有细微的差别的。我认为，我们不能用"辛辣讽刺""无情揭露""严厉鞭挞"这类太男性化的词语概括彭慧对这个人物的情感态度。

《皮大衣太太》发表于1947年4月4日《现代妇女》第9卷第1期，显然是作为《马校长》的姊妹篇先后发表的。（我将《马校长》放在前面，是因为叙述的方便："马校长"地位更高，即使登报，排名也应在"皮大衣太太"之前。）就其本身，"皮大衣太太"算不上城市知识女性，但作为现代城市男性的新式花瓶，在本质的意义上则是相同的。如果说不同，那就是"皮大衣太太"更加值得人们的同情和怜悯，而那些自觉自愿而又很"文化"地为自己的花瓶地位辩护的城市知识女性，则更具欺骗性，也更难引起读者的同情。"一个科员，有点什么事要和科长说……唔，又不好开口，那就……那就要他的太太跟科长太太去说，那比较方便是些……""你将来会懂的，你的模样是好看的……我相信我们处里都会说你好看，漂亮的，只是，只是你的谈吐上不行，还得要学呢……""我们处长，是顶看得起漂亮的太太们的！只要你肯学，我相信，你将来会很出风头。"……在我们的学术著作中，一般将中国近现代文化分为"旧文化"与"新文化",实际上,除此之外,还有"皮大衣太太"所肩负的这种"新新文化"。(如果说"旧文化"是中国的古典主义文化,"新文化"是中国的现代主义文化,这种"新新文化"就是中国的后现代主义文化。)

《四姑娘的喜事》发表于1943年1月10日《青年文艺》(桂林)第3期。这篇小说,我之所以将其放在最后加以评述,是因为就小说论小说,它实际是颇见彭慧的艺术功力的一篇。作为一篇社会暴露小说,《九峰山下》揭露豪强地主勾结官府,假借抗日救国的民族大义霸占自私、狭隘、迷信、没有任何变通能力的破落地主祖传良田的社会不公现象,尽管颇富典型意义,但仍然不像鲁迅的《祝福》那样能够最大限度地衡量出一个觉醒了的现代知识女性在现实社会能够承担的最大的社会压力,因而也不像鲁迅的《祝福》那样具有现实时代最深刻、最彻底的人生悲剧的性质。也就是说,《九峰山下》的"我",作为一个具有现代知识的觉醒"女性",如果激于义愤而决心帮助李家四爹打赢这场官司的话,她是可以粉碎秦家老爷的罪恶阴谋的,而《祝福》中的"我"则无论如何也无法挽回祥林嫂的悲剧命运。这就决定了《九峰山下》的悲剧还主要停留在一般的社会层面上,不具有更深刻的精神悲剧的性质。《马校长》《皮大衣太太》是两篇讽刺小说,但它们都是在将讽刺对象的可笑特征表面化之后较为直接地实现其讽刺效果的,这就使它们的讽刺带有笑剧的性质,更加接近"滑稽",而更加远离"讽刺"。实际上像《马校长》中作为现实社会专制政治工具的女性,在中国现代历史上往往是那些最高贵、最有学养的知识女性,当她们已经没有女性解放的自觉追求而仅仅满足于自己崇高的社会地位的时候,她们也就自然而然地堕落为现实专制政治的统治工具,在镇压起青年女性的反抗斗争来,甚至较之那些男性的政治统治者有过之而无不及。彭慧曾是女子师范大学的学生,"三一八"事件的参加者,刘和珍、杨德群的战友,在杨德群中弹身亡的那一刹那,她就在杨德群的身边。她的《马校长》中的马校长分明留有杨荫榆的影子,但杨荫榆却绝对不是一个像马校长一样不学无术、无才无德的滑稽人物。《皮大衣太太》中的中国现代城市男权社会的新式花瓶也是如此。能够做成这种花瓶的女性,大都是非常

一个寻找女人的女人

了不起的人物,她们的可笑特征绝不如"皮大衣太太"那么明显,那么露骨。一旦将她们的可笑特征表面化,所讽刺的对象就变成了城市小市民一类的人物,其讽刺的力度也就减弱了。《四姑娘的喜事》中刻画的则是在中国社会转型过程中普通市民婚恋心理的实际状况。在这样的婚恋心理中,仍然掺杂着大量现实生活的实际考虑,仍然是建立在个人的、狭小的私人生活的算计之上的,但却是他们婚恋心理的本身特征,并不附带婚恋之外的别样的目的,因而也是真实的、自然的。这种婚恋关系缺少的是精神的追求,但不乏两性关系间的情感因素,基本上还是将对方当作一个"人"来看的。男大当婚,女大当嫁,男性到一定的年龄要找到一个自己还能接受的女人娶过来,女性到一定的年龄要找到一个自己还算放心的男人把自己嫁出去,至今仍然是我们这些普通的中国男人和中国女人的最基本的婚恋观念。在我们的这种婚恋观念之中,新的与旧的、情感的与实利的、真实的与虚幻的、严肃的与油滑的从来都是水乳交融般地结合在一起的。它并不浪漫,但也不绝对的保守。时代的变化还是能够一点一点融入我们的婚恋意识之中来的,但要像现代知识分子想象得那么超前、那么超群,我们实际是做不到的。西方那种像火山爆发一样突然而来、突然而去的爱情观,并不符合我们的意愿,我们理想的婚姻永远是固若金汤的"银婚"和"金婚"。彭慧的这篇小说写的就是我们普通中国人的婚恋心理,这里没有着意的赞扬和歌颂,也没有着意的讽刺和揭露,一切都像这些人本人一样,自自然然,普普通通,每个人有每个人的算计,每个人有每个人的心思,但一桩婚事就这样顺顺利利地办成了,虽然谁也无法保障以后的生活是否幸福美满,但至少从现在看来,任何人都不能否定它是一件"喜事"。小说中的四个主要人物,包括他们的活动背景和背景人物,写得都栩栩如生,错落有致,颇见艺术功力。

闫纯德教授说:"彭慧的小说创作,无论是短篇还是长篇,最多和最突出的是对女性形象的塑造,并以对于社会的参与和叛逆的'女性意识,凸现女性对于社会生活的影响与作用。从这个意义上讲,她的文学创作是中国女性文学中具有鲜明'女性意识'的那种文本,有着广泛的文学价值和社会价值。"①可以说，像彭慧这样始终自觉地立于女性解放的角度从事小说创作的文学作家在中国现代文学史上确实是极为少见的，这使她的为数不多的短篇小说创作在中国20世纪三四十年代的革命文学、抗战文学中独树一帜，体现着当时的革命女性自觉地站在女性解放的立场上感受、体验并表现当时的中国社会和中国社会思想的愿望和要求。她不像丁玲、萧红那样希望在整个中国革命文学界撑起女性作家的大旗，也不像张爱玲那样以现代社会人生的唯一见证者自足。她像一个集邮者一样，只是随时将自己所见所闻的关于女性的事情像速写一样记录下来，这影响了她的作品题材的广度和深度，也使她的作品缺乏回肠荡气的气度和魄力，更没有鲁迅小说那种高屋建瓴的人生哲理高度，但在女性视角的韧度和纯度上，却又有为别的作家所不可企及之处。她没有丁玲、萧红作品那种略带男子特征的英雄气，也没有张爱玲作品那种传统大家闺秀常有的洁癖和孤僻，我们从彭慧的作品中，更能体验到一个追求女性解放的中国现代知识女性怎样感受自己的时代与自己时代的女人。

原载《中国现代文学论丛》2008年第1期

---

①闫纯德：《关于彭慧的文学创作》。根据作者提供"彭慧先生百年诞辰纪念暨学术研讨会"的打印稿引用。

中国现代诗歌的发展（上篇）

中国的新诗，严格说来，就是中国现代白话诗歌。我说它是中国"现代"白话诗歌，因为它有别于中国古代的白话诗歌。"五四"以后，胡适写了一部《白话文学史》，是为了说明他所提倡的白话文学不是没有根据的。按照他的说法，中国文学从产生之日起，就是白话文学占着统治地位，所有有价值的文学作品，几乎都是白话文学作品。我认为，这并没有给他的白话文的提倡带来多大的好处，也没有给他的白话新诗的试验提供有益的帮助，因为他所提倡的白话文已经不是中国古代的白话文，他所试验的白话诗也已经不是中国古代的白话诗，而是中国现代的白话文，中国现代的白话诗。这个"现代"到底包括哪些具体内容，我们是说不清的，恐怕永远也说不清，但郭沫若、闻一多、徐志摩、戴望舒、冯至、艾青、穆旦、郑敏，直到中国当代那些著名诗人的诗，从根本上不同于胡适在其《白话文学史》中所叙述的那些所谓中国古代的白话诗，则是任何一个诗歌的读者都能清楚地感受得到的。我说它是中国现代"白话"诗歌，是说它已经不建立在中国古代的文言文的基础之上，而是建立在中国现代"白话"的基础上。什么是中国现代的"白话"，也是一个说不清的问题，但文学读者靠的是感受，而不是理论。中国古代，有两套语言，一套是口头说的，一套是书面写的，这两套语言当然不是完全脱节的，但说和写各有自己的一套语言则是不言而喻的。到了"五四"以后，这两套语言逐渐融合成了一套语言，虽然现在这个融合过程还远没有最终完成，但这个大趋势却是人人都能感受得到的。像中国古代那种专用于写作的"文言"，已经不存在了，所以中国新诗是白话诗，而不再是文言诗。中国古代的那些格律诗是在中国古代"文言"语法的基础上建立起来的，中国新诗还会有各种不同的"格律"，但这种"格律"也不再是在文言语法的基础上形成的，而是在现代白话语言的基础上形成的。所以，我认为，我们所说的中国新诗就是中国现代白话诗歌。在这里，我想按照我的感受和理解，重新回顾一下中国新诗的发展历史，并在此基础上提出我对中国新诗发展问题的若干意见。它不是对所有诗人及其作品成就的评价，只是中国新诗发展的一个轮廓。

一

中国新诗同中国古代诗歌传统和西方诗歌传统有一个完全不同的特点，这个特点在表面上看来是十分荒诞的，那就是它不是由一个伟大的诗人开创的，而是由一个不是诗人的人开创的。胡适就是这样一个不是诗人的伟大诗人。可以说，现在任何一个诗歌爱好者都会写出比胡适的新诗好的新诗来，但迄今为止的任何一个杰出的中国新诗诗人都没有胡适对中国新诗的贡献更加伟大。

我们如何认识中国新诗诞生时的这种荒诞现象呢？

任何一个事物，都有其独立性，但任何事物的独立性，又都与其他事物联系在一起，仅仅从一个事物的独立性考察一个事物，是不能说明它的全部问题的。中国的新诗也是这样。中国的新诗是中国新文学中的一种文体形式，而中国新文学又是中国新文化中的一个文化领域，中国新文学是伴随着中国新文化的产生而产生的，中国的新诗是伴随着中国新文学的产生而产生的。当胡适开始创作新诗的时候，他实际进行的不是新诗革命，而是文化革命，并且是书面文化的语言载体的革命。中国古代的文言诗文有没有自己的历史作用？这个问题几乎是不用回答的，只要我们读一读至今令我们感到震撼的中国古代那些光辉灿烂的诗文名篇就说明了一切问题。在古代中国，各个不同地域的语言是通过一种统一的语言联系起来的。这种统一的语言不是像现在的普通话一样是以一个地方的语言为基础形成的,而是以中国古代的典籍为基础形成的。一个地区的语言本身就在不断地流动的过程中,而中国古代的典籍则是具有固定形态的东西。它也可以不断吸收各个地区的方言土语,但这种吸收是极其有限的,它不能撑破中国古代典籍的基本语法形式和基本语汇系统。这是由中国古代知识分子,特别是官僚知识分子运用并发展着的一种语言形式。我们说民族语言,在中国古代,这种语言形式才是真正的民族语言。"老百姓"用的是白话,但白话的交流功能仅限于一个地区的内部,不是全民性的,具有全民性的语言只有这种以中国古代文化典籍的语言为基础、以书面语言为主要形式,并且是由中国古代知识分子,特别是官僚知识分子实际运用并丰富着的语言形式,这种形式就是中国古代的文言文。它一方面适应着跨地域语言联系的需要,另一方面也像一根缰绳一样牵制着各种不同的汉语区地方语言的发展,使其不致完全脱离汉语语言的统一性。不难看出,在交通不便、联系松散的中国古代社会,这种语言形式的作用是巨大的,甚至比中国古代统一的国家形式对中华民族的维系力还要大。国家可以分裂,统一的国家形式可以转化为列国争雄,但这种语言形式却始终保持着自己的统一性,并把中华民族维系为一个虽然松散但却没有导致根本分裂的统一体。胡适说,在中国古代文学史上最优秀的文学作品都是白话的文学,我认为,这恰恰把事情弄颠倒了。至少在唐宋之前,中国文化,包括中国文学的最优秀的作品都是在这种语言形成过程中创造出来的,并且对这种统一的语言的形成起到了关键的作用。但是,也正是因为如此,中国古代的语言发生了言文的严重分裂,并且越到后来,这种言文分裂的现象越加严重。在《诗经》的时代,《论语》的时代,《离骚》的时代,言文还是相对统一的。先秦文学家、思想家完成的还是把自己的地区的白话上升到统一的民族语言、国家语言,使其具有普遍可接受性的高度的过程。但越是到了后来,由于这些文化典籍自身的恒定性和口头语言的变动性,这两种语言形式的距离就越大。中国古代的"老百姓"用的是白话语言,只有中国古代知识分子才同时接受两种不同的语言形式。这种语言把社会截然分成了两个不同的阶级,一个是没有文化的阶级,一个是有文化的阶级，同时也把同一个知识分子分裂成了同时具有两种不同的思维方式、感受方式和话语方式的人。平时说话用的是一种语言形式，写文章用的则是另外一种语言形式，一俗一雅。虽然很多中国古代知识分子也努力把俗、雅这两种不同的语言形式结合起来，但这种结合的程度是有限的，否则，文言就不是一种独立的交流方式了。白话无法代表文言，而文言也无法完全代替白话，因为经过漫长历史过程的发展，白话已经具有了为正统的文言诗文所根本无法包容的内涵。这种情况，到了宋元以后，发生了一个根本的变化，这种变化是由小说和戏剧的发展带来的。小说和戏剧不是在先秦知识分子的严肃的社会要求中产生的，而是在社会娱乐的基础上产生的，它利用的是特定地区白话语言的发展，并像先秦文学家、思想家那样把这种白话语言上升到了普遍可接受的高度，形成了与文言诗文不同的另一种统一的民族语言。这种语言形式带有比文言诗文更大的包容性，并形成了与文言诗文不同的审美特征。事实上，一部《红楼梦》包容了中国古代的诗词歌赋所创造的大部分文言语汇和表现方式，但中国古代的诗词歌赋却无法包容《红楼梦》所运用的大量语汇和表现方式。文言诗文作为一种全民族统一语言形式的作用在开始消失，它在宋元以前的绝对统治地位受到了严重的挑战。也就是说，在宋元以前，能够跨越白话口语的地方性，以书面语言形式实现全社会交流的，几乎只有中国古代的文言诗文，而在这时，除了文言诗文之外，还有另外一种书面文化形式，那就是白话的戏剧小说的语言。这种社会语言形式带有更强烈的平民色彩，但却不再是地方性的。中国文言诗文的作者继续坚守着中国古代文化典籍的语言形式，而宋元以后的戏剧小说的作者则更是以白话语言为基础的，他们把大量文言诗文所无法容纳的思想内涵和语汇都纳入自己的语言系统中来，并形成了与之不同的审美形态。但这时的戏剧和小说还没有得到与文言诗文平等的社会地位，它们的社会性还具体表现为民间性，它们还不是一种严肃的社会语言形式，不论其作者还是其读者，还是将其视为正常的社会追求之外的"闲书"看的。在这时，中国社会实际上存在着三种不同的语言形式：一是作为严肃的社会文化语言载体的文言诗文。它是以中国古代文化典籍的语言形式为基础逐渐演变发展起来的，它几乎主要是一种书面语言形式，适用于看而不适用于听，是知识分子在学校教育中习得的，而不是在社会交流中习用的。二是作为非严肃社会文化载体的戏剧、小说的白话语言。它是在当时社会群众口头语言的基础上并容纳了在文言诗文基础上形成的大量语汇形成的另一种书面语言。这种语言是由说的语言直接转换成的看的语言，它既适用于听，也适用于看，但不具有严肃文化的性质，无法通过学校教育普遍地提高这种语言的素质，它几乎能够包容文言诗文发展过程中创造出来的所有汉语语汇和话语形式，但它的丰富和发展对文言诗文自身的促进作用则是极其有限的，文言诗文无法包容它所能够包容的所有汉语语汇和话语形式。三是仅仅停留在口头的白话语言。这种语言主要是说的语言，其表现形式是各种不同的地方语言，其中也包括中国境内的各少数民族的语言。它们继续发生着各种不同的变化，但没有普遍交流的性能，不具有广泛的社会性质，只能通过戏剧、小说的书面语言的吸纳并使之规范化，才能转化为一种全社会的语言。当鸦片战争之后的中国知识分子开始接触到西方文化的时候，中国的语言状况基本属于这种状况。

鸦片战争之后，中国知识分子不但面临着中国固有的文化，同时还面临着西方文化。西方文化在当时的中国是作为一种严肃的社会文化而被接受的，它不是为了地域性的口头交流，也不是为了纯粹的个人娱乐，而是为了中华民族的整体的发展，就其作用和意义是与中国古代的文言诗文相同的。但是，每一个学过外语的人都知道，中国知识分子对西方语言的掌握和对西方文化的了解都是首先通过口头白话语言的形式而实现的，即使林纾、严复的文言翻译也是把口头的白话语言重新翻译成文言。也就是说，鸦片战争后中国知识分子对西方文化的接受迅速地丰富和发展着他们的白话语言，而这种白话语言既不是在中国古代文言文的基础上产生和发展起来的，也不是中国古代老百姓在口头交流中实际使用的白话语言，同时也不等同于在中国古代社会娱乐需要的基础上形成的白话语言，而是一种严肃的社会白话语言，它是在中国古代戏剧、小说的白话语言的基础上大量接纳西方严肃的社会话语后迅速丰富发展起来的。西方这些话语的社会性质和严肃性质使它具有了与中国古代文言话语几乎相同的严肃性和社会性，但它又不是中国古代文言话语形式自身发展的结果，而是与中国的白话语言更紧密地结合在一起的。它和中国古代在戏剧、小说的基础上形成的白话语言紧密地结合在一起，但却已经不是一种娱乐性质的民间话语，而与社会整体的发展有了直接的联系，具有了与中国古代文言诗文同等的严肃性质和社会性质。正是这种话语形式，具有了同时向中国古代文言诗文，向在中国古代戏剧小说的基础上形成的白话语言，向中国汉语区仅仅在口头上流传的各种地方语言，向在外国产生的各种不同于或不完全等同于中国固有语言概念和表现形式的开放的性能。所谓开放，就是它能把所有这些语言中的语汇和表现形式都纳入自己的基础上来，而实现更广泛的社会交流。不难看到，我们现代的汉语，主要指的就是这样一套语言。直到现在，我们在学校教育中接受的，通过报纸杂志、广播电视进行广泛传播的，能够在中国全社会担当着语言交流功能的，就是这样一套语言。中国现代最高的科学文化成果是通过这样一套语言在中国社会上得到流传的，中国各地区的地方语言是通过这样一套语言的吸收而转化为全社会的语言的，中国古代的诗文也是被纳入这个语言体系中来感受、理解和具体运用的，外国的科学文化成果是通过翻译成这样的语言而被更广大的中国人所接受的。在现代，这套语言就是中国社会的语言，就是中华民族的民族语言。它已经不是文言的，而是白话的；它已经不是纯地方性的，而是能够起到全社会的交流作用的；它已经不仅仅是娱乐性的，而同时具有了严肃的社会语言的性质。文学是语言的艺术，中国文学是中国语言的艺术，中国现代文学当然也就是中国现代这套白话语言的艺术了。直至现在，还有很多学者因为中国古代诗文的成就而轻视现代白话文学，特别是现代白话诗歌。但必须看到，一个民族的语言不是专门为文学家准备的，而首先是为全民族的生存和发展而存在、而发展的，文学家只有在自己民族语言的基础上进行自己独立的创造，才能为自己民族语言的发展做出自己的贡献。中国古代的诗文确实做出了为世界各民族所无法取代的伟大贡献，但中国现代的文学家的贡献却必须首先是对中国现代民族语言的贡献，而不再是对中国古代文言文的贡献。时至今日，我们已经能够清楚地感受到，虽然像鲁迅、胡适、周作人、郭沫若、郁达夫等一大批现代文学家也写了很多优秀的古代格律诗，但真正

中国现代诗歌的发展（上篇）

丰富和发展了我们民族语言的却是他们的白话文学作品，而不是他们的文言诗文。胡适所重视的，也就是这个语言基础的变更。它是中国现代的民族语言，也理应是中国现代文学，其中也包括现代诗歌的语言基础。不能不说，这个变更对于中国现代诗歌是具有关键意义的，它实际上是把中国现代诗歌的发展转移到了具有更大量语汇、更丰富内涵、更多样的表现形式的中国现代民族语言的基础上来，从而也给中国诗歌的发展开辟了新的更远大的前景。正是在这样一个意义上，我们说胡适对中国新诗发展的贡献是无与伦比的。只要我们尊重中国新诗发展的历史事实，我们就会看到，没有胡适，就没有中国的新诗。此后所有新诗诗人的创作，都是在他开创的这个诗歌创作的领域取得了自己的艺术成就的。我们无法无视中国诗歌这个伟大的转变，因而也无法否认胡适对中国新诗的伟大贡献。他第一个尝试在现代白话文的基础上写诗，从而开创了中国诗歌发展的一个全新的时代。

文学是语言的艺术，但却不是语言自身。什么是语言的"艺术"？语言的艺术就是更充分地利用一种语言的内在潜能以表现一般的社会群众所没有或很难进行表现的一种情感的或情绪的感受，使这种语言具有更深厚、更丰富的内涵，更隽永、更浓郁的意味。所以，文学的本质是创造的，而不是记录式的。它的创造的基础是一个民族平时用于实际生活交流的语言，但却不是这种语言的本身。林纾曾经用"引车卖浆者流"都成了诗人的话攻击白话文革新，就是因为他把现代白话文自身与在现代白话文基础上进行的新的文学创造完全等同了起来。但是，不能不说，在胡适专注于白话文革新的时候，首先重视的也不是"文学"，更不是"诗歌"，而是书面语言与口头白话语言的关系。他之所以用尝试写作白话诗的形式实现书面语言形式的革新，就是因为在中国古代文学中诗歌的成就最大、地位最高。他认为只有诗歌的创作也能建立在白话语言的基础上，白话文的革新才能取得最后的胜利。但是，假若仅仅停留在这样一种考虑上，它还只是一个文化革新、文学语言革新的理论问题，而不是诗歌创作的问题。不论新诗还是旧诗，它首先得是"诗"。什么是"诗"？"诗"就是一种独立的文体，一种独立的表达方式，它所能够表达的不是其他的文体也能表达的。人人都会说话，但不是人人都是诗人，甚至连那些精通中外诗歌的学问家也不一定能够创作出真正的好诗来。诗人是能够感受到多数人所感受不到的东西的人，是能够表达别人想表达而表达不出的感受的人，并且这种感受只有用诗的形式才能得到最好的表达。胡适没有这样的感受，他只是认为诗可以用白话写，但这还不是"诗人"。他的新诗，几乎没有一首不可以改写成散文，并且用散文的形式比用诗的形式更能传达他所要传达的思想和感情。他是一个优秀的散文家，特别是他的学术散论，能用朴素、亲切、平易近人的语言申述自己对人生、对社会、对文学的看法和意见，但他却不是一个优秀的诗人，甚至就不是一个诗人。就这样，中国的新诗就由这样一个不是诗人的人创造了出来。他实现的是诗歌语言基础的根本转换，但没有创造出优秀的新诗作品来。他用诗的形式表达的是一个散文家的感受和认识。他是一个勘探家，而不是一个开采家，他指出了在哪一个地段还能开采出矿产来，但他自己却没有开采出来。

正像开采家不能忘记，更不能鄙夷勘探家一样，后来的新诗诗人也不能忘记，更不能鄙夷胡适。

二

胡适之后，沈尹默、刘半农、周作人、鲁迅、傅斯年、康白情、刘大白、王统照、俞平伯、叶圣陶、郑振铎、朱自清、汪静之、冯雪峰、应修人、潘漠华等一大批人都曾经进行过新诗的创作，在新诗发展史上也应有自己的地位。但所有这些人，都没有成为中国现代文学史上最优秀的诗人。在这里我们需要注意的是，在这些没有成为中国现代文学史上的优秀诗人的人之中，却有中国现代最杰出的文学家鲁迅，中国现代最杰出的小品散文家周作人，中国现代著名的小说家叶圣陶、王统照，中国现代著名的散文家朱自清，中国现代著名的文艺理论家冯雪峰，中国现代著名的学者傅斯年、俞平伯。在后来的一些诗人或文学史家那里，把这时期新诗成就的薄弱视为胡适领错了道路，但他们恰恰忽略了，像鲁迅、周作人这样一些新文化的创始人向来不是被别人牵着鼻子走的。胡适写了怎样的诗，对他们无关紧要，紧要的是他们需要表达的

中国现代诗歌的发展（上篇）

不是诗的情思，他们的创造性是通过其他的文体形式表现出来的。在这里，存在的是中国新文学体裁重心的转移问题以及诗歌、散文、小说、戏剧四种文学文体形式的关系问题。要讨论中国新诗发展的问题，脱离开这个问题是说不清楚的。

我们经常用中国古代诗歌的伟大成就比照中国现代诗歌，并以此鄙薄现代白话诗人及其白话诗歌，似乎白话诗歌不是对中国古代诗歌的一种发展，而是对中国古代诗歌的一个毁坏。但我认为，人们普遍忽略了文学发展的一个基本的规律，那就是它不是直线上升的，不是历史上成就最大的将永远是成就最大的，历史上成就最小的将永远是成就最小的。文化的发展是在各个不同文化领域的参差交错的关系中实现的，文学的发展是在各种不同文体之间的参差交错的关系中实现的。我们说中国古代是一个诗的国家，但我认为，恰恰因为中国古代是一个诗的国家，中国现代的诗歌发展才遇到了较之小说和散文更大的阻力。一方面，中国知识分子在一般的人生经历中所能够产生的诗思情语已经有丰富的中国古代诗歌进行了有力的表现，中国新诗诗人再写春花秋雨、离情别绪、民间疾苦、报国壮志已经很难超越中国古代那些诗歌名篇。另一方面，能够给新诗诗人带来新的感受和情思的新的事物或新的词语，还没有成为诗人生活中的有机组成成分，也不是诗人生命中不可或缺的因素。这些从西方引进的新的事物和新的词语还像放入中国语言中的坚硬的冰块，没有和中国固有的语言融为一个和谐的整体，诗人还没有用情感暖热它们，它们也还没有暖热诗人的心灵。中国的新文化和新文学是在西方文化的启发下通过革新中国传统文化和传统文学产生的，而西方文化和西方文学对中国散文、小说、戏剧的影响更带有直接性，而对诗歌的影响则更带有间接性。诗歌是语言中的语言，它的艺术更依赖语言自身。它必须建立在一个民族常见、常用的语言习惯的基础上，正因为这个民族最熟悉这些语言，所以当诗人将这些语言以诗的形式组织起来并使之呈现出意想不到的艺术效果的时候，人们才感到一种惊异乃至惊喜。真正的诗人必然是民族的，因为他的艺术是民族语言的艺术。他使本民族的人常常感到本民族语言的魅力，把本民族语言当作一种常用常新的神秘但不可怕的整体，从而把自我更紧密地融入本民族的整体之中去。不同民族的诗歌是不同民族语言的艺术，二者之间是无法直接兑换的。好的小说、散文和戏剧直译成另一个国家的文字，基本上还是一部比较好的小说、散文和戏剧，它们的成功更多地取决于原作的题材、结构、故事或情节。诗歌却不行。诗歌的翻译实际等于重新创作，它的成功与否主要不取决于原作者，而取决于翻译家。西方小说、散文、戏剧的影响，使中国新文学的小说、散文、戏剧有了一个长足的进步，西方诗歌的影响却不可能起到如此大的作用。我们看到，上述这些诗人，在创作白话诗歌的时候，所运用的诗歌意象主要还是中国古代生活中已有的意象，构成现代世界和现代诗人精神世界的新的意象还没有充分纳入他们的诗歌，因而它们也不可能有较之中国古代诗歌更独特的艺术魅力。我们说周作人的《小河》表现了小河流水的流动感，但这种流动感却远远不如"汴水流，泗水流，流到瓜洲古渡头"（白居易）那么具有灵动感；我们说刘半农的"相隔一层纸"反映了贫富的对立和劳动人民的苦难，但它的艺术效果却远远不如杜甫："朱门酒肉臭，路有冻死骨"。在这里，不仅仅是思想内容的问题，还是一种诗的韵味的问题。平民百姓只能想象而无法真正了解豪门贵族的生活，豪门贵族也无法真正在精神上感受到平民百姓的苦难。它们在杜甫的诗中是被诗人的思维并列地组织在一起的，这两个世界没有亲近感，它扯裂了这个世界，也扯裂了诗人的心灵。我们从这两句简单的诗中就能感到杜甫的心灵的被扯裂的痛苦。所有这一切，都给杜甫这两句诗带来了意想不到的效果。而刘半农的诗虽然加强了彼此的直接对照，但却也增加了这两个世界的亲近感。他的诗的形式无法使我们感到两个世界的对立，也使我们感觉不到刘半农内心的痛苦。他似乎是在平静地看着这个社会画面。他知道社会是不公平的，但内心还是完整的。诗就是这样，只有现象的真实是不行的，还得是各种意味的综合体。这种意味是用诗人的心灵感到的，是通过语言形式表现出来的，不能仅仅是在理性上"考虑"到的，不能仅仅是用文字说出来的。鲁迅在这些人中更是一个伟大的语言艺术家，是一个真正用心灵感受世界、感受人生的人，但他明确说他的新诗是为新诗打边鼓的，他无意成为一个诗人。他的有些诗与其说是对诗的肯定，不如说是对诗的消解，他感到自己的感受已经无法用诗的形式进行表达，尤其无法用新诗的形式进行表达。他是把小说和杂文作为自己的文体形式而运用的。他的《野草》是从散文的角度接近诗歌的。正是在短篇小说、杂文这两个领域，他把中国文学真正推进到了现代的高度。我们看到，这两个领域恰恰是在中国古代文学中最薄弱的两个领域。在中国古代，有像《红楼梦》这样优秀的长篇小说，有像《聊斋志异》这样优秀的文言小说，但却没有真正具有较高艺术品位的白话短篇小说，没有表现普通中国人的精神风貌的平民小说。中国古代的温柔敦厚的诗教和文教，把中国古代散文拘囿在一个特定的审美领域，而像鲁迅杂文这种敢哭、敢笑、敢怒、敢骂，嬉笑怒骂皆成文章的审美领域是较少有人问津的。正是在这两个领域里，鲁迅充分发掘了中国固有事物和汉语语汇的内在潜力。他描写的不是从西方引进的大量事物和词语，而是在中国古代文化中已经存在但却没有正式进入书面文化的事物和词语。他写的是阿Q、孔乙己、单四嫂子、祥林嫂这些老中国的人物，写的是未庄、鲁镇这些未开化的地区，写的是茶馆、土谷祠这些存在了上千年的场所。正是在这样的文化背景和语言背景上，他一点一滴地纳入了从西方传入的现代事物和现代词语，并表现了这些事物和词语在中国文化背景和语言背景上发生的影响和自身的畸变。这就是中国现代真正的民族语言，也是中国现代知识分子的精神结构和心理结构。他的杂文则直接把中国古代的话语和从西方传入的现代话语纳入自己的心灵感受中，为之加了色，加了香，加了味，形成了他自己独有的一套话语系统。直至现在，这个话语系统还是中国现代最有生命活力的话语系统，它构成了中国现代民族语言的最有生命力的部分。胡适、周作人、朱自清、叶圣陶、王统照、俞平伯、冯雪峰等散文家、小说家、理论家莫不在中国现代民族语言的形成和发展中发挥了自己的作用。他们的语言直接进入的是中国现代民族语言的基础，是可以进入日常生活和口头交流的民族语言，没有这个更广大、更丰富的民族语言的基础，诗歌的土壤就是贫瘠的。与此同时，现代印刷业、现代报刊业、现代娱乐业的发达，中国知识分子的职业化，对小说、散文、戏剧的发展是有利的，而对于现代诗歌的发展则极为不利。不论从中国还是从世界上来看，诗歌都是在现代印刷业、现代报刊业没有发展起来之前的一种主要的艺术形式。社会交流的困难把人的人生经验压缩成一种十分浓郁的情感和情绪，它诗化了知识分子的心灵，也诗化了知识分子眼中的世界。那是一个诗的时代，那时的诗人作诗纯粹是情感的需要、交流的需要，而不是经济的需要。在开始，它是民间的；在后来，它是贵族的。这两个阶层都不以诗歌创作为职业，但也正是因为如此，诗歌才得以保留着自己的清醇，保留着自己的资质。屈原、陶渊明、李白、杜甫、白居易、但丁、拜伦、歌德、普希金、莱蒙托夫这些诗人都不是靠写诗吃饭的。中国古代的诗歌，直到唐代，都还主要用于情感和情绪的交流，它的衰弱是在科举制度以诗文取士之后，大量悦媚豪右、粉饰自我、虚与委蛇、无病呻吟的诗歌产生出来，从而也使诗歌在虚假的繁荣中走向了衰弱。中国现代知识分子职业化了，小说、散文、戏剧在现代印刷、现代报刊、现代社会娱乐的帮助下获得了更大的独立性，而诗歌这种文体形式的独立性却受到了更严重的破坏，使之在当代各种文体的竞争中处于极为不利的地位。中国现代诗歌的发展不但面临着中国古代诗歌的竞争、外国诗歌的竞争，同时也面临着新文学其他三种文体形式，特别是小说和散文的竞争。这种竞争不仅仅是对读者的竞争，同时也是对作者的竞争。当中老年知识分子还主要沉醉在中国古代诗文的欣赏和创作的时候，当新文学阵营中像鲁迅和周作人这样具有较丰富的人生经验和情感体验的新文学作家主要从事着小说和散文的创作的时候，从事新诗创作的几乎都成了一些青年学生，甚至连这些青年学生在度过青春期勃发的诗情之后，也主要转向其他的文化领域，这不能不造成中国现代诗歌发展的艰难。现代世界散文化了，现代知识分子的情感和情绪在散文中随时宣泄掉了，它不再能像屈原、像但丁那样储藏在心灵中并使之发酵为诗。后来的文学史家和新诗诗人对新文学初期自由诗派的批评是很尖锐的，但这些批评并不完全合理，因为这不仅仅是当时的新诗诗人自身的问题，也不是他们的诗学观念的问题，而是一个文学史发展的悖论的问题。但新诗存在着，它就有发展，有变化，它就给后来新诗的创造留下了机遇。在这里，我认为，应该特别提出来予以注意的是冰心的小诗。

我之所以在这诸多自由诗派的诗人中独独提出冰心的小诗，这不但因为冰心是中国现代诗歌史上第一个女性诗人，更重要的原因则是因为

中国现代诗歌的发展（上篇）

我不把中国现代新诗视为中国古代格律诗发展的直接产物，也不把中国现代新诗视为对西方诗歌的简单模仿。诗歌是最不能模仿的，中国古代文言诗歌和西方诗歌的形式是最不能直接搬用的。中国现代新诗必须在现代白话文的基础上重新生长。怎样生长？不是现成地接受中国古代的或外国的语言形式，而是一点一点地用白话语言感受事物，感受世界，感受现代的中国人，同时也感受自己。中国古代的诗人是从儿童上学的时代就把他们进行写作的文言文一点一点地溶化在自己的心灵感受里，中国现代诗人也要把中国现代的白话语言这样一点一点地溶化在自己的心灵感受里，只有这样，中国现代白话文才是我们心灵的语言，并在有了需要表达心灵感受的时候写出现代白话的诗歌来。在胡适等人企图站在与中外历史上那些伟大诗人平等的地位创造中国现代新诗的时候，冰心却睁开了自己少女的眼睛，一点一点地感受着周围的大自然和人生现象。我认为，这才是中国现代白话诗生长的正常道路。胡适没有把中国现代的白话文放在自己的心灵中咀嚼，它们还只是他理性仓库中的语言零件。这样的语言成不了诗。冰心的小诗不是多么完整的诗，但它却是向着真正的诗歌演化的白话语言，所以我认为，冰心的小诗就是中国新诗的芽儿。中国现代的新诗就是从这样一些芽儿中成长起来的。胡适想直接生出一个成年人来，结果生下来的却是一个死的尸体；冰心生下来的是个儿童，但他却是活的。胡适的诗中有形象，但却没有意象。他的语言是白话语言，但不是诗的语言。这些语言在日常生活中是什么样子的，到了他的诗里还是什么样子。他没有用自己的心灵给这些语言注进新的生命。他的诗几乎都可以写成散文而不损害其意味和内涵，而冰心的一些小诗却有了用散文无法表现的意味和内涵。"母亲呵！/天上的风雨来了，/鸟儿躲到它的巢里；/心中的风雨来了，/我只躲到你的怀里。"

它是白话的，但却已经不是生活中的白话，而只是一个少女的心灵的语言。任何人都不会当面向自己的母亲这样表白自己的感情，但它却是像冰心这样的少女的心灵的真实。她表达的不仅仅是对母亲的爱，同时还有一个少女初涉社会人生时对社会人生的好奇心和畏惧感。这两种情绪是糅为一体的，在好奇中有担心，在担心中又好奇。她像小鸟一样已经飞出去，去经历更广大的人生，但又时时准备飞回来，因为她不知道自己会不会遇到无法承担的痛苦。在这里，语言与语言发生着新的交叉和融合，从而使彼此都有了平时所不具有的意味和内涵。"小鸟"说出了"我"的娇小和渴望飞翔、渴望自由的心，"巢"赋予了"怀"以安全感，"怀"赋予了"巢"以温暖感。它是一首白话诗，同时也具有了中国古代文言诗词所没有的情感色彩。它内部的联系没有用对仗联系起来的中国古代格律诗那种严肃和紧张感，它显示的不是成人的自信，成人的独立，"小鸟"和"我"以及前后的两联像是叠合在一起的两片羽毛，轻轻地但却是水乳交融地粘连在一起。它的语言像是一个少女的心灵那样没有确定的自信，没有彼此分开的独立性。白话语言的那种长长的绵延的句式，使读者感到的是一个温柔亲切单纯的少女在说话。她不是一个成年的诗人，她不是在表现自己的才华，而是一个比我们更娇小、更经不起人生波折的少女。所有这些意味，都在这首小诗中传达出来。这就是诗，并且是现代白话诗，是为中国古代的文言诗所不可能具有的意味。它不是干瘪的，它的每个叶脉里都流着汁水。

但是，这个纯情少女没有沿着诗歌这条路发展下去。她像中国现代多数青年作家那样，急于成熟，急于站在时代潮流的前面领导时代的潮流，这使她在没有多少人生经历和社会阅历的时候就开始了社会问题小说的创作。她散文化了，理性化了，她的那点内在的灵性没有随着她生命的逐渐成熟而成熟。当时的文化界重视的不是她的生长着的生命，重视的是她被理性的化肥催生了的表面的成熟。人们欢迎她的问题小说胜于欢迎她的小诗。这使冰心走上了一条非诗化的道路。显而易见，一个二十出头的青年女学生坐在课桌前书写她的社会问题小说，其小说是不可能不流于浮泛和粗浅的。她过早地成熟，但也过早地停止了发展。她的创作道路不是自己生命的道路，而是社会对她提出的要求的道路。她的作品是积累起来的，而不是成长起来的。我认为，假若冰心坚持着她创作小诗时的心态，逐渐展开她感受中的世界，以她女性的敏感和性情上的温婉，是有可能成为中国现代文学史上一个杰出的女诗人的。但她没有。在这里，我们也可看到中国现代文学不同文体之间的竞争关系。我认为，小说、散文在现代文学中的优先地位夺走了这个女诗人，使她离开了自己能够自然成长的道路。她没有丁玲的勇敢,没有萧红丰富的人生经历,也没有张爱玲那种挑剔的但却是艺术的眼光,在小说创作和散文创作中注定是没有远大的发展前途的,诗歌则是她唯一能够自由驰骋的空间。

她在小诗之后还有少量诗歌作品,但很快就中止了诗歌创作。1949年之后她又重新开始诗歌创作,但其中更多的是社会的或思想的应酬。她不是作为一个诗人成长起来的。

三

胡适不是一个诗人,但却成了一个诗人;冰心是一个诗人,但却没有成为一个诗人;郭沫若是一个诗人,也成了一个诗人,但却是一个短命的诗人。

在中国古代,以诗文取士,从皇帝到每一个私塾先生,都要念诗、写诗,反而模糊了诗人这个概念。实际上,不是任何人都能成为诗人,也不是所有写过诗、发表过诗的人都是名副其实的诗人。社会是由各种不同的人组成的,诗人只是其中的一种人,并且是很少的一种人。一个民族没有自己的诗人,这个民族一定是一个专制的民族,没有希望的民族;但一个民族也不可能全是诗人,假若一个民族的人全是诗人,这个民族就是一个疯子的民族了。诗人是那些主要生活在自己的情感、情绪感受中的人,是被理性的笼头箍不住的人,是被现实生活的经验没有打磨光滑的人。诗人在我们平常人的眼里就像"疯子",他们的神经系统与我们不是同样的神经系统,他们的语言不是与我们相同的语言。不但像西方的拜伦、雪莱、普希金、莱蒙托夫、波特莱尔这些诗人在我们看来像是"疯子",就是屈原、陶渊明这些中国古代诗人实际也是一些"疯子",是与我们完全不同的一些人。我们不会像屈原那样身上挂满奇花异草,在受到别人嘲笑时还不知改正;我们不会像陶渊明那样因为一点平常的礼节就弃官不做,而宁愿回家务农。一个民族不可能都成为这样的"疯子",但一个民族却不能没有这样的"疯子"。没有了这样的"疯子",这个民族就没有超于现实生活的幻想了,就没有反抗流俗的力量了。所以，"诗人"是一种特殊的人，但人类仍然需要这种特殊的人。我们现在已经有很多人不喜欢郭沫若的诗歌，这里有郭沫若自己的原因，也有我们自己的原因。我认为，只要我们以这样一种诗人的标准看待郭沫若，我们才会真正感到，在中国现代诗歌史上，当时的郭沫若才是一个真正意义上的诗人，只有到了他这里，中国现代白话诗才真正具有了"诗"的高度。

胡适是第一个写新诗的人，但他不是一个诗人。他太好讲逻辑，讲科学，讲语法，讲经验，讲实用。科学把他的神经编织成了一个井井有条的罗网，这张网已经不能随时拆开、随时编织了。他的语言落在他的神经上就像落在字典里，每一次都落在几个固定的网孔里，只有那几种用法，只能排在固定的位置。这样的人可以成为一个好的学者，但不会成为一个好的诗人。当时的郭沫若不是这样。郭沫若是从四川盆地里走出来的。四川人好激动，好动感情。这个自幼聪明、自称多血质的年轻小伙子，走出了夔门，走出了国土，站在轮船甲板上，看到了大海，看到了大海的广袤和大海的激荡。他眼前的世界好像在刹那间就变得大了起来，活了起来。他好像生了第三只眼睛，第三只耳朵。通过这只眼睛，他看到了金字塔的雄姿，密西西比河的流水，看到了全世界的七大洲、四大洋；通过这只耳朵，他听到了拜伦、雪莱、华兹华斯、歌德、席勒、惠特曼、泰戈尔的歌唱，听到了全世界人民的呼唤。世界大了起来，他自己也大了起来，热情涨满了他的全身，他身上好像充满了无穷的力量，好像他自己能够翻江倒海，把整个宇宙都能举起来，抛上去。在我们看来，这当然只是一种疯狂的感觉，但却是郭沫若当时心灵的真实。不难看出，正是这种感觉，造就了郭沫若的诗。郭沫若的诗已经不是冰心那种少女的诗。只有到了郭沫若的诗中，我们才真正感到，中国的汉字语言竟还会达到这样澎湃的力量。他的语言不是在流，不是在淌，而是像海浪那样在涌动，像海潮那样在漫流。在中国古代的格律诗里，造成的是有规律的抑扬顿挫感，即使像李白的诗，也没有把中国语言的速度提高到像郭沫若这样风驰电掣般的高度。中国现代白话语言使郭沫若把一个句子可以当成一个音节来使用，从而大大提高了诗的速度感。郭沫若的诗不是结构型的。中国古代的格律诗像中国古代的建筑一样，是左右对称的，是前后照应的；郭沫若的诗则是流动的，它给人造成的是一种义无反顾的感觉。你走进了郭沫若的诗，好像被卷进了一股宏大的激流，它漂着你走，冲着你走，一直冲到激流的尽头。中国古代的格律诗大量运用对偶句，郭沫若则大量使用排比句，这些排比句造成的是一种排山倒海的力量。但也正是这种海潮般的力量，把中国现代大量新的事物，把现代白话中的新词语卷进了郭沫若的诗里，并且和中国固有的词语混合在一起。这是他之前所有的新诗诗人都没有做到过的。郭沫若用自己青春的热情拥抱了整个世界，也拥抱了世界文化，他的诗的语言不再仅仅停留在中国固有的语汇之中。直至现在，我们中国知识分子仍然是在温柔敦厚的诗教当中培养起来的，仍然是偏向于沉稳老练的。我们是在书房里"看"诗的，而不是在热情洋溢的聚会中"读"诗的。我们仍然喜欢像读古诗那样品咂诗里的味道，像品茶一样，像品酒一样，用舌尖蘸，用嘴唇抿，唯恐会剩下一点什么没有尝出的味道。我们在郭沫若的诗里，品咂不出我们喜欢的那种味道来。所以，我们通常不太喜欢他的诗，认为他的诗经不起品咂。我们疯不起来，也不敢疯起来，所以也不喜欢郭沫若这种疯狂的诗情。但是，诗，就一定得是在书房里"看"的吗？就一定要用一种固定的语调读吗？我认为，在我们的民族还少有热情洋溢的聚会之前，我们可以把郭沫若的诗带到人迹罕至的高山上，对着原野，对着大海，对着天空，扯开喉咙，像原始人类的嗥叫一样嗥出郭沫若的诗来。"我是一条天狗呀！/我把月来吞了，/我把日来吞了，/我把一切的星球来吞了，/我把全宇宙来吞了。……"（《天狗》）到了这个时候，你会感到，郭沫若的那些最好的诗就是中国几千年来最好的诗的一个组成部分，是为所有的诗所无法代替的。你同时也会感到，人是多么需要一点热情，一点疯狂的热情。我们的心灵不仅需要不断地往里装东西，还需要清仓，需要洗澡，需要宣泄出内心淤积的那些沉积物来。在这时，也只有在这时，我们才真正感到了什么是青年，什么是青春，才重新点燃起了一个人原本有的无所顾忌的热情。这就是郭沫若的诗，这就是郭沫若诗的价值。

但是，郭沫若疯狂的诗情并没有维持几年。他几乎是闪电般地成了蜚声中国文坛的一个著名诗人，成了中国进步青年崇拜的偶像。但恰恰是在他发现自己已经成了一个著名的诗人的时候，他却已经不再是一个诗人了。在过去，我们主要是从郭沫若自己身上找原因的，这当然也有他自己的原因。但我认为，仅仅在他自己身上找原因对我们的意义是并不大的，并且会造成越是对我们的民族、我们民族的文化做出过贡献的人，越是会更多地受到指责和挑剔。一个人自始至终都对我们民族的文化做出过杰出的贡献，当然更好，但这样的人是很少的。我们也得重视那些曾经给我们的民族、我们民族的文化做过贡献而后来的表现却不尽如人意的人。这样，我们就得从我们的文化本身找原因。我们常常认为，既然他是一个名人，一个著名的诗人，就是一个比我们更聪明的人，就是一个能给我们、能给我们的民族指出正确方向的人。若他代表的不是我们大家都需要走的方向，这个名人就是我们不能忍受得了。实际上，诗人只能给我们写诗，不能给我们出思想。要找思想得到思想家那里去找，我们不能要求诗人也是一个思想家。这种在中国社会普遍流行的观念，也不能不影响到郭沫若自己。在没有成名之前，他是以自己的身份写诗的，是需要怎样写就怎样写的，但到成了名之后，他的考虑就多了，他就得考虑别人怎样说、怎样看了。当他自觉不自觉地也想当思想家的时候，他那点疯劲却不翼而飞了。在《女神》后半集中的诗，他还硬撑着，到了《星空》中还有个别的好诗，到了《前茅》和《恢复》集中，他的精神就打不起来了。到了晚年，他自己也不得不说："郭老，郭老，诗多，好的少。"不论出于什么原因，他这个自我评价还是符合他的诗歌创作实际的。

四

直到现在，我们的文学史家还是把闻一多提出的新格律诗与自由诗对立着说的，好像新格律诗与自由诗是两个完全不同的概念，是相互排斥的。我倒认为，新格律诗也是自由诗，自由诗也是新格律诗，两者并没有严格的对立关系。自由诗也得是诗，是诗就不是完全自由的，你不能把诗写成康德的《判断力批判》，写成鲁迅的《阿Q正传》。既然是诗，就得有诗的形式，有诗的语言。诗的语言是有与其他文体的语言不

中国现代诗歌的发展（上篇）

同的节奏形式的，是有自己的绘画功能的，是有不同的排列方式的，这就与闻一多提出的"三美"的要求没有了根本的对立关系。至于说中国现代白话诗歌到底应该有什么样的节奏形式，什么样的绘画功能，什么样的建筑模式，那是不应由任何一个人预先规定好的。在唐代以前，作诗的人是比较少的，一当出现了一种格律形式，大家认为好，就竞相运用，这种格律形式就成了相对固定的诗的形式了。后来，官家又用诗歌选拔人才。要选拔人才，就得有一种固定的形式，固定的标准，这种诗的形式就被固定下来了。现代写诗的人多了，诗已经不是国家选拔人才的标准。诗人作诗是为了表达自己独特的人生体验，他得为自己独特的体验找到独特的表现形式，他得有自己创造新形式的自由。所以中国现代诗歌不能没有自己独立的文体形式，不能没有自己的格律形式，但这种格律形式也是自由创造的结果，也是一种自由诗。有人说，自由诗出现了很多劣质品，出现了很多不是诗的诗，所以得提倡格律诗。实际上，格律诗也一样产生劣质品，也一样产生不是诗的诗。宋明以后所有知识分子都写诗，写的都是格律诗。其中有多少是精品？不是一样有大量不是诗的诗？所以，一个民族产生不产生伟大的诗人，产生不产生伟大的诗作，根本的问题不在于有没有固定的格律形式，而在于有没有伟大的情感和情绪，有没有能震撼一个民族乃至整个人类的自由精神。诗，不是用理论创作出来的，而是由诗人创作出来的。诗，应该一首一首地评，应该一个诗人一个诗人地评，不应该用诗人的理论主张来评。

假若我们回到具体的诗歌作品当中来，就会看到，闻一多新格律诗主张的最大意义不是否定了像郭沫若那样优秀的自由诗，而是为自己找到了一种诗歌的表现形式，为自己建立了一种独特的诗歌风格。

我们说诗人都是"疯子"，但"疯子"也有不同的疯法。郭沫若患的是"自大狂"，闻一多患的则是"爱国狂"。

"爱国"这个词，对于我们时代的人已经有些模糊了，但在"五四"那代人，还是很具体的。在那时，中国这个老大帝国刚刚睁开眼睛看世界，但不看不要紧，越看越丧气。中国几千年的文明古国，自诩为世界的中心，但现在看到的事实却是，连西方那些芝麻粒大的小国都敢欺负我们，侵略我们。再看看别的国家的文化生活和物质生活，中国的落后，中国的贫穷，竟是在世界上数得着的。中国已经落到这样一个地步，我们中国人不是还得活着？还得等着？所以，我们这些平常的中国人也有自己的活法。我们向来是不愿看、不愿想那些根本解决不了的大问题的。这么大的一个国家，我管得了？光愁有什么用？光苦有什么用？当然，这些事情有时候不愿想，也不得不想，因为事实老是在那里刺激你。但想也有个想法的问题。现在的处境不好，但我们的古代是好的，我们的未来也未必不比西方更好。这样一想，心里也就舒服多了，也就能够活下去、等下去了。我们都是爱国的，我们中国人不爱中国，还能爱哪个国家？谁都不愿中国这么弱小，这么愚昧，这样落后，但我们的爱国并不妨碍我们过正常的生活，并不妨碍我们"享受"人生，"享受"生活。但闻一多就不同了。闻一多这个人不如我们灵活。他这个人太认真，太不识时务，一头撞在南墙上——死活不回头。在清华读书的时候，他的同学就给他起了个外号叫"东方老憨"，说明他这个人就是有点憨气，有点傻气。按理说，他出身于一个富裕的家庭里，上了中国最好的两所大学之一——清华大学。清华大学是美国人用中国的庚子赔款办的，那时清华大学毕业的学生，毕了业就能到美国去留学。这是多么好的事情！要说"享受"生活，闻一多最有条件"享受"生活，但他却不行。别人去了美国，眼前的世界立马就光明了起来，但闻一多却不是。他到了美国，反而更感到了作为一个弱国子民的可悲。他看到中国华工到了美国从事的都是很卑贱的职业，心里老是憋着一股子气，不平衡，不痛快。实际上在美国从事低贱职业的人，也比在中国"混"的钱多，你有什么不平的？有什么值得痛苦的地方？这不是爱国爱到了犯傻、发狂的地步了吗？但也正是他爱国爱到了犯傻、发狂的地步，他才成了一个诗人。他的诗并不都是写爱国的，但他的诗的风格却与这种爱国情绪有直接的关联。

"国"是个太大的东西，一个人是个太小的东西。一个国家的落后与先进、觉醒与愚昧，不是哪一个人说变就变得了的。再说，一个知识分子算什么？国家的权力当时掌握在几个军阀的手里，他们想的可不是中国富强不富强的事情，而是自己占了全国、自己当皇帝的事情。一个知识分子既没有权，又没有钱，剩下的只有苦闷和气愤。越苦闷，越气

中国现代诗歌的发展（上篇）

愤，越是感到现实是荒诞的；越是感到现实是荒诞的，就越是苦闷，越是气愤。这样，他的诗就同时有了两个互不相让、不但无法妥协而且是相互激发的东西。这两个东西，一个是现实，一个是感情。现实压抑感情，感情反抗现实。现实越是压抑感情，感情越是要反抗现实；感情越是要反抗现实，现实越是要压抑感情。谁也消灭不了谁，谁也战胜不了谁，谁也不能退让，谁也不能妥协。这个诗可就紧张起来了。这是一种语言与语言的撞击，语言与语言的对抗。这种对抗不是让它们离得更远，而是拥抱得更紧。各自都把牙齿咬到对方的肉里去，你中有我，我中有你。这样的形式是不能太长、太散漫、太自由的，它要紧凑，要集中，要固定。闻一多那些最好的诗，让人感到像个铁罐子、铁筒子，密闭得严丝合缝，没有一个漏气的地方。郭沫若的诗到处都撒气，噗噗地往外撒，当把内心储集的热情都挥发完了，他的诗也就结束了。这样的诗是热情的，是宣泄的，读时感到很紧张，读完了心里很轻松。而闻一多的诗全不是这样。闻一多的诗不让你撒气。它们是密闭的，密闭得比罐头还严。他的感情就在这密闭得比罐头还严的结构形式里燃烧。它的热力一点也挥发不出来，就在这个密闭的罐子里闷着，困着，越闷越热，越闷越充实。它像就要撑开密闭着它的铁壁，但最终还是无法撑开它。闻一多的诗有张力，它点燃你的激情，但不让你宣泄这激情。它让激情在你的心里膨胀，使你的心发胀，发闷，像要胀出你的意志来，胀出你的自尊心来。它的词语好像预先被整齐地排列在砖窑里的一摞摞、一排排的砖坯子，它生起感情的火给它们加热、加热、再加热，把它们烧得发热、发烫，烧成灰的，烧成红的，最后烧到白热化的程度。这样，它的每一个词都变了色，变了香，变了味，把它们都烧成它们的反义词。美的被烧成丑的，丑的被烧成美的；善的被烧成恶的，恶的被烧成善的；真的被烧成假的，假的被烧成真的。使美中有丑，丑中有美；善中有恶，恶中有善；真中有假，假中有真。这样的语言就不是散文的语言了，不是平常的口语了。闻一多的语言就成了诗的语言。这就是闻一多的诗的风格。他的新格律诗的理论是在他这种特定的艺术风格的追求中建立起来的。他需要压缩，需要集中，需要固定，需要有一个密闭的容器以把他的激情，的力量展示出来，正像一个矛需要一个盾一样。

他不是需要束缚，而是需要展示自己反束缚的力量。

郭沫若、闻一多都是诗人，即使把郭沫若的《天狗》、闻一多的《死水》放在整个中国诗歌史上，也应该属于精品之列。我们不必为中国新诗自惭形秽。但是，这两个杰出诗人都不是多么"长命"的。郭沫若被革命征调了去，闻一多被学术征调了去。他们之成为革命家和学问家，都有自己正当的理由，我们是不能说三道四的。但假若仅仅从中国新诗发展的角度，却不能不认识到，中国诗歌的旧的黄金时代已经过去了，而新的黄金时代还远没有到来。在这个不是诗的黄金时代的时代，是不利于中国诗歌的发展的。不是说不能写诗，也不是说无人写诗，而是说真正诗的激情即使在一些杰出的诗人身上，也是难以维持久长的。一般来说，中国现代诗人的真正的诗的激情都产生在尚未获得人生经验、尚未在中国社会获得自己稳固的社会地位的时候。一当度过热情洋溢的青年时期，一当在中国社会获得了自己稳固的社会地位，这种能够熔化民族语言并使之成为诗的激情便消失了。在这时，或者像郭沫若一样继续写诗但却失了诗的精神，或者像闻一多这样中止写诗而同样不再有诗歌的精品出现。这两种情况，都决定了中国新诗无法获得更令人注目的伟大成就。假若我们不仅仅指责诗人自己，而是从我们自己身上找原因，大概我们还没有容纳像诗人这样的"疯子"的气度和社会条件。在我们中间，诗人"疯"不起来，"疯"起来的也"疯"不下去，我们怎能期望中国新诗取得更伟大的成就呢？

闻一多的《红烛》，只能看作是他的试笔，《死水》才标志着他的诗的成熟。但他的诗的成熟也就是诗的终结，后来他就埋头搞学问去了。再后来，他在学问中埋不下头来了，他的激情又勃发起来了，但这次的激情已经无法容纳在诗里了，他因此也因这激情毁了自己的生命。

五

作为诗人而又长命的，是两个人：徐志摩和冯至。徐志摩虽然活得时间不长，但他的诗却充满了他的一生。直到坠机而死，他都是一个优秀的诗人。冯至活得长，其诗歌创作的生命力也长。在20世纪20年代、40年代他的诗歌都有不俗的表现，即使到了1949年之后，他的诗也还不是写得太糙。

我认为，他们作为诗人之能够长命，不是因为他们更像诗人，而是因为他们比起郭沫若和闻一多来，更不太像诗人。郭沫若和闻一多都曾经"疯"到过能成为伟大诗人的程度，而徐志摩和冯至则始终未曾"疯"到过这种程度。但也正因为如此，在我们这个不容许人太"疯"的国度及其时代里，他们也就有了更长的艺术生命。

在过去，我们常常把徐志摩与闻一多并说，因为他们都是主张新格律诗的，并且都是新月派的诗人。但我认为，作为诗人，与其说闻一多与徐志摩更相近，不如说二者的差别更大。诗人不是用主张分的，而是用风格分的。要说风格，闻一多和徐志摩可以说正好立于两个不同的端点上。如上所述，闻一多是一个太认真的人，太执着的人，是个"东方老憨"。他的诗也是严肃有余，活泼不足。徐志摩就不同了。徐志摩是个很灵活的人，是个没有一贯的主张的人。他灵活多变，不像闻一多那样一根死筋扭到底，是个"东方才子"型的人物。他也是爱国的，关心政治的，关心民间疾苦的，对现实社会不满的，但却也不把这些事情看得太认真。他不会把这些事情老放在心上，为此而焦虑，而痛苦。他很会享受生活，享受爱情，享受能够落到自己身上的幸福，但又不追求浮华，不是一个挥金如土、纨绔子弟式的人物。他的感情也很丰富。闻一多的感情像压城的黑云，只感沉重，不感温润，郁积成团，轻易疏散不开。徐志摩则不同，他的感情像在蓝天飘着的白云，悠悠的，轻轻的，让人感到很舒服，很惬意，并且随时抟集，随时飘散，不会老是郁结在心头。这表现在诗的语言上。闻一多诗的语言像一块块铁锭、钢锭，硬硬的，冷冷的，把方块汉字的重量感几乎发挥到了极致。徐志摩诗的语言则像鹅毛般轻。中国的方块汉字原本是有重量感的，但不知为什么，一到了徐志摩的诗里，它们就没有重量了。它们像绒毛一样粘在你的心灵上，既不感到疼，也不感到重。如果说闻一多诗的整体风格可以用沉重来概括，徐志摩的诗则是潇洒的。实际上，徐志摩的诗的内容和风格并不是统一的。他有讽刺诗，有反映民间疾苦的诗，有很带现代派味道的写现代人的感受的诗，有用方言土语写的诗，甚至还有政治诗，当然更有写自然景物的，写爱情的。但也正是因为如此，显示着他的潇洒。什么是潇洒？潇洒就是可以同时自由地应付各种不同的局面，而又不是虚伪的、生硬的。闻一多的诗很扎实，很严谨，其主题也是中国知识分子口头上十分崇尚的爱国主义主题，但从内心里就喜欢闻一多其人其诗的大概并不多。倒是徐志摩，很得中国知识分子的喜欢，即使在1949年之后对他的批判，也并没有妨碍中国知识分子对他的诗的喜爱。所以"文化大革命"一结束，首先得到拥戴的就是徐志摩的诗。

　　徐志摩的诗之所以招人喜爱，不是没有原因的。在中国古代，是讲道学的。中国的道学很严肃，很沉重，越到后来，越成了压迫中国知识分子心灵的东西。这种传统，在五四新文化运动中受到批判，但从宋明理学留下来的老传统，实际上一时是改不过来的。即使在中国现当代的教育中，也是把"道"摆在首位而轻视人的自然情感的。徐志摩的诗体现了中国青年知识分子追求自由的要求。我们之所以说徐志摩还是一个真正的诗人，就是因为他还是比我们平常人"疯"一些的。他不摆道学家的面孔，不拿知识精英的架子，不写歌功颂德的诗歌，不写标语口号式的文字。他年轻，他爱美，爱美的女人，爱美的自然，他不掩饰这一切，并把这一切都用诗的形式表现出来。他的诗就显得比我们率真，比我们自然，没有矫揉造作的味道，没有装腔作势的派头。为什么我又说他没有疯狂到伟大诗人的程度呢？因为伟大的诗人不论爱什么，是能够爱到痴迷的程度的。正是因为他爱一种事物爱到了痴迷的程度，所以他也就把自己的人生体验提高到了别的人所根本无法达到的高度。他从这个高度感受世界，感受人生，感受社会人生中的一切事物，就与我们平常人眼里的世界都不一样了。屈原就是爱他的香花香草，就是认为香花能够使他的精神高洁、心灵清白。他到了痴迷的程度，到了无视周围人的劝告、批评、指责、讽刺、挖苦、打击的高度，他眼前的整个世界都和我们的不一样了。他要表达自己的人生感受，要写诗，他的诗就不是只有一两个好的句子，一两个好的意象，而是整个的创作都呈现着自己独异的色彩，连语言都与普通人的不一样了。陶渊明就是厌恶官场的那些繁文缛节，厌恶到了宁肯不做官、不拿俸禄的程度。在这时，他才能感到田园生活的美。他的诗不是我们那些在城里赚了大钱，到农村里转

中国现代诗歌的发展（上篇）

了一圈，感到田园生活很美的那些人所能够写得出来的。但潇洒的人不论爱什么，都爱不到这种痴迷的程度。这样的人的情感太好转移，他的情感在任何一个向度都冲不破世俗情感的壳。他能充满当时世俗社会能够给他的自由的空间，但却没有完全属于自己的独立空间。所以，中国知识分子所说的自由，常常是和拜伦、雪莱、雨果、普希金、莱蒙托夫、裴多菲、密茨凯维支这些西方浪漫主义诗人所说的自由不完全相同的概念。中国知识分子所说的自由，是社会已经给定的，不是需要自己争取的；西方浪漫主义的诗人所说的自由是社会尚没有给定的，是必须由自己争取的。为什么要争取？因为他们痴迷于一种事物，一种个人理想或社会理想，不会遇到社会的攻击和压制就放弃，所以就得争取。中国的知识分子所说的自由就是徐志摩这类知识分子的潇洒，但潇洒的人可以爱很多事物，但对任何一个事物的爱都达不到痴迷的程度。所以潇洒的人可以成为优秀的诗人，但成不了伟大的诗人。就其普遍的水平，我认为，郭沫若和闻一多的诗不如徐志摩的水平高，特别是郭沫若，糙诗太多；但就其所达到的绝对高度，徐志摩却不如郭沫若和闻一多。在过去，中国的知识分子特别称道他的《再别康桥》，但在我的阅读感受里，认为它美得有些腻，美得有些媚，开头两节和结尾一节还充满新异的美感，但中间几节就有些疲弱了。实际上，它没有超过，甚至也没有达到中国古代景物诗的水平。即使在审美情趣上，也带有对传统审美观念的一种勉强敷演的色彩。它不像是一个中国留学生写的，也不像是一个现代的中国人写的。一个现代中国知识分子还能在世界上发现美得如此纯粹的事物，其本身就使我感到诗人是在写诗，而不是表达诗人最内在的心灵感受。直到现在，中国知识分子都好堆砌美，把一个好人的方方面面都说得很好，把美的事物的方方面面都写得很美，以为这样读者就会产生美的感受了。实际上，美是一眼就看得到的，不是综合起来的。一个美女，你看一眼就会令你神魂颠倒；一个美的景物，你放眼一看就会感到心旷神怡。倒是他的《火车擒住轨》这类的诗，更能体现徐志摩作为一个现代中国知识分子的世界感受和人生感受，但徐志摩也没有把它写到像郭沫若的《天狗》、闻一多的《死水》那样完美的程度。徐志摩的真正完美的诗，能够放到中国诗歌史上也可以作为精品的诗，我认为是他的那首为人称道的《沙扬娜拉——赠日本女郎》："最是那一低头的温柔，/像一朵水莲花不胜凉风的娇羞，/道一声珍重，道一声珍重，/那一声珍重里有蜜甜的忧愁——/沙扬娜拉！"

　　用句王国维的话来说，这首诗好就好在"不隔"。在这首诗里，这个日本女郎的形象与作者对这个日本女郎的感觉都是我们在对诗的语言的感觉中感觉出来的。假若我们用手触摸一下这首诗里的语言，就会感到，触摸着它的语言就像触摸着这个日本女郎的身体一样，给人以柔韧而又温暖的感觉，我们绝摸不到像骨头那么冷、那么硬的东西。它的全诗都呈现着像这个日本女郎的身体那样的曲线美，没有任何一个词和词与词之间的关系构成的是直的线。它的每个词都不只有一个确定的含义，不像郭沫若诗里的词语那样直白，那样确定，但它也不像闻一多诗里的词语一样，僵持着两种严重对立的含义，它们是在一个中心的观念左右游动着的。在温暖中有一点凉意，在凉意中又感到点温暖；在蜜甜中有一点忧愁，在忧愁中又有一点蜜甜。它暗示了作者和这个日本女郎之间在刹那间产生的那种有距离但又有点留恋、陌生而又有点会心的微妙关系。在任何两个词之间，都在意义、声音、色彩间发生着变化，但这种变化又是我们感觉不到的，它们之间构成的不是直线关系，但也不是转折关系，而是一种柔而韧的曲线。在你读这首诗的时候，你绝不会像读郭沫若的诗的时候一样调高嗓门，也不会像读闻一多的诗的时候一样把一个词一个词顿开，你自觉不自觉地就会低低地、悄悄地、不急不缓地读出它来，似乎怕惊动了这个日本女郎，也怕惊动了这时的作者，从而破坏了他们那点蜜甜而又有点忧愁的感觉。这首诗的情调，用中国古代的格律诗词是绝对表现不出来的，它只能用现代的白话文，用诗人自己创造的这种诗的形式，才能得到满意的表现。中国古代格律诗词创造出过无数美女的形象，但都不可能给人像这个日本女郎这样的感觉；中国古代格律诗词描绘过各种两性的情爱关系，但都不可能是这首诗所表现的既非爱也非无爱的像一点绿芽这样的稍瞬即逝的一滴情、一点意。它很美，但不是《再别康桥》那样的纯粹的美，它没有一笔一笔地往诗人赞美的对象脸上涂抹美的颜料，而是由既近又远、既温暖又清凉、既甜蜜又忧愁的两种色调调和成的一种全新的色调。它很美，但美得不腻，美得不媚。

六

说20世纪20年代的诗，人们都不把冯至当作一个重要的诗人。但我认为，即使在20年代，冯至也已经是一个超凡脱俗的优秀诗人。他当时的影响并不大。但评论一个诗人，不能像评论一个演说家那样。一个演说家在演说的当儿没有发生轰动的效果，他的演说就是不成功的，后来的影响无法补足他当时的不足。诗人则不同，评论诗人要看他的诗的资质，当时有没有人注意并不是一个评诗的标准。当冯至从家乡来到北京求学的时候，他还是个孩子，至少在浅草社、沉钟社的同人的眼里，他还像个孩子。人们都把他当个小弟弟对待，关心他，爱护他，帮助他，指点他。他幼年丧母，童年的生活是很孤寂的，但却没有受到过亲人的虐待和歧视，是在爱中长大的。这养成了他文静而又有点腼腆的性格。他对外部的现实世界有点陌生，有点隔膜，有点担心，所以更经常地活在自己的内心世界里。他不会像郭沫若那样热情地大喊大叫，也不会像闻一多那样自己生闷气，甚至也不会像徐志摩那样，见了漂亮的姑娘就给人家说情话，写情诗，穷追不舍。他把外部世界给他产生的各种印象小心地保留在自己的内心世界里，温暖着，揣摩着，安静的时候就把它们从心底里放飞起来，让它们在心灵里飘，在心灵里飞，飘成各种不同的形状，飞出各种不同的姿态，把他的心灵变成了一个五彩缤纷的世界。这个世界就不像我们平常人心里的世界了。在我们的世界里，柴米油盐酱醋茶，一样一样地分放着，有条有理，不会混，不会掺和，好像把外部现实世界照样搬到我们的内心里来。冯至不是这样，他的语言也不是我们日常生活的语言。这些语言在现实的世界里未必都有互相连带的关系，它们是在他的心灵世界里建立起自己的联系的。这就使冯至的诗带上了特异的色彩和奇诡的魅力。我认为，不论就其意象的幻美，还是想象力的丰赡，他的《蛇》都可以放到整个中国诗歌史上而不会失去自己的光彩。"我的寂寞是一条蛇，静静的没有言语。"他的"寂寞"为什么"是一条蛇"，这恐怕只有像冯至这样文静腼腆的小青年才能够知道，能够说得出。"它把你的梦境衔了来，像一只绯红的花朵。"他的寂寞怎样把他爱着的姑娘的"梦境衔了来"，又为什么它像一只"绯红的花朵"，也只有像冯至这样文静腼腆的小青年才能够知道，才能够说得出。这样的想象，这样的意境，简直美成了"唯美主义"，美成了"莎罗美"，美成了偷吃了智慧果的夏娃。面对这样的诗，我们没有理由鄙弃中国现代的新诗。他早期的那几首较长的叙事诗也是中国现代诗歌史上最优秀的叙事诗，他创造了一种与中国古代《孔雀东南飞》《木兰辞》《长恨歌》《琵琶行》及"三吏""三别"都不相同的一种诗的叙述风格。它带着中国现代知识分子特有的那种寂寞和悲凉的情调，叙述了中国古代那些优美的民间故事，在寂寞孤寂的人生中显现着人生的美、爱情的美，而又在美的人生和美的爱情中显现着人生的寂寞和孤寂。

冯至的诗并没有停留在他的《昨日之歌》的时代而裹步不前，他的生命生长着，他的诗也生长着。大学毕业之后，他离开了爱护他、关心他、照顾他的沉钟社的大哥哥们，离开了他的第一故乡和第二故乡，来到了举目无亲的北国城市哈尔滨。在这时，他必须独立地面对自己的生活，自己的前途，必须独立地面对自己眼前的现实世界。当时的哈尔滨已经是一个中俄文化的"荟萃地"，是一个传统封建主义文明和现代资本主义文明的交汇处。这样一个五光十色的世界在这个青年诗人心灵里留下了怎样的印象，打下了怎样的印记，是在他的第二个诗集《北游及其他》里表现出来的。时至今日，我们的诗论家有的更重视冯至《昨日之歌》时代的诗，有的更重视他《十四行集》时代的诗，但少有特别重视他《北游及其他》时代的诗的。但恰恰是在他写了这些诗之后，鲁迅便认为冯至是"中国最为杰出的抒情诗人"（鲁迅：《且介亭杂文二集·〈中国新文学大系〉小说二集序》）。冯至的这个诗集，特别是其中的长诗《北游》，简直可以称为是中国现代诗歌中的《恶之花》，但他绝不是从西方现代主义诗歌中模仿过来的，不是从一种社会思想或文艺思想的需要中铸造出来的，而是带着他一贯的风格，带着他向来有的孤寂和寂寞的心情，带着他对人生美好但却并不奢侈的愿望进入现实世界，进入抹上了现代资本主义文明的红嘴唇的哈尔滨之后自然产生的内心感受，因

中国现代诗歌的发展（上篇）

而他的诗的语言仍然是从中国现代白话语言中自然地生发出来的，而不是在对西方诗歌的模仿中生造出来的。

> 听那怪兽般的汽车，/在长街短道上肆意地驰跑。/瘦马拉着破烂的车，/高伸着脖子嗷嗷地呼叫。/犹太的银行、希腊的酒馆、/日本的浪人、白俄的妓院，/都聚在这不东不西的地方，/吐露出十二分的心足意满。/还有中国的市侩，/面上总是淫淫地嘻笑。/姨太太穿着异样的西装，/纸糊般的青年带着瓜皮小帽，/太太的脚是放了还缠，/老爷的肚子是猪一样的肥饱。/……

这是多么纯净的中国现代白话语言，但它又是多么荒诞的一幅生活的图画。冯至的诗的美就是建立在这样一个粪堆一样的生活的基础之上的。它在粪堆上抽出自己的芽，伸出自己的枝，张开自己的叶，开出了自己美的花朵。它不再只是像古典诗人那样在美中发现美，在丑中发现丑，而是把丑的人生转变成了美的诗歌。这就是中国现代主义的诗歌，就是中国现代主义的抒情诗。在这时，冯至开始进入中国的"疯人"的行列，他与他实际存在的现实社会拉开了一个很大的心理距离。他成了他所存在的世界所无法容纳的人，同时他也已经无法容忍他所存在的现实世界。但是，作为一个中国现代的知识分子，作为一个中国现代主义的诗人，到底与西方的波特莱尔这样的诗人是不同的。波特莱尔已经无法在自己垃圾般的现代社会里找到自己存身的一块洁净之地，无法在自己生活的污浊的世界上找回自己心灵的洁白，但冯至在当时的中国社会却还有洁身自好的一块风水宝地，他甚至可以不在自己的诗歌创作中继续自己的人生、自己的生活。他在创作了《北游及其他》之后，就重新走上了求学的路，走向了不是通往诗人而是通往学者的路。而在这个通往学者的路上，他那还没有被现实毁损的心灵找到了暂时的平静。他没有继续疯狂下去，没有疯狂到波特莱尔的高度。

1941年，他又重新开始了自己的诗歌创作。但这一次进入诗坛，已经不是在波特莱尔的高度上重新起飞，而是在里尔克这类富有哲理内涵的德语诗歌的基础上重起炉灶。作为一个中国现代的诗人，冯至仍然保持着他一贯的语言风格。这种语言风格是平易轻松、简洁流利的。冯至从来不用语言唬人,从来没有把中国的语言弄到狰狞怪诞的程度。西方的十四行诗到了冯至的手下,严格说来,已经不是西方诗歌的一种形式,而成了中国现代新诗的一种。它是冯至的一种独立创造。中国的白话语言在他的十四行的形式里,好像在一个新修的十分雅致的池塘里游泳一样,是自由的,宽松的,没有任何的拘束感、别扭感。形式的雅致使他的《十四行集》显现着他的哲理思考的细致和认真,不是游戏性的,不是刻意求奇,它的语言的朴素流畅则显现着诗人的平民意识。诗人不是以社会教诲者的姿态出现的,而是在与自己的读者共同思考着人生,思考着当前的现实,思考着现实给人们展示的人生的哲理。在中国现代诗歌史上,冯至是一个最具有平民意识的诗人,他的平民意识不是他的宣言,不是他的文艺主张,而是他的语言风格本身。冯至自始至终都是作为一个平凡人出现在自己的诗歌之中的,是以平凡人的口吻说话,以平凡人的资格思考的。他没有郭沫若的英雄气,也没有徐志摩的才子气,他在自己的诗里甚至就不是作为一个诗人出现的,而是作为一个普通人出现的。但是,平凡并不是用平凡维持的,平凡时时刻刻都有沦落为平庸的趋向,它必须用伟大和崇高不断补充它的血液,才能永远保持着它的鲜美和鲜活。我认为,冯至的《十四行集》就是用伟大和崇高重新向自己的心灵里输血的精神活动。他仍然是把自己作为一个平凡的人进行思考的,仍然思考的是平凡人的人生,但他努力理解的已经不是自己和自己的感受,而是把目光投向了那些伟大的人物和那些伟大人物的人生选择。他破天荒地把蔡元培、鲁迅、杜甫、歌德、梵·高和一个不知名的"战士"写进了自己的诗歌,并且思考了他们的人生选择。这是在他此前的诗歌中所不曾见到的。他对这些人没有流于庸俗的歌颂,也不是朋友间的相互吹捧,而是带着重新思考人生的目的而感受他们、理解他们的。冯至的这种思考,已经不是废名那种自认为已经悟得人生三昧后的自我人生哲学的展示,不是对不同于自己的人的拒绝或排斥,而是对自己过往未曾感受和理解的进行重新的感受和理解,对自我未曾肯定和接受的进行重新的肯定和接受;它也不是郭沫若30年代那种自认为找到人生正途之后的号召和宣传,而是变化着的世界在冯至内

中国现代诗歌的发展（上篇）

心世界里激起的心灵的浪花和波纹。它不再是感悟式的，也不再是标语口号式的，而是诗人心灵震颤的一种形式，是情感和情绪在理性层面的骚动，是理性思考在情感、情绪层面的新的升腾。正是在这样一个意义上，它成了真正的哲理诗，并且是中国现代的哲理诗。"我们天天走着一条熟路/回到我们居住的地方；/但是在这林里面还隐藏/许多小路，又深邃，又生疏。/走一条生的，便有些心慌，/怕越走越远，走入迷途，/⋯⋯⋯"（《我们天天走着一条小路》）

冯至哲理诗的力量在哪里呢？不在于它的文字的平易和流畅，而在于他的哲理思考本身所孕育的情感力量。我们中国人，特别是我们中国的知识分子，多么容易在现实社会安排好的一条固定的道路上做圆圈式的运动啊。在古代，一代一代的知识分子走着"读书—科举—做官—保皇"的固定道路；在现代，在刹那的震动之后，中国知识分子又找到了一条"读书—留洋—踱进研究室做学者"的人生捷径。我们天天走着这样一条熟路，天天看到的都是已经熟悉的事物，我们不敢走上一条与别人不同的道路，不敢走上自己以前没有走过的道路。世界在我们的面前是凝固的，人生在我们的面前是凝固的。我们对世界，对人生，对我们自己，已经产生不了新异的感觉，甚至就不再有感觉，我们甚至直到死时都不知道自己是谁，自己到这个世界上来做什么。冯至之所以感到需要重新感受和理解蔡元培、鲁迅、杜甫、梵·高和那个不知名的"战士"的人生道路，就是因为他们走过了别人没有走过，他们自己也没有走过的人生道路。他们在自己的人生道路上看到的不是别人也看到过的，不是他们自己过去已经看到过多次的，即使那些他们过去已经看到的事物，现在也以新鲜的面貌呈现在了他们的眼前。他们也是一些平凡的人，但是他们面前的世界却是鲜活的。他们才是真正生活过的人，有过真正人生的人。我们当代评论家好谈什么"诗化哲学"，实际上，在中国现代史上，真正称得起"诗化哲学"的，不是那些重复中国古代或外国哲学已有人生信条的哲学家的著作，而是鲁迅的《野草》和冯至的《十四行集》。但鲁迅在《野草》中撕裂了自己的灵魂，《野草》的哲学便是鲁迅的灵魂被扯裂之后流出的一滴一滴的鲜血，它具有一种凄厉的震撼力。冯至还没有这样的勇气，他的哲理思考更是他心灵骚动时升腾起的团团氤氲,它带有诱惑性的美感,但不具有实际的爆炸力。冯至始终是一个优秀的诗人,他没有伟大诗人应有的气度。

原载《江苏社会科学》2003年第1期

中国现代诗歌的发展（下篇）

八

在过去，论到20世纪20年代中国新诗的发展，都把李金发放到一个重要的位置上。在这里，我与从朱自清以来的诗论家有根本的分歧，我并不认为李金发在中国现代新诗的发展中有什么重要的作用。诗人，首先要有诗。诗，首先是语言的艺术。中国的新诗，首先是中国现代白话语言的艺术。中国新诗的意蕴必须是从中国现代白话语言的本身感受到的，必须是中国现代白话语言表现潜力的发挥，而不是根据它的字面意思猜测出来的；诗是可以赏析的，也是需要赏析的，但诗的赏析是为了深化人们对诗本身的感觉，而不是猜哑谜，不能制造对诗的感觉，更不能根据诗论家制造出来的感觉判定诗本身的价值和意义。我们可以无法用理性的语言概括一首诗的主题，可以无法用现实流行的理论分析它的思想内涵，但在感觉上却必须是明确的。我们说李金发开创了中国象征主义诗派，但假若他的诗根本就不是诗，不是中国语言的艺术，不是挖掘了中国现代白话语言的新的表现力，它也就不是象征主义的诗，更莫说开创了中国象征主义诗派。既然他的诗激发不出读者的新的情绪感受来，它的影响就不是诗的影响，更不是象征主义诗歌的影响。中国后来的象征主义诗歌是后来的象征主义诗人自己创作出来的，不是在李金发诗的影响下写出来的。西方象征主义诗歌是多义的，是朦胧的，但朦胧的不应当是感觉，而是无法用明确的理性语言表达这种感觉，而是这种感觉只能用象征主义的诗歌本身来表现。李金发的诗却不是这样。在他模仿西方象征主义诗歌的时候，连怎样感受中国的语言都不管不顾了，他的诗歌就不是中国语言的艺术了，就不是诗了。西方象征主义把在理性世界中的语言系统拆卸了，敲碎了，把在理性语言系统中一些不相连贯的词语都纳入了象征主义的诗的形式里，但这种没有联系只是没有理性的联系，并不是连语言本身的联系也不存在了，并不是这个诗的形式本身也没有把它们有机地组织在一起。而李金发却只把一些语言的枝枝叶叶塞满了自己的诗，它们在人的心灵感受中无法构成一个统一的整体。胡适的诗也不是诗，但他到底实现了诗歌语言基础的转换，他的诗的语言至少还是正常的散文的语言。李金发却不但没有创造出更有表现力的诗的语言，却连中国散文的语言也不是了。我们民族的诗歌是为了发展中国现代的白话语言的，而不是为了拆卸中国现代的白话语言的，我们对诗的评论必须牢牢地抓住这一点，在这一点上不能有丝毫的动摇。我认为，只要意识到这一点，我们就不会把李金发这样的诗作为中国现代诗歌发展的推动力量来看待，而应看作是中国现代诗歌发展的一个障碍，一个阻力。

这个障碍、这个阻力是怎样形成的呢？它是在中国文化开放的过程中形成的。我们说文化开放是重要的，但文化开放过程中所出现的文化现象却不都是合理的。五四新文化运动实现了中国文化的全面开放，但它的开放始终是为了中国现代文化的发展，而不是为了用西方文化完全取代中国文化。中国现代的白话语言还是中国的语言，而不是外国的语言，它大量吸收外来语是为了丰富、发展中国现代的白话语言，而不是连中国现代白话语言原有的表现力量也毁坏掉。但在文化开放的过程中，起着主要作用的是中国当时的留学生，并且是年轻的留学生。在大量文化领域里，他们是把外国文化的已有成果介绍到中国并促进了中国现代文化发展的一股力量，并且是最重要的一股力量。但在诗歌领域里的情况却不尽相同。诗歌是语言的艺术，并且是比较纯粹的语言的艺术。有一些青年留学生是在没有熟练地掌握民族语言的时候就到了外国，接触到外国的诗歌作品的。他们把在其他文化领域中形成的一般的文化观念也带到了诗歌创作领域里来，从而构成了一种看来正确、实则十分荒谬的观念。在别的文化领域里，特别是在自然科学领域里，掌握了西方最先进的科学技术，把它们运用到中国，就顺理成章地成为革新、发展中国文化的推动力量，成为本部门最先进的文化的代表。但在文学领域里，特别是在诗歌领域里却不是这样。西方诗歌是西方语言的艺术，中国诗歌是中国语言的艺术，不论对西方诗歌有多么精深的了解，不论自己学习的西方诗歌在西方诗歌的发展中是多么先进的诗歌，只要对本民族的语言没有真正敏锐的感觉，西方诗歌的形式就不会帮助并且还会干扰、破坏掉自己进行诗歌创作的能力。他创作出来的诗歌就不但不代表中国诗歌发展的最高水平，甚至会降低到连自己实际能够达到的水平也不如的程度。我认为，李金发假若没有西方象征主义诗歌的观念，只是老老实实地用中国语言表现自己真实的内心感受，是不会把他的诗歌弄成这么一副样子的。在中国现代新诗的初创期，因为还没有多少成功的新诗做参照，更没有成功的象征主义诗歌做参照，诗论家以悬疑的形式给予李金发一定的历史地位是可以理解的，但在我们已经有了不少成功的新诗创作，也包括象征主义诗歌创作的时候，再把李金发的诗歌作为一个成功的范例，就是没有必要也没有理由的了。实际上，李金发不是推动中国现代诗歌发展的一个成功的案例，而是一个不成功的案例。这个案例向我们昭示：仅仅把精力放在西方人怎样作诗，而不是把精力放在怎样用中国现代的白话语言表达自己用其他文体无法表现的世界感受和人生感受上，是不会创作出成功的中国现代新诗的。

被视为李金发代表诗作的是他的《弃妇》。我认为，只要我们不像猜哑谜那样从字面的意思给它演绎出在诗歌本身根本没有的感觉来，我们从它的语言形式本身能感到什么呢？实际上，除了一堆横七竖八、杂乱堆积的词语之外，我们什么也感觉不到。那一根根硬得像木桩一样的句子，给我们造成了一个感觉，这个感觉就是这个"弃妇"对什么都是不管不顾的。假若她是这样一个"弃妇"，还有什么"羞恶"怕人"疾视"？还有什么"哀戚"能"深印"在"游峰之脑"？还有什么"哀吟"从"衰老的裙裾"中发出？诗人说她"靠一根草儿"就能"与上帝之灵往返在空谷里"。既然如此，她的心灵就是很自由、很惬意的了，还有什么痛苦需要我们这些凡夫俗子来同情？诗人说"夕阳之火不能把时间之烦闷化为灰烬，从烟囱里飞去"，但又说"长染在游鸦之羽，将同栖止于海啸之石上，静听舟子之歌"。既然夕阳之火"不能"把时间之烦闷化为灰烬，从烟囱飞去，它又怎能长染在游鸦之羽，将同栖止于海啸之石上，静听舟子之歌？假若这个"不能"是贯彻到底的，是说弃妇的烦闷不能"长染在游鸦之羽"，不能"栖止于海啸之石上，静听舟子之歌"，那么，它就违背了诗歌语言的一种根本的规范，那就是在诗中是没有不存在的词语或事物的。诗中所有被否定的存在都是一种诗的存在，都给人一种存在的感觉，并且同"有"的事物并列地作用于人的感觉，影响着读者的感受。"前不见古人，后不见来者"，起到的不是清洗掉读者心灵感受中的"古人"和"来者"的印象的作用，而是实际地唤醒了读者对"古人"和"来者"的印象。所以，不论怎样具体地分析它的语法形式，这一段都实际造成了对弃妇意象的干扰和破坏，起到的是让我们无法获得一个统一的心灵感觉的作用。所有这一切，都使读者无法实际地进入李金发给我们构筑的这个语言世界之中去，诗人好像是故意不让我们读懂他的诗，而不是希望读者感受到他的真实的内心感觉或感受。这样，诗歌就失去了诗人与读者进行心灵交流的作用。没有了这样的作用，诗人还写诗做什么？读者还读诗做什么呢？

在这里，还有一个人和诗的关系问题。每一个人都有写诗的权利，所以我们不能因为不喜欢李金发的诗就排斥李金发这个人，特别是在中国文化的开放过程中，李金发以为只要把西方诗歌的表现形式学到手，就能创作出好的诗歌来。这原本是可以理解的，无可厚非的。但是，我们也必须看到，并不是每一个好人都能写出好诗来，也并不是每个想写出好诗来的人都能真的写出好诗来，所以我们也不能因为同情李金发这个人，不能因为他的动机是好的，就必须把他的诗说成是好诗。诗之能不能写好，还得看诗人有没有诗的感受，这种感受有没有用诗的形式表现出来。人有人的标准，诗有诗的标准。我们评诗要用诗的标准，而不能只用人的标准。

类似的情况也出现在对20世纪30年代初期左翼诗歌的评论上。

中国现代诗歌的发展(下篇)

30年代,是一个红色的年代。在那时,大量的中国作家纷纷向左转,提倡革命文学、左翼文学。对于这种现象,我至今认为,是值得中国知识分子骄傲的,因为恰恰是这些左翼知识分子,表现出了中国现代知识分子应有的正义感和责任心。在1927年的政治大屠杀之后,大批知识分子走向反叛国民党政治统治的道路,不但是可以理解的,也是值得尊敬的。但是,这些知识分子在政治上走向反叛现实政治统治的道路是一回事,他们在诗歌创作上能不能取得新的成就又是另外一回事。任何一种文体的发展,都是一种文化的综合效应在这种文体形式上的表现,一种因素的变化能不能具体转化为诗歌发展的动力,不仅仅取决于这一种因素,还取决于这种因素与其他因素构成了一种什么样的关系,以及这种关系有利于还是不利于诗歌创作。我认为,在30年代中国知识分子向左转的过程中,中国现代诗歌的发展遇到了一个新的危机,而不是找到了发展中国现代诗歌的一个新的突破口。

在这里,我们还得回头认识诗歌这种艺术文体产生和发展的基因。诗歌首先产生在哪里?当"诗"从"歌"的基础上产生出来并与"歌"发生了分化的那一天起,诗歌就是首先产生在个体人的内心感受里的。中国第一个伟大诗人屈原的诗不是发生在当时普遍的心理感受中,而是发生在他的独特的心理感受中。所以诗歌在其传播上是社会的,而在其创作上则是极端个人化的。抒情诗就更是如此。当然,诗人的内心感受也是无法脱离开外部世界的感发的,但外部世界的感发在不同人的心灵中产生的效应却并不是完全相同的。假若外部世界在不同人的心灵中产生的效应是完全相同的,这种效应人们就可以用外部世界的本身来传达,但这种语言是散文的语言,而不是诗的语言。"太阳出来了"作为一个散文句式,是用外部世界的变化标志出来的,它表示的是人人都能通过这个句子所知道的意义:天亮了或天晴了。只有那些外部世界在个体人的内心世界产生的几乎是完全个人化的感受,例如,假若你感到太阳是黑暗的,那就无法仅仅依靠这个散文句式来表现了。如果这种纯粹个人化的感受必须表达,你就必须找到一种与社会群众的语言、散文化的语言完全不同的表达方式,这种方式就是诗的语言。这种诗的语言之所以能把纯粹个人化的感受转化为更多的读者的感受,使读者能够理解或接受诗人的这种感受，就是因为它用以感发读者心灵的已经不是感发了诗人心灵的那些纯粹外部世界的事物，而是诗人重新构筑的一个语言世界。这个语言世界能够在读者心灵中感发诗人在外部世界感发下产生的心灵感受。读者有了这样的感受，也就理解了诗人的感受，二者在心灵上有了沟通的渠道，这个渠道就是"诗"。所以，诗必须是创造性的，不是约定俗成的，不是由任何别的人事先给规定好的。但是，当30年代中国知识分子发生向左转的变化的时候，实现的是他们与现实世界、现实政治统治集团的彻底决裂，革命实际发生在心灵沟通终结的地方，而不是发生在心灵沟通开始的地方。革命本身是"武器的批判"，而不是"话语的批判"，更不是"诗的批判"。真正的革命者不是用诗来工作的，而是用行动来工作的。革命文学家中也有大量实践的革命者，但他们主要是革命者，而不是诗人。毛泽东也能写诗，但他的"诗"主要是用他的行动写的，而不是用文字写的，他的最强烈的内心感受不是用文字、用"诗"表现出来的，而是用实践的革命表现出来的。真正意义上的"革命诗人"恰恰是那些并非实践革命者的诗人，像马雅可夫斯基，像勃洛克，都不是实践的革命者，但他们感受到社会的黑暗，感受到专制主义的压迫，他们在这个革命的时代形成了自己纯粹个人化的内心感受，这种感受既不同于实践的革命者，也不同于一般的知识分子或社会群众。当他们为自己的这种纯粹个人化的内心感受找到一种诗的语言的时候，他们就实际表现为革命的诗人。他们之所以是"革命"诗人，因为他们的情绪具有革命的性质；他们之所以是"革命"诗人，是因为他们内心最强烈的感受转化成的不是革命的行动，而是诗歌。但是，当中国知识分子发生向左的转化的时候，却受到了外来影响的未必适当的思维催化。它是借助一种"理论"、一种所谓的"思想观念"具体地实现这种转化的，而不是在实际的诗歌创作中实现这种转化的。这就把"诗"绕进了一个怪圈。"诗"这种语言形式本身就不是建立在理论的基础之上的，就是用理性的语言无法成功地实现作者与读者的直接沟通的。当把革命诗歌用一种理性的思维方式固定下来，它就不是诗人自己纯粹个人化的心灵感受的表现了。中国的左翼诗人原本是从非革命的诗人在现实环境的压迫下具体地走向革命诗歌的创作的，他们没有意识到革命者只是革命的主体，而不是革命文学的主体，更不是革命诗歌的主体。他们才是革命诗歌创作的主体，他们最内在的心灵感受就体现着当时最强烈的革命情绪。他们不必到外在理论标准中去寻找革命诗歌的原理，这种原理就在他们成功的诗歌创作的实践中。但他们却把实践革命的理论当成了革命诗歌创作的准绳。实践革命是要讲集体主义的，他们也把集体主义当成了革命诗歌创作的原则；实践革命是要讲阶级斗争的，他们也把阶级斗争当成了革命诗歌的主要任务……在这里，遇到的仍然是同李金发同样的问题，不过李金发重视的是形式，左翼诗人重视的是内容。但在有一点上则是相同的，他们都没有把心思用在用中国现代白话的语言表现自己最个人化的内心体验上，因而也没有实际地把中国现代诗歌的创作推向新的高度。李金发的诗歌走向了杂乱堆积的路，初期左翼的诗歌则走向了理念化、教条化、标语口号化的路，二者都离开了诗歌创作的基础。

但是，左翼诗人是个群体，群体的危机不等于每个个体都处在危机状态，也有少数诗人的少数诗篇在革命诗歌的创作中取得了一定的成就。在这里，殷夫的诗歌创作是有一定典型意义的。

殷夫是一个小青年，不论其思想还是其诗歌，都还没有走向成熟。但他的诗好就好在这种不成熟上。他像一颗革命的青杏一样透露着30年代中国革命者和30年代革命文学的酸涩和单纯。他不像提倡革命文学的那些前辈诗人那样自信和那样没有自信，他不把革命视为自己的身外之物，不把革命文学视为一个必须猜透的谜底，因而他也不必忏悔，不必向任何人表示自己的忠心。他不说大话和空话，他的诗歌不是按照某种理论要求做的，而是这个热情的革命小青年的真实的心声。在这里，我想特别提出他的《别了，哥哥！》一首诗来。在这个单纯的青年革命者这里，一切都显得那么单纯，那么朴素，没有一点矫揉造作的痕迹。"别了，我最亲爱的哥哥，/你的来函促成了我的决心，/恨的是不能握一握最后的手，/再独立地向前途踏进。//二十年来手足的爱和怜，/二十年来的保护和抚养，/请在最后的一滴泪水里，/收回吧，作为恶梦一场。//你诚意的教导使我感激，/你牺牲的培植使我钦佩，/但这不能留住我不向你告别，/我不能不向别方转变……"在这里，人性的深度和阶级性的深度是水乳交融地结合在一起的。亲切与决绝、过往的怀恋与前行的决心都在这朴素而又单纯的诗句中流露出来。它或许还有一些语言上的瑕疵，但它却不是从任何一派的诗歌形式里学来的，也不是按照任何理论规范设计出来的，而是从诗人纯粹个人化的心灵感受中生发出来的。我认为，这就是诗，这就是革命诗。

九

我们说在一个社会中，真正的诗人是那些像"疯子"一样的人，是那些感情胜于理智、不像我们一样满脑子"实践理性"的人。但是，这种"疯"得是真疯，不能是假疯，不能是装疯，也不能是像鲁迅所说的拔着自己的头发想离开地球那样有意识的疯。我们中国人好说要把自己培养成什么样的人，其他的人我们是可以有意识地培养的，唯独"疯子"是不能有意识地培养的。任何一个时代，真正伟大的诗人都不是想当诗人的人想出来的，而是让社会逼出来的。所以，这样的"大疯"不是时时刻刻都有的。而没有了"大疯"，"小疯"就显得有些可贵了。具体到20世纪30年代初，那些左翼诗人没有真的疯起来，戴望舒、卞之琳、废名这些不是大疯的人显得就有些可贵了。在过去，我们站在左翼的立场上完全否定戴望舒的诗歌成就，实际上是没有充足的理由的。

戴望舒这类的知识分子，确实没有成为伟大诗人的基本条件，因为他们也像我们一样，更属于中国现代教育培养出来的"好学生"之列。我们这些"好学生"，不是按照改造世界、改造社会的奋斗模式培养出来的，而是按照顺从世界、顺从社会、顺从自己的命运的模式培养出来的。我们原本没有多少高的社会理想，也没有多少高的个人理想，只是希望在一个安定的环境中从事一份自己有兴趣的工作，既有利于社会，也满足了自己并非奢侈的生活需要。写诗，作文，对于我们，实际上也就是这样一个有趣味的工作之一。但在中国社会里，特别是在30年代那个动荡的年代，这样一个平凡知识分子的平凡愿望也是难以实现的。在那时，革命者有革命者的语言，这种语言形式不论多么简单、粗糙，甚至带着点血腥气，但在他们之间，却有一呼百应的作用。以我们的诗的

中国现代诗歌的发展（下篇）

标准衡量，蒋光慈等人的左翼诗歌是没有什么味道的，但在那些有革命情绪的青年学生读来，却感到神经偾张，热情洋溢。因为他们是干柴在心，其实不用诗也点得着的，像"革命"，像"苏联"，像"列宁"，像"红旗"，这样一个个单词就都像火种一样，投进他们的心灵，立刻就会砰然起火。而在有权有势有钱的人那里，权力、金钱就是一切，什么诗歌，什么文学，什么文化，什么感情，全是一些屁话，他们不但不读当下这些落魄文人的诗歌、小说或散文，并且只要不是宣传他们的"三民主义要义"的御用文人，他们一概感到放心不下。这样，戴望舒这类知识分子的声音就没有多少人要听了。他们被夹在了"革命"与"反革命"的夹缝里。在这个狭窄的夹缝里的知识分子该成独立的一派了吧？也不是！因为这些息事宁人的知识分子是不会成派，也不敢成派的。后来的文学史家把戴望舒这样的诗人称为现代派，称为"自由人"，实际上，在那时，这些人之间是毫无关联的。他们是各顾各的一些人，不论多苦，多难，得自己忍受着，既不敢大声呼叫，也没有理由大声埋怨。只要日子还能过得下去，就得过着。这样的生活没有剧烈的痛苦，但也没有真正的喜悦，只有一种滋味，那就是寂寞、寂寞、无法摆脱的寂寞、没有尽头的寂寞。中国古代的落魄文人也寂寞，但他们把寂寞当成了一种价值，一种才华，一种品格，寂寞得有些滋味了。但在现代社会却不会这样，寂寞的是些无能的人。革命者认为这些人的寂寞是没落的小资产阶级情趣，有权有势有钱的人根本看不起你的寂寞，甚至连普通的老百姓也感到你是吃饱了撑的。这个寂寞可就寂寞不出滋味来了。但也正是这种超于历代文人的寂寞感，成就了30年代中国现代派诗人的诗歌。这种寂寞不是多么伟大的情绪，但却是他们真实的生活感受，是他们放在嘴里能嚼得出味道，放在耳边能听得出声音，放在鼻端能闻得出气味，用手能摸得出软硬的一种人的实实在在的情绪。他们不用像李金发那样到外国什么派的诗里去找诗的形式，也不用像当时的左翼诗人那样到外国的什么理论中去找诗的内容，他们在自己的心灵感受中就能找出自己的诗来。他们是中国人，是中国现代的人，他们心灵中的诗自然是用中国现代人的语言构成的。

余光中曾经评论中国现代著名诗人的著名诗作。他本人就是一个杰出的诗人，所以他对这些诗作的评论虽然严酷，但大都是很恳切的。只有他对戴望舒《雨巷》的修改，我有一点不同的意见。我认为，他把《雨巷》改短了，这一短，就不如原来的《雨巷》有味道了。为什么？因为一种情绪是有长度的。剧烈的痛苦是短暂的，人有一种对剧烈痛苦的自我抑制本能，太痛苦就感觉不到痛苦了。所以那些大量堆砌痛苦事实的诗作非但引不起我们的同情，反而引起我们的烦乱感。欢乐，也是一种短暂的感情，太欢乐就感觉不到欢乐了。所以那些没完没了的热闹场面也往往使我们欢乐不起来，也让我们感到烦乱。极丑的感觉，极美的感觉，纯善的感觉，纯恶的感觉，都是如此。只有寂寞，是一种有着无限延长感的情绪，太短了，就不是寂寞了。戴望舒的《雨巷》就给我们制造了这种无尽无休的感觉。它既不是喜悦，也不是痛苦，而是一种寂寞。你说中间几节在内容上一定有什么不同，一定要有什么新的内容，那是不必的，实际上寂寞的生活本身就是没有内容上的多么明显的变化的，今天如此，明天如此，后天还是如此，它只是时间，一个有长度的时间。诗人用文字制造了时间感，也就制造了寂寞的感觉。它像诗中写到的那个悠长、悠长的寂寥的雨巷一样，让人感到走呵，走呵，一直走不到头，走不出这种悠长而又悠长的寂寞的情绪。寂寞是有长度的，但却是没有阔度的。豪迈的感情，阔大的胸怀，是有阔度的，而寂寞则像线那么细，那么长。巷就是细而长的，特别是江浙一带城镇的那种小巷，其本身就像一种寂寞的生活。《雨巷》这首诗，也像这样的小巷，显得很细很长。它其中只有几个很单纯的意象：一把油纸伞，一个丁香一样的结着怨仇的姑娘，一个在雨巷中徘徊、彷徨，盼望遇到这个姑娘的诗人自己。它的视野一点也没有超出这个细长的雨巷的范围，甚至连两旁的店铺和住家都没有写。用到的词语，也是很有限的，这样写写，那样写写，还是那些词语。但它并不显得啰嗦。寂寞的心是狭的，但却不啰嗦。一个心思琢磨半天，还是有一点味道。这点味道没有消失，就不感到啰嗦了。在这首诗里，你只闻到一种气味，那就是丁香的气味，它融化在小巷的霏霏细雨中，淡淡的，似有若无。这也是我们在这首诗里读出来的味道。在这首诗里，只有一种颜色，那就是丁香的颜色，它在雨巷的灰色背景上绽露着，像诗人心里似有若无的那点不灭的对生活的希望，朦朦胧胧的，不鲜艳，不华丽，但却始终存在着。它也是这首诗的颜色。寂寞是没有声音的，这首诗也是没有声音的，什么都是默默的，连中国的这些汉字都怕弄出一点声响来，以免打破雨巷的闃寂。那个诗人是不说话的，那个结着愁怨的姑娘也是不说话的，连句低低的寒暄话也没有说，留下的只是诗人心中的一点思念，一点希望。两个人的心是连着的，被一种绵软的思念所粘连，但它们却好像永远不会被系得略微紧一些，但也不会系得更不紧一些。因为这是两颗寂寞的心的联系，谁都会珍藏着它，但谁也不会把它说出口来……就这样，这首诗给我们构筑了一个独特的世界，一个语言的世界、诗的世界。我们只要进入这个世界，就感到了一种寂寞的美感。我们好像永远在等待着一种美的事物的出现，但当看到它时，我们却不敢用手去触摸它。

实际上，真正给予了卞之琳诗以生命的，也是这点寂寞的感觉。我们过去称他们是现代派，实际上，他们的诗与西方现代派诗的意蕴和情调是大不相同的。这种不同就在于他们的诗是从中国知识分子的寂寞心境中浸润出来的，而西方现代派的诗则是从西方知识分子对纷乱的现实生活的烦厌情绪中蒸发出来的。卞之琳的《断章》描绘的是一幅多么幽静的画面呵，但其中的任何事物都没有内在情感上的联系，每个事物都只是其他事物的观赏对象，它们在观赏中获得的只是刹那的、表层的愉悦感，而在被观赏的感觉里却是孤独的、寂寞的。这首诗严格说来不是一首纯粹的诗，而更像哲理性散文。它靠的不是一种语言形式的力量，而是语言本身的寓意。他的《距离的组织》在表面看来很像李金发的诗，意思也是不相连贯的，我们永远无法靠着我们的理性思维能力理清其中的脉络。但有一点则是与李金发的诗根本不同的，那就是它的语言本身传达的是同样一种落寞的、空洞的感觉，而李金发的诗却无法给我们这种统一的感觉。"独上高楼"是一个孤独落寞诗人的孤独落寞的行为，他读的是《罗马衰亡史》，随即想到报纸上的"罗马衰亡星"，它们同时加强着对现实世界的衰亡感觉，同时也是诗人荒凉心情的表现形式。友人寄来的画片上的画也是"暮色苍茫""醒来天欲暮""无聊""灰色的天""灰色的地""灰色的路"……所有这一切，都强化着读者的同一种心灵感受。诗人调动的不是情绪，不是连贯的内容，而是颜色、声音和各种相关的意象。这些颜色、声音和相关的意象，或者是诗人情绪的表现，或者影响着诗人的情绪，同时它们也创造着读者的情绪感受，这就成了连接诗人和读者情绪的桥梁。戴望舒和卞之琳表现的都是一种寂寞的感受，但戴望舒的寂寞中更带有一种温润的情意，有水分；而卞之琳的寂寞中却更有一种枯槁的感觉，没有水分。

戴望舒、卞之琳的诗是一种寂寞情绪的表现，但他们的寂寞却没有排他性。他们的寂寞，只是自己的一种感受，而不是一种世界观、人生观和艺术观，所以他们不骄傲于自己的寂寞。废名则不同，他的寂寞有一种排他性。对于他，寂寞不但是他的人生感受，同时也是他的一种世界观、人生观和艺术观，似乎寂寞的人是值得骄傲的，不寂寞的人反而是世俗的人和浅薄的人。假若说戴望舒的寂寞是液体的，卞之琳的寂寞则在表层结了一层厚冰，触摸起来硬硬的，凉凉的，但内里却有流质性的东西，不是一硬到底的。即使他的《距离的组织》，虽然那些灰色的意象像乌鸦一样在全诗中乱飞乱舞，但最后的"友人带来了雪意和五点钟"却像把紧关的大门拉开了一个缝，使我们感到了一个更加宽阔和光明的世界。废名的寂寞则是固体的，他用自己的执拗和自尊把自己的寂寞凝固起来，成了一种水晶一样的透明体。他的诗似乎比卞之琳的诗更加透明，但卞之琳的诗里仍有温意，而废名的诗却没有了这温意。说到底，戴望舒、卞之琳的寂寞是青年人的寂寞，废名的寂寞则更像是老年人的寂寞，他寂寞成了"老子"。

寂寞不是一种单纯的颜色，寂寞可以开出各种各样的花。到了20世纪40年代，这些寂寞的歌手便走向了各不相同的艺术道路。

十

我们之所以不能简单地否定20世纪30年代初左翼诗歌的那一片喧嚣声，是因为它是杂乱的，但却不是空洞的。他们不同于李金发。李金发是没有象征主义诗人的情绪，却要创作象征主义的诗歌；左翼这些诗人则是有着革命的情绪，但找不到表现这种情绪的内容和形式。所以左翼革命诗歌到了后一代诗人的手里，就渐渐露出了自己的生机，并且发展出了较之30年代现代派更加强大的一个诗歌潮流来。

在从30年代的左翼革命诗歌到40年代"七月""希望"派诗歌的过渡过程中，臧克家的诗歌无疑是起了重要作用的。臧克家开始是学闻一多的，这给他的诗歌带来了力度感。他不像早期那些革命诗人那样像一个到处撒气的皮球，几句大话、几句口号就把自己那点"革命热情"给撒完了。臧克家从闻一多那里学来了节制。他知道情绪是诗歌的产物，而不是诗歌的本身。诗歌的本身只是语言，而语言本身是没有力量的。一百个"革命"的口号也不会造成革命的情绪，革命的情绪倒往往是以没有革命色彩的词语造成的。但是，臧克家在本质上又不同于闻一多。闻一多的力量是从中国和西方的国际对峙中积蓄起来的，是从对"大中国"的前途和命运的忧虑中蒸发出来的，所以闻一多的诗比臧克家的诗更显得大气，有些贵族气质，但却有浓得化不开的感觉，他的诗的风格显得更为单一。《红烛》中的诗是不成功的，《死水》的创作期较短，缺乏自身的自然演化过程。臧克家的诗则是在农民与统治者的对峙中获得的，是从对农民的前途和命运的关切中蒸发出来的。他的诗不如闻一多的诗显得大气，也没有闻一多的诗的贵族气质，但却更贴近社会生活，其风格也随着生活的变化而发生着变化。

臧克家找到了农民，实际上就是找到了"人民"。中国现代诗人是通过农民而感觉到"人民"的存在的，而"人民"则是40年代"七月""希望"诗派的情感情绪基础。诗人们的独立个性是在"人民"这个基础观念的基地上起飞的。没有这个基地，他们的个性就没有产生的精神基础，也没有自己精神的归宿。只要我们不是从"个性"这个抽象概念出发，而是从对诗人及其作品的实际感受出发，我们就会看到，恰恰是40年代"七月""希望"诗派的诗人们，在中国诗歌史上表现出了为任何一个派别的诗人所少有的最强毅、最倔强的个性。在这里，我们指的不仅仅是他们的"人"，同时指的也是他们的"诗"。直到"文化大革命"结束之后，像牛汉、绿原、鲁藜等等这些幸存下来的"七月""希望"诗派的诗人们，仍然坚持着他们从40年代就已经形成的基本的诗的风格。他们既没有在50年代初的"胜利"中变得浮躁华丽、空泛无力，也没有在五六十年代的高压下被压扁、被挤碎；既没有在欧风美雨中放弃自己的独立追求，也没有在国粹主义的喧嚣声中走向复古怀旧。他们的人，他们的诗，始终赤裸裸地站立在中国的诗坛上，对读者说：这是我的诗！这是我们的诗！不论在别人看来是"左"是"右"，但都不是奉命之作，也不是趋时之作。在这里，就产生了一个什么是"个性"，什么是"独立风格"的问题。"个性""独立风格"必须是在一种严肃的社会追求、艺术追求的基础上建立起来的。就这种追求本身，它不是纯粹个人的、私利的，而是社会的，是与整个人类、整个民族的前途和命运联系在一起的。正是这种追求的非个人性，才使一个人即使在自己的处境发生了根本不同的变化的时候仍然能够感到它的意义和价值，仍然不会完全放弃这种追求。"个性"也就在这种真实的而非虚假的社会追求和艺术追求的基础上起飞。它是通过个人的生活经验和精神需要建立起来的，是以个人的方式在个人化的生活环境中追求着的，所以这种严肃的社会追求和艺术追求在这个人和这个人的创作中就呈现出鲜明的个性。"人民"，在40年代"七月""希望"诗派的诗人们那里，是与社会、民族、人类相联系的一个精神纽带，正是这种联系，给他们"个性"的发展、独立风格的形成，奠定了坚实的基础。

　　总得叫大车装个够，/它横竖不说一句话，/背上的压力往肉里扣，/它把头沉重地垂下！//这刻不知道下刻的命，/它有泪只往心里咽，/眼前飘来一道鞭影，/它抬起头来望望前面。

（臧克家：《老马》）

这就是我们的"农民"，同时也就是我们的"人民"，我们的"祖国"。在这里，没有反抗，但我们感到了反抗，一种决绝的心灵的反抗；在这里，没有革命，但我们感到了革命，一种不可动摇的革命的情感和情绪。臧克家没有像早期的革命诗人那样把拳头伸得远远的，他把拳头缩回来，缩到紧贴自己胸腔的地方，使他的这首诗充满了反击的力量，充满了情感的爆发力。它的反抗的力量不是建立在阶级斗争的观念之上的，不是建立在自己青春的理想之上的，而是建立在他毕生对我们的农民、我们的人民、我们的祖国的心灵感受之上的；它不是对刺激的寻求,也不是对光荣的渴望,而是感到了对上层社会的一种无法忍受的愤懑:在这样的农民、这样的人民、这样的祖国的基础上建立起来的一个豪华的世界,一个骄横的集团,难道是人们可以忍受的吗?这首诗很小,小得像一枚手雷,一颗炸弹,壳是硬的,它把力量全部集中在了它的内部,集中在诗人没有说出的意义上,集中在读者自己的联想上。它不像其他所谓革命诗歌一样,对读者有一种压迫感,有一种威慑力,它让读者在自己的自由联想中找到与诗人的情感联系。它写的不是他要说的,它写的仅仅是一匹被人们榨尽了生命活力的老马。假若读者感到它就是我们的农民、我们的人民、我们的祖国,那就不是诗人告诉你的,而是你自己的感受,你自己的认识,"诗"仅仅把诗人和读者的感受和认识沟通了。假若我们不是对中国现代新诗怀有偏见的话,我们就会感到,臧克家对中国农民的表现,是为中国古代诗人的任何诗歌也无法代替的,它的表现力度和深度甚至超过了杜甫的"三吏""三别"和白居易的《卖炭翁》等古典诗歌名作。

《烙印》之后,臧克家诗的风格发生了一些变化。我认为,这种变化若纳入中国现代诗歌发展的总体框架中来感受,实际是更多地离开了闻一多而更接近了艾青。他的那首著名的《春鸟》与艾青的艺术风格是更为接近的。

艾青即使算不上是一个中国现代伟大的诗人,也应该说是一个中国现代杰出的诗人。他的诗,好的就不再是一首两首,而是"一些"或"一批"。这就不能仅仅用个别的生活观察和生命体验来解释。我们中国古代的文论讲"气",讲"气度",艾青的诗好就好在有这种"气度"。正是这种"气度",把他大量的诗作联系在了一起,形成了他与其他诗人不同的独立艺术风格。我认为,要想理解艾青诗的"气度",还要从他的《大堰河——我的保姆》这首成名作开始。"我是地主的儿子,/也是吃了大堰河的奶而长大了的/大堰河的儿子。"我们现在好讲"根",好讲"寻根",好像一个民族、一个人只有一个"根",只要找到了这个"根",就找到了自我,找到了自我生命的根据。实际上,任何一个民族,任何一个人,都不仅仅有一个"根",而是有着各种不同的"根"。艾青在这里,讲的就是他的生命的两条主要的"根"。一个"根",是他的家庭；一个"根"，是他的保姆。前一个"根"，使他能荣华富贵，走一条平坦的人生道路；而后一条根，使他关切民间的疾苦，关切底层的人民。他必须在这两条"根"中进行选择。在这里，不仅仅是阶级的选择，还是实利与情感的选择。他选择了情感，选择了大堰河和他的一家。《大堰河——我的保姆》整首诗写的就是他与他的保姆及其一家的情感联系。这种情感不是在观念中建立起来的，而是在生活中建立起来的，是无法被任何的力量所斫断的。这种情感的选择，实际上也正是一个诗人的选择。在中国现代诗人的作品里，谁都不敢像艾青这样进行大量的几乎是散文化的铺排描写，但他的铺排不像汉赋的铺排。汉赋的铺排是在同样一个层面上的铺排，而艾青的铺排则是一种感情的铺排，他在铺排中把诗人与大堰河及其一家的感情联系推向了一首短小的抒情诗所根本无法达到的高度。这是一片记忆的丛林，是一株接一株的，是一片连一片的，莽莽苍苍，蓊蓊郁郁，横无际涯。所有这些童年的印象都已经成了诗人生命和情感中的有机组成部分，它们是不可能从诗人的心灵中被冲洗掉的：

　　你用你厚大的手掌把我抱在怀里，抚摸我；/在你搭好了灶火之后，/在你拍去了围裙上的炭灰之后，/在你尝到饭已煮熟了之后，/在你把乌黑的酱碗放到乌黑的桌子上之后，/在你补好了儿子们的为山腰的荆棘扯破的衣服之后，/在你把小儿被柴刀砍伤了的手包好之后，/在你把夫儿们的衬衣上的虱子一颗一颗地掐死之后，/在你拿起了今天的第一颗鸡蛋之后，/你用你厚大的手掌把我抱在怀里，抚摸我。

　　像这样大规模的铺排描写，在中国古代的格律诗中是根本无法进行的，它只有通过现代白话诗歌才能实现，但这又不是中国现代白话散文的本身，而是对它的具有诗意的改造。这不是重复，不是啰嗦，而是一点一点地将诗人融化在大堰河及其一家的生活中的方式，是表现诗人与大堰河及其一家的水乳交融般的情感关系的需要。像这样的诗句，这样的表现方式，是不可能仅仅通过诗人的想象就能创造出来的，它只能通过像艾青这样有着实际体验的诗人才能创造出来。

　　正像臧克家选择了农民，就是选择了人民，艾青选择了大堰河，也就是选择了人民。这种选择是情感的选择，是诗的选择。他们选择的是一个诗的世界。在这样一个世界里，靠的不是实践理性的支持，而是个人情感的支持，这使他们具有了真正现代诗化人生的性质。他们的诗已经不是在自己实践理性的生活中零零星星地迸发出来的诗的火花，不是面对自然美景、爱情或其他超常事物产生的暂时的感情冲动，而是面对现实、面对社会人生所采取的基本的人生态度。可以说，在中国现代诗歌史上，没有一个诗人能像艾青这样，把他的几乎全部的生活观察都纳入诗的形式中来表现，并且在这种表现中都贯注着诗人真实的而非臆造的诗的激情。他写巴黎，他写马赛，他写雪落在中国的土地上，他写旷野，他写太阳，他写黎明的通知，他写死难者的画像……在艾青的笔下，几乎没有不可能用诗表达的对象。我认为，所有这一切，都证明艾青是作为一个真正的诗人生活在这个世界上的。人民的意识给了他做人的力量，也给了他诗的激情。

　　到了田间，人民的意识同民族的意识发生了汇流。那是在日本帝国主义的铁蹄踏进了中国的国土的时候，是中华民族进行着艰苦的反侵略战争的时候。田间的诗敲出了马蹄的声音，敲出了鼓点的声音，敲出了中华民族手挽手踏着同样的步点迈步向前的声音。他把马雅可夫斯基阶梯诗的形式运用到了中国汉语诗歌的写作中。但这种运用不仅仅是模仿的，而是有其情感基础的。时至今日，我们的读者似乎已经不太习惯田间的《给战斗者》的诗的风格，但这并不说明田间的诗是不好的。我们是在和平的日子里过惯了的人，我们的感情被和平的生活细碎化了，甜蜜化了，任何社会的喧闹都使我们的心理感到无法承担。但一个民族的历史是不可能永远那么风平浪静的，世界永久的和平只是我们的理想，我们的期盼，但世界是否将有永久的和平，却并不完全取决于我们的愿望和期盼。到了那样一个危机的时候，我们就会再一次感到，战斗的声音是有自己不可代替的价值的，战斗的诗歌尽管不是唯一的诗歌，但却也是一种诗歌。战斗的诗歌不是"看"的诗歌，而是"读"的诗歌；不是品味的诗歌，而是感受的诗歌；不是吟唱的诗歌，而是呐喊的诗歌。

即使在和平的日子里，只要我们按照战斗诗歌所需要的一种形式进行阅读，田间的《给战斗者》和其他的一些好诗，仍然会给我们的心灵打出战斗的节拍。我们不应当轻视田间的诗。

在三四十年代的臧克家、艾青、田间那里，"人民"这个概念是有特定的含义的，那就是"苦难的大众"的意思。正是在这种与"苦难的大众"的情感的联系中，他们感到了自己存在的意义和价值，感到了自己与自己的民族、自己的祖国的精神上的联系，感到了与自己所生活的这个世界以及整个人类的联系。他们不是多余的人，不是社会的蛀虫，他们的歌唱不仅仅是为了个人的幸福和未来，同时也关系到这个"苦难的大众"的命运和前途。他们是这个"苦难的大众"中的一员，但又不是这个"苦难的大众"中的一员；他们是从这个"苦难的大众"中觉醒起来的，是这个"苦难的大众"的歌手。他们不再是奴隶，不仅不是统治者的奴隶，也不是这个"苦难的大众"的奴隶，而是作为一个独立的人、一个诗人而歌唱，而战斗的，他们的任务是唱出大众的苦难，唤醒他们为自己的幸福而斗争。民族是大众的民族，祖国是大众的祖国，他们对"苦难的大众"的感受也是对我们的民族、我们的祖国的感受。他们为民族而歌唱，为祖国而歌唱，但是又是以一个独立的人、独立的诗人的身份而歌唱的。所以，他们的个性就在这种"人民"的意识的基地上获得了发展。但到了50年代，"人民"这个概念发生了巨大的变化，"人民"不再被理解为"苦难的大众"，民族不再被理解为苦难的民族，祖国也不再被理解为苦难的祖国。在这样的人民、民族和祖国的面前，他们的情感没有了固定的挂靠单位，成了游移在社会上空的浮云或游丝。正是在这种情况下，臧克家和田间诗歌的风格发生了根本性的变化，好诗不能说没有，但作为一个有独立风格的诗人的思想艺术魅力却大大地打了折扣。艾青则被锁住了喉咙，被挤出了中国的诗坛。二十年之后的再现文坛，已是强弩之末。中国的新诗进入了北岛、舒婷的时代。

十一

艾青、田间也是"七月""希望"诗派的诗人，但我们还得把"七月""希望"作为一个诗歌的流派独立地说一说。因为在中国现代诗歌史上,只有这个诗派,才真正具有诗歌流派的性质,其他诗歌流派,包括新月诗派,都只是文学史家根据他们之间的私人关系或某些相近的特征为了叙述的方便而为之归纳起来的,实际上他们之间是没有思想和艺术追求上的必然联系的。假若仅从精神素质和诗歌风格上看待他们之间的关系,闻一多和徐志摩有什么无法割裂的一致追求?戴望舒和何其芳有什么难以割舍的必然联系?他们是被文学史家装在一个麻袋里的一些土豆,装起来是一个整体,倒出来就不再是一个整体了。严格说来,这是不能称为一个文学流派的。"七月""希望"诗派则不同了。我们分明能够感到,他们在精神素质和诗歌风格上有一种无法割裂的联系。他们之间也各有不同,但他们都是一些疯子,是与我们平常人都不相同的。"七月""希望"诗派的诗人们,在中国也就是这样的一个诗疯子集团。

众所周知,"七月""希望"诗派的形成是与《七月》《希望》的编者胡风有直接关系的。严格说来,胡风的文艺思想就是一个革命诗人的文艺思想。他是讲"主观战斗精神"的,而这就是一个革命诗人的基本特征。"革命"是起来革"现实"的命,"革命"是那些不满于"现实"的人起来"革"的,光"不满"还不行,还得把这"不满"转化为实际行动,还得亲自去与"现实"进行残酷的肉搏战。这就得有点主观战斗精神。没有这种精神,只有"思想"是不行的。胡风就是一个"主观性"很强的人,他完全按照自己的感受和要求编辑自己的刊物。他不会喜欢也不会刊载像徐志摩那样的诗,不会喜欢也不会刊载像黄震遐那样的诗,这就使《七月》《希望》上的诗歌与其他派别的诗歌有了明显的不同。有人会说,胡风有严重的排他性倾向,但我们必须看到,排他性也是流派形成的必要条件。关键仅仅在于,胡风这种排他性是文学观念和文学风格上的排他性,而不是用政治权力、经济权力对其他知识分子进行的人身排斥。这种排他性是文学流派形成的基础条件,而不是进行人身伤害的手段。

关于胡风,人们还有一种说法,说假若他获得了政治上的文化权力,也会执行极"左"的路线。这种说法不能说没有一点道理,但人们却忽略了另一点，即，像胡风这样的人，是不可能获得政治上的文化权力的，获得了也维持不住。为什么？因为他是一个缺乏实践理性经验而又特别重视主观感情的人。这样的人，只能做诗人，做文学家。政治文化权力是需要在实践理性的基础上去获得，也需要依靠实践理性的经验来保持的。什么是主观感情？主观感情是使一个人与自己喜爱的事物紧紧联系在一起的一种心灵状态，也是使一个人将自己不喜爱的事物排斥在自己生活联系和精神联系之外的一种心灵状态。真正强烈的主观感情是有排他性的，并且是同时伴随着强烈的主观意志的。这种人总是想改造"现实"，使现实适应自己主观的要求，但却很难被现实所"改造"，很难适应随时变化着的现实条件。他生活在一个情感的世界里，而不生活在现实的世界里。但这也是成为一个诗人的必要条件。一个人总能随着现实条件的变化而找到适应现实生活的办法，还有什么痛苦？没有痛苦，还有什么欢乐？没有痛苦和欢乐，还作什么诗？所以，像我们这些不是诗人的人，是感觉不到多么强烈的痛苦，也感觉不到强烈的欢乐的人。我们不必去写诗，好好过自己的日子就可以了。即使写诗，也写不出能够震撼别人心灵的诗歌，因为我们的心灵就没有过这种震撼，我们也找不到能够震撼别人心灵的语言。

由于胡风的这种"主观性"，《七月》《希望》杂志集中起来的也大都是像胡风这样的特重感情、特重义气的人。这样的人，没有徐志摩的潇洒，没有冯至的温和，没有戴望舒的细腻，甚至也没有闻一多的深沉，没有郭沫若多变的热情，但却有死咬住一点绝不松口的倔强。中国知识分子是讲"中庸"的，但他们却"中庸"不起来。他们不会说那些温暾暾的话，他们的语言像满山遍野燃起的篝火，到处发光，到处冒烟，但却不温柔，不细致，也没有固定的秩序。他们的诗往往是大面积的，但其中那些好诗，不给人以疲弱无力的感觉，不留下虎头蛇尾的缺憾。郭沫若是个跑百米的人，跑得快，结束得也快，跑长了就没有劲了。冯至、戴望舒甚至就没有跑过，他们是习于散步而不习于跑步的人。闻一多抡的是大锤，一下一下砸下去，特准确，特有力，却也不能老是这么砸下去，砸一气就得歇一歇，他的《死水》中的诗没有太长的。"七月""希望"诗派的诗人们则不是这样。他们的抒情诗大都写得很长,他们更像是一些越野赛跑的长跑运动员。他们跑得不像郭沫若那么快,但只要跑起来,就好像停不下来了。跑也不是朝一个固定的终点跑,只要有路,就一直向前跑,即使没有路,也得跑出一条路来。一路上沟沟坎坎的,有时好像觉得跑不过去了,但还是跑了过去。我总觉得,他们的诗不是先想好了再写的,而是随写随从笔底下流出来的。他们的诗不如别人的诗设计得那么精密,但却有一股自身向前滚动的力量,这种力量就来自诗人内心情感的滚动。他们理性的芽是向上的,但感情的根却是向下的。到了20世纪70年代,牛汉还写了一首诗,名字就叫《根》:"我是根,/一生一世在地下,/默默地生长,向下,向下……/我相信/地心有一个太阳。"我认为,这颇能体现"七月""希望"派诗人及其诗歌的特征。中国现当代的知识分子,往往是向往什么,就爱什么。向往苏联的爱苏联,向往美国的爱美国;向往权力的爱皇上,向往富裕的爱大款。结果把我们自己立足的土地遗落到了感情之外。"七月""希望"诗派的诗人们则不是这样,他们向往的是自由,但爱的却是不自由的人民;向往的是乐土,爱的却是苦难的祖国。他们感情的根是向下扎的,是扎在自己的土地上,扎在自己的经历中,扎在自己的生活里。别的诗人写的也是生活,但我们却并不认为那就是诗人生活的全部,而只是生命中偶尔邂逅的一个美丽的姑娘,生活中不期而遇的一片诱人的风景,人生中突然呈现的一个事件、一个人物。"七月""希望"诗派的诗人们不是这样,他们展现的是自己生活的全部以及对这种生活的感受。只要他们写下开头几句诗,这些话语马上就会扯出他们一片片的过往生活的印象来。他们的感情几乎不是用语言表达出来的,而是用诗的形体动作表达出来的。他们从来不像我们一样直接歌颂祖国、歌颂人民、歌颂母爱、歌颂大自然、歌颂美的人性,因为他们重视的不是它们本来应有的表现形态,而是在苦难生活的重压下扭曲变形了的现实形态。这实际是一种无言之言。正像绿原在《哑者》一诗中所说:"没有音符/而是野性的/原始的呼号/他要说话。"他们的诗很有耐力,处处绽露着青筋,鼓起一块块的肌肉,但始终一个劲头,透露着他们性格的倔强和顽强。他们是一些认定了目标就一直走到底的人,不会中途变卦,不会半途而废。但也正因为这样,这个诗派在50年代初经历了一次集体性的沦亡。他们是手挽手地站在甲板上看着自己的舰船沉没于海底的。

假若要我用一句话说出对"七月""希望"派诗歌的印象，我就会说："七月""希望"诗派的诗歌是中国现代男子汉的诗歌。

十二

同"七月""希望"派诗歌共同构成了20世纪40年代诗歌景观的是"九叶"派的诗歌。

当袁可嘉先生在20世纪80年代初把"九叶集"派作为一个独立的诗歌流派呈现在我们眼前的时候，有些学者是把它作为"七月""希望"派诗歌的对立面而进行接受的。实际上，在同时代两个流派的诗歌中，没有比40年代的"七月""希望"诗派同九叶派的诗歌在思想艺术追求上更相接近的了。我们与其说这两个诗歌流派是在对立的意义上产生的，不如说它们只是40年代中国诗歌的一对孪生兄弟。这不仅仅是从他们的思想追求上说的，也是从他们的艺术风格上说的。有些九叶派诗人的诗，我们完全可以放到"七月""希望"派诗人的诗歌中而不会有鹤立鸡群或鸡立鹤群之感，反之亦然。

要想比较切实地理解40年代这两个诗歌流派的关系，我们不妨看一下他们的文学渊源关系。中国现代诗歌是从胡适这个人开始的，但胡适自身也有其复杂性。就他这个人的基本性格类型，他就不是一个诗人，而是一个现代学院派的知识分子。他是从学术的意义上介入中国的文化革新和诗歌革新的，但具体到诗歌革新本身，他重视的是从中国古代格律诗的形式下解放出来，强调的是诗歌创作的自由性，但到了后来，围绕着胡适形成的则是一个从英美留学归国的学院派知识分子集团。正是在这个学院派知识分子集团内部，自觉扬弃了胡适自由诗派的理论主张，转而重视节制，重视格律，重视理性的约束。真正发展了胡适自由诗派的理论主张并把诗的自由性充分体现在创作中的，是郭沫若这个非学院派的青年知识分子。他重视情感的自由抒发，重视诗歌形式的自由创造，反对理性的约束，把中国现代白话诗歌的自由性发展到了极致。

中国现代诗歌的发展（下篇）

这种分野是艺术上的分野，也体现了中国知识分子自身的分裂。在新文化取代了旧文化的中国文坛上，留学英美的知识分子是得到了较高社会地位和较为稳定的社会生活保障的一批知识分子。他们有着自己的社会理想和人生理想，但却也有着更加从容的心境和更加稳定的生活环境。其灵魂是精致的，其诗歌创作也表现出较之一般社会知识分子更加从容细致的风格。而像郭沫若这样的社会知识分子，则没有稳定的社会生活的保障，他们是在生活中挣扎的一群人，他们的诗也带着他们生活自身的动荡感，不是从容的、细致的，而是狂放的、热情的。前者的诗更适于案头的阅读，而不太适宜于诵读，后者的诗适于诵读，而不适于案头的阅读；前者重视静态的美感，后者重视动态的情感。格律诗的主张是闻一多提出的，但在这个学院派知识分子集团中享有最高声誉的是徐志摩，而不是闻一多，因为闻一多的诗带有更决绝的性质，深沉有余而潇洒不足，在当时的学院派青年知识分子中属于"激进派"。到了30年代，社会派的知识分子多了起来。学院派知识分子也多了起来。在中国，什么东西一多，就不吃香了，新文学的读者原本就很少，所以大多数知识分子向"左"转。向"左"转的知识分子希望自己的诗歌具有革命性，但自身仍然带着中国知识分子那种柔弱温和的性格特征，想激烈但激烈不起来，一时处于躁急状态，其诗歌没有取得更重要的成就。但作为整个左翼文学运动，体现的则是当时社会派知识分子的文化追求和文学追求。鲁迅就是这样一些知识分子的代表人物。他的倾向不是胡适的学院派知识分子的倾向，也不是周扬等人的革命政治知识分子的文化倾向。而在左翼阵线中，最亲近鲁迅的则是胡风。40年代"七月""希望"派的诗歌就是在胡风文艺思想的旗帜下发展起来的，它体现了中国社会派知识分子以其自身的独立姿态面向中国、面向生活、面向下层社会群众的文化倾向和诗歌倾向。凡是对中国现代文学有点了解的人都知道，"七月""希望"派的诗人们，不但是"胡风党"，更是"鲁迅党"。鲁迅不但是他们的文化领袖，同时也是他们的人格领袖。在30年代左翼知识分子之外形成的现代派诗歌，则是由非激进的社会派知识分子和学院派知识分子构成的，他们与左翼知识分子的不同不是理智上的，而是性格上的。他们既不满于当时的专制主义的政治统治，也不满于左翼知识分子对现实社会采取的批判、反抗、斗争的文化姿态。冯至就其基本文化倾向应该属于30年代的现代派，但他是受到鲁迅很高评价的一个，是现代派中的"左派"。在这时，他停止了诗歌创作，既反映了他对左翼诗歌的不满，也反映了他对当时的现代派诗歌的不满。只要看一看他后来的《十四行集》和《伍子胥》，我们就会感到，他对鲁迅及其所代表的左翼文化倾向，是有内在的理解的；对自身所体现的中国知识分子的特征，也是有内在的反思的。而到了40年代，中国陷入了民族危机和社会危机之中，学院派知识分子也在这样一个危机中失去了固有的和平稳定的生活局面，"新月派"中的激进派闻一多和本质上属于30年代现代派中的激进派的冯至就体现了这时中国学院派知识分子的基本文化倾向。而40年代九叶派的形成则是与这两个人的影响分不开的。闻一多是唯一一个没有攻击过鲁迅，也没有受到过鲁迅攻击的新月派的中坚人物。在这时，闻一多的转变是向鲁迅文化立场的转变，而冯至向来是对鲁迅的文化选择有着内心的理解的一个诗人。他们共同体现了中国学院派知识分子在民族危机和社会危机的条件下，从艺术的"象牙塔"中走出来，以独立知识分子的姿态直面现实的社会人生的倾向。假若说胡风是从左翼的立场上向鲁迅靠拢的，而冯至、闻一多则是从学院派知识分子的立场上向鲁迅靠拢的。他们在社会追求和文化追求上几乎是走到一起来了。他们对现实社会都采取了一种批判、反抗乃至革命的态度。如果说新月派的诗人们和现代派的诗人们都是在与鲁迅相区别的意义上选择了自己的文化方向，而九叶派的诗人们和"七月""希望"派的诗人们则是在与鲁迅接近的意义上选择了自己的文化方向。闻一多影响了九叶派的形成，但同时也是把田间、艾青的诗推向社会，推向文坛的重要诗论家。这两个诗派像一对孪生兄弟一样，各自在不同的文化领域里对现实的社会人生进行着诗的批判和抗争。

但是，既然是从两翼向同一个方向上的靠拢，这两个诗派在联系中还是能够看得出差别来的。假若我们不是从细节上而是从整体上看待二者的区别，我们就能感到，"七月""希望"派的诗歌是向下扎根的。他们通过自己的诗歌创作，把自己与最底层人民的生活和苦难联系在了一起，中国农民的执着和倔强在这些人身上得到了艺术的体现。九叶派

中国现代诗歌的发展（下篇）

的诗人们则是向上冒芽的。他们大都还是一些青年学生，生活在一个动荡的年代，一个混乱的社会，他们追求的是要把自我从这种生活里提升出来，提升到一个在他们的现代理念中的纯粹的人性的高度。所以，"七月""希望"派的诗歌更带有社会的性质，他们是面对社会的，是以改造社会为自己的基本意识的；而九叶派的诗歌则更带有人生哲理的性质，是以人的提升为自己基本意识的。在艺术追求上，九叶派的诗人们仍然主要坚持着向外的摄取，他们是在自己现实生活感受的基础上把德语国家诗人的沉思的、哲理的、凝重的艺术风格带入中国的一批最成功的诗人；"七月""希望"派的诗人们则是在法国象征主义和俄国未来主义诗歌的基础上向内摄取的，他们是把中国现代最广阔的社会现实生活场景最大量地充实到现代诗歌形式中的诗人。在具体的艺术风格上，"七月""希望"派的诗歌更是音乐的，而九叶派的诗歌则更是雕塑的。"七月""希望"派的诗在表面看来进行的是绘画的工作，他们描绘着人民的苦难，大地的苍凉，实际上他们在绘画的过程中发挥的却是语言的音乐功能。他们的长篇抒情诗，虽然时时刻刻都在描绘着什么，述说着什么，但这种描绘最后却不给我们画面感。他们把新的事物、新的形象不断续进来，把旧的事物、旧的形象不断埋起来，我们的读者读着下边的诗句，随即忘掉了上边的诗句，甚至诗人自己也不再想到上面写了一些什么。他们重视的只是语言的律动，读者在他们的诗歌中感觉到的也是这种语言的律动。他们给我们的心脏的跳动、情感的起落谱写了一个乐谱，我们就是在这个语言的乐谱中同诗人发生着共鸣的。九叶派也有这样的诗，但体现了九叶派特征的却是另外一种诗的形态。陈敬容有一首题名为《雕塑家》的诗，其中说："有时万物随着你一个姿势，/突然静止；/在你的斧凿下，/空间缩小，时间踌躇，/而你永远保有原始的朴素。"九叶派的诗人们更善于捕捉住一刹那，把时间和空间都凝固在这一刹那的静态的事物中，并在这一刹那的凝固中产生时间感和空间感。

让我沉默于时空，/如古寺锈绿的洪钟，/负驮三千载沉重，/听窗外风雨匆匆；//把波澜掷给大海，/把无垠还诸苍穹，/我是沉寂的洪钟，/沉寂如蓝色凝冻；//生命脱蒂于苦痛，/苦痛任死寂煎烘，/我是锈绿的洪钟，/收容八面的野风！

（袁可嘉：《沉钟》）

我之所以全文引用袁可嘉的这首诗，一个方面是为了说明九叶派诗歌的雕塑美，另一方面也提出这样一个问题：到底中国现代白话诗歌成就的薄弱，是因为胡适所倡导的这种诗体形式是没有发展前途的呢，还是我们三千年的沉重使我们现代的诗人不能不沉默于时空呢？事实上是，到了40年代，中国新诗的发展已经在两个方向上趋于成熟，趋于繁荣，"七月""希望"派的诗歌在向内的吸收和向下、向底层人民的情感延伸上，九叶派的诗歌在向外的摄取和向上、向纯粹的人性高度的升华上，都远远超出了中国古代诗歌所已经达到的高度。在短短的十年间所产生的具有独立审美价值的诗歌作品，是在中国历史上二十年、五十年乃至一百年间都不可能产生的。"七月""希望"派的艾青，九叶派的穆旦、郑敏，即使不能与屈原、陶渊明、李白、杜甫、白居易、苏轼、陆游、辛弃疾这些中国古代最伟大的诗人并肩比美，至少也是不亚于温庭筠、柳永、秦观、姜夔这样一些古代诗人的。但是，直到现在，我们的社会仍然拿着在几千年中国历史上所积累起来的诗歌成就，作为傲视中国现当代诗人的资本，不但不想理解他们的现实处境，反而让他们独自负起三千年的历史重载。到了50年代，我们眼睁睁地看着"七月""希望"派的诗人们跌入了历史的深谷，眼睁睁地看着九叶派的诗人们弄哑了自己的歌喉，而我们却埋怨中国现当代的诗人们没有给我们创作出震惊世界的伟大艺术作品，却埋怨胡适的白话文革新破坏了中国优秀的诗歌传统，难道这是合理的吗？

十三

在从整体上简说了九叶派诗歌的特征之后，我想把穆旦、郑敏这两个诗人的诗单独地拿出来说一说。

中国古代诗歌的成就确实伟大，但当这个伟大成了蔑视中国现当代诗歌的理由的时候，我们却不能不站在现代的立场上说一说它的不足。

中国现代诗歌的发展（下篇）

中国古代诗歌的成就很伟大是一回事，我们如何看待这种伟大又是另外一回事。伟大从来不是一个铁疙瘩，古代诗人的伟大是因为他们创作了他们能够创作的诗，而不是创作了所有的诗。他们没有把中国的诗全都写完，要是他们把中国的诗都写完了，中国世世代代就没有诗人、没有新诗了。我认为，在中国古代诗人中，屈原是一个最伟大的诗人，他不仅开创了中国知识分子的诗歌传统，而且是以一个诗人的独立姿态感受自然、社会和人生的。一个诗人不仅仅是有感情的人，而且是在自己独立的生活体验中建立了不同于一般人的世俗感情的人。屈原的《离骚》表达的就是这种不同流俗的感情，我们通过《离骚》才能够理解屈原的不同流俗的行为方式和生活方式，才能理解他的特定的内心感情。一个诗人不仅仅有自己的世界观念、社会观念和人生观念，而且必须是在自己独立的生命体验的基础上建立起的不同于流俗的世界观念、社会观念和人生观念。我们这些不是诗人的人也有自己的世界观念、社会观念和人生观念，但是从别人现成的思想学说中简单接受过来的，是仅仅停留在我们的理性层面的一些理论教条。一到动起感情来，这些教条就起不了作用了。屈原却不是这样。他的《天问》是他对世界、对社会、对历史、对文化的合理性提出的神圣的叩问，是从他心灵深处产生的疑问。一个诗人不仅仅有丰富的想象，并且这种想象的世界是同他的独立的社会人生理想紧密结合在一起的，而不仅仅是由别人创造出来的。我们这些不是诗人的人也有自己的想象世界，我们也能谈鬼，说神，但所有这些鬼，这些神，全都不是我们自己的想象，不是我们心灵的自由性的象征，这种想象成不了诗。而屈原《九歌》中的神灵世界则是通过他的想象具体创造出来的。但是，中国古代的诗歌并没有在屈原所显示的这所有方向上都得到充分的发展。汉代以后，像屈原这样在自己独立人生体验的基础上感受整个世界、整个社会、整个人生及其自我存在价值和意义的诗人就渐渐少了下去。中国古代诗人的世界观念和人生观念更多的是在那些本身并不是诗人的先秦思想家那里直接接受过来的。所谓文载"道"，载的已经不是自己的"道"，而是别人发现的"道"；所谓诗言"志"，言的已经不是自己独有的"志"，而是社会允许言的"志"。到了陶渊明，还表现着他对自然、对社会、对人生、对自我和自我存在价值的整体感受和思考，但已经被先秦的老庄哲学所笼罩。而到了唐代那些大诗人那里，中国的诗人就只剩下了自身生活的感受，这些感受主要停留在现象的层面上，而不再具有向哲理高度升华的趋向。杜甫作为一个伟大诗人，是因为他经历了一生的坎坷，他的诗歌是在他的各种不同的人生坎坷中写成的。各种不同的感受，各种不同的形式，各种不同的表现手法，是与他各种不同的人生感受结合在一起的，但他并没有在这么丰富的人生感受的基础上改变他的基本属于儒家的思想观念。他的诗震撼的是人的同情心，而不是人的基本世界观念、社会观念和人生观念。李白的诗歌更充满了奇诡的想象，但他的想象并没有升华为一种独立的世界观和人生观。我们中国有很多诗人，但没有诗人自己的世界观念和人生观念，只有不是诗人的先秦思想家为诗人发明的世界观念、社会观念和人生观念，诗人是在这些观念的范围中寻找自己的感觉和感受，而不是在自己感受的基础上重新感受并思考整个世界、整个社会和整个人生。到了春天，大家说高兴，都很高兴；到了秋天，大家说悲伤，都很悲伤。这种感受大都停留在同样一个思想层面上，只有一个写得好不好的问题，没有一个这样感受和那样感受的问题。这样，时间长了，诗歌多了，就把眼前的世界凝固了起来。春了，秋了，菊花了，梅花了，松了，竹了，亭台楼阁了，小桥流水了，就都有了固定的感情色彩，想变也变不了了。人人都这样看，人人都这样写，写得多了，就写不出新意来了。所以，中国古代的诗歌，越到后来，越容易流于俗套，待到八股文、试帖诗出来，中国诗歌的路子就越来越窄了。我们这些后代人，拣的都是经过历史筛选了的好诗，所以读起来篇篇好。而现当代的新诗，特别是当代的新诗，还没有经过历史的筛选，读起来篇篇不好，一年之中也未必能读到几篇真正好的诗，所以人们就认为中国古代的诗歌多么了不起，而现当代的新诗没有一点味道。实际上，假若我们生活在明代或清代，不也一样是这样的感受吗？到了现代，人们不再死抱着一种世界观、社会观、人生观不放了，诗人们怎样感受就怎样写，虽然一时也未必形成大的气候，但人在不同思想层面上的不同感受却展开了。所以，从20世纪20年代开始，不同的诗人就开始有了不同的世界观念、社会观念和人生观念。他们诗歌之间的不同不仅仅反映着他们感受对象的

中国现代诗歌的发展（下篇）

不同，同时也反映着他们感受方式的不同、感受主体的不同。戴望舒的诗和艾青的诗都是好诗，但这种好却不是在一个人生观念基础上的好，而是由不同的人生体验和人生观念做基础的。我认为，正是因为如此，中国新诗开始与人生哲学发生着千丝万缕的联系。尽管也有故作高深的诗人或诗作，胡乱将西方现成的哲学观念硬塞到自己的诗里，但那些真正优秀的诗人，却是在自己独立人生体验的基础上感受世界、感受社会、感受人生，并把自己的诗歌升华到哲理性高度的。鲁迅的散文诗集《野草》不是诠释任何哲学家的哲学观的，但它却有人生哲理的内涵。它是鲁迅的哲学，是一个文学家的哲学。它无法具体地转化为一种逻辑体系的哲学，它无法从人的内在的激情中抽取出来而仅仅留下一个理性的外壳，而必须以审美的形式被创造出来，必须以文学的语言进行表达，进行交流。我认为，穆旦在中国现代诗歌发展史上的意义，就在于他真正把中国现代诗歌提高到了人生哲学的高度，这种高度是在他的人生体验的基础上升华出来的，是同诗人的审美感受紧密结合在一起的，是靠诗人的内在激情从心灵深处弹射出来的，是用现代白话诗歌的形式表现出来的。他是在冯至的《十四行集》的基础上起步的，但冯至更带着一个成年诗人的沉思的特征，而穆旦却带有更多青春的激情。他把诗的激情同人生哲理的发现更紧密地结合成了一个艺术的整体。

> 绿色的火焰在草上摇曳，/他渴求着拥抱你，花朵。/反抗着土地，花朵伸出来，/当暖风吹来烦恼，或者欢乐。/如果你是醒了，推开窗子，/看这满园的欲望多么美丽。//蓝天下，为永远的谜蛊惑着的/是我们二十岁的紧闭的肉体，/一如那泥土做成的鸟的歌，/你们被点燃，卷曲又卷曲，却无处归依。/呵，光，影，声，色，都已经赤裸，/痛苦着，等待伸入新的组合。
>
> （穆旦：《春》）

我们中国人写了几千年的春天，但还是没有一个人写出穆旦感受中的春天；我们中国人写了几千年的青春，但还是没有一个人写出穆旦感受中的青春。我们中国人多么希望沉湎在春天般的美景中，我们中国人多么希望沐浴在青春的感觉中，但我们却从来不想理解春天是什么。我们只想领受春天给予我们的感受，但却不想感受春天自己的感受。我们说青年就像早晨八九点钟的太阳，但我们却只想在这颗太阳中看到我们没落着的理想和希望。这个太阳是怎样升起来的，在升起的过程中有着怎样的迷茫和困惑，我们却不想去感受，去了解。甚至我们的青年也在社会给予的美好的期许中盲目地乐观着，疯狂地生长着，而没有空闲真切地感受一下自己，感受一下自己当下所实际感到的。穆旦写的不是字典里的春天，不是别人告诉他的青春。他就是一个青年，他就是一个现代中国的青年。他是用自己的心灵感受青春、感受春天的。春天是什么？青春是什么？只有穆旦才清醒地感受到，青春就是被禁锢在肉体之内的生命欲望的苏醒，春天就是被禁锢在土地里的生命欲望的表现。它们是在反抗着肉体、反抗着土地、反抗着传统、反抗着现实社会的过程中被释放出来的。在欲望的苏醒过程中，在生命的成长过程中，既有着被禁锢的痛苦和烦恼，也有着解放的欢乐和喜悦。我们看到了春天的美丽，看到了青春的美丽，实际上看到的是苏醒了的生命的欲望。当社会上人人都在"欣赏"着春天的美丽、青春的美丽的时候，实际上被从土地里、肉体里释放出来的欲望却无处归依。对于春天，对于青春，世界和人生永远是一个谜，一个无法破解也不能破解的斯芬克斯之谜。它们的欲望被这个世界、这个人生所点燃，但这个世界、这个人生却没有为它们的欲望安排好归宿。它们必须为自己找到新的组合，找到与这个世界、这个社会人生结合的确定的方式，但这也是春天的终结、青春的消失……这是哲学，是关于青春、关于春天的哲学，但这种哲学不是任何人告诉诗人的，而是诗人在自己的人生体验中用自己心灵感受到的。没有这种心灵的感受，就没有这样的哲学；没有这样的哲学，也就无法表达这样深刻而又复杂的感受。所以，它是哲学，它也是诗。

说到郑敏，我们不能不想到中国女性的诗歌。中国古代有个李清照，中国现代有个郑敏，中国当代有个舒婷，使我这个研究现代文学的人，既不会蔑视中国古代的女性诗歌，也不会为中国现代女性诗歌而感到羞愧。中国现代的女性诗歌，我认为应该提出的是三个人，其一是上面提到的冰心，其二是新月派的林徽因，第三就是九叶派的郑敏了。

这三个人，走的不是下坡路，而是上坡路。冰心的小诗是中国现代诗歌的芽儿，她没有等到它的成熟就转向了别的领域。林徽因的诗发挥了女性的精致和温婉，但更像温室里的花草，美丽清秀而没有顽强的生命力。郑敏的诗则不同了。她吐出的已经不是被禁锢在闺房里的传统妇女的柔弱的呻吟，而是一个独立的人、一个独立的女性的深沉有力的声音。这种声音没有男性的狂暴，但也没有传统女性的柔弱。她在破碎的世界上保留着一颗浸透着温暖的静穆的心，而在这种静穆的心里却蕴藏着旺盛的生命力量。我认为，这是一个男性诗人所难以达到的。

  这些在人生里踌躇的人，/他应当学习冷静的鹰，/他的飞离并不是舍弃，/由于这世界不美和不真。//他只是更深更深地/在思虑里回旋，/只是更静更静地/用敏锐的眼睛搜寻。//距离使他认清了世界。/远处的山，近处的水/在他的翅翼下消失了区别。//当他决定了他的方向，你看他毅然地带着渴望/从高空中矫健下降。

（郑敏：《鹰》）

在我的感受里，这是郑敏带着女性的关切对男性的祈愿和嘱托，也是她自己的人格理想和追求。郑敏就是这样的一只鹰，郑敏的诗的艺术风格就是这样一只鹰的风格。好的诗歌高翔于现实之上，但不是为了舍弃现实，而是为了认清现实。当决定了自己的方向，就带着对理想的渴望，以矫健的姿态、稳健的风格向现实的社会人生发言。

十四

从20世纪30年代开始，左翼文学阵营就提出了文艺大众化、诗歌大众化的问题。但是，中国的新文艺、中国的新诗如何实现大众化，文艺的大众化、诗歌的大众化在中国现实的社会条件下到底意味着什么，却是一个至今没有说明白的问题。如上所述，中国古代存在着三种不同的语言形式，其一是中国古代的文言文，其二是中国古代的白话文，其三是各地区的口头语言。"五四"以后的现代白话文是在中国古代白话文的基础上,一方面大量吸收外来语,一方面也大量吸收中国古代的文言文、各地区的口头语言而形成的一种新的更丰富的语言系统。要说中国现代白话语言还在形成、发展过程中,在所有这些方面都还没有做得很充分,那是谁都不能否认的,但要在否认五四白话文的前提下提倡"大众化",那么,实际上就意味着排斥"五四"以后对外来话语的吸收和对中国古代文言文的吸收,而回归于中国古代的白话文和中国古代各地区的口头语言。中国三四十年代的语言现实是,五四新文化的革新进行了还不到二三十年的时间,这个革新只在当时青年知识分子之中发生了一定的影响,是适应着他们已经社会化了的现实生活及其审美趣味的需要而产生,而发展的。在五四前成长起来的老年知识分子习惯使用的还是中国古代的文言文。他们通过对中国古代诗文的欣赏已经满足了自己的欣赏趣味,他们是连鲁迅、郁达夫的旧体诗词也不需要读的,不论新文学如何迁就他们的欣赏趣味,他们都不会阅读新文学作品,因为他们不是新文学的读者。提倡文艺大众化、诗歌大众化的知识分子也不以他们为对象,他们的对象主要指很少文化或根本没有文化的社会群众。他们使用的还是中国古代沿袭下来的各地区的口头语言,他们不但不是新文学的读者,同时也不是文学的读者。对于那些连连环图画也不看的农民群众,不论使用怎样"大众化"的语言,文学也是无法"大众化"的,这是由中国政治经济文化的落后、学校教育普及程度的低下造成的,不是诗人和文学家通过自身努力所能实现的。其中少量有阅读趣味的读者,读的是中国古代的白话小说或现代武侠小说、鸳鸯蝴蝶派小说,他们有可能成为新文学的读者。但新文学作家是在迁就他们的审美趣味的前提下让他们接受新文学,还是在发展新文学的前提下让他们接受新文学,这不仅仅是一个大众化的问题,还是小众化的问题,还是一个新文学与这些小说的基本审美形态的问题。这些小说主要是在适应传统市民娱乐需要的前提下发展起来的。那时的市民不是作为社会构成的一员意识自己的,而是仅仅作为一个欣赏主体看待社会和小说中描写的事件和人物的。中国新文学革新的一个核心就是创作者已经不是一个单纯的欣赏主体,他们也不把自己的读者仅仅作为欣赏的主体,同时还作为社会构成的一员,他们也是作为社会的一员来感受自己赖以生存的社会和社会人生的。直至现在，中国仍有大量这类的读者，他们的阅读习惯还是到小说中来看热闹，他们是连新文学作品也当热闹看的。新文学的作家没有权力排斥他们，也没有权力排斥这类小说的作者，这是一个社会文化的规范的问题。对于这类作品在中国小说形成、发展中所起的作用，我们是不应忽视的，对其中所体现的小说创作的经验，也是应该吸收的。但新文学自身却不能在迁就这种欣赏趣味的前提下得到发展，只能引导他们作为社会人生的一员来感受文学，感受文学作品。因为只有这样，新文学作家才能更深入地体验、感受人，体验、感受现实的社会人生，并在这种体验、感受的基础上提高自己和自己作品的审美趣味，推进中国新文学的发展。"热闹"是外在的，审美趣味才是内在的。仅从语言形式而言，新文学的语言是包括在现代社会条件下留存的和新生的各种语言现象的，中国传统的白话文无法包容中国现代各种不同的语言形式。总之，即使吸收社会群众的口头语言和中国古代的白话语言，也要以"五四"以后形成和发展着的中国现代白话语言为基础，不能在否定这个基础的前提下讲"大众化"。具体到诗歌领域，中国的新诗是需要发展的，但这个发展必须以新诗为基础，不能以其他的形式完全代替中国现代白话诗歌。新诗的作者没有理由歧视、排斥中国民间的歌谣，它们作为人民群众的一种艺术形式是具有自己独立的美学特征的。这种美学特征是在纯自然的条件下形成的，歌谣的作者并不把自己作为一个艺术的创造者，也不希求全社会的接受。这种美学形态是不能用手去碰的，民间文学家可以去搜集，去整理，去研究，但却不能有意识地去创作。像1958年那样的新民歌运动和"文革"期间的小靳庄经验只会破坏民间歌谣的发展，而不会有助于民间歌谣的发展。新诗诗人可以通过搜集、阅读民间歌谣提高自己新诗创作的表现力，但不要"创作"民间歌谣。你创作出来的民间歌谣就不是民间歌谣了，就没有那种自然朴素的审美趣味了。在这里，也就牵涉到如何具体看待20世纪40年代解放区的诗歌创作的问题了。

40年代解放区也有很多新诗创作，它们的代表作品已经在论述"七月""希望"派诗歌中做了论述。在这里，我们主要说的是像李季的《王贵与李香香》、阮章竞的《漳河水》这样的叙事长诗。

必须指出，20世纪40年代解放区诗歌在长篇叙事诗的创作上对中国现代诗歌的发展是有贡献的。直至现在，我们的长篇叙事诗的创作还是十分贫乏的，这里有现代小说对长篇叙事诗的排斥作用，有广大社会群众审美趣味的限制作用，也有现代经济体制对长篇叙事诗创作造成的不利条件，但也有诗歌创作者自身的原因。长篇叙事诗是不能被小说所代替的。小说的叙事是散文化的叙事，是生活化的叙事，长篇叙事诗则是超越于散文叙事的诗的叙事形式。诗人要为所叙事件或故事创造一种情感情绪化的独立的、现实生活中存在的语言形式，它让读者接受的主要不是事件或故事本身的启示，而是这种独立的语言形式的感发。40年代解放区长篇叙事诗在个别章节上写得也是很美的，其艺术上也有独到之处。但是，它的歌谣的形式影响了这些长篇叙事诗的整体艺术效果。诗歌是要讲整体感受的，这种整体感受是体现作者对所表达的内容的主观态度的。长篇叙事诗的意义不能仅仅由讲述的故事来代替，更重要的是作者的语言形式所体现的诗人对所叙事件的感受。必须看到，中国的民间歌谣是在和平的日常生活中自然产生的，其中以男女恋情的表现为主，所以这些歌谣的基本美学特征是轻松的、愉快的、优美的。现在作者用来叙述具有社会规模和历史规范的历史变动，叙述带有残酷性或沉重性的社会历史性事件，这就把它所表现的事件和故事轻松化了。我们可以感到，这两部长篇叙事诗都没有传达出当时解放区生活的整体氛围，它们把革命简单化了，生活化了，轻松化了。我认为，我们从艾青、田间和其他"七月""希望"派诗人的作品里感到的才是革命的情绪和革命的氛围，在解放区的长篇叙事诗中反而感觉不到革命的情绪和革命的氛围了。

原载《江苏社会科学》2003年第2期

为新诗辩护

从胡适在美国试验现代白话新诗,至今已经有近百年的历史。在这近一百年的时间里,新诗已经成为中国现当代文学创作的一个重要文体形式。不仅在大陆,即使在台湾、香港和海外华文文学的创作中,新诗也已经蔚成风气,成为一个不移的文学事实。从中国文学暨中国诗歌发展史的角度,中国现代白话新诗是用现代白话文创作的诗歌作品,它打破了中国传统格律诗固定形式的束缚,将诗歌形式创造的权力完全交给了作者自己。作者可以按照自己的需要决定一首诗的长短,押韵与不押韵,押什么样的韵,换韵还是不换韵,怎样换韵,用什么样的节奏,节奏有无变化以及怎样变化,怎样处理诗的结构和诗的语言,怎样造成诗的效果以及造成什么样的效果……所有这一切,都交给了作者自己。于是有的人认为新诗没有了形式。新诗怎么会没有形式呢?只不过没有了别人为作者事先设定的形式,一首诗有一首诗的形式,不将任何的形式作为新诗的规范。这实际上为新诗的作者提出了更高的要求,没有更独特的生活体验和心灵体验,没有更丰富的艺术想象力和更高的驾驭语言的能力,要想在新诗创作中取得较好的成绩几乎是不可能的。有些人用新诗创作成就的薄弱否定新诗这种文体形式的价值和意义,我认为,这是极不公平的。在任何时代,都是出类拔萃的作品少,而不能传世的作品多。但只要将现当代那些最好的诗歌精选出来,我们就会看到,它们在诗歌形式创造的成就上是远远超过中国古代格律诗的创作的。仅从形式而言，中国古代诗歌的形式实际是极其有限的，中国古代诗人就用这极其有限的形式抒发自己的自然感受和人生感受，倒是他们感受的真切和自然、感受的丰富性和深刻性，充实了这有限的形式，而在有限的形式中创作出了无数的好诗。从形式上，五律就是五律，七律就是七律，彼此并没有很大的差别，五律、七律中那些好诗，主要不是因为形式不同，而是因为内容不同，表达的情感、情绪感受不同，它们是通过对已有的一种诗歌形式的微调而实现自我情感、情绪感受的传达的。中国现代新诗则不同，只要是成功的新诗，就一篇有一篇的新形式，其形式和内容是融为一体的：没有这样的形式，也没有这样的内容；没有这样的内容，也没有这样的形式。形式的创造与意义的创造是同步的，甚至同样一个新诗诗人的两首不同的好诗，也是形式各异，内容也各异的。这里的关键问题不是有没有形式，关键的问题是怎样看待新诗的内容以及内容和形式的关系。新诗的内容不是一个政治上的主题和哲学上的理念，而是语词的意义要被"形式"所熔化，从而获得在散文语言中所不可能获得的意义或意味。很多人认为，中国现当代新诗是对外国诗的简单的移植，甚至认为中国现当代新诗是对外国诗的拙劣的模仿。这种说法也是似是而非的。对于那些拙劣的新诗未尝不可这样说，但对于那些优秀的中国现当代新诗作品则绝对不能这样说。诗，是语言的艺术，中国现当代新诗是用汉语写的，而不是用外语写的，是汉语的艺术，而不是外语的艺术，只要一首中国现当代新诗是有审美价值的，那就一定证明它是中国诗歌，而不是外国诗歌。诗是最不能模仿的，对本民族诗的模仿还不能成为好诗，对外国诗的模仿就更不行了。

从20世纪90年代以来，中国的新文学受到了来自各个方面的质疑，其中又尤以新诗为最。除了少数写新诗和研究新诗的人，似乎说新诗的好话的人越来越少，而说新诗的坏话的人却越来越多，甚至一些以新诗名世的著名诗人和以研究新诗名世的著名诗歌评论家也这么说。我认为，这是一个很不正常的现象。在五六十年代，贬新文学革新的，认为新文学背离了民族文化传统的，大都从现代话剧入手。认为现代话剧是舶来品，不是民族形式，不是中国人所喜闻乐见的戏剧样式。现在这样说的人似乎少了下去，其原因大概因为中国传统戏曲的票房价值也低

为新诗辩护

落了下来,与现代话剧有点同甘苦、共患难的味道了。曹禺的《雷雨》《日出》《原野》《北京人》,根据巴金同名小说改编的《家》,老舍的《茶馆》都获得了很好的演出效果,像《狗儿爷涅槃》《天下第一楼》等当代话剧作品也很有些不俗的表现。事实证明,中国的观众似乎也不是那么不习惯"西洋"话剧。现在同样的命运似乎又落到了新诗的头上。在五六十年代,郭沫若、闻一多、臧克家、田间、李季、贺敬之、郭小川,都是我们无法否定的新诗诗人,讲新文学的坏话,是不好从新诗说起的。但现在有些不同了。现在我们没有了那时青年的盲目的热情,并且似乎厌恶了所有的热情,又遇上了一阵文化上的寻根热,新诗的境遇就艰难了起来。要寻根,思想上的"根"比较容易寻,我们的思想原本就与孔子、孟子的思想没有多么大的差别,一寻就寻到"孔孟之道"那里去了。文学则不同。电影、电视的"根"在中国古代是无论如何也"寻"不到的;小说的"根"好"寻",但"寻"不到中国古代正统文化那里去,并且这个"根"是五四新文化运动为我们寻到的,不好反过来埋怨那些五四新文化运动的倡导者;散文有了鲁迅、周作人、朱自清、郁达夫、许地山、丰子恺、林语堂、梁实秋、何其芳、张爱玲这诸多名家,当代名家又大都是写散文的,其成就并不一定比中国古代散文更差,"寻根"的热情也高涨不起来。在这种情况下,"新诗"就成了人们蔑弃的对象。古代中国是个"诗国",诗歌创作的成就最大,将中国古代那些大诗人以及他们的名诗佳作拿出来,中国现当代新诗就被比下去了。但是,这里仍然存在着一个问题,即我们把中国现当代新诗比了下去又能怎么样呢?从此就不让那些写新诗的人写新诗了吗?从此我们就只能写中国古代的格律诗了吗?对于这个问题,那些埋怨新诗写得不好的人,似乎也没有这样说,但是埋怨还是照样埋怨。

我认为,在这里,存在的是一个评论家怎样看待自己和自己的评论的问题。评论家能不能只是一个判断家呢?很多人很可能认为这就是评论家的职责,但我认为,这还是远远不够的,甚至还可以说这种评论态度是要不得的。一个评论家不同于一个普通的读者,读者是可以仅仅运用自己的直感或直观判断的,但他们的这种直感或直观判断除了回答调查问卷的问题之外,是没有公开发表的价值的。评论家的评论之所以需要发表，就是可以与人交流，要在相互的交流中给人以启发。所谓启发，就不是与别人的直感或直观判断的结论完全相同，而是有与别人的直感或直观判断不完全相同的东西，别人知道了彼此的不同及其原因，有可能改变或部分改变自己原来的直感或直观判断。所以，评论家的评论绝不能仅仅是自己直感或直观判断的结论，你认为好，我认为不好，双方只说出自己直感或直观判断中的结论，是无法实现二者之间的交流的，对别人是不可能有所启发的。要交流，就要陈述自己的理由，而这个理由，就是我为什么感到它好或是不好。这样，评论家就要更深地进入作品之中去，更细致地感受和理解这个作品。这样的结果，可能有两种，一种是与自己当初的直感或直观判断没有什么不同，原来"感到"好的，现在"知道"了它确实好；原来"感到"不好的，现在"知道"了它确实不好。这个"知道"，是因为发现了它所以好或者不好的原因。在这时，你对原作的感受至少更加深刻和细致了。但还有另外一种情况，那就是原来感到好的，现在感到并不那么好了；原来感到不好的，现在感到并不那么不好了。也就是说，当你更深地进入作品之中，更细致地感受了作品本身之后，你对作品的直感或直观感觉也发生了变化。所以，评论家对自己的直感或直观判断也不能百分之百地相信，也得有点怀疑精神，也得想一想为什么。只有这样，我们才会感到更深入地进入作品中去，更细致深入地感受、分析作品的需要。评论家的直感或直观判断应该是经过这样一个过程之后的再度体验，是已经发生了某种程度的变化的新的直感或直观判断。就其全部评论活动而言，这个过程是永无终止的，一个评论家的审美感受是在变化发展着的。正是因为如此，他能发现一般的读者发现不了的美，能感受到一般的读者感受不到的精神震颤。他的才能主要不是停留在那些大家都已经感到、认识到的价值和意义的空间，而是主要探讨那些一般读者尚没有感到、没有认识到，或感觉得不清晰、认识得不深刻的价值和意义的空间。正是在这个意义上，诗歌评论家没有理由仅仅重视中国古代诗歌而轻视中国现当代新诗。中国古代诗歌的成就是伟大的，但这种伟大又是被我们大家所共认的；中国古代那些优秀的诗篇是非常美的，但它们的美又是我们大家所共同感受到的。对这样一个诗歌传统，我们有继续深入研究的必要，

为新诗辩护

但对于中国现当代新诗传统则更有研究的价值，因为这个传统还很年轻，如何感受和欣赏中国现当代新诗作品，怎样看待中国现当代新诗创作的成就和不足，以及如何推进中国现当代新诗创作的发展，至今仍是值得我们认真研究的课题。我认为，直至现在，我们仍然更多地用感受和欣赏中国古代诗歌作品的方式感受和欣赏中国现当代新诗作品，仍然更多地用西方的诗歌理论分析和研究中国现当代新诗创作中的理论问题。如何从发展中国现当代新诗的独立审美功能出发感受、欣赏、分析、评论和评价中国现当代新诗创作，并从这种评论中逐渐发展出中国现当代新诗的诗学理论来，还是一个没有解决甚至还没有人注意解决的问题。我们还能不能仅仅用王国维的意境说感受和评价中国现当代的新诗创作？我们还能不能仅仅用西方的浪漫主义、现实主义、现代主义、后现代主义诗学理论分析和研究在中国现当代特殊文化背景、特殊历史条件下产生的新诗创作？这不是值得我们认真考虑的问题吗？在所有这些问题没有得到解决之前，我们对新诗的价值和意义、对新诗创作的成就和不足做出的一系列判断不是很值得怀疑吗？评论文学作品，是离不开评论者的直感或直观判断的，但仅仅依靠评论者一时一地的直感或直观判断也是非常危险的，因为直感或直观判断也会欺骗我们。《红楼梦》的价值和意义在普遍轻视小说的中国古代社会是不会有一个较近正确的判断的，那时中国知识分子的直感或直观感觉也并不是那么可靠的。所以，新诗需要阐释，需要研究，需要探讨，过早地对新诗这种文体下这样或那样的结论都是靠不住的。

与此同时，一个普通的读者之所以可以仅凭直感或直观感觉对某个作品做出直接的判断，是因为他只是一个接受者，而不是一个评论者，他对作者的文学创作不需要担负任何的责任，即使自己的看法是错误的，也无损于作品本身以及社会对它的接受。一个文学评论者则不同。文学评论是人类和民族的一项事业，这项事业就是为了人类和民族的文学发展的。尽管我们不能保证我们的意见都有利于人类和本民族文学的发展，但我们的主观动机却不能不放在这个基点上。从一般读者的角度，一部作品的好坏，完全取决于作者，但从评论者的角度，却绝对不能这样认为，因为评论者也应当是人类和本民族文学发展的推动力量之一。文学是在作者和读者的交流中产生和发展的，没有读者的作者和没有作者的读者都是不可想象的。文学评论起到的就是沟通作者和读者的交流的作用。这种沟通，靠的不是一味地吹捧，也不是一味地贬斥，靠的是文学评论者对文学创作的更加深入细致的感受、分析和认识，靠的是对作者和读者两方的真诚的同情和理解。即使新诗创作真如有些人说的那样不值一哂，我们也没有幸灾乐祸的理由，因为这绝不仅仅是诗人本人的悲剧，也是我们这些文学评论者的悲剧，是我们中国文学的悲剧。我们不能仅仅埋怨中国现当代诗人为什么没有给我们写出更好的诗来，因为我们自己也没有写出更好的诗来，甚至我们还写不到中国现当代著名诗人的作品的那种水平，我们必须同中国现当代诗人一道思考走出困境的道路。我们在检查诗人自身的原因时，也得同时检查我们自己的原因、社会的原因、文化的原因、文学观念和文学制度的原因。假若我们从同情中国现当代诗人的角度，我们至少能够感到，我们自身的存在状态就是不利于新诗创作的。我们在一天天地实利化、物质化下去，我们对诗、对诗的精神已经没有了真诚的期待。我们天天反对着"激情"，嘲笑"激进主义"者；我们厌恶"狂热"，厌恶所有不冷静、不理智的言行。当然，我们这样做也有我们的理由。从鸦片战争以来，困扰着我们的就是国家太"弱"，人民太"穷"，我们首先需要的是物质，是金钱，是权力，我们已经无法从物质中分离出我们的精神需要来。但我们也应想到，一个缺乏"激情"的民族怎能会产生伟大的诗人，产生伟大的诗篇呢？不靠"激情"，诗人的精神又怎样冲出物质的重围，获得自我的独立表现呢？不靠"激情"，诗人用什么撞开我们封闭已久的心灵，让我们拥抱另外一个灵魂呢？不靠"激情"，诗人又从哪里找到转动一个个沉重的方块汉字的力量，以让它们焕发出从来未曾焕发过的异彩呢？我们没有真诚的诗的渴望，也就没有对中国现当代诗人的感同身受的同情和理解。我们的稿费是依照字数计算的，我们把诗人挤到了靠写诗无法养活自己的程度；我们的教授是靠论文的篇数评定的，我们把诗人挡在了大学院校之外，使他们连讲授中外诗歌课程的资格也无法得到。但我们却说五四诗体革命搞糟了，中国现当代没有产生出足以同中国古代诗人相媲美的伟大诗人来。难道这是合理的吗？

为新诗辩护

研究文学的人到底不是研究科学的人，研究文学的，总不免产生各种不切实际的幻想。我也是如此。我想，我们中国现当代文化发展到现在，"学术"已经很繁荣了，核心期刊发表的学术论文越来越多；"散文"也很繁荣了，连我们这些大门不出、二门不迈的学者和教授也都个个成了散文家；"小说"的繁荣更不必说，连十几岁的孩子都能够源源不断地写出一大堆长篇巨著来。电影、电视，特别是电视连续剧，更是多得像塑料袋一样。这些都已经无法引起我们的惊异，也无法真正撼动我们已经麻木了的心灵。还有什么能够给我们中国现当代文化和文学一个新的惊异呢？还有什么能够给我们世俗化了的心灵一个猛烈的震动呢？我认为，那就只有中国现当代新诗了。我们经历了太长久的贫穷，我们太需要物质世界的温暖，在未来的十年、二十年、三十年的时间里，我们仍然可能惊骇于五光十色的现代科技，仍然可能陶醉于满面红光的现代消费，即使我们讲着老子、孔子、朱熹、王阳明、鲁迅、胡适、亚里士多德、莎士比亚、陀思妥耶夫斯基、卡夫卡这样一些中外名人，也像打麻将的人掂量着自己的骨牌一样，希望从中流出我们的物质幸福来……但是，总有一天，四千年的贫穷积欠下我们的物质幸福都被我们享受过了，被物质掩埋得越来越深的心灵会再一次感到窒息，感到压抑，感到一种爆发的需要。于是在一个不知道时候的时候，从地心的深处，从人心的深处，一股股带着令人清醒的凉意的精神湍流，会冲破厚重的物质地表猛然喷发出来。这种喷发将采取什么样的形式呢？那不就是一个、几个伟大的诗人的诞生吗？不就是一部、几部、几十部伟大的诗篇的诞生吗？像但丁之于意大利，像弥尔顿之于英吉利，像雨果之于法兰西，像歌德之于德意志，像惠特曼之于美利坚，像普希金之于俄罗斯，像舍甫琴科之于乌克兰，像密茨凯维支之于波兰，像裴多菲之于匈牙利，像泰戈尔之于印度，像聂鲁达之于智利……在那时，我们在他们的诗篇里，看到的将不再是成功，不再是名利，不再是形式和内容，也不再是令人艳羡的诗人的荣誉，而是我们自己，我们自己的心灵，我们自己的精神，我们自己内心的渴望与追求。在那时，也只有在那时，我们才知道，我们中华民族的精神不是连缀缝补起来的历史记忆的碎片，不是在讲堂里、会议上宣读的高头讲章，也不是用龙凤麒麟绣织的旌旗和壁毯，而就在我们真实的心灵中，在我们真正的生命感觉中，在我们做人的尊严中；在那时，也只有在那时，我们才感到，我们彼此不是敌人，不是竞争对手，不是互相欺骗的对象，而是被汉语言文字熔铸成的一颗不可分割的大的心灵，一个社会，一个民族。我们，在诗中，在中国的白话新诗里，将走到一起。

不要鄙弃新诗，不要鄙弃中国现当代诗人。他们不是天才，我们也不是天才。我们都是泥土，但未来的天才又是有可能在我们这些泥土中生长的。

历史留给中国现代白话新诗的时间要比留给我们的时间更加久远，新诗是有前途的。

原载《文学评论》2006年第1期

中国现代新诗的"芽儿"
——冰心诗论

我在《闻一多诗论》中曾经提出，在中国新文学发展的初期，对中国新诗创作贡献最大的有下列几个诗人：胡适、郭沫若、闻一多、徐志摩、冯至和冰心。胡适是首先用现代白话文作诗的人，他对中国新诗的贡献是不容置疑的。但是，胡适之创作白话新诗，其目的不在诗歌的创作，而在于实现整个中国新语言载体的革新。严格说来，他是一个伟大的文化革新家，但却不是一个杰出的诗人。在这里，存在着一个诗的语言和一般白话语言的差别问题。诗之成为诗，就是因为它的语言不同于一般的白话语言，它是语言的艺术，是通过对一般语言习惯的改造而实现一种全新的表达的，是对一个民族语言的新潜力的不断开发。它是在一般语言习惯的基础上进行的，但却不能等同于一般的白话语言。中国古代的格律诗之所以至今具有强大的审美功能，就是因为它是不同于一般白话语言的一种独特的语言形式。在漫长的中国古代的历史上，这种语言形式被历代诗人所运用、所开掘，使它的潜力得到了超强度的开发，中国现代知识分子已经极难在此基础上开发出新的语言潜力，创造出仅仅属于自己的独立风格，创造出具有新的审美功能的诗歌来。也就是说，胡适提倡的白话文革新是非常必要的，对于中国新诗的发展也是具有重要意义的，但新诗的创作却不能仅仅返回到白话文本身。新诗不仅仅等同于"白话"的诗，它应当是白话语言的新的语言潜力的挖掘，是一种独立于古代文言也独立于现代白话的另一种语言形式：中国现代新诗的语言形式。胡适没有完成这种新诗形式的创造，他错误地认为，只用白话散文的语言形式写"诗"就完成了他的新诗创作的任务，结果只把新诗写成了分行的散文，新诗的语言结构并没有在他的手里建立起来。胡适之后，沈尹默、刘半农、周作人、鲁迅等人也有新诗的创作，其中也不能说没有成功之作，但在总体特征上，仍没有突破胡适白话新诗的范围。鲁迅《野草》集中的散文诗在中国现代新诗史上放出了异彩，但那是后来的事情。

胡适之所以没有完成新诗形式的创造，其更重要的原因还在于他是一个太理性化的人。他天生是一个做学问的人，他是按照做学问的方式来作诗的。他的理性不是在自己对世界、对人生的亲身感受的基础上建立起来的，更多的是从书本中学到的。这种理性在他与周围的世界、周围的人生之间搁置了一块挡风板，使他的心灵不易在周围世界、周围社会人生的变动中发生情绪的波动。他没有常人所没有的独特的情绪感受，也就没有寻找表达这种独特情绪感受的独特语言形式的内在要求。他是中国现代史上第一个伟大的文学革新家，但却不是中国现代文学史上第一个伟大的文学家。他把中国现代文学史上第一个伟大文学家的位置留给了鲁迅，也把创造中国新诗独立艺术形式的任务留给了他的后继者。

在胡适之后的几个有突出贡献的新诗人中，冰心不是发表新诗最早的人，但从中国现代新诗发展的自身逻辑而言，我把她排在郭沫若、闻一多、徐志摩、冯至之前，视为胡适之后有突出贡献的第一个中国现代新诗人。郭沫若发表新诗比冰心要早，但就其独立风格的形成，两个人几乎是在同一个时期。郭沫若诗歌的独立艺术风格是在美国诗人惠特曼的《草叶集》的影响下形成的，那是在1919年。也就在同年，冰心在泰戈尔《飞鸟集》的影响下开始了她的小诗的创作。

郭沫若的自由诗和冰心的小诗都是在外国诗歌的影响下形成自己的独立风格的，但二者之间却有一个根本的差别，即郭沫若之接受惠特曼的影响，是从明确的作诗的目的出发的，而冰心之接受泰戈尔的影响，其目的却不在作诗。她自己说："《繁星》《春水》不是诗。至少是那时

中国现代新诗的"芽儿"

的我,不在立意作诗……我写《繁星》,正如跋言中所说,因着看泰戈尔的《飞鸟集》,而仿用他的形式,来收集我零碎的思想……"[①]这对我们考察中国新诗的发展并不是没有任何意义的。如上所说,一个民族的诗歌,是对一个民族语言的潜力的重新开发,这种开发是在这个民族全部通行语言的基础上进行的,是由于作者有不同于他人的独立的情绪感受和思想感受,需要以完全独特的语言形式表达自己完全独特的情绪感受和思想感受。中国的新诗不是像原始诗歌一样,是在没有任何现成的诗歌创作以为借鉴的情况下从头开始生成并发展的。中国诗歌传统和外国诗歌传统都可以直接影响中国新诗的发展。但是,尽管固有的诗歌传统也能促进中国新诗的产生和发展,可它的根本基础仍然不在中国或外国的诗歌传统,而在于诗歌创作者自我表现的需要。诗人不是为"诗歌"寻找表达形式和语言形式,而是为自我的感受寻找新的语言。从这个意义上看待中国新诗的发展,我们就会感到,冰心的小诗较之郭沫若的诗歌创作更能体现中国新诗发展的自身的逻辑性。冰心的小诗是直接承袭着胡适的传统的。胡适把中国新诗放在了现代白话的基础上,但他把现代新诗写成了分行的散文,没有找到具有诗意的语言形式;冰心则是从表达自己的一些"零碎的思想"开始的,她没有想到写成新诗,但人们却在她的这些文字中读出了诗意,成了中国现代新诗发展史上第一种具有独立审美功能的诗歌形式。它的诗意从哪里产生出来的?显而易见,它不是从泰戈尔小诗这种诗歌形式本身产生出来的(冰心并没有把它视为一种诗歌的形式),它也不是从中国现代白话自身产生出来的(中国现代白话本身不具有诗意的性质),它的诗意实际是从冰心的心灵感受中产生出来的,是她的"零碎的思想"的一种固有的特征。她为自己的"零碎的思想"找到了适宜的表达形式,同时也为她笔下的文字找到了诗意。

冰心在发表《繁星》《春水》集中的小诗之前、之中和之后,还有其他的诗歌创作。在这个范围内,她基本上是胡适新诗传统的继承者,是散文化诗歌的创作者。在冰心这些散文化的新诗创作中,占有相当突出地位的是她的基督教宗教赞美诗。可以说,冰心是中国新诗史上第一

[①]《冰心全集·自序》,北新书局,1933。

个，大概也是唯一一个基督教宗教赞美诗的诗人。她的《傍晚》《夜半》《黎明》《清晨》《他是谁》《客西马尼花园》《髑髅地》《使者》《生命》《孩子》《沉寂》《何忍?》《天婴》《晚祷（一）》《歧路》《晚祷（二）》等大量诗篇都明确地属于基督教宗教赞美诗的范畴，其他如《秋》《天籁》《人格》《一朵白蔷薇》《冰神》《十一月十一夜》等诗也都有明显的宗教色彩，而《迎神曲》《送神曲》则有佛教色彩。作为一种思想文化现象，冰心这些诗是值得认真研究的，但作为中国现代诗歌艺术，它们还不具有重要的意义，因为它们并没有为中国的新诗建立一种独立的新的艺术形式。这里的原因是明显的。在当时的中国，基督教文化还构不成中国白话语言的基础，基督教文化观念也无法成为社会文化交流的基本观念。少女冰心从《圣经》中受到启发，把《圣经》的描绘作为自己诗歌的题材，表达了对上帝的崇拜和信仰，这些都还只是冰心接受外部影响过程中的思想现象，还不是冰心独具的思想个性，因而她还不会感到有创造一种独立的语言形式以表达自己思想感受和生活感受的必要。在教会学校里，在基督教的信徒中，这种思想是一种太普通的思想，这种题材是《圣经》已经充分表现了的题材，而在中国社会中，它又是无法唤起广大读者丰富想象力、引起他们的艺术兴味的题材。这是一个文化的夹缝，冰心根本无力仅用自己的诗歌将这两种迥然不同的文化连接在一起。语言在这里是无力的，诗歌语言就更其显得无力。冰心这些诗歌从总体上显得空泛，无法触到中国读者心灵的痛处，也没有挠到我们心灵的痒处，所以它们在中国诗歌史上没有产生太大的影响。冰心后来说："我生平宗教的思想，完全从自然之美感中得来。"[1]严格说来，冰心这里的表白是不符合实际的，基督教宗教思想是她从宗教学校中接受过来的，单纯的自然美感无法产生基督教宗教思想。但从冰心思想发展的自身逻辑而言，它又有着内在的合理性，因为构成冰心思想基础的的确不是她的基督教宗教思想，而是她幼年在大自然和温馨的家庭环境中酝酿形成的童贞的心灵。她是以这样一颗心灵同时接受基督教文化、五四新文化和中国固有的传统的影响的，是以此为

---

[1]《冰心诗全编》，浙江文艺出版社，1994，第192页。

中国现代新诗的"芽儿"

基础重新组织她所面对的全部文化传统的。在冰心这里,"孩子"是连接家庭、大自然、基督教的上帝和五四新文化的一个根本纽带,是她所有文化观念中一个最基本的文化观念。与其说她崇拜的是上帝,不如说她崇拜的是童心。"童心"才是她意识深处的"上帝"。

可以说,在20年代中国新文学的草地上,冰心比任何人都更是一棵稚嫩的小草。在她开始写作《繁星》中的小诗的时候,才是一个不满二十岁的妙龄少女,一个未更事的青年女学生。她生在一个温馨的家庭。对于童年的她,这个家庭就是整个世界,她是在对这个家庭的感受中形成她最初的对现实世界的印象的。这个家庭用它的温馨保护了冰心的童心,她也用自己的童心呈现了这个家庭,呈现了以这个家庭为模式想象出来的整个人类的世界。"童心"赋予了她笔下的语言以诗意,把本来的白话散文变成了诗。

> 嫩绿的芽儿,
> 和青年说:
> "发展你自己!"
> 淡白的花儿,
> 和青年说:
> "贡献你自己!"
> 深红的果儿,
> 和青年说:
> "牺牲你自己!"

(《繁星(10)》)

从句式,从语序,从词语本身的意义,它都是极为散文化的。表面看来,它与胡适那些散文化的白话新诗并没有什么明显的不同。但是,在你的感受里,它却已经是一首诗。它是以白话散文语言为基础的,但它却弹离了白话散文语言的基础,并且永远也无法回到白话散文的语言范围中来。直至现在,当我们反复读过了它,并且已经在感受中接受了它,可你仍然不可能把它作为口头的语言从你的日常谈话中说出来。你只能以诗来读它,来接受它。也就是说,它是诗,而不再是散文。它为什么会成为诗?显而易见,正是诗人冰心那颗童年的心灵,才把这些在成年人的思想里根本无法组织在一起的话语组织成了一个有机的整体。在这个整体里,所有的话语成分都已经离开了成年人所习用的白话语言系统,从而获得了它们过去所不具有的色彩和意味。必须看到,这首小诗首先写的不是几句思想教条,它首先展开的是一个心灵纯白的儿童眼里的大自然,一个儿童眼里的现实世界。"嫩绿的芽儿""淡白的花儿""深红的果儿"就是儿童眼里的大自然,就是儿童眼里的整个世界。这个世界是新鲜的,纯净的,美好的,充满光明的,色彩鲜艳的,虽然娇小稚嫩,却是生意盎然的。这个大自然、这个世界在儿童的心灵感受里,总是带有一些神秘色彩,带有一种朦胧的启示意义。它能与儿童交谈,用自己的形象说出它的意义,它的暗示。"嫩绿的芽儿",茁壮地生长着,好像在告诉他们,要"发展你自己";"淡白的花儿"以其娇美的姿态供人欣赏,使人愉悦,好像在告诉他们,要"贡献你自己";"深红的果儿",甜美可口,给人以享受,好像在告诉他们,要"牺牲你自己"。在这里,"发展你自己""贡献你自己""牺牲你自己"已经不是成年人口里的教导、高头讲章里的教条,它们首先是诗人所面对的自然世界的生命力的表现。即使这些话语本身,也在这首诗的具体语境里获得了新的意义和韵味。在成年人的散文语言里,它们是思考的结果、理性的结论,是崇高的道德、深刻的思想,是自觉的追求、努力的目标,是需要主观能动性的东西。而在这里,它们成了轻松自由、亲切自然的儿语,成了花儿对你说的悄悄话。它们是大自然本来的意义,是人生自自然然的成长过程,是不言自明的道理,是不需着意雕琢、刻意追求的东西。文字还是那样的文字,意思还是类似的意思,但"味道"变了,"意蕴"变了。所有这些已经被人用惯了、用滥了的话语被重新注入了新鲜的生命,白话成了诗句。与此同时,我们也能发现,五四个性解放的思想是怎样在童心中找到了自己的根须,从而成了一种自然生长的意识,而不再是西方书本中的东西。在陈独秀、胡适、李大钊、鲁迅那里,"个性解放"还是以一种外来思想的形态出现在中国社会的,而在那些遗老遗少们的观念里,它则是有类于洪水猛兽的东西,是大逆不

中国现代新诗的"芽儿"

道、祸国殃民的思想。到了冰心的小诗里，它完全成了大自然对人的一种启示，成了从人的意识自身生长出来的思想幼芽。可以说，冰心的小诗使我们看到了五四文化传统在中国是怎样落地生根的。

在这里，我们可以看到，冰心的小诗尽管是在接受了泰戈尔小诗的影响之后创作出来的，但作为"诗"，它却是完全独立的。它的诗的特征不同于泰戈尔，也不同于日本的俳句。简要说来，泰戈尔的小诗和日本的俳句作为"诗"，主要是"音乐的艺术"，它们是用音乐的旋律同散文区别开来的。冰心小诗的诗意不来自这些方面，而来自它们的联想式的语言结构，来自不同语义之间的"空白镜头"。在它们的这些空白镜头里，是作者独特而又丰富的感受，它们构成了语言背后的语言，构成了诗歌可感而不可言传的意蕴内涵。"童年呵！/是梦中的真，/是真中的梦，/是回忆时含泪的微笑。"（《繁星（2）》）在这首诗里，"童年"与"梦中的真""真中的梦""回忆时含泪的微笑"并没有直接的逻辑关系，其中的过渡是突兀的，是跳跃式的。也就是说，中间是一片意义的空白，是一个空镜头。它使读者必须到自己童年的生活体验和心灵体验中去发现这个过渡的根据。在这时，你沉入回忆之中，你进入了玄想的心境，你感到了诗的意蕴和意味。"梦中的真""真中的梦""回忆时含泪的微笑"是不可解的，但又似乎是可解的。它的诗意就在这可解与不可解的永恒的矛盾中，在这恍惚朦胧之中。

冰心的童心不同于明代李贽提倡的"童心说"中的"童心"，也不同于后来丰子恺散文中反复赞美的"童心"。前者是中国古代知识分子对文学创作的真诚性的追求，后者是中国现代知识分子对儿童爱心的强调。它们本质上属于成年人的思想感情。而冰心的"童心"则是她自己的一种心灵状态，是她感受世界和观照事物的一种天然的方式。她用童心创造了她小诗中众多的独立意象，同时也用童心把这些意象组织成了一个独立的诗歌意象系统。在这个意象系统里，有她童年生活中的一切，有父亲、母亲、姊妹、弟兄，有大海、鲜花、月儿、鸟儿，也有她刚刚接触到的成人世界中的东西，有诸如人类、真理、艺术、诗歌、诗人、生命、死亡、光明、黑暗这些在成年人的世界中具有严肃性质的观念。

母亲呵！
天上的风雨来了，
　　鸟儿躲到它的巢里；
心中的风雨来了，
　　我只躲到你的怀里。

(《繁星（159）》)

对于儿童，外部世界是神秘的，又是可怕的，它吸引着他们，又威胁着他们。只有在母亲的怀抱里，他们才感到温馨和安全，才会消除对外部世界的畏惧感。在这首小诗里，世界是儿童眼里的世界，母亲也是儿童感受中的母亲。儿童的心灵和儿童的眼睛组织起了整个世界，组织起了这首小诗中的所有诗歌意象。童心使其中的一切都处在一种特定的协调关系之中。"大海呵，/哪一颗星没有光？/哪一朵花没有香？/哪一次我的思潮里/没有你波涛的清响？"(《繁星（131）》)这是冰心童年回忆中的大海，是童年印象在冰心心灵中的回响。你能感到大海的潮汐声在儿童听觉中那格外清越和鲜明的形象。它不是郭沫若笔下那男性青年的狂暴而又热情的大海，而是冰心笔下童年女性的清澈而又靓丽的大海。即使青年冰心所接触到的一切抽象的观念，也是被她的童心所融化了的，也浸透着她的纯真和稚嫩的爱意。什么是"人类"？在她眼里，"人类"也不过是一群小孩子，一些大自然抚育的婴儿："我们都是自然的婴儿，/卧在宇宙的摇篮里。"(《繁星（14）》)什么是"真理"？"真理，/在婴儿的沉默中，/不在聪明人的辩论里。"(《繁星（43）》)最好的"诗"、最好的"诗人"是怎么样的？"婴儿，/是伟大的诗人，/在不完全的言语中，/吐出最完全的诗句。"(《繁星（74）》)连"黑暗"也具有一种神秘幽深的美感："黑暗，/怎样幽深地描画呢？心灵的深深处，/宇宙的深深处，/灿烂光中的休息处。"(《繁星（5）》)……一个诗人独立风格的标志，不是一个诗人有没有写出过一两首好诗，而在于他有没有建立起自己的独立意象系统。胡适之所以还不能被视为一个具有独立风格的现代诗人，就是因为他虽然写了很多诗，在他的诗中也描写了许许多多事物，但所有这些事物，在他的笔下还是横七竖八地排列在一起的，它们彼此之间构不成一个统一的系统，构

中国现代新诗的"芽儿"

不成一个完整的艺术世界。而在冰心的小诗里，诸多意象已经具有了自己的系统性，有了一个相对统一的艺术世界。这个系统是由冰心的童稚的眼睛和童稚的心灵连接在一起的，是以一种不同于前人的方式连接在一起的。这是一个独立的艺术世界。

但是，冰心在创作自己小诗的全部过程中，并不处于单纯的童年心态之中，而处于童年意识和青春意识的矛盾交织中。一个方面，她较之当时任何一个作家都更是一个孩子，都更带有童年时期纯真无邪、天真烂漫的特征；而另一方面，她又是作为一个作家，作为一个成熟了的青年，一个有着成年人的理性、成年人的理想、成年人的才能的新女性出现在读者面前的。前者是她的内在心灵素质，是她感受世界、感受人生的基本方式，是她的审美意识和审美态度，后者则是她对自我社会身份、社会价值和社会作用的明确意识；前者使她更多地趋向于童心的自我表现，后者则又使她把这种表现作为对中国青年的思想引导。也就是说，她把诗人（自我）既当作具有童心纯情的人，又当作中国青年的思想表率。这就把两种不同的意识混淆在了一起。中国青年是从童心纯情中走出来而获得更丰富、更深刻的社会感受和人生感受的人，而不应是停留在单纯的童心纯情阶段的人。童心是每一个青年较之中老年社会成员都更为宝贵的特征，而不是他们自身发展的新的思想高度。能对中国青年进行理性启迪的不是单纯的童心，而是对社会人生的更深入、更细致的认识。冰心小诗是被童心召唤出来的一个更空灵、更纯洁的艺术世界，它有着童心的美，也有着童心的脆，难胜理性的沉重。我们看到，即使在冰心比较优秀的小诗创作中，也常常把童年的感受当作对青年的思想启迪，从而为她的小诗带来不良的影响。例如，在前引《繁星(10)》这首小诗中，就其真正的意义和诗的情趣，它是童心的自然流露，"嫩绿的芽儿""淡白的花儿""深红的果儿"都给人以童年的暗示，都有着童年的天真无邪的特征。它们只能与天真无邪的儿童说话，只能给他们以神秘的启示。但冰心用"和青年说"，将其嫁接在了对青年的教诲上，从而使这首玲珑剔透的小诗多了一点沉重，少了一点可爱。对于这首小诗，连"青年"这个词本身都显得过于硬，过于重。到了《春水》集中，这种教导意识明显加强起来，其中艺术上完美的小诗远较

883

《繁星》集中少，而干瘪无味的小诗则远较《繁星》集中多。在通常的评论中，人们把哲理性当成冰心小诗的主要思想艺术价值，但哲理性自身不能构成诗歌的特征，不是由独特的语言结构表现出来的哲理内涵，在诗歌中实际是最大的累赘，它自身不能给诗歌带来诗的韵味和诗的意境。如前所述，真正给冰心的小诗带来诗意特征的是冰心的童心，是她的童心给世界、给语言带来的为成年人的世界及其语言所不可能具有的独特的联系。只有这种独特的语言联系，才包含着童年鲜活的世界感受和人生感受。中国现代的小诗是和童心紧密联系在一起的，它是童心的一种新诗的表达形式。失去了童心，便失去了小诗，便失去了小诗所特具的玲珑剔透、单纯晶莹而又略带神秘朦胧意味的审美特征。"言论的花儿/开得愈大，/行为的果子/结得愈小。"(《繁星（45）》)这首小诗为什么显得干瘪，没有诗的味道？因为它已经不是童心的表现。它是只有成年人才会产生的思想，才会得出的人生教训。在儿童的世界里，大的花与大的果是自然地联系在一起的，言论和行为也是不可能分解为二的。童年的天真，童心的无欺，使它们自然地处于无差别的境界之中。这首诗无法进入童年的心灵和童年的世界，而对于成年人，它又是一个太简单、太枯燥的教训，一个被人用不同的语言形式重复了千百遍的陈旧的思想，一个只有在极其有限的范围才具有真理性的笼而统之的命题。它不再是诗，而成了道德格言和修身语录。"星星——/只能白了青年人的发，/不能灰了青年人的心。"(《春水（113）》)"星星"在童年世界里占有重要的地位，也是冰心小诗中的重要意象之一，但在这首小诗中的"星星"，却构不成一个独立的诗的意象整体。在童年的意识里，没有"灰心"的观念，也不会有"白发"的苦恼，"星星"不会对他们产生任何与此有关的启示，而"星星"在青年人的世界里几乎不具有任何重要的人生意义，青年人并不想从"星星"身上获取人生的教诲。"修养的花儿/在寂静中开过去了，/成功的果子/便要在光明里结实。"(《春水（125）》)"花儿""果儿"固然带着童稚的清新之气，但"修养""成功"却是成年人价值体系中的东西，它们在人的感受中是沉重的，严肃的。这两组意象在读者的感受中无法和谐相处，构不成一个统一的意象结构体。……总之，当冰心在创作的过程中越来越以一个成熟青年的标

中国现代新诗的"芽儿"

准意识自己，而不再能唤起自己纯真无邪的童年感受，她的小诗就向着理性化的方向发展，向着非诗的散文化方向退婴了。

冰心小诗因理性化、语录化而走向衰落的同时，她也在象征化、情绪化的方向发展，而为自己开辟着新的道路。

> 遥指峰尖上，
> 　孤松峙立，
> 　怎得倚着树根看落日？
>
> 　已近黄昏，
> 　算着路途罢！
> 衣薄风寒，
> 　不如休去。

(《春水（166）》)

这首诗表现的不是童年的世界，而是一个郁郁寡欢的孤独知识分子的思想情绪，但与此同时，它也不再是一首典型的冰心小诗，而更像后来发展起来的卞之琳、废名笔下的象征派的诗。"我的朋友/坐下莫徘徊，/照影到水中，/累他游鱼惊起。"（《春水（165）》）"朦胧的月下——/长廊静院里。/不是清磬破了岑寂，/便落花的声音，/也听得见了。"（《春水（168）》）冰心虽然没有沿着这条道路继续走下去，但这种内在的枯寂感却足以破坏她小诗的单纯性和透明性，逼她走出小诗的审美范畴。

在20年代末和30年代初，冰心一连写了几首优秀的抒情诗，像《惊爱如同一阵风》《我劝你》《生命》等。我认为，即使在整个中国新诗史上，也属上乘之作。但这些诗没有以独立的风格影响到整个中国新诗的发展。1949年之后，就数量而言，冰心的诗仍不在少数。但这些诗，只是作为一种文字活动而创作的，其意义似乎不在诗歌艺术本身，故此不在本文论列。

原载《北京师范大学学报（社会科学版）》1996年第5期

他开辟了一个新的审美境界
——论郭沫若的诗歌创作

"若讲新诗,郭沫若君的诗才配称新呢!不独艺术上他的作品与旧诗词相去最远,最要紧的是他的精神完全是时代的精神——二十世纪底时代的精神。有人讲文艺作品是时代底产儿。《女神》真不愧为时代底一个肖子。"①

这是闻一多对郭沫若《女神》的概括性评价。应该说,它不仅集中反映了当时新文学界对郭沫若早期诗歌的强烈感受,同时也符合我们当代人对郭沫若那些最优秀诗作的实际感受。但是,闻一多说它们"新",到底"新"在哪里呢?"他的作品与旧诗词相去最远",仅仅是从诗的外部形式上而言呢,还是同时指整体的意境或审美艺术境界呢?"他的精神完全是时代的精神",仅仅是指郭沫若的思想认识和精神品质呢,还是同时指他的基本的感情情绪特征呢?假若说这里的"新"指的是所有这一切,指的是所有这一切构成的艺术整体,那么,郭沫若的诗歌与中国古代那些最伟大的诗人的作品,特别是那些我们称之为伟大浪漫主义诗人的作品,到底有什么根本不同的特征呢?这些特征在他的作品里是怎样具体表现出来的呢?它们是怎样产生以及它们的产生又怎样体现了"五四"的时代精神呢?这些问题,我们是应该回答,也必须回答的。

---

①闻一多:《〈女神〉之时代精神》,载《闻一多全集》第3卷,生活·读书·新知三联书店,1982。

他开辟了一个新的审美境界

在我们过去论述郭沫若的早期诗歌创作的时候,常常直接用"五四"自由精神直接说明他的诗歌创作的产生根源。这当然是对的,但是还必须看到,作为一种抽象形式的自由观念,是无法直接转化为诗歌创作的。对自由的追求是"五四"一代文学作家的共同特征,但像郭沫若这样用诗的形式体现了这种自由精神的,在当时还是绝无仅有的。因为对自由的追求永远不等同于心灵自由本身,前者是一种理性的愿望,后者才是能够直接转化为诗的审美境界的主体心灵状态。应该说,思维空间的空前扩大,世界知识的丰富和充实,生活领域的进一步拓展,对于郭沫若内在精神境界的开拓是起了关键性作用的。但必须看到,这对于一个广义的散文作家来说,有着更重要的意义,它们几乎可以直接构成一个散文作家的文化心态和精神境界,并进而转化为他的艺术作品的艺术境界。因为把对世界的复杂感受以相对复杂的形式保存在自己的头脑里,是广义的散文作家的精神特征,但对于一个抒情诗人,这就远远不够了。一个抒情诗人必须把各种复杂的感受凝聚在一个单纯而又具体的物象上,并在这个具体的物象上展开自己的主观感情或情绪。在这里,认识到下列一点是异常必要的:当还没有一种可见的、具体的物象与之相对应时,沉淀在诗人心灵深处的某种感情情绪是不可能获得自己的独特的表现形式的,同时这种感情情绪也是不可能被一个抒情诗人异常明晰地感受到的。"问君能有几多愁,恰似一江春水向东流。"(李煜)如果没有川流不息的江水这种外在的物象形式,李煜这种特定的感情情绪能否被如此强烈地表现出来呢?能否被李煜自己以如此明晰的方式感受得到呢?我认为是不可能的。一个外国的古代诗人是不可能产生只有面对万里长城才会产生的那种特定的审美情绪感受的,同样,一个中国古代诗人也是不可能产生面对金字塔才可能发生的那种特定的审美情绪感受的。思维空间的扩大,世界知识的增长,生活领域的开拓,为郭沫若精神境界的开拓奠定了基础,但依然不可能以整体的形式转化为他的情感形式,这种情感形式必须有赖于一种具体可感的物象才会明晰化起来。须知胡适的白话诗,也是开始在异域进行创作的,但他分明没有为自己找到一种足以体现新的世界感受的诗歌形式。这不但说明仅仅由白话文代替文言文还不足以构成一种完全新的精神境界和审美境界,也说明仅仅有思维空间的扩大、世界知识的增长、生活领域的开拓还是不能直接转化为一种新的审美境界的。其次，西方浪漫主义诗人的影响无疑对郭沫若的诗作起了重要作用，但只要我们不把他们的作品完全等同起来，我们也便不能仅仅由这种影响说明郭沫若诗作的特征。

当我们谈到郭沫若诗歌创作的时候，我们还必须意识到这样一个严峻的现实：他是在中国已有了数千年的诗歌传统，有了无数杰出的古典诗人，有了不可计数的优秀古典诗歌创作之后，开始自己的诗歌创作的。在这时，假若没有一种全新的物象基础，要创造出一种全新的审美艺术境界几乎是不可能的。任何一种新的主观感受，都会赋予一种物象以新的审美形式，但这只是问题的一个方面。与此同时，任何一种特定的物象形式所能够表现的情感情绪感受又是极其有限的。一条明澈的小溪绝无法触发"黄河之水天上来"这样的情绪感受，反之亦然。郭沫若在没有取得一种新的物象基础之前，还能不能在"黄河""长江""青松""翠竹""冬梅""秋菊""春花""秋雨""楼阁""台榭""清风""明月""晨钟""暮鼓"等等这些已被中国古典诗人反复吟诵过的物象身上，造成一种全新的艺术境界呢？进而言之，这些物象还能否诱发沉淀在人的心灵深处的一种全新的主观感情情绪呢？至少可以说，这种可能性是很小很小了。我认为，只要意识到以上数点，我们便会意识到，首先寻找足以诱发郭沫若内在自由精神并足以赋予这种自由精神以外在表现形式的物象基础是多么重要了。

这种物象基础是什么呢？我认为是海，是浩渺无际、浪飞涛涌、常动不息的大海！

是的，我们中国古代人也谈到海，见过海，我们中国古代的诗人也吟咏过海。但我们到底是一个大陆国家，在他们的观念中，在他们的感受中，海是渺远的、神秘的，海为我们封定了生存的界域，是一个人迹罕到的地域。在他们的实感中，海是向前方伸展的，他们不是生活在它的环绕中、它的怀抱中，而是立足于坚实、静穆、稳固的大地上。"道不行，乘桴浮于海，从我者其由与？"（《论语·公冶长》）在这里，海是无限渺远的，是远离自我、远离现实人生的，只在决心摆脱任何人生羁绊的时候，人们才会想到它。"海客谈瀛洲，烟涛微茫信难求。"（李白：

他开辟了一个新的审美境界

《梦游天姥吟留别》）"忽闻海上有仙山，山在虚无缥缈间。"（白居易：《长恨歌》）在这些诗句里，海是神秘莫测、虚无缥缈的，是梦幻中的美妙境界。"海内存知己，天涯若比邻。"（王勃：《送杜少府之任蜀州》）我们生活在海的包围中，它是我们生存空间的四域。"朔风吹海树，萧条边已秋。"（陈子昂：《感遇诗之三十四》）正因为它远离人间，所以它可以是梦幻中的美妙境界，同时又是现实中萧索荒凉之所在，只有那些命运偃蹇、宦途失意、被难遭灾的人才会真正与海共同相处。"避仇至海上，被役此边州。故乡三千里，辽水复悠悠。"（陈子昂：《感遇诗之三十四》）文天祥是怀着亡国之忧写了《过零丁洋》诗的，借海抒发的是自己的寂寥和痛苦的心情："惶恐滩头说惶恐，零丁洋里叹零丁。"……我们看到，在上述所有这些诗中，海都不是全诗的意象中心，其审美境界与大海这种具体物象没有本质上的联系。曹操的《观沧海》，形式上看来，颇有一些海的精神和气魄，但若细细体味，我们便会感到，它的审美艺术境界并非是以海为基础构成的。它是静穆的，没有大海那样的涌动感；它是遒劲的，没有大海般任情舒卷的自由感。须知四言诗这种形式，就不是曹操在描写大海时首创的，因而大海并非它的主要物象基础。总之，在中国古代，大海在中国人的精神形成与发展中并没有起过直接的重要作用，从而也没有一种艺术境界是以它为基础形成的。

但在郭沫若的早期诗作里，情况便大大不同了。人们只要读一读《女神》《星空》两个诗集中的诗作，便不难发现，海的形象是在这时期郭沫若抒情诗中出现最多的一种具体可感的物象。更重要的是，海不仅仅是郭沫若描写的纯客观对象，而且是他的最具个性特色的诗作的内在精神和审美特征。我们完全可以说，郭沫若是第一个在中国诗歌中注入了真正的海的精神的人，是第一个以海的精神构成了自己诗歌的基本审美特征的人。大海是什么？大海是一个浑融的整体，是一片浩浩茫茫的景观。在大海中，每一个浪峰，每一片粼光，每一次涛声，都是瞬息即逝的东西，都不具有独立的价值和意义，只有由它们组合在一起的一个整体，才是永恒的、壮丽的，才会给人产生一种强烈的印象和精神上的冲击。一般说来，这并非中国古代诗歌的特征。中国古代诗歌也讲整体，也要注意诗歌的整体艺术效果，但这里的整体是由每一个有独立意义的部分组成的。有时一个字可以照亮整首诗,可以赋予全诗以新的境界、新的精神。"春风又绿江南岸",一个"绿"字,"绿"出了一个新的境界;而"满城风雨近重阳"的例子更可以说明在古典诗歌中每个单句、每联相对于整个诗的独立性(参看〔宋〕释惠洪:《冷斋夜话》)。如果我们结合陆地物象的特征,便不难理解中国古典诗歌的这种结构方式了。任何陆地物象都是由相对独立的各个部分构成的一个独立而又完整的物象。其中各个独立的部分,有它们各自的境界、各自的精神,由这些各不相同的部分以特定方式构造起来,即形成一种新的诗意境界。就这个整体来说,各个部分是不能独立的,也是不可或缺的。但就各个部分而言,它们却可以有自己的独立性,可以离开整体而自由行使自己的职能。"枯藤老树昏鸦,小桥流水人家,古道西风瘦马。夕阳西下,断肠人在天涯。"(马致远:《天净沙·秋思》)这里的每一个单句,都是一个独立的意象系统,而各个意象系统又共同构成了全诗的整体意象系统。严格说来,每一个独立的意象系统都会向全诗投射出自己的光辉,但往往只有其中的一个,具有最大的能量,能在整体中把自己特别耀眼地突现出来,从而把其他各个意象系统都变成了自己的背景,变成了自己的铺垫或衬托。在诗中,被我们一向称为"诗眼"的东西,也就是全诗最鲜明、最耀眼的所在,是使全诗升华到一种新的艺术境界的关节。正是由于中国古代诗歌的这种特殊结构形态,构成了它独特的审美特征。但在郭沫若的那些最成功的诗作里,这种情况发生了根本的变化。在这里,我们并非说中国古典诗歌的结构特征是低劣的、笨拙的,但我们完全可以说,对于形成大海的意象,传达大海的精神,它却是极不适宜的。郭沫若的诗,每个单句的独立性是极小的,即便那些最好的诗篇,我们从中抽出一句或数句,或则仅仅成了毫无诗意的口号,或则成了并无意义的词句,都会顿然失色,成为没有生气的东西。但作为整体,它的精神一下子便显现出来了。我们不妨首先看一看他直接描写海洋的一首诗。

  无数的白云正在空中怒涌,
  啊啊!好幅壮丽的北冰洋的情景哟!!

他开辟了一个新的审美境界

无限的太平洋提起他全身的力量来要把地球推倒。
啊啊！我眼前来了的滚滚的洪涛哟！
啊啊！不断的毁坏，不断的创造，不断的努力哟！
啊啊！力哟！力哟！
力的绘画，力的舞蹈，力的音乐，力的诗歌，力的律吕哟！

(《立在地球边上放号》)

可以说，这首诗中的每一句都不是诗，都没有可以称为诗意的东西。"啊啊！力哟！力哟"一句如果抽出来单读，谁也不会认为它有什么诗意。"啊啊！好幅壮丽的北冰洋的情景哟！"这是多么抽象而又意味索然的感叹呀！即使像"无限的太平洋提起他全身的力量来要把地球推倒"，如果仅就单句来说，也是拖沓无力的，很难感到词意所表达的那种海的力量和气势。但是，一当把这些毫无诗意的词句组合成一个整体，我们却不能不承认它是一首诗，并且是有强烈诗意的一首诗。你好像也置身于整个太平洋的怀抱中了，你感到滚滚的海涛正向你涌来、扑来，你感到整个大海蓬勃着无穷的力，蓬勃着势欲将整个地球翻转过来的伟大力量。在这一刹那之间，你沉醉了，你与大海在精神上拥抱在一起了，一切狭隘实利的考虑，一切蝇营狗苟的打算，一切虚伪弄假的念头，一切偷安苟且的怯懦，一切平庸伧俗的秽气，全被大海的磅礴气势一冲而光了。你感到自我内心的开阔和疏朗，感到自我充满了大海一样的力量，感到自我的生命力像太平洋的洪涛一样在汹涌，在奔流……这难道不正是你乞望于诗的东西吗？

整个大海是一个浑然的整体，它的每个部分也是一个涌动着的流体。面对大海，你是眩惑的，忘情的，你无暇做出细致的观察和条理井然的思索。在中国古代诗歌中，诗是由各个独立而明确的单句组成的，单句是由几个明显的节拍组成的，在各个节拍之间，看起来有明确的独立性，读起来有或大或小的停顿，即使那些表现倏忽而过的意象的诗句，也只是停顿较小，而并非没有停顿或感觉不到各个节拍之间的区别。

忽如——一夜—春风来——

千树—万树—梨花开——

(岑参:《白雪歌送武判官归京》)

剑外—忽传—收蓟北——
初闻—涕泪—满衣裳——
却看—妻子—愁何在——
漫卷—诗书—喜欲狂——
白日—放歌—须纵酒——
青春—作伴—好还乡——
即从—巴峡—穿巫峡——
便下—襄阳—向洛阳——

(杜甫:《闻官军收河南河北》)

在这些诗里,描写的客观对象似乎都是一刹那间发生的,但每个单句依然是节拍分明的。在形式上,两两对仗的形式把每个节拍区分得清清楚楚,使它们与下一个节拍的纵向联系同时受到了横向联系的制约,形成了既连又断的句子结构。在吟读中,或大或小的停顿使它们不致粘连成一个流体般的整体。如果我们从感情情绪的物化方式的角度来说,我认为这恰恰是在相对静止的陆地物象面前所能够形成的心灵状态的形式表现。陆地物象是相对静止的,它的任何动态都是在静态的背景上产生的,都是以静态物象为存在的基础、为基本参照物而呈现出来的状态。在这种物象面前,很少能产生长时间的完全忘情的感情体验,一种沉静的理性总是能同一种含蕴在内心的感情情绪结伴同行,并悄悄地条理着感情,整化着情绪,规范着它的流泻。即使像杜甫听到官军收复河南河北的胜利消息的那一刹那,他的思理仍是井然的,他得意地盘算着如何庆祝和迎接这个喜讯,他性急地计划着回乡的途程,并且一点也没有紊乱了应走的路线。因而在中国古代文论中,"情""理"统一说始终占着绝对的统治地位,因为他们极少能够感到情感涨潮时冲破理性框架自由泛溢时的高峰体验状态,极少能够认为在这种体验状态中的人还可以是有价值的人。他们在任何感情激越中都能同时保持着清醒的理智

他开辟了一个新的审美境界

思考，这是一种琢磨着的感情、思忖中的情味，沉静的理性将一切打出了明确的节拍，使感情情绪永远能够含蕴在有规则的形式框架之中。大海与陆地景物是根本不同的。它的动态不是在静态背景上的动态，动态才是它的常态。在大海面前，人们可以长时间地处于忘我的沉醉状态，松弛了神经，解脱了理性的自我控制，一任自己的心潮被浩渺的浪涛激动，听凭海的怒号在自己的心灵中震荡。在这时，你难以再精细地条理大海的涌动，每一个节拍都是一个整体，一个有相当高度的浪涛，一个有相当长度的呼啸，而绝不会像中国古代的诗歌那样打出短促而沉实的节拍。如果我们从此回观郭沫若的诗歌，便会发现节拍的概念在他的诗里发生了巨大的变化。他的那些最具特色的诗里，一个节拍不再是一个词、一个词组，而是一句诗，或者一个短句。一般说来，我们必须按照他的分行打出节拍，或者以他的标点符号作为短暂停顿的标志，而其中的语句，包括那些长达二十字左右的长句，也必须速成一个连续流动的语流，它们像一个海涛一样不能断开，像一声海啸一样不能截断。

> 晨安——常动不息的大海呀——
> 晨安——明迷恍惚的旭光呀——
> 晨安——诗一样涌着的白云呀——
> 晨安——平匀明直的丝雨呀——诗语呀——
> 晨安——热情一样燃着的海山呀——
> 晨安——梳人灵魂的晨风呀——
> 晨风呀——你请把我的声音传到四方去吧——

（《女神·晨安》）

应该看到，中间较长语段里的助词"的"是起到了重要作用的，它把前面的定语和后面的主词紧紧地连接在了一起。我们能不能把它们的节拍划得再细再小一些呢？能不能再多一些停顿处呢？我认为不能了。如果我们按下列区分节拍的方法读去，全诗的精神便顿然丧失了：

> 晨安——常动——不息的——大海呀——

> 晨安—明迷—恍惚的—旭光呀——
> ……

这不但破坏了白话文的语法结构，也严重破坏了该诗的精神和意境。它从反面证明了郭沫若是充分利用了白话文的特点为自己所要创造的诗歌的新意境服务的。

我国的古典诗词，由《诗经》的四言体和屈原的骚体，经由汉代的乐府诗，发展到五、七言的格律诗，后来又出现了词、曲。从总的趋势而言，虽然也可视作从自由到格律又向相对自由的方向发展，但所有这一切又都是有特定形式限制的，并且格律诗直到清末民初都是我国诗歌的正宗。任何的格律都是一种具有相对独立性的、带有普遍适用意义的形式框架，这种框架从人的主观方面来讲，是人们的一种情感形式，也是一种特定的审美范畴。它的普适性来源于人们永远可以用自己固有的特定情感方式感知世界上的任何事物，永远可以把世界上的任何事物纳入特定的审美范畴中来进行取舍。这正像同一架摄影机可以拍摄任何对象而又形成各种不同的艺术画面一样。但由此也可看出，它的普适性又是以一定的取舍和转换为前提的，摄影机必须把立体的现实转化为一个平面摄影，一定的诗的格律也必须把世界纳入它的特定审美范畴中来。而一旦这种格律形式同诗人的主观感情方式或审美追求发生了尖锐的冲突，其效用也便日趋衰退了。

在中国近代，随着国际联系的加强，描写大海或借海抒志的诗歌增多了，但他们一般还是用旧的格律形式写海的。

> 星星世界遍诸天，
> 不计三千与大千。
> 倘亦乘槎中有客，
> 回头望我地球圆。

这是黄遵宪《海行杂感》中的一首。他写的是海景，但他赖以感知海景的情感形式分明与中国古代诗人感知湖景、山景、江河之景的情感

他开辟了一个新的审美境界

形式没有本质的差别。假若说有差别，那也只是具体的理性认识有了差别（"回头望我地球圆"）。我们完全可以感到，这种整齐的句式、规整的形式，难以传达出大海那种常动不息、浪涌水拍的内在精神。大海是有自己的规律的，但这种规律却永难被人的感官所直接感知，就这个意义来说，它的规则就是无规则，它的形式就是无固定的形式。它的浪峰不像中国古代五、七言格律诗那样整齐，也不像中国古代词、曲那样是有固定长短句的顺序的。你永难预知在何时，在哪个方位的哪个地方会掀起一个巨大的波涛，你也永难预知在何时会爆发出一声骇人的长啸。一切都是陡然而来，陡然而去的，一切都是猝不及防的。它才是真正自由的，不容你用理性规范它，不容你用精致的条规梳理它，它得自己按照自己的方式进行活动，做出自己的自我表现。郭沫若的诗能不能由此得到说明呢？我认为是可以的。郭沫若说："艺术训练的价值只许可在美化感情上成立，他人已成的形式是不可因袭的东西。他人已成的形式只是自己的镣铐。形式方面我主张绝端的自由、绝端的自主。"[①]在谈到郭沫若的诗时，也常常有人批评他不重视形式。但我们必须注意到现实存在的这种矛盾。恰恰是在郭沫若不重视形式、倡言挣脱形式的镣铐最激烈的时期，他创作出了自己一生中最优秀的诗篇，而正是在他开始重视诗的形式的时候，他的诗歌创作开始走向了衰退。这个矛盾我们应当怎样解决呢？郭沫若上述一段话是有缺陷的，他没有认识到一种诗的形式并不仅仅适应于一个特殊的、具体的情景或感受，而是带有一种普适性特征的审美形式，是人们借以感受对象的具有恒定性的情感方式。但具体到郭沫若来说，传统的、已成的诗的形式却也确实成了他的桎梏，因而这时他的轻视形式主要是轻视固有的形式规则，而不是说他的诗便没有自己的形式。他的那些最具特色的诗的形式是什么呢？我们可以说是在没有固定形式的基础上呈现出来的一种形式，是在没有预定的规则基础上形成的一种规则。它的形态是与大海相应的："我的血同海浪同潮。"（郭沫若：《女神·浴海》）

我们常把诗的抑扬顿挫用上下波动的曲线来表示，诗歌在我们心灵

[①] 郭沫若：《论诗三札》，载《沫若文集》第10卷，人民文学出版社，1957。

中引起的感情震颤，我们也感到是上下起伏的波澜状的东西。根据这种情况，我们可以把郭沫若的《我是个偶像崇拜者》一诗做一种看似荒诞的处理，即将全部九行诗按原排列顺序竖立起来。在这时，我们看到的是什么呢？我们看到的是海涛形式的东西，是波澜起伏、排山倒海般的海浪的起伏。显而易见，它们的起伏是很不规则的。首句陡然而起，二句又起，三句在人们可能期待一个短句而松弛一下前两句持续推进时带来的紧张状态时却又进一步推进，陡然翻上了最高峰。第四句虽略有下跌，但远没有跌到一、二句的高度，而仍然停留在高峰状态。第五句又在此基础上向上翻滚。在人们似乎难以继续维持紧张状态的时候，第六句却又翻上了最高峰，出现了一个最长的句子。第六句后便陡然下落。第七、八两句以梯形形式下降，但在没有落到最低潮的时候，全诗便戛然而止。整首诗都使人处于精神的紧张状态，使你不暇旁顾，不暇停下沉思，也不容你慢慢品味，细细咀嚼。一个个浪峰不断向你扑来，万丈巨浪不知何时掀起，震天狂啸不知何时传来，其中有涨有落，但涨落无序，难以预测。不难看出，这种极不规则的形式组成也不失为一种形式，是有类于大海潮涌的形式。它给人造成的感受，不是登楼怀古、览物伤情、赏花思春那样的感受，而是面对狂澜奔涌的大海所可能感到的那种精神状态。

钱杏邨说郭沫若的《女神》有三个基本优点，其二便是力的表现："诗里面所蕴藏的一种伟大的力，简括地说，就是力的表现，二十世纪的力的表现，震动的表现，奔驰的表现，纷乱的表现，速率的表现，立方的表现……"[①]这个判断是我们全都赞同的。但必须指出，郭沫若诗歌的力量，同中国古典诗歌中那些深沉或豪放的诗歌的力量是根本不同的。如果说中国古典诗歌中的力的表现更像山岳大地的深沉的力或长江大河的奔腾的力，那么，郭沫若诗歌中的力则更像大海的力。这种力的特点除了上述无规则波动激荡的诗歌旋律外，我们还可以从它的另一种表现形式得到说明。在中国古典诗歌中，两两对仗是一种基本的句法，我们

[①] 阿英：《诗人郭沫若》，载王训昭等编《郭沫若研究资料》中，中国社会科学出版社，1986。

他开辟了一个新的审美境界

可以说，它表现的是以静态为背景的陆地景象的对称美。其中那些比较深沉有力的作品，则在对称中显现着一种凝重倔强的力量。

> 风急天高猿啸哀，渚清沙白鸟飞回。
> 无边落木萧萧下，不尽长江滚滚来。
> 万里悲秋常作客，百年多病独登台。
> 艰难苦恨繁霜鬓，潦倒新停浊酒杯。
>
> （杜甫：《登高》）

我们故意选用了杜甫这首表现自己穷困潦倒的艰难际遇的诗。但就在抒发他的内心痛苦的这首诗里，我们仍能感到一种深沉有力的东西。我们知道杜甫的生活是艰困的，但我们同时也能感到他的心仍没有被这种艰难所压碎、压扁。他在倔强地忍耐着，既不会自杀，也不会起来抗争；既不会向人哀哀乞求，也不会发疯变傻。他的那种坚如磐石的精神力量支持着他，使他能坚韧地忍耐下去。这种感觉是从哪里来的呢？我认为是从它的基本形式当中来的。它的节拍是短促有力的，韵脚是滞涩沉郁的，形式是规整的。其中每两个对仗的词语、句子，都在相互制约中有了确定不移的固定位置，整个诗就像被钉在一起的一个固定的框架，再也没有自由活动的余地。

> 大江东去，浪淘尽，千古风流人物。故垒西边，人道是，三国周郎赤壁。乱石崩云，惊涛裂岸，卷起千堆雪。江山如画，一时多少豪杰。

这是中国古代最著名的一首豪放派的词《念奴娇·赤壁怀古》（苏轼）的上阕。它的力量是在纵向的流动中取得的。其中的句子不是在方位上共时并存的，而是依照作者的思路前后继起的。整个词像是纵向滚动的江河流水，显现着滚动的力量。

但是郭沫若早期那些最具代表性的诗篇，与上述两种力的表现形式是不同的。郭沫若诗的一个显著特点，是运用大量的排比句，即如前引

《我是个偶像崇拜者》，除了首句和尾句，全诗都是"我崇拜……"句式的排比句子，而每句又都是由几个"崇拜……"的词组排比而成的。其中那些崇拜的对象有什么特点呢？首先，它们不像苏轼的《念奴娇·赤壁怀古》词一样，是按作者的思路以前后相连的方式被有次序地组织起来的，而是一些同时存在的、彼此并列的事物；但它们又不像杜甫的《登高》诗一样，组成两两对应的固定关系，而是几乎以毫无规则的方式被作者随意选取的。它们的存在没有任何固定方位的规定性，因而又像是散处在各个不同的方位的。我认为，它们的结构方式，也与大海的意象有着密切关系。在大海中，整个景观都是一齐呈现出来的，你很难在其中理出一种线性链条，各个方位上的海涛同时涌动，四面八方的涛声一齐咆哮，而它们又总是处于无序状态，你找不出也来不及考虑到它们的对应关系，有规则的对称形式在大海中是找不到的。

在郭沫若的诗中，除了上述以杂多的形式出现的排比句外，代替古诗词两两对称形式的还有四个排比句连用的形式。

> 无限的大自然，
> 成了一个光海了。
> 到处都是生命的光波，
> 到处都是新鲜的情调，
> 到处都是诗，
> 到处都是笑：
> 海也在笑，
> 山也在笑，
> 太阳也在笑，
> 地球也在笑……
>
> （《女神·光海》）

人们不难感到，它们造成的不是有对称轴的对称感，而是向四面八方伸展的开阔感。而这，也是海洋给人的感觉。

如上所述，人们感受世界的方式离不开特定的（一种或一类）物

他开辟了一个新的审美境界

象,但一当一种审美情感方式在特定物象身上得到表现,并在不断反复中得到强化和加固,它也便成了人们主观中带有某种先验性质的审美情感方式了,因而它也便同时成了感受其他事物时同样存在的一种具有某种恒定性、普适性的方式。人们很容易发现,郭沫若早期的诗歌不但常常直接描写大海,而且常常在不是海的对象上面感受出海的气息来。中国古代诗人也描写光,但很少有人像郭沫若这样,把光看作如海洋的东西。中国古代也反复写到人生,但在郭沫若的笔下,整个社会人生也成了人生的海洋,一个人便是这大海中的一叶孤舟:

啊啊!
我们这缥缈的浮生
好像那大海里的孤舟。
……
帆已破,
樯已断,
楫已漂流,
柁已腐烂,
倦了的舟子只是在舟中呻唤,
怒了的海涛还是在海中泛滥。

(《女神·凤凰涅槃》)

在郭沫若笔下,现代繁华的都市也是以大海的形象出现的:"哦哦,山岳的波涛,瓦屋的波涛,/涌着在,涌着在,涌着在,涌着在呀!"(《笔立山头展望》)后来,他在诅咒城市的现代文明时又曾把它看作是一个可怕的血海。

那么,我们把郭沫若早期那些最优秀的诗歌同大海联系起来,是不是否认了它们的社会历史意义呢?显然并非如此。首先,只有在中国世界化的过程中,大海才成了中国知识分子生存空间的一个现实的、具体的组成部分,才有可能对青年知识分子审美态度的形成和发展产生内在的精神影响。仅就这一点也可以说,没有时代的发展、社会的变化,就不可能在中国诗坛上出现郭沫若这样的诗人和这样的诗作。第二，中国是具有数千年封建文化传统的国家，它严重地制约着中国人民的思维方式和审美情感方式的变化，而这种思维方式和审美情感方式不发生任何变化，任何新事物就都会被纳入固有的思想框架和审美定势中进行整化。只有在"五四"自由精神的感召下，郭沫若才有可能以新的心态、新的精神感受世界，才有可能与大海的精神一拍而合，并在它的景观中感受到与"五四"自由精神相呼应的东西。如果说五四新文化运动赋予了郭沫若以理性上的自由追求，大海则为他提供了体现这种精神的直观的、感性的、具体的物象形式，并从这种物象形式中展开了他的审美情感形式。在这里，二者是双向加强的关系。没有理性上的自由追求，他便难以以新的心态感受客观对象，而没有新的客观物象加强他的具体的自由精神的实感，它的理性追求也难以得到加强和表现。前者使他与中国古代直至黄遵宪那些以传统形式描写海观的诗人区别了开来，后者则使他与胡适那些有了理性的自由追求而没有找到一种新的审美形式以充分体现自由精神的五四新诗人区别了开来，从而使他成了一个具有时代特征而又有独创性的诗人。第三，五四白话文运动为郭沫若新诗创作提供了语言基础，没有这种语言革新和五四白话诗的创作，郭沫若便不可能为自己找到体现大海的自由精神的审美形式。总之，诗人对特定物象的新感受自身便是在时代的社会思潮中进行的，因而它反转来也以特定的方式体现着时代精神和社会历史的发展变化。

任何一种审美境界都有它的特定性和局限性，关于这，我们以后再做更具体的剖析，但任何一种新的审美境界又要求人们以特定的方式感受它。以古典主义的方式感受浪漫主义的作品，再优秀的浪漫主义作品也只能算作低劣的作品；以现实主义的方式感受现代主义作品，再优秀的现代主义作品也是胡说八道。对郭沫若早期那些优秀诗作也是如此。我们应当怎样感受郭沫若早期那些富有特色的诗作呢？我认为，我们应当以感受海景的方式去感受它。任何陆地物象，在中国古代文化悠久的发展历史上，都成了具有丰富内涵、能够引起人们丰富联想的符号形式，中国古代诗人就是利用这种特征进行创作的。再者，任何以陆地静态为背景的事物，都可以构成静观的对象，在静观中渐渐领悟它的内在

他开辟了一个新的审美境界

韵致、内在意蕴。由于以上两个原因，中国古代那些优秀的诗歌作品，需要在反复的品咂、体味、咀嚼、领悟中渐渐进入它所创造的艺术境界中去，这就是古代诗论家常常说的诗味。显而易见，中国古典诗歌有它独特的优点。但与此同时，它又有自己不可避免的局限性。正是因为它需要领悟，需要体味，需要慢慢咀嚼，因而它也便难以造成欣赏者的高峰体验状态，难以排除欣赏过程中的沉静的理性的参与，难以将人们一下子推入沉醉般的感情情绪的热狂状态中。而艺术的目的在于感情情绪的净化，它必须将欣赏者带入忘我般的精神境界中去，以使之暂时地超越于自身所处的狭隘的、一己的、实利的现实关系。因为只有这样，他才能够体验到他平时极难体验到的东西，才能与现实中难以存在的完美的、理想的、超现实的精神融为一体。中国古典诗歌在这方面显然是有局限性的。那些大量的言志载道的作品自不必说，即使那些写景抒情的作品，由于这种特定审美特征（这种审美特征又是与中国古代的文化心理联系在一起的）的限制，也难以完全达到这一目的。所以鲁迅说："即或心应虫鸟，情感林泉，发为韵语，亦多拘于无形之囹圄，不能抒两间之真美。"（鲁迅：《坟·摩罗诗力说》）

在郭沫若所面对的大海里，一切都不是作为特定的符号存在的，至少在郭沫若那时是这样。哪一个浪涛也没有内在的意蕴，哪一声嚎叫也不需要领悟，它们也不容你沉思默想。它是一种状态，是一种没有思想含义的形式，是一种没有本质的现象，它需要的不是领悟、咀嚼和品咂，它需要的是感受，直接的感受，它不需要你联想什么，不需要你赋予它什么意义，只需要你的心弦随着它的波涛起伏，应着它的咆哮跳动。这时，你心弦跳动的频率与它的旋律和节奏发生了共振现象，你似乎离开了平时的自我，但又似乎找到了另一个更纯净、更崇高的自我，这个新的自我是与大海融为一体的，是像大海那样宽阔、那样自由、那样充满了生命的活力的。这就是大海所能给你的东西，但它也仅仅能给你这点东西。当你一离开它，当你不再立于它的狂风怒浪之上，你便再也不会感到那时的感情情绪的激越。即使你在遐想中重新构想出它的形象来，你也别再希望重返那时的境界。它给你的仅仅是那一刹那的沉醉，但正是这一刹那的沉醉使你感到你自己是完全自由的，是充满巨大的、澎湃的生命力的，感到你不是卑微的，软弱的，草芥般微不足道的，而是一个高扬的人，是世界的主宰、宇宙的主人。

这也应是感受郭沫若那些最优秀的诗作的方式。

郭沫若的诗是单调的，单调得像大海一样，永远是那样的骚动不安；郭沫若的诗没有回味的余地，经不起你反复的品咂咀嚼。但我认为，关键在于我们不应以这样的标准衡量它。要体验郭沫若的诗，你得重新回到郭沫若的诗上去，正像你要感受大海，必须再站在大海面前那样。在读的过程中松弛下你的神经，一任你自己的心弦随着他的诗的旋律和节奏而波动，而震荡，正像你面对大海时一任海涛、海浪冲击你的心灵一样。在这时，你才会进入郭沫若为你设定的特殊的审美境界和精神境界。假如你是一个饱经人生沧桑、尝尽人生苦味的老年人，假如你是早经碰破了理想的肥皂泡、执着于现实人生的中年人，假如你是过早被现实的苦难压垮了脆弱的筋骨、摧残了精神支架的青年人，假如你是生性温婉、感情柔弱、运思精细的纤纤女子，或者假如你是被传统习俗胶固了心灵，心胸狭隘、利欲熏心，即使面对大海的狂风怒浪也难忘人生赌场上输掉的几个小钱的人，或者再难被郭沫若的诗所激动，但这并不能证明郭沫若的诗是没有价值的。因为世界上总还有一些初出茅庐，心灵还没有被人生苦难的风刀霜剑打得遍体鳞伤，还没有被传统的习俗禁锢了感情，从而还充满理想、充满勃勃朝气的青年，他们还会被《天狗》《我是个偶像崇拜者》《立在地球边上放号》等这类诗篇所激动，还会在其中获得那沉醉的一刹那。这是迷狂的一刹那，发疯的一刹那，不知天高地厚的一刹那，然而也是幸福的一刹那。

我认为，这就是郭沫若为我们开辟的一个新的审美境界。

它是一个属于崇高美范畴的审美境界。

1987年12月于北京师范大学
原载《"郭沫若在日本"学术讨论会论文集》，1988年5月

审美追求的瞀乱与失措
——二论郭沫若的诗歌创作

郭沫若在谈到自己早期的诗歌创作的时候说:"我的短短的作诗的经过,本有三四段的变化。第一段是泰戈尔式,第一段时期在'五四'以前,作的诗是崇尚清淡、简短,所留下的成绩极少。第二段是惠特曼式,这一段时期正在'五四'的高潮中,作的诗是崇尚豪放、粗暴,却是我最可纪念的一段时期。第三段便是歌德式了,不知怎的把第二期的热情失掉了,而成为韵文的游戏者。"[①]我认为,郭沫若接受外国诗歌影响的这种变化,是与他内在的审美意识的变化相呼应的。

当郭沫若带着一部《昭明文选》东渡日本留学之前,虽然也接受了新式教育,接触到西方文学,但基本上受的还是传统文化和传统文学的熏陶。他到日本后之首先接受泰戈尔诗歌的影响虽然有其偶然性,但东方印度的泰戈尔与他固有的世界观和审美意识更加接近也应是一个不可忽视的原因。在具体谈到这一过程时他曾说:"总之,在我自己的作诗的经验上,是先受了泰戈尔诸人的影响,力主冲淡,后来又受了惠特曼的影响才奔放起来的。……我自己本来是喜欢冲淡的人,譬如陶诗颇合我的口味,而在唐诗中我喜欢王维的绝句,这些都应该是属于冲淡的一

[①]郭沫若:《创造十年》,载《学生时代》,人民文学出版社,1979,第68页。

类。"①必须指出，泰戈尔诗歌的冲淡与陶渊明、王维诗的冲淡在形式上似乎相近，但在实质上却属于两个审美范畴，其世界观也不能共同包容在泛神论的同一思想容器内。陶渊明、王维笔下的大自然，是和社会政治相对立的一种生活境界，是不必为五斗米折腰、不须陷入人事纷争的环境条件。因而他们的清淡是与人世纷扰相对的清静安闲，是与虚伪骄奢相对的率真自然，是与伧俗龌龊相对的淡雅澹泊，是与尔虞我诈相对的和谐恬美。而泰戈尔的清淡不是与社会人生相对立的自然环境的特点。金克木先生在谈到印度美学思想时指出："印度哲学思想中有一独特的现象，现实的'法、利、欲'和非现实的'解脱'并列为人生四大目的，而且人之一生也分为四大阶段以配合，在'解脱'出世之前必须入世。作为纯粹欢乐幸福的'喜'成为人生的也是艺术的最高境界。艺术欣赏得到同修行入定一样的精神境界。这成为近一千年间印度美学思想的主要线索。"②泰戈尔的诗显然是继承着印度美学的这一传统的。另外，这种区别也反映在他们诗歌的审美特征上。陶渊明、王维的诗是由各种不同的环境因素构成的一种生活境界，这种生活境界的特点是静美、清雅，让人感到的是和谐与安谧、惬意而舒适。说得绝对一点，他们注重的是空间而不是时间，是静态而非动态。"空山新雨后，天气晚来秋。明月松间照，清泉石上流。竹喧归浣女，莲动下渔舟。随意春芳歇，王孙自可留。"（王维：《山居秋暝》）在王维这首诗中，由空寂的山中景象、雨过初晴的清新环境、清净微凉的晚秋天气、皎洁明媚的月光、幽静安谧的山间松林、在山石上淙淙流动的山泉流水、飒飒响动的竹林、竹林中走动的浣纱女子、水池中摇曳微颤的莲花以及在莲花丛中游动的渔舟等等环境因素，共同构成的是"王孙自可留"的一种清幽、恬美、舒适的生活环境。至于这种生活环境自身还有没有某种不可见的神秘本质，并非该诗令人感觉的东西。这个生活环境是静态的，它本身并

---

① 郭沫若：《我的作诗的经过》，载王训昭等编《郭沫若研究资料》上，中国社会科学出版社，1986，第285页。

② 金克木：《略论印度美学思想》，载《比较文化论集》，生活·读书·新知三联书店，1984，第138页。

审美追求的聱乱与失措

没有流动变化的意义,其中的动态描写是点缀这个静态空间环境的,时间也只是这个空间的一个特点。值得注意的是,诗的节奏并不是这个生活环境自身的节奏,诗的节奏是由五言诗这种形式本身决定的,从内在意义上来说,它是诗人感受对象的一种带有相对普遍性、恒定性的情感情绪的节奏,而不是由这种生活环境自身的律动决定的。泰戈尔的诗着眼的不是大自然的生活环境的意义,而是它的神秘的、超验的本质。他也描写各种事物,但这些事物构成的是一种情态,这种情态与人的关系不是他注目的地方,而是这种情态背后的精神和灵魂。在这种情况下,事物自身的韵味和律动成了重要的东西,它正像大自然的呼吸和脉搏的跳动,使人感到大自然不是僵死的、硬结的无生命的物质,而是有生命、有灵魂、有精神的活的机体。季羡林先生在谈到泰戈尔的美学思想时说:"他承认自然、社会和人的思维都不是一成不变的,而是时时流转变化。这样,又要和谐,又要流转不息,那就只能产生一种情况,用他的术语来说,就是'韵律'。在泰戈尔的思想中,'韵律'占有极其崇高的地位,'韵律'是打开宇宙万有奥秘的一把金钥匙。"[1]总之,泰戈尔与陶渊明、王维诗的审美境界是迥不相同的两种境界,它们以特定的方式反映了中印文化的不同特征。但郭沫若并没有对它们做出明确的区分,其结果是在同一泛神论或"清淡"的思想追求和审美追求中实际包容了两种不同的思想倾向和审美倾向。

我们试比较下列两首诗:

鹭鸶!鹭鸶!
你自从哪儿飞来?
你要向哪儿飞去?
你在空中画了一个椭圆,
突然飞下海里,
你又飞向空中去。

---

[1] 季羡林:《〈泰戈尔诗选〉译本序》,载《泰戈尔诗选》,人民文学出版社,1958,第4页。

你突然又飞下海里,
你又飞向空中去。
雪白的鹭鸶!
你到底要飞向哪儿去?

(《鹭鸶》)

松林呀!你怎么这样清新!
我同你住了半年,
从也不曾看见,
这沙路儿这样平平!

两乘拉货的马车从我前面经过,
倦了的两个车夫有个在唱歌。
他们那空车里载的是些什么?
海潮儿应声着:平和!平和!

(《晚步》)

  前一首诗诗末注1919年夏秋之间作,最初发表于1919年9月11日上海《时事新报·学灯》,后一首诗发表于同年10月23日的同一个刊物。两诗几乎是同时的作品,但二者的审美倾向是不同的。前者努力表现自然现象本身的某种神秘意味,较近于泰戈尔诗的境界;后者描绘的是一种平和静谧的生活环境,更近于陶渊明、王维诗的境界。这说明在外国诗歌的影响下,郭沫若的审美意识在发生着某些变化,但这种变化又是不十分自觉的。

  上引两首诗并不是很成功的作品,即便在郭沫若自己的诗中也并非上乘之作。《鹭鸶》一诗虽然表现出了泰戈尔诗的影响,但这种影响还仅仅停留在浅层次的审美趋向上,还仅仅作为一种明确的、理性的东西浮在诗的表面。它对大自然神秘本质的叩问,是以极其明确的理性语言表现出来的,而在泰戈尔那里,则主要是渗透在全部诗作中的一种精神,其直接表现反而不如郭诗明确、具体。

审美追求的瞀乱与失措

> 沉默的大地看着我的脸张开他的手臂围抱着我。
> 在夜里星辰的手指摩抚我的梦魂。他们知道我从前的名字。
> 他们的微语使我忆起那长长的无声的催眠歌的音调。
> 他们把初晓光明中我所看见的笑容带到我的心上。
> 爱在大地的每一砂粒中,快乐在绵延的天空里。
> 即使化为尘土我也甘心,因为尘土被他的脚所触踏。
> 即使变成花朵我也愿意,因为花朵被他拈在手里。
> 他是在海中,在岸上,他是和负载一切的船儿同在。
> 无论我是什么我都是有福的,这个可爱的尘土的大地是有福的。[①]

在泰戈尔的这首诗中,并没有直接叩问大自然的神秘本质是什么,但整个自然界的现象都是有神的、活的,都像有灵魂的机体一样。在这里,人与自然息息相通,物我为二又为一,但它又不是简单的拟人化手法,因为你并不感到大自然仅仅是一个慈母或严父、姊妹或弟兄,它是有灵的,但它的灵又是扑朔迷离、不可确指的。应该说,这才是诗人的审美意识在诗歌作品中的具体体现。郭沫若的《鹭鸶》仅仅努力造成一种神秘感,但它本身并不是神秘的。对鹭鸶的描写完全是写实的手法,其神秘感没有在诗的韵律中显现出来。如果说这种描绘本身还能够让人感到有种超验的、非现实的意味,那么,最后的提问则与这种意味没法融为一体,它使人更多地返回了现实的、明确的、具体的目的性上来。由此可以看出,郭沫若虽然一度受到泰戈尔诗的影响,但在深层审美意识上相距是非常大的。

与此同时,《晚步》也没有成功地造成陶渊明、王维诗的那种恬淡境界。全诗中只有"松林""沙路""拉货的马车""车夫""海潮儿"和"我"六种具体环境要素,它们在人的感受中根本难以组成像王维《山居秋暝》诗那样的平和境界。"松林""沙路"自身是静态的,但二者几乎难以构成一种统一的境界,"明月松间照""清泉石上流",

---

[①]《泰戈尔诗选》,人民文学出版社,1985,第33页。

都是由相互渗透或彼此映衬的两种物象构成的一种统一的境界，《晚步》中的"松林"和"沙路"则是彼此游离的。"马车""车夫"给任何一个现代人的感觉都无轻松、飘逸的意味，而更带有为生计艰难奔波的沉重感觉，"马车"前又冠以"拉货的"一个定语，更使它变得沉重、滞涩，把"松林""沙路"所能给人的轻松感觉全都压垮了。我们可把"车夫"的介入同王维诗中的"王孙自可留"相比较，便知不同的语言符号对诗的意境起着不同的作用，彼此是无法代换的。同样，郭沫若诗中的"我"也没有起到任何积极作用，"我同你住了半年，从也不曾看见"两句夹在"松林"和"沙路"之间，把原本孤立的环境因素进一步冲散了，破坏了艺术境界的统一性和完整性。

　　我并不想把郭沫若这两首诗的弱点全归在写作技巧上，我认为它背后蕴藏着一个更带根本性的问题：五四时期的郭沫若再也没有可能获得像陶渊明、王维那样的审美意识了，因而再也难以创造出像他们的诗那样的审美境界了。陶渊明两度出仕，饱览了仕途的污浊，亲尝了卑躬屈节的内心痛苦，一旦弃归田园，在生计不很艰困的条件下，整个心灵都沉浸在田园生活的恬淡与静谧之中了；王维早年也曾获少壮之气，积极进取，抨击权贵，豪情满怀，但一支笔难扫权贵的骄奢，一个学子难挽天下之大势，一旦隐居，疲惫的心灵一下子便在大自然的怀抱中得到了安憩，获得了抚慰。他们的审美意识是与他们的这种心灵状态紧密联系在一起的，这构成了他们观照世界、感受世界的自然而然的方式。严格说来，他们并非有意识地追求冲淡，而是他们自有一种冲淡的心境。但二十刚出头的郭沫若，虽然在求学期间也小有波折，但这点波折并不足以湮灭这个聪慧出众、风流倜傥的少年学子的勃勃追求精神，出国留学一下子为他打开了一个"海阔凭鱼跃，天高任鸟飞"的广阔天地。五四新文化运动已把黑暗的闸门扛起，为他开辟了一个可以自由驰骋的文学空间，西方自由思想的传播使他在自己精神发展的道路上还没有遇到严重的阻抑。在他的面前，场地是广阔的，道路是平坦的，社会人生中的一切污浊和艰难还像远处的崇山峻岭出现在他遥望中的视野之内，暂时还没有形成他必须克服的障碍，因而他的青春朝气还足以使他藐视这一切。他还没有到广袤的人生疆场上一试自己的锋芒，还没有亲身体验到

审美追求的瞀乱与失措

人生搏斗中所可能产生的心灵痛苦和精神疲惫，因而他也不会更深切地感受到陶渊明、王维在田园风光中所感到的精神抚慰。他喜欢陶渊明、王维，但他自己却根本不是陶渊明、王维，他喜欢冲淡的诗，但他自己却没有更典型的冲淡的心境。他所感到的那点冲淡不足以使他创造出陶渊明、王维诗的那种审美境界。至于泰戈尔诗的超脱，严格说来是他的诗的那种神秘意味，更非郭沫若所能企及。那是只有在一种文化环境中长期浸泡才能获得的，是从童年接受语言的过程中便获得的一种内在意识的特征。那不是中国的"山鬼""河伯""草精""树神"，中国这类的精灵是独立于物质实体之外的另一种幻想中的个体。泰戈尔的"神"则是蕴藏在物质世界之中的某种冥冥的精神，是与他的视听感觉同时显现的东西。总之，郭沫若再也难以返回到陶渊明、王维诗的那种冲淡的审美境界，同时也没有能力获得泰戈尔诗的那种独特的审美意识。

他必须找到他自己！

是惠特曼使他找到了自己呢，还是他找到了自己，才发现了惠特曼呢？这个问题恐怕永难找到确定的答案。但无论如何，郭沫若一生中最有价值的诗是在他的惠特曼时期写成的。

然而必须说，郭沫若离泰戈尔有多远，离惠特曼也就有多远。他的诗与惠特曼的诗并不相同。关于这一点，下文再做具体分析，在这里首先应当说明的是，对于郭沫若，惠特曼和泰戈尔有着一点根本的不同，即前者可以产生一种巨大的牵引力量，可以把郭沫若从中国古典诗歌的固有审美境界的束缚下有限地牵引出来，把他拖到他的现有的自我上来，而泰戈尔则绝对起不到这种作用。

我们看到，郭沫若在谈到泰戈尔诗的审美特征的时候，一下子便与中国古代陶渊明、王维的诗等同了起来，惠特曼虽然也被郭沫若纳入了"泛神论"的统一的哲学框架，但惠特曼的诗却使他不可能在中国古典诗歌中找到完全的对应物。至少惠特曼可以告诉郭沫若，诗可以写得比中国古典诗人和"五四"以后已有的新诗都更大胆些，更自由些，更粗鲁些，更热情些。我认为，仅此一点，惠特曼对郭沫若就是足够重要的了。充满青春狂气、热情澎湃的青年郭沫若需要的不就是这么一句话吗？

惠特曼给了郭沫若以启发，但却不能给他以诗。郭沫若的感情情绪是在自我的生活经历和文化环境中形成的，是积淀着自己的全部视听感觉及其内在反应的，而要表达这种思想感情，他还要找到足以唤起并展开自己感情情绪的物象形式。我认为，郭沫若诗的形式是与他对大海的强烈感受有很大关系的。关于这一点，我已经在拙作《他开辟了一个新的审美境界——论郭沫若的诗歌创作》中做了尽量详细的说明。在这里，希望读者先暂且承认我的这个结论，以便直接进入对郭沫若审美意识发展状况的分析中去。

显而易见，当郭沫若离开中国传统诗歌的审美境界，走上独创性的创作道路的时候，他还是承继着中国固有的传统的。中国古代人的"天人合一""物我一体""物我交融"思想及其审美意识赋予了郭沫若把握、感受自然界的方式。他难以像泰戈尔那样在非自觉的视听感觉中时时伴随着外在事物的神秘意味的感受，但他却很容易像中国古代诗人那样把自己沉浸、融化到客观环境中去，并在感情体验最强烈的瞬间达到物我的交融、物我的统一。但当郭沫若与大海的景观这种特定对象实现了物我交融的时候，其主体的精神状态和物我交融的具体状况却也发生了新的变化。只要我们留意体察中国的古代诗歌便会发现，不但在中国古代诗歌中较少崇高美的审美境界，而且即使在少量描写崇高境界的诗里，人、人的主体、人的主体精神反而是受到更大压抑的。越是面对巨大的东西，人越显得渺小；越是面对崇高的客体，人的主体精神越是感到更大的压抑。"噫吁嚱！危乎高哉！蜀道之难难于上青天……使人听此凋朱颜……"（李白：《蜀道难》）像李白这样旷达豪爽的诗人，面对艰险高峻的蜀道，也不能不感到精神上的压抑，因而最后说"锦城虽云乐，不如早还家"。"北上太行山，艰哉何巍巍！羊肠坂诘屈，车轮为之摧。树木何萧瑟，北风声正悲。熊罴对我蹲，虎豹夹路蹄……我心何怫郁，思欲一东归……"（曹操：《苦寒行》）像曹操这样不可一世的乱世英雄、雄才大略的军事家，面对"艰哉何巍巍"的太行山也不能不感到主体的渺小无力。这是中国传统诗人以静态观照的态度对待大自然的结果。在这种情况下，物我发生的是静态的对照，主体的自我感觉是与客体的规模、体积和状态成反比例增长的，即客体的巨大只能加强主体的渺小感，对象的力度只能显示出人的软弱无力。因而在中国传统诗歌

审美追求的謷乱与失措

中，真正达到了物我一体、物我交融的，往往是那些描写惬意的舒适环境和柔美、细小事物的作品。崇高则常常伴随着敬畏，巨大开阔则伴随着主体的渺小感，悠久则伴随着自我生命的短暂微末感。在这时，物我是有距离的对照，而不是无距离的融合，物我是可分的。但当这种物我交融转化为人与海洋景观的交融时便不相同了。海洋的整体是动态的，当观赏者以平静的心情和旁观者的眼光注视着它时，是不可能实现与海洋景观的精神交融的。要实现这种交融，你必须浸泡到对象中去。在这时，你的神经是松弛的，海潮开始把你的心弦的震动纳入自己的节奏中去，变动无序的海洋推动着你的感情情绪的波澜进行异于平时心境的波动起伏。于是，你感到和大海融为一体了。而这时你的胸中也似乎有了一个大海，你的精神境界便是大海般涌动的、开阔的、自由的境界。大海就是你，你就是大海，大海的巨大带来了主体精神的巨大感，大海的开阔带来了自我胸襟的开阔感，大海的自由带来了主体精神的自由，大海的力量转化成了主体的力量。总之，这时的主体精神与客体是同时高扬的。关于这一点，可以从郭沫若《立在地球边上放号》一诗得到印证。在这首诗中，太平洋就是郭沫若，郭沫若就是太平洋，客体的力量便是主体精神的力量，二者是不可分的。那种在崇高对象面前主体的压抑感、无力感、渺小感被一扫而空了。总之，在郭沫若承继着传统的"天人合一""物我交融"的审美观念而与海洋景观相拥抱时，他同时也开始离开了固有的、传统的审美意识而走向了自我。这个自我是充满着现代自由精神、充满着青春朝气和乐观向上精神的郭沫若。

郭沫若并没有仅仅停留在这一点上。

我认为，下面一种逻辑发展的脉络是不难被人理解的：当主体没有被客体的崇高所压抑而保持了主体的独立地位时，主体也就有可能重新上升到客体之上，成为驾驭客体、改造客体的主动力量。在这时，物我一体、物我交融又一次发生分裂，成了另一种形式的主客结构，即不是客体压倒主体精神，而是主体精神变成一种笼压、驾驭客体的力量而独立于客体之上。

我们很容易发现，郭沫若《女神》中的不少诗都蕴存着这样一种发展脉络：先是呈现着物我交融或客体凌居于主体之上的状态，然后陡然一转，主体从客体中独立出来而跃居于客体之上。

> 太阳的光威
> 要把这全宇宙来熔化了！
> 弟兄们！快快！
> 快也来戏弄波涛！
> 趁着我们的血浪还在潮，
> 趁着我们的心火还在烧，
> 快把那陈腐了的旧皮囊
> 全盘洗掉！
> 新社会的改造
> 全赖吾曹！
>
> （郭沫若：《女神·浴海》）

只要放在《浴海》全诗中，这一段便绝不会与郭沫若后来那些标语口号式的诗句相混淆，这是由对象激发出来的主体热情的表现。

> 梅花呀！梅花呀！
> 我赞美你！
> 我赞美我自己！
> 我赞美这自我表现的全宇宙的本体！
> 还有什么你？
> 还有什么我？
> 还有什么古人？
> 还有什么异邦的名所？
> 一切的偶像都在我面前毁破！
> 破！破！破！
> 我要把我的声带唱破！
>
> （郭沫若：《女神·梅花树下醉歌》）

审美追求的瞀乱与失措

这里的意象经过了几个阶段。一是对客体梅花的静态描绘（见原诗开始部分），然后突然把主体摆到了与客体并列的地位上来（"我赞美我自己！"）。继之，在这两个具体的主、客体之上，又抽象出了一个"全宇宙的本体"，在这"全宇宙的本体"中，不但"梅花"与"我"又一次交融在一起，而且全部的物我界限都消失了。最后，主体又一次从"全宇宙的本体"中独立出来，成了一个破坏一切偶像的大我。

> ……
> 我崇拜炸弹，崇拜悲哀，崇拜破坏；
> 我崇拜偶像破坏者，崇拜我！
> 我又是个偶像崇拜者哟！
>
> （郭沫若：《女神·我是个偶像崇拜者》）

这首诗的全诗都把自我放在崇高的客体之下，但个体的自我并没有失去自己的独立性，最后迅疾一转，主体立于了整个世界之上（"崇拜我！"），应再一次返归全诗的崇拜者的主体地位时，"我"的主体地位已经赫然站立在全诗之中了。他崇拜一切伟大的事物、庄严的事物、强有力的事物，但他自己、人、人的主体精神也是伟大、庄严、强有力的事物中的一个。他崇拜它们，礼赞它们，但不是由于自我的渺小无力，不是希图借助对象的崇高而填补自我的空虚，不是渴望获得崇高事物的恩宠和保护、青睐和奖掖，而是要把自我、主体也提高到与它们同等崇高的境界中来。

如果说上述各个篇章和类似这些篇章的诗歌都呈现着由传统的"天人合一""物我交融"的艺术境界向新的、郭沫若独特的审美境界转化的特征，那么，《天狗》则是这种过渡的完成形态。我认为，无论从哪个角度，《天狗》都应是郭沫若全部诗作中最值得重视的一首。从郭沫若早期泛神论的思想说，《天狗》表现了郭沫若的泛神论思想与他所谓

---

[1] 郭沫若：《〈少年维特之烦恼〉序引》，载《文艺论集》，人民文学出版社，1979，第182页。

的中国古代的泛神论有着根本不同的特质。他的泛神论不仅包容着万物即神的观念，更包容着"我即是神，一切自然都是自我的表现"①的观念。在他的泛神论里，主体精神开始上升到了客观物质世界之上，成了客观物质世界的主宰。就审美意识的角度讲，《天狗》表现了郭沫若的审美意识与中国传统诗人的审美意识已有根本的差别。严格说来，《天狗》已不能用传统的境界说来概括和说明，它构成的已不是一种客观的艺术境界，而是主体精神的自我表现。如果说在《日出》《晨安》《笔立山头展望》《浴海》《立在地球边上放号》《雪朝》《光海》《梅花树下醉歌》《夜步十里松原》《我是个偶像崇拜者》《太阳礼赞》《夜》《蜜桑索罗普之夜歌》《春之胎动》《新生》这诸多的诗歌中，诗人的自我表现还是与客观表现融合在一起的话，那么，《天狗》则是一首纯粹的自我表现的诗，而这种自我表现又绝非古代那种言志载道之诗，而是主体的一种精神状态，一种深层精神感受的由内而外的表现。它打破了中国传统的"天人合一""物我一体"的固有模式，建立了一种由内而外、将感受化为形象的诗的境界。就思想意识的角度讲，《天狗》表现了郭沫若的思想意识与传统的、封建的奴性意识有了根本不同的因素。它的思想主干是个性主义的，一个完全独立的、自我扩张的、强健有力的自我在诗中赫然显现着。可以说，《天狗》便是郭沫若诗作中的《狂人日记》，它以诗的形式喊出了中国古典诗歌从未喊出过的一个中国现代狂人的声音。就艺术特色来说，它也与中国传统诗歌有更大、更显著的距离。它不但像所有"五四"后的新诗一样打破了传统格律诗的束缚，不但像郭沫若其他一些优秀的诗作一样有着一种极端自由的形式，一种按照自己的感情情绪表现的需要形成的形式，而且它的整体特征便与传统诗歌有了重大区别。它不是写实的，但也不是想象的，同时也不是写特定感情状态下对外界的感觉，而是一种情绪感受的具象化。在诗中，可说是一切皆虚，但又一切皆实，传统的虚与实的界限在这里已不能说明问题。"我在我神经上飞跑，我在我脊髓上飞跑，我在我脑筋上飞跑。"可谓虚之极矣。但这又不是想象中的一个虚幻景象，而只是一种特定的精神感受的具象化，而就这种精神感受而言，则又不能认为是虚幻的。整个诗的结构，表面是纵向推进的，但它并没有纵向推进的

审美追求的芜乱与失措

线索和脉络，它又不是横向铺展的，因为诗中并没有描写一个有阔度的环境。整个诗都似乎是一派狂言、疯话，却把一个即将爆裂的、疯狂的自我充分表现了出来。此外，它的节奏的急骤、变化的突兀，也是中国传统诗歌中所未曾有过的。

人们现在或许并不太喜欢《天狗》这首诗，一方面可能由于《天狗》这首诗的局限性，但也可能由于我们自己的局限性。我们都是在自己的文化环境中成长起来的，都更多地受到中国传统诗歌的陶冶和影响，我们似乎更喜欢文静与淡雅、谦和与平匀、含蕴与沉实、严谨和整饬，而对于《天狗》这种怪诞而粗直、狂傲而疾切、热情而裸露、大胆而自由的诗，则可能难以感到由衷的喜爱。但是艺术的任务不是狭窄的，它必须不断丰富地表现人生各个阶段中表现出的人性中的各个侧面，而在这方面，《天狗》是为任何中国其他诗歌作品所无法代替的。我认为，这就是它在中国诗歌史上将拥有较长艺术生命力的原因。

说《天狗》是郭沫若诗作中的《狂人日记》，但它却与鲁迅的《狂人日记》有一个重大的差别，即鲁迅笔下的"狂人"是社会关系中的"狂人"，郭沫若笔下的"天狗"是人与自然、宇宙关系中的"狂人"。前者是自己所处的文化环境的背叛者，他所面对的是具有同样主动性的、有生命的人和这些人组成的社会，因而他与客体（社会）构成的是互动关系，是作用力与反作用力的对立关系；而后者只是无主动性、无生命的自然，或抽象的、整体性的宇宙的驾驭者和主宰者，他与客体（自然、宇宙）的关系是单动关系，是一种没有遇到反作用力的作用力的发挥。不难看出，郭沫若那些惠特曼时期写下的最好的诗，都呈现着这样的结构形式，因而它们使人感到充满蓬勃的生命力。但这种力又多多少少让人感到向空中打去的那种虚空意味。说《天狗》是有自身的局限性的，指的主要便是这一点。

在这里，我们不妨看一看他的泛神论与惠特曼泛神论的区别。

惠特曼是在美国独立约半个世纪之后才降生人间的。在这一段时间，美国的资本主义工商业得到了迅速的发展，资产阶级民主思想和自由精神得到了广泛的传播和迅速的增长。惠特曼的父系和母系家族在当时都属于开明的、崇尚民主和自由的家族，他从小便受到自由民主思想的熏陶，一些激进的改革家的演说也给童年的惠特曼留下了深刻印象。他从十一岁离开学校独立谋生，先后当过听差、学徒、排字工人、乡村教师、报纸编辑、地方党报撰稿人等。他是一个激进的民主主义者，在开始诗歌创作之前便曾狂热地沉浸于当时的政治斗争和社会斗争。他接受了欧洲哲学和印度哲学的影响，形成了他的所谓泛神论思想。但他的所谓泛神论思想始终不仅仅是一种自然观，同时也是一种人生观。在他的笔下，不仅美国的大自然是有灵的、活的、有生命力的东西，更重要的是美国人民的生活也是自由的、有生命力的生活。

如果细心体察，郭沫若诗与惠特曼诗的内在结构是不同的。在郭沫若的诗中，构成的是主体和客体的单一关系，"神"则是连接二者的纽带。也就是说，主体（作者）观照自然（客体），描绘对象，显现出客体对象的"神"，而达到诗人自我表现的目的。因为照郭沫若的说法，自然、宇宙是有"神"的，"我"也是"神"，这两个"神"是一体的，表现了客体的"神"，也就表现了"我"的"神"，达到了自我表现的目的。不难看出，在这样一个更高的层次上，郭沫若的泛神论仍然是传统的"天人合一"论的翻版。

但在惠特曼的诗中，主客体的界限是并不如此单纯的。作者既是主体，又是所表现对象（客体）中的一分子、一部分，大自然、社会、人（包括作者主体在内的人）共同构成了一股浑融的生命之流，一幅流动的世界图景。而在这整个图景中，流贯着一种精神和灵魂。必须看到，这样的一种内在结构图式与郭沫若诗是有根本差别的。在郭沫若的诗中，客体对象有其双重性，它们既是物质的、现象的、实在的，而又是精神的、灵魂的，但因为客体对象的精神和灵魂直接取代了主体的精神和灵魂，因而在诗中的主体便只是精神的，亦即只有人、主体的精神的表现，而这种精神是与主体的肉的、物质的存在相分离的。我认为，了解这一点对了解郭沫若诗以及中国传统诗歌是非常重要的，因为它们不像惠特曼的诗一样，把社会人同时作为物质的和精神的、肉的和灵的、现象的和灵魂的一种完整的统一体来对待。这就与惠特曼的诗在表现主体和人的方面发生了显著的差异。在惠特曼那里，人、主体是灵肉同体的，它们由"性"连接在一起：

审美追求的眷乱与失措

> 性包括一切，身体、灵魂，
> 意义、证据、贞洁、雅致、成果、传送，
> 诗歌、命令、健康、骄傲、母性的神秘、生殖的奶汁，
> 一切希望、善行、赠品，一切的激情、爱、美、尘世的欢欣，
> 所有的政府、法官、神明，世界上被追随的人，
> 这些，作为性本身的部分和它自己存在的理由，都包括在性之中。
>
> （惠特曼：《一个女人等着我》）

这样，惠特曼作为一个自由的诗人，就有了一种全面的意义。他歌颂大自然的自由精神，更歌颂社会的政治自由和人的精神自由。他的自由精神直接冲击着社会的保守守旧势力和旧的礼法观念。他之受到当时众多人的攻击、蔑视与他对旧的礼法观念的蔑视是息息相关的。正是与这种自由精神相联系，他的诗的形式也表现着极端自由的形态。郭沫若的诗在形式上是自由的，它们表现了大自然的自由精神，也体现了主体精神的自由，这是"五四"自由精神的反映。但就这些诗本身，却并没有表现出与旧的封建礼法观念和封建专制统治的直接对立。不难看出，郭沫若当时倡导对大自然的热爱，主张自我表现，提倡为艺术而艺术，固然与他接受了西方浪漫主义理论有关，但最深的根柢则扎在他的自由精神还主要停留在青春澎湃热情的抒发上，它还不是在社会生活和社会斗争中、在与社会实际保守势力和社会思潮的直接对立中被激发出来的。他当时的泛神论思想也还主要是一种自然观和整体的、抽象的宇宙观。

在这时，我们再从一个更高层次上观察一下郭沫若那些最优秀的诗歌的审美特征，便会发现它们与中国传统的"天人合一""物我一体"的美学观念仍有着千丝万缕的联系。郭沫若的这些诗虽然歌颂了动的精神，但这种动的精神却也呈现着静的形态。因为在他的诗中描写的动的对象自身，仍然是一种静的状态性的东西，诗歌所表现的便只是这种状态的"神"（亦即主体的精神）。这里的"神"已是诗歌的目的，是一种最高的境界，是理想的、完美的，它自身再也不是流动的，不再有其他的目的和作用。而惠特曼的自然、社会、人则是流动的，变迁的，它们

组成一股生命之流,"神"不但在这股生命之流中显现着,而且在流动中日趋完美与浩大。因为惠特曼的"神"并不是一种完全抽象的精神和品德,而是美国当时的自由精神的表现。这种自由精神在美国发展着,但惠特曼并不认为已经得到了完整的实现,所以必须在历史的发展中让它得到更充分的显现。[①]

正因为郭沫若的泛神论还主要是一种自然观和抽象的、整体的宇宙观,还不是建立在对社会、对人的直接认识或感受之上的,所以他的最好的诗都是由诗人的主体与大自然或世界的外部、整体状态二者直接构成的诗。而一旦有具体的、有生命的人的直接介入,诗的整体美便常常被破坏,至少再也构不成那种热情澎湃、充满自由精神的诗的艺术境界了。最明显的例证便是《光海》。全诗一、二两节基本上属于诗人主体对自然客体的描绘。在这时,郭沫若笔下的大自然是流动的、有生命的,写得也颇有诗意,但从第三节插入人的具体描写,整个诗的情调马上发生了变化,中间三节可说把全诗的和谐破坏殆尽,使全诗都显得拖沓疲软。此外,《辍了课的第一点钟里》充满矫情,极不自然;《巨炮之教训》写了大量人物语言,但多是口号式的宣传文字,了无诗味。

在《女神》中还有两首写"死"的诗:《死》和《死的诱惑》。我认为也是两首失败之作。死是人生的重大课题,我无意因此而指责郭沫若的消极悲观。我认为它们的失败恰恰不在于郭沫若真诚而又深刻地表现了自己一时可能产生的悲观绝望情绪,而恰恰在于他根本没有这种情绪,两首诗都是"少年不识愁滋味,为赋新词强说愁"的矫情之作。"死"有各种各样的形式,死前的心情也因人而异,但无论如何,它是人向自我生命的诀别,人们可以怀着平静的心情告别人生,但却不可能像郭沫若诗中所写的那样窃自欣喜,不可能乐滋滋地品咂着死的滋味而去自杀。完全可以说,郭沫若在写这两首诗的时候,根本没有准备去自杀,而是在想象着与可爱女郎相会的情景中写下这两首诗的。根据同样的理由,我认为《炉中煤》也只是一首纯粹的爱情诗,因为当时的祖国无法使郭沫若形成年轻貌美的女郎的意象。

[①] 参看惠特曼1856年8月致爱默生的信中关于美国国民性的论述。

审美追求的瞀乱与失措

上述这一切都说明郭沫若当时的独立的审美感受还不是在具体的、现实的人的基础上形成的，而仅仅建立在大自然和抽象的、整体的社会观念的基础上，因为只有这样，才能说明为什么他在写到具体的人、具体的人的行为语言和情感特征的时候，不但没有加强他的诗作的美感力量，反而常常严重地破坏了它。对于这个结论，人们可能会以《女神之再生》为例提出反驳。但我认为，这个诗剧恰恰能最有力地证明我的观点。《女神之再生》的成功不在于它深刻地表现了人与人的具体感情关系，而在于每段诗都是人物的独立抒情段落，是人物的自我表现。这个诗剧的艺术构图本身，充分说明了郭沫若在整个现实人生中还没有发现自己的独立位置，因而他也便不可能确立自我与现实中各种事物的具体关系。在剧中，女神是郭沫若创造精神的体现者，但她们的创造只能在共工毁灭了世界之后独立进行。在现实关系中，共工是现状破坏者，颛顼是现状维持者，牧童、农叟是局外旁观者，"野人"是实利追求者，而他们都无法体现郭沫若的愿望和追求，他的"天狗"精神在其中无法获得自己的价值体现。在其审美特征上，美的（女神）便是绝对的美，丑的（共工等）便是绝对的丑；黑暗（现实）便是绝对的黑暗，光明（理想）便是绝对的光明；呈现着地狱、天堂两无关涉的境况。而且力的体现者是丑恶的共工，是现实的存在；理想中的女神是静美柔弱的，是幻想中的存在。这些特征，不能仅仅用浪漫主义创作方法全部囊括，须知拜伦、雪莱、雨果、歌德、席勒、海涅、普希金、莱蒙托夫、惠特曼等外国浪漫主义诗人的作品并不与之相同。我觉得，完全可以这样理解《女神之再生》：其中的女神只是大自然力量的象征，共工与颛顼等才是现实的社会人生。郭沫若只在大自然中发现了美，而在社会现实的人生中还没有确立自己的审美追求，因而也没有找到体现自己独特审美理想的人物和人物关系。

当郭沫若的新的审美追求在社会人生中还没有得到真实贯彻的时候，并不说明他没有自己的社会人生观，而是这种社会人生观还简单地承袭着传统观念的特征。我们很容易发现，郭沫若早期思想中存在着一个奇特的现象，即就他的实际表现和创作的主要方向上看，他是一个具有强烈自由精神的个性主义者，一个猛烈向封建传统宣战的反封建战士，但在一些具体论述中，他又高度崇仰老子、庄子，而且还把传统儒学的代表人物孔子奉为"人中的至人"和自己效法的楷模：

> 我看孔子同歌德他们真可算是"人中的至人"了。他们的灵肉两方都发展到了完满的地位。孔子底力量"能拓国门之关"，他决不是在破纸堆里寻生活的 Buecherwurm，决不是以收入余唾为能事的臭痰盂。①

假若出于别人之口的对孔子的这种评价原也不足怪，但一个主张绝端之自由的个性主义者郭沫若把主张"非礼勿视，非礼勿听，非礼勿言，非礼勿动"（《论语·颜渊》）的孔子奉为"人中之至人"，便不能不令人感到有些奇怪了。此外，他还高度赞美"儒家精神的复活者"王阳明：

> 知道这绝对的恶是人欲，知道这绝对的善是天理，便努力"去人欲而存天理"，努力于体验"天地万物一体之仁"，努力于"致良知"，这便是阳明学说的知行合一的理论了。入手工夫，一方面静坐以明知，一方面在事上磨炼以求仁，不偏枯，不独善，努力于自我的完成与发展，而同时使他人的自我也一样地得遂其完成与发展。——孔门的教义是如此，这是王阳明所见到的。②

这种儒家的自我完善、自我修养、"去人欲而存天理"的道德观与"我飞奔，我狂叫，我燃烧。我如烈火一样地燃烧！我如大海一样地狂叫！我如电气一样地飞跑！"的个性主义者的郭沫若是怎样统一在一起的呢？我认为，自然观中的个性主义与社会人生观中的儒家传统思想及其二者的彼此渗透，恰恰是郭沫若当时思想的主要特征。郭沫若在面对大自然和抽象的、整体的宇宙或社会人生时，主要表现为是一个个性主义

---

① 郭沫若：《致宗白华信》，载《三叶集》，亚东图书馆，1920，第15页。
② 郭沫若：《王阳明礼赞》，载《文艺论集》，人民文学出版社，1979，第49页。"儒家精神的复活者"一语见1925年光华书局版。

者，但在社会人生态度上，仅在表层上具有个性主义的思想性质，而在深层意识上，在伦理道德的根本性质上，仍保留着很浓重的儒家思想。这里的关键是，他始终把人的精神独立于人的物质存在，不是在灵肉一致、灵肉结合中考察人的现象，而像传统儒家一样否认人的各种本能欲望的合理性。这样，当把自己的思想贯彻到底，便不能不承认"存天理灭人欲"的传统儒家、理学家的道德信条。

这，对他的审美意识也是有影响的。

过去，我们对郭沫若的《地球，我的母亲！》一向评价很高，但却没有发现，它在整个《女神》集中是一个最大的不协和音调。当时，郭沫若是提倡"主情主义"的，唯独《地球，我的母亲！》这首诗几乎毫无情热，全诗都呈现着为理设情的特征。

> 地球，我的母亲！
> 我羡慕你的孝子，田地里的农人，
> 他们是全人类的褓母，
> 你是时常地爱抚他们。
> 地球，我的母亲！
> 我羡慕你的宠子，炭坑里的工人，
> 他们是全人类的普罗米修士，
> 你是时常地怀抱着他们。

这里的"理"是完全没有感情基础的。为什么地球独独"时常地爱抚""田地里的农人"，独独"时常地怀抱""炭坑里的工人"，而不是那些统治者？难道他们从地球那里得到的好处或安慰比统治者更多吗？另难道不正是他们更严重地受到地球和整个大自然的威胁和煎熬吗？

这首诗之所以少情热而多虚情，就因为他在该诗中是像传统儒家学说那样以"恩"代"爱"的。真正的爱是人与人的感情关系，是在平等的基础上产生的，它自身不带有实利性的目的，是完全自由的感情，不附加有任何不得不履行的责任；而恩则是实利性的理性关系，施恩者与受施者的关系是非平等的关系，知恩必报，受施者没有自己抉择的自由。在古代诗歌中有些以爱固恩的诗也写得相当成功，其原因是，它们直接描写的还是"爱"，而不是"恩"（例如孟郊的《游子吟》等）。但郭沫若这首诗则是以"恩"代"爱"的，因而它只能停留在理性实利关系的层次，令人感觉不到真正的情热。

> 地球，我的母亲！
> 我的灵魂便是你的灵魂，
> 我要强健我的灵魂，
> 用来报答你的深恩。
>
> 地球，我的母亲！
> 从今后我要报答你的深恩，
> 我知道你爱我还要劳我，
> 我要学着你劳动，永久不停！

显而易见，这些词句更多地接近决心书的语言，而没有郭沫若那些最好的诗的澎湃强烈的热情。更值得注意的是，这种恩情关系不是把诗人与歌颂对象的感情距离缩小了，而是大大地拉开了，连传统的"物我融合"的境界也被从根本上破坏了。

> 工人！我的恩人！
> 我在这海岸上跑去跑来，
> 我真快畅！
> 工人！我的恩人！
> 我感谢你得深深，
> 同那海心一样！

（《女神·辍了课的第一点钟里》）

在这里，我们没法发现作者与工人共同的感情基础，因为作者用感恩思想把二者截然分开了，并且这种分开的结果，是把自我置于低人一

审美追求的瞀乱与失措

等的卑屈地位，他的个性主义在这种关系中再也没法得到实际的贯彻：

> 我想去跪在他的面前，
> 叫他一声："我的爹！"
> 把他脚上的黄泥舔个干净。

(《女神·雷峰塔下（其二）》)

这常常被作为郭沫若浓厚工农感情的表现而受到赞扬，我以为是大谬不然的。知识分子与工农的感情是在具有共同的命运、共同的追求和共同的生活基础之上产生的，当把这种关系转化为儒家的恩报关系，只会降低彼此的感情温度。因为施恩者对被施者期待的是报答，被施者履行的是不能不还报的责任，一个是居上临下的要求，一个是居下仰上的感恩，二者的感情再也不可能在平等的基础上自由地进行交流。受恩者或者自居于卑屈地位，或者承受着受恩未报的心理压力，精神上都是不自由的，而真诚的感情恰恰只有在自由的心境中才能产生。因而我们绝不能夸大郭沫若这类诗的思想成就。除此之外，上引一节诗郭沫若表达感情的方式也带有浓厚的传统的宗法制的特征，以辈分关系代替内在感情的表现，也使之流于浅薄和无聊。

从以上的分析可以看出，郭沫若一开始创作，其审美追求便陷入了瞀乱和失措的状态。他时而企图追求陶渊明、王维的冲淡，时而又企图追求泰戈尔的神秘幽玄，时而热爱惠特曼的热情自由，时而又表现出传统儒家思想的影响。可谓中外混杂，东西兼容，儒道并包，古今错乱，新旧莫辨。在这里，笔者绝没有贬损郭沫若当时诗作的意思，因为正是在这种瞀乱和失措中，郭沫若创作出了他一生最有价值、最富有独创性的那些诗歌，在中国新诗发展史上做出了自己独立的卓越贡献。可以说，没有当时的这种瞀乱与失措，也便没有他当时的大胆创造。关键在于，在这瞀乱和失措中应当逐步提高自己的识别力和自觉性，把有价值的东西真正当作有价值的东西，加强它，推进它，深化它，发展它，而把没有价值的东西真正当作没有价值的东西，削弱它，淡化它，乃至抛弃它。我认为，郭沫若的主要弱点恰恰在于他没有能够更好地做到这一点，以致使他渐渐失去了自我，失去了自我的诗。

1988年8月12日
原载《北京社会科学》1988年第3期

闻一多诗论

闻一多的诗歌创作经历了三个时期。一、1922年7月留学美国之前在清华学校读书期间的诗歌创作，二、1922年7月至1925年5月在美国留学期间的诗歌创作，三、1925年5月从美国留学归国后的诗歌创作。

闻一多的第一首白话新诗《西岸》发表于1920年7月，自那时起直至1922年7月留学美国时的诗歌创作多数收入诗集《红烛》之中，还有少部分保存在他当时抄存的《真我集》中。这是闻一多第一个时期的诗歌创作。闻一多这个时期的诗歌，在内容上非常广泛，其中有各种生活实感的抒写（如《雨夜》《雪》《黄昏》《春之首章》《春之末章》《红荷之魂》《朝日》《晚霁见月》等等），有各种爱情体验的抒发（如《风波》《贡臣》《花儿开过了》《国手》等等），有对艺术的倾慕和向往（如《诗人》《黄鸟》《艺术的忠臣》等等），有对于人生意义的思考（如《宇宙》等），有对于所崇慕的人格的刻画（如《李白之死》《剑匣》等），有对于故乡的回忆（如《二月庐》等），也有对社会状况的情感反映或世界面貌的象征性表现（如《初夏一夜底印象（一九二三年五月直奉战争时）》《西岸》等）。这些诗歌是一个怀着童年的纯白心灵和初绽的青春理想的闻一多与宇宙人生所做的最初的精神和情感的交流。我们将怎样表达对他这时期诗歌的整体印象呢？我认为不妨借用他自己诗句里的几句话：

> 神秘的生命，
> 在绿嫩的树皮里膨胀着，
> 快要送出带鞘子的，
> 翡翠的芽儿来了。

(《青春》)

一切都包含在带有神秘意味的薄雾中，一切都带有一个初涉人生、初入宇宙的孩童在睁开婴儿般的双眼时的新奇、神秘、欢喜的色彩，可说是闻一多这个时期诗歌的总体特征。当然，这绝非说闻一多只写了宇宙人生的神秘和美，而是说这个世界的一切对闻一多都还是神秘的、陌生的，世界的一切到了闻一多的笔下都带上了一种隐秘的发现和乐趣。他写人生的苦难，写失恋的痛苦，写伟大的人格，写宇宙的意义，甚至写死，但都在诗的旋律中、在描绘的意境中透露着他对这个世界的新奇感和纯真的爱心。没有决绝的仇恨，也没有不可妥协的厌恶；没有深刻的绝望，也没有死不放手的攫取。在《宇宙》一诗中，他把宇宙比作一个监狱，但又说它是一个模范监狱。"他的目的在革新，并不在惩旧。"在这里，"监狱"这个意象也成了一个可以在感情上被接纳的事物，它并不可怕，也不令人感到窒闷，但只要我们想一想我们在童年时走过监狱、望着监狱的高墙、想象着监狱高墙内的囚犯的生活时的心情，想一想当父母向我们讲到监狱和囚犯的时候所产生的那种神秘多于可怕、可怕但也神秘的感受时，我们便完全可以理解闻一多为什么以监狱这个意象来象征宇宙而又不体现着他对宇宙的憎恶之情了。宇宙并不是美好的，但这不美好的宇宙也是可以理解和可以接受的，它总有它的合理性。在闻一多第一个时期的诗歌里，表现他的各种生活实感的诗占有相当大的比重。在这类诗中，有描写自然风景的，也有写人的生活环境的。读着这些诗，你总会产生这样一个印象：诗人好像一个童心未泯的孩子，在睁大着天真的眼睛注视着这个世界的一事一物，但却始终不敢伸出自己的小手，以免破坏了这个世界自身的和谐。不但《二月庐》《美与爱》《春之首章》《春之末章》《红荷之魂》等描写自然美景的诗是这样，就是描写风雪严寒、花败叶枯的自然风景的诗也是如此。《花

闻一多诗论

儿开过了》写的是花残叶落枝枯的飘零景象，但诗人对大自然的爱心并没有因此凋谢："爱啊！上帝不曾因青春底暂退，/就要将这个世界一齐捣毁，/我也不曾因你的花儿暂谢，/就敢失望，想另种一朵来代他！"《睡者》是写同室入睡后的睡态，但在这睡态中，诗人所感到的是他们的灵魂的可爱，感到上帝已在他们的灵魂中登了极，而在他们醒时，他原是有些怕他们的。对一切安静的事物，即使它们是怪异的、丑陋的，也充满着温柔的感情，而对活动着的有力的事物，则有一种本能的惊惧感，这不是典型的儿童的心态吗？在这时，闻一多也充满着青春时必有的理想，但这些理想也不像在郭沫若的诗歌中所表现的那样气充意足、横冲直闯，而是有着梦幻般的美、童心般的纯。李白是他所崇仰的一人，对李白一生的坎坷和不幸，闻一多也是知道得很清楚的。但在《李白之死》里，我们感到的却不是对李白一生命运的强烈同情，也没有表现出对迫害他的现实社会的强烈愤慨，与此相反，他却把李白之死描写得如此之美，如此之飘逸。这绝非说明闻一多的冷酷无情，而正是他的纯真心灵的体现。一个纯真的儿童对他所崇敬的人不是以感同身受的方式接受的，而是像接受他所喜爱的一切事物那样接受他的，他把他的一切都美化了，连同他的病与死，他的生活和事业。闻一多笔下的李白就是被一颗童贞的心美化了的李白。对李白是如此，对爱情、对艺术、对大自然也是如此，他透过梦幻般的纱幕窥视爱情和艺术，看到的不是爱情的悲欢离合、一波三折和实现人类爱的艰难，不是艺术家的痛苦追求和心灵的挣扎，而是它们的象牙之塔般的纯净和恬美。

  闻一多这时期的诗歌之所以呈现这种面貌，是不足为奇的。1920年闻一多刚刚二十一岁，至1922年7月留学美国，他才二十三岁，他的第一期的诗歌便在这样青春年少的时候写成。他出身于一个温暖而富裕的家庭，在家庭里感受到的是周围人的温软的爱。即使在清华学校里，虽然社会的复杂、现状的黑暗、政治的腐败也会通过书报刊物输入闻一多的意识中来，但这一切都并非他的亲身体验和感受，没法浸透到他的心灵深处。他的内在心灵仍是洁白无瑕的，他的童心像在温室里培育的花草一般一直完整地保留着，世界的一切，包括他在理智上了解到的人生苦难，都是倒映在他的这颗洁白的童心之中的。

在中国文论传统中，童心说占据着很重要的位置。它是在对抗旧礼教造成的虚伪中建立起来的。及至现代，开始创作白话新诗的多是青年学生，并且他们一直是现代文学，特别是现代诗歌的接受者与创作者，纯情在无意间便成了现代诗论的重要评价标准，似乎诗的最高境界就在这纯情的表现里。实际上，童心和纯情只是诗的一个因素，而不是全部因素，它自身不但难以造就伟大的诗人，甚至也难以成诗。中国的屈原、陶渊明、杜甫、李白、苏轼，西方的但丁、歌德、波特莱尔、艾略特等伟大诗人，所表现的都不是童心纯情。只有在人类的原初愿望受到现实人生的各种形式的阻抑时，人类的心灵中才会迸发出强烈的感情火花，才会渐渐酿成浓郁的情绪感受。美因丑而存在，善因恶而产生，真因伪而显示，原初的混沌无法显现出美、善、真的鲜明轮廓。即使闻一多当时崇拜的济慈，也是在艰难人生中锤炼出来的一个美的渴望者。他幼年父母双丧，成了孤儿，独立寻求着自己的生存之路。在他的创作过程中，也屡受攻击，身患肺病，精神和肉体都经历了现世的磨难。在不完全的人生中渴望着艺术的全和美，可说是济慈成为伟大诗人的基本条件。童心和纯情是每一个人都曾具有的，它的普遍性使它不足以构成诗人的独特创作个性，所以闻一多这时的诗同当时多数青年诗人的诗还是可以混同的，甚至与湖畔诗社的那些少年人的诗在整体意境与格调上也没有根本的区别。

诗是个体的，也是群体的，诗的语言和意象必须有普遍的可接受性，而又必须显示出自己的独立创造。而童心纯情容易将有差别的语言混同化，也容易将普遍的意义作为个人独有的发现。如前举闻一多将宇宙比为监狱的例子，便无法实现普遍的沟通，因为监狱这个意象无法在广大的读者中成为不使人感到窒闷和畏惧的东西，这便影响了读者对它的直感把握。人们可以理解闻一多《宇宙》一诗的意思，但直感中却并不感到美，因而它就不能成其为好诗。另一方面，像"红荷"，像"黄鸟"，像"二月庐"，又都是中外诗歌中太普遍的意象，也使闻一多这时一些自身较美的诗缺乏独创性，缺乏应有的诗的张力。我们可以看到，闻一多这时的诗虽然不乏美的诗句，但极少完美和谐、无可挑剔的诗篇；虽然不乏美的意象，但几乎没有他自己独创而又流传于世的意象。

闻一多诗论

童心纯情对诗的破坏作用恰恰在于它把所有的东西都诗意化了。儿童的心灵自是一首诗,他对世界人生始终还是有距离的观照,但要用语言重组这颗心灵却恰恰是最困难的。正如每个人的梦都是美的,但要把这梦讲给清醒的人听而又使听者感到同样的美却非易事。这需要清醒者的语言把他带入如梦的境界。具体讲来,闻一多这时期的诗还多是散文化的,多用散文或散文诗的方式改写,这不仅不会增其诗意,反会损其诗意。《二月庐》与《陋室铭》(刘禹锡)孰美?还是《陋室铭》更有诗意。若说在诗的本身无可挑剔的诗,我认为只有下列一首小诗:

春啊!
正似美人一般!
不妨瘦一点儿!

(《春寒》)

但它的独创性还不很明显,难与徐志摩的《沙扬娜拉——赠日本女郎》媲美。

如果说闻一多第一期的诗歌还像当时多数新诗作者一样处于尝试阶段、探索阶段,他的第二个时期(留学美国时期)的诗歌创作才渐渐与自己更切肤的现实人生感受结合起来,他的思想感情开始向一个方向聚拢,其诗歌创作的个性化倾向更明显了。他这个时期的诗歌创作大多收在他的第一个诗集《红烛》之中,未收集的则散见于《清华周刊》《小说月报》《京报副刊》《大江季刊》等刊物。

二十三岁的闻一多离开祖国,挥别亲友,远渡重洋,前往美国留学,"思乡"的主题成了他这个时期诗歌创作的总主题,他的爱国主义的倾向则直接产生于这种"思乡"的主题。《红烛·孤雁篇》大都直接写海外游子的怀旧思乡情绪,"红豆篇"亦属同类,只不过是为远在祖国的新婚即别的妻子一人所作。未收入《红烛》集中的《大暑》《醒呀!》《七子之歌》《长城下之哀歌》《我是中国人》《爱国的心》是留学后期的诗,思乡的主题直接升华为爱国的主题,开始表现出他第三个时期诗歌的特征。

"思乡"的主题给闻一多的诗歌带来了主体性的加强。如果说在第一个时期的诗歌中，诗人与所咏对象的关系还是观照者与观照对象的关系的话，"思乡"的主题则不再是对对象的表现，而是自我感情的表现了。这种感情是先在的，是由于自己的实际处境所致，是自己的某些愿望和意志受到客观环境的抑制的结果。客观的对象是在这种感情情绪中被主观所调遣，所选择的。闻一多这个时期诗歌的主要特点便是，抒情的成分变浓了，主体的参与度提高了，感情的力度也增大了。正是由于这种感情力度的增大，他的诗的语言开始敲出了铿锵有力的音调，他的诗的意象也有了轮廓鲜明的色彩对比。

> 我是中国人，我是支那人，
> 我的心里有尧舜的心，
> 我的血是荆轲聂政的血，
> 我是神农黄帝的遗孽。

(《我是中国人》)

在这里，诗开始为诗，开始与散文有了严格的界限。这不仅因为闻一多开始用韵，开始注意诗句的整饬，更在于它的意蕴只有在这诗的形式中才能得到充分的展现，一旦将这几句话用散文的形式排列起来，它的诗的意蕴便消失了。关键在于，它不是一种陈述，它是一种表现，一种内在情感的表现。在我们用诗的形式感受"我是中国人，我是支那人"的时候，我们所想到的绝非闻一多的民族归属问题，而首先感到的是中华民族在当时世界上的屈辱地位，感到的是闻一多这个海外游子在异邦他乡所受到的有意与无意的侮辱，是闻一多在受到侮辱后的屈辱感以及对这种屈辱感的心的反抗。由于这种心灵的反抗，他才想到中国古代的尧舜、荆轲、聂政、神农、黄帝，诗人为他们而感到骄傲，也为自己是他们的后裔而感到骄傲。但是，在这骄傲的背后，仍然蕴藏着深沉的屈辱感，仍然能使我们感到诗人那一颗受伤的心灵。因为他引述的都是中国古代的人物，这就暗示了连他自己也无法否认的中华民族现实的衰败和现在的孱弱。他在现实中无法找到自己引以为傲的事物，无法抵

闻一多诗论

抗别民族成员对自己的轻蔑以及带给自己的侮辱。就这样,历史的光荣与现实的劣败,屈辱和对屈辱的心灵的反抗,自信与心灵的伤痛,骄傲与对中华民族现状的不满,都在这几句诗中包孕着了,它们构成了这几句诗的张力,使这几句诗既有着正剧的意义,也有着强烈的悲剧感受。

假若说第一个时期的《李白之死》咏的是诗人崇拜的对象,是自我所崇慕的人格,但并非自己的话,那么,这时期的《渔阳曲》咏的则不仅是自己所崇拜的对象,同时也是闻一多自我的表现,是他自己的人格设计。

但是,闻一多这个时期的思乡主题还是有很大的局限性的。思乡主题的本身还不能给诗人的诗歌带来鲜明的个性和独创性,特别是在中国古典诗人已经创作出了众多思乡名篇之后。思乡主题的鲜明个性来自诗人与自己的故乡、祖国实际联系和精神联系的特殊性,没有这种特殊性或不善于发掘并表现这种特殊性,思乡诗便极易在内容和意境上流于一般化,甚至连古典诗人已有的意境也无法再一次地呈现。应该说,闻一多当时与自己故乡和祖国的联系还是太一般化的,开始时还主要停留在我们常说的"故乡是生我养我之地""我是喝着故乡的水长大的""月亮还是故乡的圆"等等最一般的意义上。这样,故乡、祖国、亲人、朋友便成了单纯的思念对象,与李白的"举头望明月,低头思故乡"(《静夜思》),与王维的"君自故乡来,应知故乡事。来日绮窗前,寒梅著花未?"(《杂诗三首·其二》)"遥知兄弟登高处,遍插茱萸少一人"(《九月九日忆山东兄弟》)等等,在意境上便不易产生区别,也不会创造出与前人不同的崭新的且有生命力的意象来。实际上,闻一多这时的大量意象,还都是古诗意象的借用(如"孤雁""红烛""红豆""菊花"等等)而略有变动,反而觉得不如原来的意象富有韵味。如借太阳抒思乡之情就与古代诗人有所不同。但当思乡情本身没有本质的变化的时候,"太阳"意象反而不如古代诗人笔下的"明月"。"明月"是静谧安详的、清幽妩媚的,是酝酿离情别绪、惹起往事回想的极好环境条件,而"太阳"则是热烈光明的,给人以强烈的刺激,给人产生向前的追求和向上的欲望,不易使人沉入遐思梦想之中,对于表现浓郁的离情别绪并不是太有益的。"太阳啊!——神速的金乌——太阳!/让我骑着你每日绕行地球一周，/也便能天天望见一次家乡！"（《太阳吟》）这种思乡之情是可理解的，借用它的速度也能讲得通，但"骑着"太阳总不会给人一种舒适的感觉，因而诗的韵味和意境是不好的。

在这个时期，闻一多诗歌的抒情性加强了，但抽象性也增加了。当思乡之情停留在一般的、没有超于平常人的感情情绪感受的时候，这种抽象性往往会伴随抒情的需要而出现。

> 啊！那里是苍鹰底领土——
> 那鸷悍的霸王啊！
> 他的锐利的指爪，
> 已撕破了自然底面目，
> 建筑起财力底窝巢。
> 那里只有钢筋铁骨的机械。
> 喝醉了弱者的鲜血，
> 吐出些罪恶底黑烟，
> 涂污我太空，闭熄了日月，
> 教你飞来不知方向，
> 息去又没地藏身啊！
>
> （《孤雁》）

这里的语言虽然也是形象化的，但却是抽象的，是用形象化的语言对一种概括性认识的表述，因而缺少诗意，只能适应报章杂志文章的需要。闻一多这时的诗之所以还保留着这种语言，是因为他的思乡情中还保留着更多的理智的成分，不是在美国的具体生活环境中被具体地激发出来的。

总之，闻一多第二个时期的诗歌创作开始与自身的人生经历及其主要的精神体验结合起来，但由于这种人生经历及其体验方式的一般性，使他的诗歌创作还不可能呈现出自己的独创性，其创作个性还是不够鲜明的。只是到了第三个时期，他才找到了真正属于自己的诗和属于自己的诗的语言。

闻一多诗论

闻一多第三个时期（留学归国之后）的诗歌创作多数收入他出版的第二个诗集《死水》之中，少数发表在《晨报副刊》《新月》等刊物上的诗在他生前未曾收集。

闻一多留美归国之后，思想感情发生了巨大的变化。从现在看来，似乎只有到了这个时候，他才经历了一个完整的精神历程和思想历程。前两个阶段只不过是这个完整历程的头两个环节，它们的作用不是由它们自身便能体现的，而只有到了第三个时期，前两个时期的真正作用才充分地表现了出来。

当闻一多赴美留学的时候，他并没有自觉意识到，他与中国古代知识分子的离乡背井、别亲弃友以远游他方或进京赶考是有着根本不同的性质的。他这时暂时告别的不仅仅是故乡的山和水、故乡的亲和友，同时也暂时告别了中国文化。这一点，更由于他主观上对中华文化的热爱而被掩盖起来。他没有意识到，他为什么会怀恋自己的故乡和亲友，为什么会怀恋自己民族的文化，难道这仅仅是一种理性的认识和意志性的行为吗？不是！假若仅仅从理性角度解释这种现象，人们对自己的故乡和亲友的怀恋都是荒谬的，因为只有极少极少的人才会在理性上认为自己故乡的山和水才是世界上最美的山和水，自己故乡的亲和友才是世界上最崇高、最智慧、最美的人。一个人与一种文化的关系，是在其适应性的变化中实现的。他长期生活在这种环境之中，对它的生活方式、语言、风俗习惯、思维方式和情感表现方式渐渐适应了，对它所匮乏的东西渐渐容易忍耐，对它所具有的东西渐渐感到无法离开，他也就与自己的文化融成了一个整体。而当闻一多赴美留学的时候，不论他愿意不愿意，都实际是在告别了中国文化，不再渐渐朝着适应它的方向变化，他所要求适应的是另一种形式的文化。这里需要注意的是，一个人对一种文化的接受，可以有两种完全不同的方式：顺应性的接受和对立性的接受。顺应性的接受是，在主观上意识到它是好的，而主动地去适应它的要求，接受它的影响。对立性的接受是，在思想上自觉与之对立的方式中接受对立面的影响的。对立的前提是认知，没有认知便没有对立，但一经认知，它作为一种文化符码便已经输入你的意识中，你的拒斥行为只是一种理性的选择和意志性的行为。一旦你的理性认识发生变化或在这方面的意志力量发生松懈，对立性的接受便会转化为顺应性的接受。即便这种转变不会发生，你的拒斥行为本身也已经改变了自己的文化心理结构，朝着另一种不同的方向发生变化了。基督教文化是一种西方文化的形态，反基督教文化也是一种西方文化的形态。中国古代文化既不是基督教文化的一个种属，也不是反基督教文化的一个种属，原因在于它对基督教文化没有任何意识，甚至连这类语言概念也不会产生。总之，不论闻一多怎样意识他与美国文化的关系，他的赴美留学都是暂时告别中国文化而去接受美国文化的熏陶的一个过程。由于闻一多的主观理性选择的明确性，这种接受在他整个留美期间都是在无意识中进行的，因而也极为隐蔽。但当他离开美国，重新返回中国文化的环境中来，它的作用便表现出来了：他对中国文化的适应性大大减弱了，中国的现实社会生活使他感到难以忍受了。

> 我来了，我喊一声，迸着血泪，
> "这不是我的中华，不对！不对！"
> ……
> 我来了，不知道是一场空喜。
> 我会见的是噩梦，哪里是你？
> 那是恐怖，是噩梦挂着悬崖，
> 那不是你，那不是我的心爱！
>
> （《发现》）

在这里，我们感到闻一多已经不是中国传统型的知识分子。中国传统的知识分子与中国现实社会也会发生矛盾，但他们却绝不会在整体的意义上否定中国社会，他们否认的是中国的奸相佞臣，否定的是叛臣逆子。并且这种否定不是在自己青云直上、目的已达的春风得意的时候，而是在自己命运坎坷、怀才不遇的时候。闻一多留学归国可谓是衣锦还乡之时，但他却发现中国的社会已经难于为自己所忍耐。这种整体的不适应状况不正说明西方文化对他的无形影响吗？外国文化中的一些东西他开始感到无法离开了，中国文化中的一些东西他开始难以忍耐了。这

闻一多诗论

在他出国之前和美国留学期间的诗歌中是感受不到的。

与此同时，闻一多第二个时期诗歌创作的特点，到这时也才开始看出了它的重要性。在第二个时期，他便开始把笔触转向了自己在人生经历中最激动他自己心弦的题材。他考虑的不再是诗应当怎样写，而是怎样用诗传达自己内心的情感和情绪体验；考虑的不是自己的情感体验的合理性何在，而是自己的情感体验是怎样的。正是因为这种自然的创作倾向，当他自己的情感情绪体验真正有了自己的独立性的时候，他的诗歌也便向着独立创造的方向发展了。如果一个诗人从来没有想到应该循着自己内心的要求去写诗，而是始终把一种已有形式当作自己作诗的楷模，即使他有了与别人不同的感情体验，也不会重视这种萌芽状态的东西而创造属于自己的诗歌。

闻一多归国以前的思想积淀在他第三时期的精神结构和诗的意境的构成上无疑也是极为重要的。闻一多带着童年的纯真和青春的理想离开祖国，赴美留学，故乡和祖国在他心目中还是美好的，因这离别，故乡和祖国的形象整体化了，这在诗歌创作的意义上即等于把故乡和祖国当成了一个有距离感的观照对象，成了一个审美的对象。回忆和想象使它的形象带上了理想的色彩，注入了自己的审美理想。但当他带着成年的成熟的眼光回到祖国，再一次直接面对它的现实生活的时候，他的想象与现实的巨大反差便出现了。美丽的想象更加强化了他对现实丑恶面貌的直感感受，殷切的希望顿时转化为严重的失望。倒是那些从来没有把祖国当作一个整体的概念，只想到国外学点谋生的本领，归国后混个好差事的知识分子，反而不会失望于现实。在这里，闻一多的"东方老憨"的性格也是值得注意的。在中国古代的知识分子中，虽然也不乏执着追求的知识分子，但不论儒家的大同世界的理想，还是道家的真人的人格理想、佛家的深奥境界的追求，都带有更明显的终极理想的性质，它的明显的终极性使中国知识分子极易不把理想当作现实，因而在对待实际的现实生活时，反而能更好地顺应现实的要求，迁就现实。理想在他们那里常常是要求最高统治者体恤下情、安定社会的一种外在标准。但到了近现代历史上，在西方文化影响下产生的一系列理想都具有明显的现实性品格。不论是自由、平等、博爱，不论是科学和民主，也不论是民族的独立和富强，都只是具体改造社会的旗帜，是以一种理性要求的形式出现的，并且在封建专制与民主制度的实际对比中，使它们的现实可行性的特征更加加强了。但在这相近而不相同的两者之间，却有着中外文化的巨大差异，使想象中极易实现的东西成了极难达到的理想。因此，在中国近现代知识分子这里，理想与现实冲突的尖锐性被激化到了最强烈的程度。这种冲突的尖锐性常常使近现代知识分子在众目睽睽之下逃入自造的梦幻中去：有的在铁的现实面前闭上眼睛，美化现实，把现实想象成合于理想的样子，从而浑浑噩噩，随波逐流；有的则在理想面前闭上眼睛，把现实的丑恶和缺陷合理化，顺应现实的一切需要，苟且偷生，逐臭追腥。但闻一多的"东方老憨"的性格却使他难以闭上任何一只眼睛。他不能不正视现实的严酷，不能不正视中华民族的真实的屈辱，不能不相信自己的直感感受；与此同时，他又无法使自己放弃他坚信其合理性的理想追求，不能驱散他内心世界已经聚成坚实实体的那个梦，那个不能实现的梦。他坚信自己的眼睛，也坚信自己的理想，从而把二者都同时凝固在自己的心理结构中，而凝固了二者，也就凝固了二者的矛盾和冲突。它们彼此僵持着又对立着，谁也无法消灭谁，但又相互抵拒，构成了一种高度紧张的关系，造成了一种阴沉凝重的氛围。不难看出，这是闻一多第三个时期的内在精神结构，也是他这时期诗歌创作的特有的意境。由此，他的诗歌创作进入了一个崭新的境界。

> 我不骗你，我不是什么诗人，
> 纵然我爱的是白石的坚贞，
> 青松和大海，鸦背驮着夕阳，
> 黄昏里织满了蝙蝠的翅膀。
> 你知道我爱英雄，还爱高山，
> 我爱一幅国旗在风中招展，
> 自从鹅黄到古铜色的菊花。
> 记着我的粮食是一壶苦茶！
>
> 可是还有一个我，你怕不怕？——

闻一多诗论

> 苍蝇似的思想，垃圾桶里爬。
>
> （《口供》）

　　正像《红烛》一诗对闻一多前两个时期的诗有整体说明的作用一样，《口供》这首诗也对闻一多第三个时期的诗歌创作有整体的说明作用。它到底是对外部世界的一种象征，还是对内部世界的一个表现，我认为都不重要。重要的是在这首诗里，崇高和卑鄙、美与丑是僵持着的两个对立面，它们都以其不可移易的铁的坚定站立在你的眼前。诗人让你正视崇高和美时，同时也让你必须正视卑鄙和丑，他向那些逃避丑恶和阴暗的怯懦灵魂发出了挑战。"可是还有一个我，你怕不怕？——/苍蝇似的思想，垃圾桶里爬。"不论你如何厌恶后者，诗人都毫不含混地告诉你，后者是与前者共存的，你不能仅仅承认前者而无视后者。不难看出，正是这二者的尖锐对立而又共存的紧张关系，使诗具有了张力，具有了精神上的力度。

　　正视现实而又执着于理想，实际上就是把坚实的追求置于坚韧的忍耐之中。现实是铁的不移的事实，必须忍耐，也只能忍耐。不忍耐现实的重压，便是自身的毁灭，一切的理想都成泡影。但这忍耐不能是屈服，不能是甘愿如此，而必须是为实现自己的理想而忍耐。这种忍与不忍的对立也是闻一多诗歌张力的来源。一向被我们重视的《洗衣歌》，其诗意就在这忍与不忍的辩证关系中。对整个屈辱地位的心灵的反抗都被压缩在了最坚忍的对现实地位的忍受中，由此，这首诗具有了震撼人心的力量。整首诗都呈现在高度渊默的氛围中，没有怨诉，没有哭泣，没有哀怜，没有乞求，她只是洗、洗、洗。这是由忍耐带来的无言的缄默。但正是在这缄默中，闻一多的一颗不屈的灵魂被暗示了出来。因而在这高度的渊默中又蕴储着巨大的势能，蕴储着忍耐的破裂和精神力的爆发。

> 有一句话说出就是祸，
> 有一句话能点得着火。
> 别看五千年没有说破，

> 你猜得透火山的缄默?
> 说不定是突然着了魔,
> 突然青天里一个霹雳
> 　　爆一声:
> 　　"咱们的中国!"

(《一句话》)

这种现实与理想、忍耐与反抗的冲突不仅是闻一多爱国主义诗歌张力效果的主要来源,同时也是他的一种基本的人生态度。坚忍地忍耐人生中一切不得不忍耐的东西,正视苦难而又抗拒苦难,也是他的著名抒情诗《也许》的诗意的源泉。当女儿的死已成铁的不可挽回的事实,闻一多在诗中没有哭泣,没有呼天抢地地叫喊,反而用极为平静的语言像抚爱着生前的女儿一样抚爱着她的灵魂,语调轻柔而温存。但恰在这平静中我们感到诗人的心是何等的不平静,在轻柔而温存的语言中我们感到了极有力度的东西。因为只有最坚韧的忍耐才有这最温柔的抚爱,只有最剧烈的痛苦才有这高度的平静。

在理想与现实、美与丑、崇高与卑鄙、反抗与忍耐、渊默与爆发这诸种矛盾的僵持与对立中,形成了闻一多这时期诗歌语言的最基本的特征:每一个词语和语言单位都在这种对立中获得了不同于一般语言的独特的意蕴,使它们带上了在两个对立的方向上同时理解和感受它们的可能性,从而充满了张力效果,真正具有了诗的语言的特征。在《洗衣歌》中,"替他们洗,替他们洗"的真正意义绝不是本来意义上的"替他们洗",而是这种相反意义在对立中的结合;在《春光》一诗中,诗人开始像一般的春景诗一样描绘着自然景物,一幅恬淡怡人的景象,但在最后却异常平滑地转向了另一种景象:"忽地深巷里进出了一声清籁:/'可怜可怜我这瞎子,老爷太太!'"这两幅画面的组接,一下子改变了全诗春景描绘的意蕴,两种感情、两种印象以奇特的方式结合在了一起。《你看》一诗的题材是闻一多在第一、二两个时期经常描写的,写的是乡思情。但它却不像以前的诗一样直接写故乡美景,而是写他乡之美,只是其中插了这样一些诗句:

闻一多诗论

你有眼睛请再看青山的峦嶂，
但莫向那山外探望你的家乡。

朋友，乡愁最是个无情的恶魔，
他能教你眼前的春光变作沙漠。

呵，不是探望你的家乡，朋友们，
家乡是个贼，他能偷去你的心！

这样，异乡与他乡的对立便把诗的全部描写都复杂化了，两种因素同时蕴储在同样一个词语中，收到了比以前同类诗歌更好得多的效果。而像《荒村》《飞毛腿》《天安门》这类诗则通过内容与调子的对立，丰富了诗的语言的表现力。

《死水》是闻一多的代表作，也是中国现代诗史上少有的一二十首最优秀的诗作之一。它之所以取得较高的艺术成就，我认为，正是因为上述一切特点都在该诗中得到了集中的体现，因而也代表了闻一多诗歌创作的独立个性。显而易见，"死水"这个意象已经不像闻一多第一、二两个时期所运用的"红烛""秋菊""红豆"等一样，只是古典诗词同一意象的简单承袭，而是他自己的一个全新的创造，是他对中国诗歌意象系统的丰富和发展。

我认为，结合闻一多这个时期的基本精神结构和他的诗歌创作所追求的独特艺术境界来理解他的新格律诗的诗学主张，或许对他的新格律诗提倡的意义能有更贴近的感受。在精神结构上闻一多是这样一个人：他不是一个纯粹的理想主义者，他更是一个在现实的缺陷中、在现实的实际束缚中感受理想和美的必要性的诗人。而为了理想和美的实现，他认为必须首先忍受现实的重压，在这种重压中产生的向理想和美发展的力量才是理想和美的最高体现，脱离开对现实的忍耐和忍耐中的反抗，其理想和美的追求便是空洞无力的。总之，他所重视的美不再是自我独立存在的空幻飘渺的美的境界，而是在对丑的忍耐中的反抗所体现出来的那种精神力量，他把这种精神力量更视为美的最高体现。当这种美转化为一种语言的形式，便成了他的新格律诗的诗学主张。在形式上美是什么？美就是对形式的忍耐和忍耐中的反抗。你只有接受束缚，并在束缚中反抗，冲破这种束缚，诗的力量才能有效地被传达出来，而这种力量才是诗美的最高体现。当然，在他的诗作中，有的较完满地实现了他的这种诗学追求（这是他诗作中最好的一部分诗），有的则没有较完满地实现。而一旦在较整饬的形式中情感与情绪并没有充满感，没有产生冲破形式的束缚而独立出来的力量，其诗便呈现出疲弱无力的特征来了，束缚也便成了真的束缚。人们批评的"豆腐干诗"，只能指这不成功的新格律诗。

现实和理想的僵持与对立是一种精神境界，但即使在艺术中，这种境界也只能存在于较短暂的时间中。人在生活中或者更偏于屈就于现实，或者更偏于沉入空幻的梦想，把两者都强化到同样的强度，在精神上则是最紧张、最疲累的一种精神状态。对于闻一多而言，这种精神状态主要出现在他留美归国之后重新适应中国现实的一个阶段。在留美时期所加强了的中华民族子民的那种屈辱感，以及由这屈辱感激发出来的民族自强心，使他回国之后对中国现实的沉滞落后的局面产生了格外强烈的感受，使其在适应中国现实生活方面有了极大的难度，因而造成了这个时期诗歌的独特艺术境界。但此后的道路，就是如何重新在中国的现实生活中存在下去并在存在中求得实际的发展，因而更多地转向现实便是闻一多此后的不能不出现的发展趋向。他的学者生涯便是在这种情况下开始的。学者的道路，一方面是一种精神追求的道路，同时也是一条实际生存的道路，二者的统一使其有了更加明显的现实性的色彩。但与此同时，闻一多的精神矛盾也转入他的学者生涯之中了。他在实际人生中形成的人生理想和爱国主义倾向，形成了他学术研究的思想基点：努力通过对中华民族文化传统的研究，把中华民族固有的自强不息的精神挖掘出来，使其转化为中华民族的现实精神力量，整个改变中华民族在世界上的地位。显而易见，闻一多的这种学术思想是包含着极深刻的矛盾的。一、科学性与目的性的矛盾。就学术研究的本质而言，它是一种科学，科学的职能在认识、在解决对客观对象的理性把握。在这个意义上，学术研究是没有国界的，对希腊文化的研究与对中国春秋战国时期文化的研究都是一种理性认识上的自我完善，就纯学术而言，两者有同等的价值；学术研究的价值是不取决于对象自身的性质的，对苍蝇的研究与对青蛙的研究同样是为了认识的发展，其价值在认识本身，不在苍蝇和青蛙是有害还是有益于人类。闻一多从事学术研究的目的是可以理解的，对他学术研究的积极性的开发也是有作用的，但他却无法由自身的工作实现自己的目的。因为这个目的对于学术研究自身的性质而言是不完全吻合的。中华民族传统文化中确实贯穿着一种自强不息的精神，这是任何人也否定不了的，正是由于这种精神的存在，才有全部中华民族的文化，也才有中华民族的现在的生命机制。但与此同时，中华民族传统文化中也一定存在着与自强不息的精神相反的一种精神萎靡的特征，正是有这种因素，才使中华民族的文化难以得到持续的发展，难以将自强不息的精神贯彻到底，并使中华民族在面临着西方列强的挑战时表现出了自己的劣势地位，无法立即振拔精神，迎头赶上。这两种倾向的同时存在，使闻一多不可能仅仅通过传统文化积极精神的研究全面认识中国传统文化的特点和实质，因而也不可能完全达到促使民族振拔的主观目的。二、现实性与历史性的矛盾。对中国传统文化的研究属于历史性的研究，是对历史状况的研究，它解决的是如何认识历史的任务，而不是如何认识现实的任务。这两者有联系，但并不能等同起来。现实的矛盾必须通过对现实矛盾具体状况的了解与认识才能得到解决，而不可能单纯通过对历史的研究得到解决。要想知道中华民族现实的面貌如何改变，必须研究中国在现代世界的处境和地位，必须研究如何调动现实的有利因素而克服不利因素求得实际的发展，这个任务是不可能通过先秦思想或汉唐文学的研究而解决的。闻一多把历史研究的任务同现实发展的任务直接联系起来，一方面树立了他学术研究的信心，但也容易因无法实现自己的实际目的而失望。三、局部性与全局性的矛盾。现实的发展取决于全局的发展，是社会整体各部件共同运转的结果。而学术研究在任何时代、任何社会都只是少数知识分子内部的认知活动，它首先在本专业的知识分子内部发生影响，然后才能通过这少部分知识分子的变化而作用于全局性的变化，其作用是很微弱而曲折的。特别是在一个文化很落后的国家，学者对某一专业范围内的学术研究更主要是知识分子自身范围中的事情，其向全社会的渗透是极困难、极长期的任务。因此，闻一多的这种矛盾，是整个民族的现实命运与知识分子自身职业特征的矛盾。知识分子的职业是整个社会系统中极有限的一个组成部分，但那时的知识分子又是首先获得全局感受的社会阶层，两者的直接嫁接使很多知识分子陷入了爱国主义目的与学术研究职业特点的这种怪圈之中，一方面有使之在一定时期充满学术热情的作用，但现实的矛盾一旦加剧起来，又容易产生对自身职业的失望。闻一多一生的最后阶段便又一次经历了巨大的思想变迁，当他感到他所重视的学术研究并没有遏止现实的恶性发展，当他不能不再以一个普通民族成员的身份面对现实社会的矛盾，他便由学者转化为一个"战士"了。

当他以一个"战士"的面貌出现在社会上，也就是他的忍耐现实的力量已经破裂，他不能再向现实的黑暗妥协，而现实的黑暗也就以其巨大的指爪撕毁了他。在这时，他才认识到，中国的传统中不仅仅有美好的、可爱的东西，也有切切实实能吃人的东西。他的学术思想再一次返回到了"五四"，返回到了鲁迅的《狂人日记》中去，但他也就作为中国现代"狂人"的一员被自己的文化吞噬了。

他完成了自己的悲剧，一个中国现代知识分子各种形式的悲剧中的一种悲剧。这是一个有独立思想个性者的悲剧。而这种独立个性，早在他的诗歌创作中已经孕育成熟了。

原载《海南师院学报》1993年第1期

矛盾中蕴含的一种情绪
——闻一多与二十年代新诗

朱自清先生在《〈中国新文学大系·诗集〉导言》中曾把新文学初期的新诗分为三个流派：从胡适到郭沫若并以郭沫若为代表的自由诗派，以闻一多、徐志摩为代表的新格律诗派，以李金发为代表的象征诗派。这三个诗派体现了中国新诗发展的三个趋向，至今还表现着它们的强大影响。事实证明，朱自清先生的分类是高瞻远瞩的，具有诗家的慧眼。但仅从20年代具有独特个性且成就较高的诗人来说，我认为在文学史上应占特别重要地位的有下列六个诗人：胡适、郭沫若、闻一多、徐志摩、冯至、冰心。我并不把李金发列入其中，不是因为我轻视李金发所代表的象征诗派，而是认为李金发充其量只是一个象征诗派的早产的婴儿，他个人的创作成就并不高，看不出他有什么思想个性。李金发被称为20年代的一个"诗怪"，但"怪"与个性不完全是一码事儿。鲁迅也怪，但你会觉得他不能不怪，他的怪不是故作怪态。李金发的怪则有些故作怪态，觉得他原本是不必如此怪的。不能不怪的人的"怪"，是他的个性的表现；故作怪态的"怪"，恰恰是没有个性或缺乏自我意识的表现。象征诗派在当时的西方已经取得了很高的艺术成就，有了普遍的影响，李金发首先将其"拿来"，其功是不可没的，但他拿的是其形状，而不是精神。象征诗的形状到了李金发手中，便没有浓郁的诗味了，像是塑料做成的假花，乍看像花，越看越没有花的精神。象征诗派之在西方产生并得到迅速发展，有其文化背景和精神土壤。西方的宗教传统对象征诗派的产生和发展有其关键性的意义，宗教艺术可说是不以象征主义自我标榜的象征主义。基督教神学把现世世界的一切视为上帝的创造，这一切也就都体现着上帝的意志，都蕴含着一种普遍的精神价值。浪漫主义为复活中世纪的宗教精神开辟了道路，重新把诗歌创作同人类的终极精神追求结合起来，但浪漫主义者是主观唯心主义者、个人主义者，他们认为上帝的启示、人类的终极精神价值，就在人的主观心灵之中，因而他们把情感表现视为诗的主旨，主张感情的自然流露。象征主义者则更是客观唯心主义者，他们把心灵的窗户重新向外部世界开放。但他们认为，外部的现实世界是痛苦的、虚幻的，只有它暗示、象征着的另一个世界才是真实的、美的，是有类于天国的世界的。诗人的任务就是通过暗示和象征的方式，沟通这两个世界，使人们通过现实世界的存在去感受另一个世界。中国是一个缺乏宗教传统的国家，基督教那种对精神世界的追求对于中国知识分子是比较陌生的，中国知识分子追求的是现实世界的道德和人格，或者人的具体生存环境，我们很难听到从现世世界背后传来的另一个世界的呼声。从李金发的诗里，我们感到他写的还是眼前的这个现实世界，它的后面已经没有什么了。鲁迅的"怪"是吸引我们的一种方式，一旦你被吸引过去，你就不觉其"怪"了。到了他的作品的世界里，你感到宽敞坦荡。但李金发的"怪"则是拒绝你进去的方式，你永远也难以跨过他的"怪"而沉入他的诗的境界中去，因为他的诗实际并没有这样一个境界。在他的诗里，你感觉不到他对人类终极精神的追求，感觉不到他对世界人生的神秘感和虚幻感。神秘虚幻的是他的文字，而不是他的内在精神。因此，我认为真正体现了当时诗人不同个性追求的是上述六个诗人。

在上述六个诗人中，胡适的历史功绩最大，但他的诗的自身成就并不很高。他的追求就是把诗歌创作放在白话文的基础上，把现代人的思想感情表现从古代格律诗的束缚中解放出来。他实现了这一伟大的解放运动，从而也基本完成了自己的历史使命。郭沫若的诗尽管也是自由诗派的，但他的自由与胡适的自由各有不同的含义。胡适的自由是现代人用现代的语言形式表现自我，郭沫若的自由其实是为青春热情寻找着诗

矛盾中蕴含的一种情绪

的语言和形式。他的《天狗》，他的《凤凰涅槃》，贯注的便是一个热情的，未历人生沧桑、尚处于理想主义阶段的青年的精神。他的诗直露但不空洞，大胆但非胡诌，毫无遮拦的青春热情恰恰只有在他的诗的形式中才能充分表现出来。徐志摩、闻一多虽然同属新格律诗派，但作为体现诗人个性的创作风格却是差别极大的。仅就其创作个性，与其说徐志摩更接近闻一多，不如说他更接近郭沫若。徐志摩和郭沫若的诗都能包含在青年感情和情绪的自我表现的范围中。不过郭沫若更有建功立业、自大于世界的雄心，故他的诗热情而狂暴，是企望一展雄姿时的狂热心情的表现。徐志摩则是自满于现在生存状态的青年诗人，他追求的是人与人的情爱关系，是男欢女爱的幸福爱情，对社会的关切也不超过这样一种人间情爱的范围。他的诗热情而婉丽、秾郁而从容。他比郭沫若的诗的路子更广，但也没有别人难以体验到的高峰感情体验（像郭沫若的《天狗》一样的超常的情感体验）。像他的《再别康桥》，他的《沙扬娜拉》，都是人所能感的，但他独能为人找到一种语言的表现方式。在风格上，徐志摩的诗更有余味，但郭沫若的诗则具有更大的爆炸力。闻一多的诗与郭沫若、徐志摩的诗都不相同。郭沫若、徐志摩的诗给人的都是宣泄的快感。郭沫若的诗是一种畅通无阻的猛烈宣泄，徐志摩的诗是舒徐从容的宣泄。而闻一多的诗则不在宣泄，而在蓄积。他将情绪以诗的形式聚集并储积起来，只给以有限的宣泄，但这宣泄似乎也是为了储积。他的成熟期的诗读了令人感到满闷，而不感到宣泄后的痛快或愉悦。我认为，在精神特质上，闻一多是诗坛的鲁迅。两人思想并不相同，但其作品的格调有极为相近的特征：愤激、苦闷、压抑，有着坚实的力度。他的诗不像郭沫若的诗，如烈火般猛烈但缺乏后力；也不像徐志摩，优美热情但不强烈坚实。冯至的诗在20年代影响并不很大，并不是因为他的诗水准不高，代表性不大，而是因为他在当时没有立于时代的前峰。创造社异军突起，郭沫若的热情一下子点燃了朝气蓬勃的青年的感情烈火；徐志摩是备受青睐的英美派知识分子之一，新月社自成一派强大的势力，并且他的诗中的潇洒气度、楚楚才情也颇易获得青年人的崇拜和欢心。郭沫若是个才子，徐志摩是个情种，而冯至什么都不是，他既不热情，也不潇洒，沉钟社也不是被人强烈关注的一个社团。

冯至这类的青年天生是不会获得青年们的普遍崇拜和爱戴的。但也正因为如此，他的诗有了自己的代表性。他代表着那些不被人强烈关注也无意获得人强烈关注的一部分青年人的情感情绪特征。他的诗没有绚烂的色彩、狂放的热情、奇特的形式、华丽的外表，但其情绪却很秾挚，在沉静中有一种不易挥发罄尽的韵味。这类的青年，把什么冰凉的东西都放在怀里揣着，一直把它们暖得热乎乎的，从里到外都温热如一，不易燃烧，也不易消散。鲁迅说冯至是"中国最为杰出的抒情诗人"，虽然不无个人的偏爱（他的性格使他本能地不喜爱郭沫若的狂热和徐志摩的才情），但也绝非毫无缘由的。冯至的诗从20年代到30年代到40年代，走的都是上坡路，而这个坡却在20年代就存在了。郭沫若的诗越写越糟，因为他的那点狂热是不可能永久保持的，一旦失去，永难获得，若人为地制造它，便只剩豪言壮语一途了。徐志摩死得早，后来会如何发展很难证实，但一般说来，他的诗虽然会越写越多，越写越好，但其境界却不会有根本变迁了。郭沫若、徐志摩都是活在现实世界中的人，他们的优长都在于他们应付现实世界的才能，而恰恰由于这种才能，其内部世界不会有持续的发展。冯至则不同。他活在自己的内部世界里，亦即活在他的诗的世界中，他把外部世界的一切都放进自己的内部世界中温着，热着，并使之融化在这个世界里。这个世界不会有爆炸性的变化，但也会因纳入并融化的现实人生体验的增加而渐渐变迁。他不会停留在一个点上，他的内部世界是一个随着人生之途不断变迁的纵向进程。只要外部世界允许他编织自己的这个内部世界，他的这个世界便会越来越完善，韵味越来越秾挚，其个性特色也会越来越明确。冰心的《繁星》和《春水》是20年代小诗创作的代表，他又是20年代最杰出的一个女性诗人，所以我把她也放在有代表性的诗人之中。冰心的小诗体现了以东方（印度、日本、中国）的情趣感受宇宙和人生时产生的一种哲理化情绪。冰心虽然没有泰戈尔那博大的爱心和印度式高度宁静的心灵，但却也在小诗中捧出了一个略显天真幼弱的纯洁少女的心。如果说李金发在输入西方象征主义诗歌时缺乏的恰恰是西方象征主义诗歌的根本精神，冰心在模仿泰戈尔时却能贴近泰戈尔的心灵。

在以上六个诗人中，闻一多的诗歌成就难以说是最高的，但也是为

矛盾中蕴含的一种情绪

其他五人所无法替代的。也就是说，他有不及别人之处，但也有别人所不具有的优长。胡适的诗的社会性不是诗的，是诗的内容方面的，它没有凝结在诗的形式上，而郭、徐、冯、谢（冰心）四人的诗则主要是个人性的，亦即他们的诗的特色是由个人的特征形成的。只有闻一多的诗，不仅内容，即使其形式也凝结着时代、社会和民族的内涵。在过去，我们往往夸大了郭沫若诗歌的社会意义和时代意义，实际上，他的诗的个体性特征最强。他所体现出来的情绪特色绝非一时一代一民族的独有情绪，任何一个时代的青年，都会向自己提出"我是谁？""我与世界的关系如何？"等问题，并且没有一个青年不曾在内心深处把自己想象为能够扭转乾坤、重整世界，将自我之力磅礴于宇宙的天之骄子，只是在不同的时代，这种情绪会附着在不同的理想形式中。郭沫若的时代性和社会性是发生学意义上的，而不是本体论意义上的。只是由于"五四"的思想解放运动和时代的发展，郭沫若这种个人情绪才有可能公开表现出来，并在现代思想中找到了具体的表现形式。他是一个理想主义者，而理想主义者的特征即是个人性的，是以自我的理想衡量和把握世界，而不是自我被时代束缚。徐志摩也是一个理想主义者，不过他理想的不是由自我设计和自我创造的世界，而是外在于自我的充满情爱的世界。在这个世界中，人与人是充满爱心的，人人有幸福的生活、美满的爱情。至于如何实现这样一个理想，则不是他朝思暮想的核心问题。大约正因为如此，郭沫若的理想使他本能地投入各种形式的惊天动地的社会革命，而徐志摩则自然而然地远离开实际的革命运动。冰心所理解的爱与徐志摩又有不同。她的爱没有徐志摩的热烈和直率，而更带女性的温婉、纯真和普遍的慈爱性质。她是世界的小姐姐或小母亲，而这种对人类的感情也是历代青年女性所常有的。冯至与他们都不同，他似乎从来不认为世界会是完满的，爱情是可以完满实现的，他只用自己的心灵融化人生中的一切，包括它的美和丑、爱和恨、痛苦和幸福，这一切在他的心灵中都融化在一起了，再也说不清哪是绝对的美和绝对的丑，绝对的爱和绝对的恨，绝对的痛苦和绝对的幸福。他的倾向也是人类的一种普遍存在的倾向，不一定只有中国的20年代才会产生。至于说到闻一多，情况就完全不同了。不仅仅他的诗的内容，就是他的诗的形式，都是中华民族的那个时代铸造出来的。正是在中华民族失去了固有的天朝大国的地位之后，正是在中华文化受到西方文化的严峻的挑战的时候，正是在中华民族必须振拔而尚无振拔的社会文化机制的时候，才产生了闻一多和闻一多的诗歌。在闻一多的诗歌里，美与丑、理想与现实、反抗与忍耐，这一切尖锐对立着的东西都僵持在一起。在冯至的诗歌里，美与丑是融为一体的，消融了二者的截然分界；在郭沫若的诗歌里，美永远压倒丑，理想是唯一有力的东西；在徐志摩的诗歌里，他亲近着美而揭露着丑；在冰心的诗歌里，几乎只有爱和美，她就企望着用自己的爱融化掉世界的恶与丑。而在闻一多这里，一切对立的东西都是界限分明的，但二者同样有力，彼此僵持、对视，毫无一方压倒、毁灭一方的趋势与可能。而就在这僵持与对立中，构成了他的诗的张力。他的诗几乎没有动能，只有在渊默静止中储积着的强大势能。在诗的形式上，闻一多的诗是由具有严格束缚力的格律与同样强度的情感抗争力组成的，他善于把具有强烈爆发力的感情用高压压缩在几乎凝固不动的形式容器中，使其储满爆发的力但又不可能爆发出来。郭沫若的有代表性的诗都是他的感情的流淌，直至感情流淌得失去了力量，便中止了他的诗。徐志摩虽也用格律诗的形式，但他的格律只是使他的感情流泻得更有秩序。如果说郭沫若的诗是海潮的流溢，漫无边际，徐志摩的诗则像清渠、长河，虽波动起伏，有时也激浪翻滚，但却绝不散漫无归。冯至的诗是沉静的，他不像郭沫若一样大呼小叫，也不像徐志摩一样爱呀美呀地感喟哀叹，他更多地把对人生的感受凝结在诗的意象中。冰心的小诗是感悟式的，用哲理化给诗罩上了一层朦胧的晕圈，轻盈鲜美。只有闻一多的形式是禁锢性的，将感情禁锢起来并压缩它，使其充满即将爆发的势能。在语言上，郭沫若的诗几乎全用排比句的形式，特别是好的段落，就是排比句用得多的段落，他就用排比句造成情感的流淌感，把他的热情不断往外倾泻。徐志摩的语言最接近口头语言，是增强了节奏感、音乐感的口头语言，既不像古代格律诗一样大量运用对偶句，也不像郭沫若的诗一样大量运用排比句，在词义上是蝉联推进的。没有突兀的跳跃，也少长时间的原地盘旋。冯至的诗的语言在平淡中出奇，冰心的小诗则以形象的哲理取胜。但不论他们有何等不同，都有一个共同的

矛盾中蕴含的一种情绪

特点，是诗化了的散文语言，亦即将散文语言的形式更其美化，以适应自己的情感情绪或人生感受的表现。只有闻一多，是用违背正常语言意义及其秩序的方式重新创造自己诗的语言，反语及反语结构是他的诗的一个鲜明特征。在《死水》中，他用最美的语言描写最丑的对象；在《洗衣歌》中，他用"交给我洗，交给我洗"这种坚决接受的方式表达绝不接受的情绪。闻一多诗的语言意义不在它的正解中，也不在它的反解中，而在正反两种解释的对立关系中蕴含着。例如《洗衣歌》中的"交给我洗"，既不能理解为同意给他洗，也不能理解为拒绝给他洗，而是在这正反两解的矛盾中蕴含的一种情绪。显而易见，只有闻一多的这种诗的形式，才真正凝聚着他所处的民族的、时代的、社会的特征，它是中华民族身受屈辱而又不甘屈辱、不能忍耐而又不得不忍耐、充满美好理想而又不能不正视丑恶的现实的时代特征所铸造出来的一种独特的诗的形式。

1993年元月6日于北京师范大学中文系
原载《读书》1993年第5期